1949|1999 50 JAHRE DEUTSCHE GESCHICHTE

1949—1999

50 JAHRE DEUTSCHE GESCHICHTE

Ereignisse – Personen – Entwicklungen

Sonderausgabe der Brockhausredaktion
zum 50. Jahrestag der
Bundesrepublik Deutschland.

Mit einem Geleitwort von Dr. Heiner Geißler

F. A. BROCKHAUS
Leipzig · Mannheim

Redaktion: Klaus M. Lange

Autorinnen und Autoren:
Grazyna Buchheim M. A.
Dr. Hannsjörg F. Buck
Helmut M. Müller
Mathias Münter-Elfner
Horst Pötzsch
Prof. Dr. Manfred Schmidt
Ilse Spittmann-Rühle
Jörg Weber

Herstellung: Günter Schwab

Typographie: Norbert Wessel

Die Deutsche Bibliothek –
CIP-Einheitsaufnahme
**Brockhaus: 1949–1999
50 Jahre Deutsche Geschichte:
Ereignisse, Personen, Entwicklungen**
von Helmut M. Müller.
Mit einem Geleitw. von Heiner Geißler.
[Autorinnen und Autoren:
Grazyna Buchheim ...].
Sonderausg. zum 50. Jahrestag der Bundesrepublik Deutschland.
Leipzig; Mannheim: Brockhaus 1999
Frühere Ausg. u. d. T.: Müller, Helmut M.:
Deutsche Geschichte in Schlaglichtern
ISBN 3-7653-0481-6

Namen und Kennzeichen, die als Marken bekannt sind und entsprechenden Schutz genießen, sind beim fett gedruckten Stichwort durch das Zeichen ® gekennzeichnet. Handelsnamen ohne Markencharakter sind nicht gekennzeichnet. Aus dem Fehlen des Zeichens ® darf im Einzelfall nicht geschlossen werden, dass ein Name oder Zeichen frei ist. Eine Haftung für ein etwaiges Fehlen des Zeichens ® wird ausgeschlossen.

Das Wort BROCKHAUS ist für den Verlag Bibliographisches Institut & F. A. Brockhaus AG als Marke geschützt.
Das Werk wurde in neuer Rechtschreibung verfasst.

Das Werk einschließlich aller seiner Teile ist urheberrechtlich geschützt. Jede Verwertung außerhalb der Grenzen des Urheberrechtsgesetzes ist ohne Zustimmung des Verlages unzulässig und strafbar.
Das gilt insbesondere für Vervielfältigungen, Übersetzungen, Mikroverfilmungen und die Speicherung und Verarbeitung in elektronischen Systemen.

© F. A. Brockhaus GmbH,
 Leipzig – Mannheim 1999
Satz: Bibliographisches Institut &
 F. A. Brockhaus AG (Page One Siemens
 Nixdorf) und Mannheimer Morgen
 Großdruckerei und Verlag GmbH
Druck- und Bindearbeit:
 Franz Spiegel Buch GmbH, Ulm
Papier: 135 g/qm Guepard holzfrei pigmentiert der Papierfabrik Cran, Frankreich
Printed in Germany
ISBN 3-7653-0481-6

Vorwort

1999 feiert die Bundesrepublik Deutschland ihr 50-jähriges Bestehen. Als am 19. März 1949 der Deutsche Volksrat eine Verfassung für eine »Deutsche Demokratische Republik« billigte, war die Teilung Deutschlands im Prinzip beschlossene Sache. Wenige Wochen später, am 8. Mai 1949 billigte der Parlamentarische Rat das Grundgesetz für die Bundesrepublik Deutschland. Mit der Verkündung des Grundgesetzes am 23. Mai 1949 begann – trotz der Teilung Deutschlands – eine beispiellose Erfolgsgeschichte. Beide deutschen Staaten, fest eingebunden in ihre jeweiligen Bündnissysteme, verzeichneten einen wirtschaftlichen Aufschwung, der sie in den Rang einer wirtschaftlichen Großmacht erhob. Bei allen Konflikten, die in den Folgejahren die deutsch-deutsche Politik bestimmten, war auf beiden Seiten immer das Bemühen vorhanden, den Kontakt an der Nahtschwelle zwischen den Bündnissystemen der NATO und des Warschauer Paktes nicht abreißen zu lassen. Die dramatischen politischen Veränderungen im Ostblock eröffneten die Chance zur Vereinigung der beiden deutschen Staaten, die am 3. Oktober 1990 staatsrechtlich ihren Abschluss gefunden hat.
Das vorliegende Buch, aus Anlass des 50-jährigen Bestehens der Bundesrepublik vom Verlag herausgegeben, will ein geschichtliches Nachschlagewerk sein, ein Handbuch zum täglichen Gebrauch. Es will zuverlässige Auskunft geben auf die vielen Fragen, die vor allem auch die jüngere Generation an die Geschichte der Bundesrepublik stellt.
Von anderen Darstellungen unterscheidet es sich grundsätzlich. Eingeteilt in fünf Kapitel, die sich an den bedeutenden Einschnitten in der Geschichte der Bundesrepublik orientieren, wird ein chronologischer Grundrahmen vorgegeben. Innerhalb dieser Kapitel wird die Geschichte jedoch nicht in fortlaufender Erzählung ausgebreitet, sondern anhand von Ereignissen, Personen und Prozessen aufgeschlüsselt. Schlaglichtartig beleuchtet werden herausragende Persönlichkeiten, die ihrer Zeit einen unverwechselbaren Stempel aufgedrückt haben, Begriffe, die für die Zeitgenossen schon zu Schlagworten geworden sind oder Ereignisse und Entwicklungen, die ihre Epoche geprägt haben.
Zugang zu diesem Buch bieten das ausführliche Inhaltsverzeichnis ebenso wie die beiden Register: Das interessierende Stichwort aus der Geschichte der Bundesrepublik findet der Leser an seinem Standort im jeweiligen Kapitel, wo es in den geschichtlichen Zusammenhang gestellt ist, z. B. den Bau der Berliner Mauer am Schluss des Kapitels »Adenauerzeit«, gleichsam als Übergang zum Kapitel »Vom Mauerbau zum Grundvertrag«.
Eine knappe Einführung ist jedem Kapitel vorangestellt; den Abschluss bildet eine »Datenseite«, auf der die wesentlichen Ereignisse der Epoche aufgeführt sind.
Das Personenregister enthält alle im Buch vorkommenden Personen mit Lebensdaten und biographischen Ergänzungen. Das Sachregister enthält eine Auswahl von Sachbegriffen und geographisch-historischen Namen mit Textverweisen.

Mannheim, im November 1998

F. A. Brockhaus

Geleitwort

Dr. Heiner Geißler

Die Bundesrepublik Deutschland hatte in ihrer Geburtsstunde ein schwieriges Erbe anzutreten: Das nationalsozialistische Unrechtsregime und der Zweite Weltkrieg waren gerade zu Ende gegangen und die Bilanz war eine Katastrophe: 60 Millionen Tote, davon 20 Millionen sowjetische Bürgerinnen und Bürger, fünf Millionen totgeschlagene, in den Arbeitslagern verhungerte Polen, sechs Millionen vergaste und totgeschlagene Juden, auch sechs Millionen tote Deutsche und 12 Millionen Heimatvertriebene und Flüchtlinge. Diese Bilanz der nationalsozialistischen Barbarei war eine schwere Hypothek für das junge Staatswesen. Viele deutsche Heimatvertriebene konnten damals und können noch heute ihr schlimmes Schicksal nicht vergessen. Doch mitten in Moskau steht ein Denkmal, das den Ort kennzeichnet, bis zu dem die deutschen Panzer im Jahr 1941 am weitesten nach Moskau vorgedrungen waren. Was in aller Welt hatten deutsche Soldaten 1941 mitten im Herzen Moskaus verloren? Diese Frage muss man sich immer wieder stellen und man muss immer wieder daran erinnern, dass alles, was wir als Deutsche an Elend und Not am Ende des Zweiten Weltkrieges auch immer zu beklagen hatten, seine Ursache in der Nazibarbarei hatte, die von Deutschland ausging.

Infolge einer nunmehr fünfzig Jahre währenden demokratisch begründeten Politik der Offenheit und Friedensliebe haben uns der neu gegründete jüdische Staat Israel und unsere europäischen Nachbarn neu kennen und sicher auch schätzen gelernt. Doch sie werden die Grausamkeiten, die wir ihren Völkern angetan haben, nicht vergessen. Der Sozialdemokrat Kurt Schumacher hat Ende der Vierzigerjahre die Parole ausgegeben: »Nie wieder Krieg von deutschem Boden.« Aber er hat auch hinzugefügt: »Nie wieder Diktatur auf deutschem Boden.« Für viele Deutsche nahm die Diktatur 1945 kein Ende. Durch die Spaltung Deutschlands ist die braune Diktatur nahtlos in eine rote übergegangen: die Deutsche Demokratische Republik. Nun darf man sicher Nationalsozialismus und Kommunismus nicht auf eine Stufe stellen. Doch die Frage nach dem Erbe dieser beiden Diktaturen auf deutschem Boden ist berechtigt.

Der sozialdemokratische Vordenker Erhard Eppler hat einmal Nazis und DDR-Kommunisten wie folgt unterschieden: »Das NS-Reich hat Berge von Leichen hinterlassen, die SED hat Berge von Akten hinterlassen, unappetitliche oft, aber eben Akten.« Aber war das wirklich alles? Sind Stacheldraht, Minen, Todesschüsse, Mauerleichen, Folter und Stasispitzeleien zwar unappetitlich, aber doch nur »Akten«? Solche Verharmlosung mag dem Wunsch entspringen, die Vorstellung eines »Sozialismus mit menschlichem Antlitz« zu retten. Der im Marxismus begründete Glaube an eine humane Revision des real existierenden Sozialismus verbietet es, diesen auf eine Stufe mit dem Nationalsozialismus zu stellen. Sozialismus mit menschlichem Antlitz – das kann man wenigstens denken, auch wenn es ihn nie gegeben hat. Nationalsozialismus mit menschlichem Gesicht ist dagegen schlicht undenkbar. Doch das Experiment ist gescheitert, mit hohen Kosten: Denn der Nachlass der Deutschen Demokratischen Republik besteht eben nicht nur in Aktenbergen, sondern auch in Leid, Unrecht, geistiger Indoktrination und Meinungsterror, in ge-

trennten Familien, Gefolterten und auch Ermordeten. Der real existierende Sozialismus war in einem Teil unseres Vaterlandes noch 44 Jahre nach Ende des Zweiten Weltkrieges eine antifreiheitliche Diktatur.
1989 begann einer der größten Umbrüche, den die Weltgeschichte in den letzten Hunderten von Jahren erlebt hat. Was in Mecklenburg-Vorpommern, Brandenburg, Sachsen-Anhalt, Thüringen und Sachsen und in vielen anderen mittel- und osteuropäischen Staaten passiert ist, war keine Wende. Wir waren Zeitzeugen einer Revolution, wenn auch einer unblutigen, weshalb manche gemeint haben, es sei keine richtige Revolution gewesen, doch ein Gesellschaftssystem ist zusammengebrochen und Staaten wurden reihenweise von der Landkarte gefegt: Die Sowjetunion ist zerfallen und die Deutsche Demokratische Republik verschwunden. Bertolt Brecht lässt in seinem Drama »Galileo Galilei« den großen Wissenschaftler in die Sacra Rota hineingehen, aufmerksam beobachtet von seinen Schülern. Sie hoffen, dass er sich nicht unterwerfen und seinen neuen Entdeckungen nicht abschwören wird, und rufen ihm, als er als gebrochener Mann wieder herauskommt hinterher: »Unglücklich das Land, das keine Helden hat.« Und da richtet sich Galileo auf und erwidert: »Unglücklich das Land, das Helden nötig hat.« Unser Land, Deutschland, hatte Helden nötig und es gebar in der Bürgerrechtsbewegung der Jahre 1989 und 1990 tatsächlich seine Helden. Diese friedliche Bürgerrechtsrevolution der Bürgerinnen und Bürger der Deutschen Demokratischen Republik, die auf das Jahr genau 200 Jahre nach der ersten großen europäischen Revolution, der französischen, gemeinsam mit den Polen, Tschechen und Ungarn eine zweite große europäische Revolution begonnen hatten, bedeutet für Deutschland mit seiner stets missglückten Revolutionsgeschichte – man denke an die Märzrevolution 1848 und die Novemberrevolution 1918 – ein glückhaftes und zukunftsweisendes Erbe, auf das die Bürgerinnen und Bürger der so genannten »neuen Bundesländer« stolz sein können. Die Einheit Deutschlands und ein freiheitlich verfasstes, demokratisches Staatswesen auf dem Fundament der Grundwerte der französischen Revolution »Freiheit, Gleichheit und Brüderlichkeit« sind die Früchte dieses komplexen Erbes der deutschen Nachkriegsgeschichte.
Dieses Erbe hat harte Konsequenzen in der praktischen Politik. Erich Kästner hat einmal gesagt: »Wer das Schöne im Leben vergisst, wird böse und wer das Schlechte im Leben vergisst, wird dumm.« Es gibt in den Ländern der alten Bundesrepublik nicht wenige, die wollen uns das Schöne vergessen machen, nämlich das Glück, das wir in den vergangenen 50 Jahren hatten: die Chance, dieses Land in Freiheit wieder aufbauen zu können, die deutsche Einheit und die europäische Einigung. Und es gibt im Osten nicht wenige, die uns das Schlechte vergessen machen wollen, das vor zehn Jahren noch im Osten herrschte, nämlich ein System, das seine Bürgerinnen und Bürger einsperrte, bespitzelte und eine Wirtschaftsordnung am Leben erhielt, die das Ergebnis einer bankrotten Philosophie war. Sie wollen die Menschen verdummen. Wir sollten aufgrund der Erfahrung im historischen Auf und Ab der letzten 50 Jahre den Mut haben, an die geistige und moralische Kraft des Menschen zu glauben, mit den Herausforderungen der Zukunft auch in den kommenden 50 Jahren fertig zu werden.

Inhaltsverzeichnis

KAPITEL 1

Vorgeschichte (1945–1949)

	Einführung		13
1.1	Der Zusammenbruch		16
1.2	Alliierter Kontrollrat		16
1.3	Besatzungszonen und Bildung der Länder		17
1.4	Potsdamer Abkommen		18
1.5	Vertreibung/Aussiedlung		19
1.6	Nürnberger Kriegsverbrecherprozess		21
1.7	Entnazifizierung		22
1.8	Demokratisierung/Bildung der Parteien		23
1.9	CDU und CSU		24
1.10	FDP und LDPD		25
1.11	Kurt Schumacher		25
1.12	SED		26
1.13	Bizone		27
1.14	Sozialistischer oder kapitalistischer Weg?		28
1.15	»Kalter Krieg« und Teilung Deutschlands		28
1.16	Münchner Ministerpräsidentenkonferenz		29
1.17	Schwarzmarkt		30
1.18	Marshallplan		30
1.19	Währungsreform		31
1.20	Berliner Blockade		32
1.21	Parlamentarischer Rat		33
1.22	Deutscher Volksrat		34
	Daten		36

KAPITEL 2

Adenauerzeit (1949–1961)

	Einführung		37
2.1	Grundgesetz		40
2.2	Bundesrepublik Deutschland – Politisches System		40
2.3	Bundespräsident und Bundesversammlung		42
2.4	Konrad Adenauer		43
2.5	Erstes Kabinett Adenauer		44
2.6	Theodor Heuss		46
2.7	Besatzungsstatut		46
2.8	Petersberger Abkommen		47
2.9	Deutsche Demokratische Republik – Politisches System		47
2.10	Schumanplan/Montanunion		49
2.11	Europarat		50
2.12	Interzonenhandel		50
2.13	Wiedergutmachung		51
2.14	Sozialer Wohnungsbau		51
2.15	Mitbestimmung und Betriebsverfassung		52
2.16	Deutschlandvertrag		53
2.17	Europäische Verteidigungsgemeinschaft (EVG)		54
2.18	17. Juni 1953		54
2.19	Nordatlantikpakt (NATO)		55
2.20	Westeuropäische Union (WEU)		56
2.21	Warschauer Pakt		57
2.22	KPD-Verbot		58

2.23	Freie Deutsche Jugend (FDJ)	58	2.33	Kampf dem Atomtod	67
2.24	Planwirtschaft	59	2.34	Rapacki-Plan	68
2.25	Soziale Marktwirtschaft	60	2.35	Berlin-Ultimatum	69
2.26	Lastenausgleich	60	2.36	Godesberger Programm	69
2.27	Dynamische Rente	61	2.37	Landwirtschaftliche Produktionsgenossenschaften (LPG)	70
2.28	Hallsteindoktrin	62			
2.29	Bundeswehr	63	2.38	DDR-Flüchtlinge	71
2.30	Nationale Volksarmee (NVA)	64	2.39	Walter Ulbricht	71
2.31	Opposition in der SED	65	2.40	13. August 1961: Mauerbau in Berlin	72
2.32	Europäische Wirtschaftsgemeinschaft (EWG)	66		Daten	74

KAPITEL 3

Vom Mauerbau zum Grundvertrag (1961–1972)

	Einführung	75	3.17	Sozialliberale Koalition/Machtwechsel	93
3.1	»Spiegelaffäre«	78			
3.2	Deutsch-Französischer Vertrag	78	3.18	Willy Brandt	93
3.3	Das »Neue Ökonomische System« der DDR	79	3.19	Walter Scheel	94
			3.20	Ostpolitik	94
3.4	Passierscheinabkommen	80	3.21	Brandt-Stoph-Treffen in Erfurt und Kassel	95
3.5	Auschwitz-Prozess/Vergangenheitsbewältigung	81			
			3.22	Moskauer Vertrag	96
3.6	Ludwig Erhard	82	3.23	Warschauer Vertrag	97
3.7	Große Koalition	83	3.24	Viermächteabkommen über Berlin	98
3.8	Kurt Georg Kiesinger	85			
3.9	Herbert Wehner	85	3.25	Transitabkommen	99
3.10	Stabilitätsgesetz	86	3.26	Betriebsverfassungsgesetz 1972	99
3.11	Konzertierte Aktion	87			
3.12	NPD und Rechtsradikalismus	87	3.27	Misstrauensvotum gegen Bundeskanzler Brandt	99
3.13	Gastarbeiter	88			
3.14	Studentenunruhen/Außerparlamentarische Opposition (APO)	89	3.28	Innenpolitischer Streit um die Ostpolitik	100
3.15	Notstandsverfassung	89	3.29	Verkehrsvertrag	102
3.16	Der »sozialistische Staat deutscher Nation«	91	3.30	Grundlagenvertrag	102
				Daten	103

KAPITEL 4

Deutsch-deutsche Verantwortung (1972–1989)

	Einführung	104	4.8	Helmut Schmidt	113
4.1	»Radikalenerlass«	108	4.9	Hans-Dietrich Genscher	115
4.2	EG/Europa der Neun	108	4.10	Terrorismus	115
4.3	UN-Aufnahme beider deutscher Staaten	110	4.11	Stammheimer Prozesse gegen RAF-Mitglieder	117
4.4	Ölkrise	110	4.12	KSZE-Konferenz in Helsinki	117
4.5	Prager Vertrag	111	4.13	Die Wirtschaftsgipfel	118
4.6	Politik der Abgrenzung in der DDR	112	4.14	Frauenbewegung	119
4.7	Guillaume-Affäre	113	4.15	Mitbestimmung 1976	120

4.16	Nord-Süd-Konflikt und deutsche Entwicklungspolitik....	121
4.17	Bürgerinitiativen................	122
4.18	Energiepolitik/Kernenergie......	123
4.19	Alternative Bewegung...........	124
4.20	Die Grünen.....................	125
4.21	Ende des Wachstums/ Umweltschutz.................	126
4.22	Wirtschaftskrise und Arbeitslosigkeit................	127
4.23	Einheit von Wirtschafts- und Sozialpolitik................	128
4.24	Deutsch-deutsche Verantwortung	129
4.25	Erich Honecker	130
4.26	Franz Josef Strauß..............	131
4.27	Die »Wende« in Bonn 1982	132
4.28	Helmut Kohl...................	133
4.29	Friedensbewegung..............	134
4.30	NATO-Doppelbeschluss und Stationierungsdebatte.......	135
4.31	Flick-Spendenaffäre.............	136
4.32	Richard von Weizsäcker.........	137
4.33	8. Mai – der sperrige Gedenktag.....................	138
4.34	Gorbatschows Perestroika und die DDR...................	139
4.35	Antiatomkraftbewegung nach Tschernobyl – Proteste gegen WAA Wackersdorf.............	140
4.36	Honeckers Staatsbesuch in Bonn..	141
4.37	Barschel-Affäre.................	142
4.38	Der INF-Vertrag und die deutschen Staaten...............	143
4.39	Die Aussiedler..................	144
4.40	Rosa-Luxemburg-Gedenkfeiern in Ost-Berlin – Verhaftungen und Abschiebungen................	144
4.41	Opposition unter dem Dach der evangelischen Kirche............	145
	Daten.........................	146

KAPITEL 5

Die deutsche Einheit (ab 1989)

	Einführung....................	147
5.1	Botschaftsbesetzungen erzwingen Ausreise.............	151
5.2	Massenflucht der DDR-Bevölkerung über Ungarn..	151
5.3	40. Jahrestag der DDR – gewaltsamer Einsatz von Sicherheitskräften....	152
5.4	Massendemonstrationen erzwingen Ablösung Honeckers..	153
5.5	9. November 1989: Öffnung der Grenzen – die neue Reisefreiheit..	154
5.6	Der Zehnpunkteplan des Bundeskanzlers................	155
5.7	Das SED-Regime wankt – die Übergangsregierung Modrow	155
5.8	Die Opposition formiert sich – der »runde Tisch«..............	156
5.9	Treffen Kohl–Modrow in Dresden und Bonn..............	157
5.10	Öffnung des Brandenburger Tores – die neue Rolle Berlins............	158
5.11	Die Erblast der Stasiakten........	158
5.12	Die deutsche Frage und die Weltmächte – die »Zwei-plus-vier-Gespräche«.....................	159
5.13	Die Garantie der polnischen Westgrenze....................	160
5.14	Die Volkskammerwahl am 18. März 1990................	160
5.15	Währungsunion und Einigungsvertrag................	161
5.16	Der Souveränitätsvertrag und die deutsche Einheit......	161
5.17	Berlin wird Hauptstadt..........	162
5.18	Rostock, Mölln, Solingen – Fanale der Ausländerfeindlichkeit.......	165
5.19	Treuhandanstalt – ökonomischer Wandel in den neuen Bundesländern..........	166
5.20	Berliner Weltklimakonferenz und Umweltdebatte.............	168
5.21	Das Grundgesetz und die deutsche Einheit................	169
5.22	Die Krise des Sozialstaats........	170
5.23	Viertagewoche bei VW..........	172
5.24	Standortdebatte.................	173
5.25	Paragraph 218.................	174
5.26	Neue Länder 1994..............	175
5.27	Die Kosten der deutschen Einheit	176
5.28	Roman Herzog wird Bundespräsident................	178
5.29	Jutta Limbach wird Präsidentin des Bundesverfassungsgerichts...	179

5.30	Der Rechtsstaat und die DDR-Vergangenheit............. 180	5.35	Deutschland nach der Bundestagswahl 1998............ 186
5.31	Das Superwahljahr 1994 181	5.36	Der Euro kommt................ 189
5.32	Von der EG zur EU 182		Daten......................... 191
5.33	Deutschlands Rolle in der Welt..................... 183		Personenregister................ 192
5.34	Zwischen Globalisierungsfalle und Reformstau................. 185		Sachregister.................... 200
			Bildquellenverzeichnis 208

Vorgeschichte (1945–1949)

Einführung

Mit der bedingungslosen Kapitulation der deutschen Wehrmacht am 8. Mai 1945 und der vollständigen Besetzung des Reichsgebiets durch die Truppen der alliierten Kriegsgegner wurde Deutschland nicht nur von der nationalsozialistischen Diktatur befreit, sie führte auch zur Spaltung Deutschlands. Die alliierten Siegermächte – die USA, die Sowjetunion, Großbritannien und Frankreich – übten nun die oberste Staatsgewalt auf deutschem Boden aus und teilten das Land in vier Besatzungszonen auf; auch die Reichshauptstadt Berlin wurde in vier Sektoren unterteilt und erhielt einen eigenen Viermächtestatus. Die östlichen Gebiete Deutschlands bis zur Oder-Neiße-Linie wurden abgetrennt und von Stalin zunächst eigenmächtig, schließlich mit Billigung der Westmächte, sowjetischer bzw. polnischer Verwaltung übergeben. Diese schwierige Situation des staatlichen Zusammenbruchs und des notwendigen Neubeginns wurde im negativen wie im positiven Sinne als »Stunde null« empfunden. Für viele Deutsche bedeutete 1945 einen einschneidenden Bruch: Ideologie und System des Nationalsozialismus hatten sich als verbrecherisch und zerstörerisch erwiesen, zerbrochen schienen auch viele Traditionen und Wertvorstellungen der Deutschen. Konnten Werte wie Nation, Autorität, Fleiß und Ordnung noch Orientierung geben, nachdem sie von den Nationalsozialisten vereinnahmt worden waren? Zudem standen viele vor dem Nichts: Wohnungen, Verkehrsverbindungen und Versorgungseinrichtungen waren zerstört, die nackte Existenzsicherung stand im Vordergrund – verschärft durch den Zustrom von Millionen von Flüchtlingen und Vertriebenen aus den Ostgebieten. Das Ende des Dritten Reiches bot jedoch auch Hoffnungen, dass eine völlige Neuorientierung möglich sein könnte.

Die Alliierten fassten auf der Gipfelkonferenz von Potsdam (17. Juli bis 2. August 1945) Beschlüsse über die Behandlung des besiegten und besetzten Deutschland. Einigkeit herrschte über die vollständige Vernichtung des deutschen Rüstungspotenzials, die Aburteilung und Bestrafung der Kriegsverbrecher und die Säuberung des politischen Lebens in Deutschland vom Nationalsozialismus und vom Militarismus. Grundsätzlich einig waren sich die Siegermächte auch über einen demokratischen Neuaufbau Deutschlands, wobei sie ihre unterschiedlichen Vorstellungen über Demokratie zunächst ausklammerten. Diese traten dann allerdings in der Praxis deutlich zutage.

Der Beschluss, ganz Deutschland als wirtschaftliche Einheit zu behandeln, wurde in der Folgezeit nicht verwirklicht. Dies lag zum einen bereits in der Struktur der Besatzungsherrschaft begründet. Die vier Mächte hatten als oberste Instanz den Alliierten Kontrollrat mit Sitz in Berlin errichtet, der nur bei einstimmiger Beschlussfassung handeln konnte. Die jeweiligen Militäroberbefehlshaber verfügten jedoch eigenverantwortlich in ihren Besatzungszonen über die Entscheidungsgewalt. Darüber hinaus legten die Besatzungsmächte fest, dass sie ihre Reparationsansprüche zunächst aus ihren eigenen Besatzungszonen befriedigen sollten.

Auch wenn die Alliierten mit der Kapitulation die Macht in Deutschland übernommen hatten, konnte sich doch bald wieder politisches Leben unter den Deutschen entwickeln. Um die dringenden Aufgaben bei der

KAPITEL I

Versorgung der deutschen Bevölkerung überhaupt zu bewältigen, beauftragten die alliierten Truppenbefehlshaber politisch unbelastete Deutsche und setzten sie als Bürgermeister und Landräte, bald auch als Ministerpräsidenten ein. Bereits im Sommer 1945 wurde auch die Bildung demokratischer Parteien zugelassen. Die sich neu bildenden Parteien gingen in vielem auf die Strukturen der Weimarer Republik zurück, nicht zuletzt deshalb, weil die meisten Parteigründer vor dem Dritten Reich aktive Politiker der Weimarer Zeit gewesen waren. Ausnahmen stellten die CDU und ihre bayerische Schwesterpartei CSU dar, die es zuvor nicht gegeben hatte. Sie banden u. a. die protestantischen Schichten an sich, die in der Weimarer Republik ihre politische Heimat großenteils bei den Deutschnationalen, aber auch bei den liberalen Parteien gehabt hatten. Ihr Ziel war es, eine große Volkspartei der rechten Mitte zu werden. Die liberalen Parteigründer ihrerseits waren erfolgreich, als sie die historische Spaltung in Rechts- und Linksliberale überwanden.

Die Aufteilung Deutschlands in Interessenzonen erschwerte allerdings die Neugründungen der Parteien, die sich vor allem auf der lokalen oder regionalen Ebene vollzogen. Besonders augenfällig wurde dies am Beispiel der SPD, deren Berliner Zentralausschuss unter der Aufsicht der Sowjets am 15. Juni 1945 die »organisatorische Einheit der deutschen Arbeiterklasse« forderte. Diese zum Teil auch in den Westzonen erhobene Forderung wurde von Kurt Schumacher, der die Führung der Partei in den Westzonen übernahm, strikt abgelehnt. Bereits im Oktober 1945 kam es daher auf der Reichskonferenz der SPD in Wennigsen bei Hannover zur organisatorischen Trennung der SPD: Der Zentralausschuss sollte künftig für die sowjetische Zone, Schumacher für die Westzonen zuständig sein.

Die KPD hatte am 11. Juni 1945 als erste Partei ihren Aufruf in Berlin veröffentlicht, in dem sie für Deutschland »den Weg der Aufrichtung eines antifaschistischen demokratischen Regimes, einer parlamentarisch demokratischen Republik mit allen demokratischen Rechten und Freiheiten für das Volk« forderte. Eine Vereinigung mit der SPD lehnte sie zu diesem Zeitpunkt ab. Als sie jedoch erkennen musste, dass sie weniger Anhänger gewinnen konnte als erwartet, forcierte sie ab Oktober 1945 mithilfe der sowjetischen Besatzungsmacht den Zusammenschluss mit der SPD in der sowjetischen Zone. Die unter massivem politischen Druck im April 1946 erfolgte Vereinigung von KPD und SPD zur SED ließ sozialdemokratischen Aktivitäten in der sowjetischen Zone keinen Raum mehr.

Das Bündnis der Mächte, die gemeinsam das nationalsozialistische Deutschland niedergerungen hatten, zerbrach bereits in der frühen Nachkriegszeit. Aus dem 2. Weltkrieg waren die USA und die Sowjetunion als die beiden Weltmächte hervorgegangen. Gegensätze in der inneren Struktur und in ihren weltpolitischen Zielsetzungen führten zu Konflikten an vielen Orten der Welt. Ein »heißer« Krieg zwischen den USA, die seit 1945 über die Atombombe verfügten, und der Sowjetunion wurde von beiden sorgsam vermieden. Aber seit 1946/47 entwickelte sich ein »kalter« Krieg zwischen Ost und West, der sich in unzähligen regionalen Konflikten manifestierte, die teils kriegerisch, teils mit den Mitteln diplomatischen und politischen Drucks ausgetragen wurden. Deutschland war eines der Hauptfelder dieses kalten Krieges, in dem keine Seite der anderen strategisch wertvolles Terrain in der Mitte Europas überlassen wollte. Dies hatte unmittelbare Auswirkungen auf die Politik der Besatzungsmächte in Deutschland. Frankreich spielte dabei insoweit eine Sonderrolle, als es bis etwa 1948 vordringlich einen starken deutschen (Gesamt-)Staat zu verhindern suchte.

Der Kalte Krieg sollte nicht ohne Einfluss bleiben auf die politische Diskussion der Deutschen über die Gestaltung des künftigen Deutschland. Hinsichtlich der Wirtschafts- und Gesellschaftsordnung gab es in den ersten Jahren eine breite politische Tendenz zugunsten von Sozialisierung und Mitbestimmung, die sich in allen Landesverfassungen bzw. entsprechenden Landesgesetzen niederschlug. Die USA verhinderten jedoch die Durchführung in den Ländern der Westzonen, da die Wirtschaftsordnung allein Sache des künftigen Gesamtstaates sei.

In den Sog des Ost-West-Konflikts geriet auch die Diskussion über die zukünftige außenpolitische Orientierung Deutschlands. Während für die Anlehnung an die Sowjetunion in den Westzonen nur wenige plädier-

14

ten, gab es – nicht nur – in der CDU einen heftigen Streit zwischen den Anhängern einer Anbindung an den Westen, deren Wortführer Konrad Adenauer war, und den Vertretern eines »Dritten Weges« zwischen Kapitalismus und Kommunismus. Diese Diskussionen verloren an Bedeutung, je deutlicher die amerikanisch-britische Politik wurde, die Bildung eines westdeutschen Teilstaates anzustreben.

Vorform hierzu wurde der unter französischem und sowjetischem Protest zum 1. Januar 1947 erfolgte Zusammenschluss der amerikanischen und der britischen Besatzungszone zur Bizone – geboren auch aus den Versorgungsschwierigkeiten des Winters 1945/1946. Unter der Aufsicht der beiden Alliierten erhielt die Bizone ein Parlament (»Wirtschaftsrat«), einen Länderrat und eine Exekutive. Nicht zuletzt im Wirtschaftsrat zeigte sich, dass die wirtschaftspolitische Diskussion in der CDU von den Sozialisierungsforderungen des Ahlener Programms (Februar 1947) sich zum Konzept der sozialen Marktwirtschaft entwickelte. Zusammen mit der FDP setzte die Unionsfraktion im Wirtschaftsrat die Berufung des parteilosen Ludwig Erhard zum Direktor der Verwaltung für Wirtschaft durch.

Die Einbeziehung der Westzonen in die Marshallplanhilfe, die die USA zum Aufbau der europäischen Wirtschaft und zur Abwehr des Kommunismus aufgelegt hatten, bildete einen weiteren Schritt im Prozess der Teilung Deutschlands. Voraussetzung für die Wirksamkeit der Marshallplanhilfe war die Neuordnung der Währungsverhältnisse. Die in allen Westzonen am 20./21. Juni 1948 durchgeführte Währungsreform brachte einen harten Schnitt für die Sparer und begünstigte die Sachwertbesitzer. Zusammen mit der weitgehenden Aufhebung der Zwangswirtschaft trug sie wesentlich zum wirtschaftlichen Aufbau der kommenden Jahre bei.

Die Sowjets führten wenige Tage später in ihrer Zone eine eigene Währungsreform durch. Die Einführung der Westzonenwährung in den Westsektoren Berlins wurde zum Auslöser der Berliner Blockade vom 24. Juni 1948 bis 12. Mai 1949. Stalin machte damit den Versuch, durch Aushungern der West-Berliner Bevölkerung und durch massiven Druck auf die Westmächte die Bildung eines gegen die Sowjetunion gerichteten westdeutschen Teilstaates zu verhindern. Der Versuch scheiterte am Widerstandswillen der West-Berliner und am entschlossenen Handeln der Amerikaner und Briten bei der Errichtung der Luftbrücke. Die Berliner Blockade, der erste Höhepunkt des Kalten Krieges, beschleunigte den Prozess der westdeutschen Staatsbildung, die zudem nun stärker als vorher unter antikommunistischem Vorzeichen stand.

Nachdem die Widerstände Frankreichs überwunden waren, beauftragten die drei westlichen Militärgouverneure die Ministerpräsidenten der Länder am 1. Juli 1948 damit, eine Verfassung ausarbeiten zu lassen. Unter Hervorhebung des provisorischen Charakters der Staatsbildung erarbeitete der von den Länderparlamenten der Westzonen gewählte Parlamentarische Rat vom September 1948 bis Mai 1949 das Grundgesetz für die Bundesrepublik Deutschland.

In der sowjetischen Zone hatte sich bereits Ende 1947 auf Betreiben der SED eine Volkskongressbewegung »für Einheit und gerechten Frieden« gebildet. Der aus ihr hervorgegangene Deutsche Volksrat hatte bis zum Oktober 1948 eine »Verfassung der Deutschen Demokratischen Republik« erarbeitet, die von der provisorischen Volkskammer der DDR am 7. Oktober 1949 in Kraft gesetzt wurde.

Auch wenn das Kriegsende als »Stunde null« betrachtet wurde, waren die Gestaltungsmöglichkeiten doch eingeengt. An Überlegungen und Diskussionen über die Zukunft Deutschlands hat es nicht gefehlt. Viele Ansätze wurden freilich verschüttet, als Deutschland zum Hauptfeld des weltpolitischen Ost-West-Gegensatzes wurde. Letztlich bestimmende Faktoren für die Entwicklung Deutschlands waren die Besatzungsmächte. In der Ostzone wurde der zunächst zugesicherte eigene deutsche Weg bald verlassen und der Wille der Sowjetunion für die Gestaltung von Politik und Gesellschaft verbindlich. In den Westzonen zeigten u. a. der abrupte Abbruch der Entnazifizierung – mit gesellschaftspolitischen Spätfolgen in der Bundesrepublik – sowie der Verlauf der Sozialisierungsdebatte, dass die USA spätestens ab 1947 die Priorität auf den raschen Aufbau eines privatwirtschaftlich verfassten, mit dem Westen verbundenen westdeutschen Staates legten.

KAPITEL I

1.1 Der Zusammenbruch

Der 2. Weltkrieg, den die Nationalsozialisten unter der Führung Hitlers begonnen hatten, um »Lebensraum« für das deutsche Volk zu erobern und ein »großgermanisches« Reich zu errichten, war mit der bedingungslosen Kapitulation der deutschen Wehrmacht am 8. Mai 1945 zu Ende gegangen. Das Dritte Reich war damit zusammengebrochen, und das von Bismarck 1871 gegründete Deutsche Reich hatte faktisch aufgehört zu bestehen. Mit der vollständigen Besetzung des deutschen Reichsgebietes durch die Armeen der Anti-Hitler-Koalition erlebten die Deutschen die bitterste Stunde in ihrer Geschichte, die totale Niederlage stand am Ende des von Goebbels fanatisch ausgerufenen »totalen Krieges«. Doch sie bedeutete auch die Befreiung von der nationalsozialistischen Terrorherrschaft, was vielen angesichts der Zerstörung erst später bewusst wurde. Denn zusammengebrochen waren nicht nur das Regime und der Staat, größenteils zusammengebrochen waren infolge des Krieges auch die lebensnotwendigen Einrichtungen: Verkehrs- und Transporteinrichtungen waren zerstört, Eisenbahn und Post waren lahmgelegt, fast alle Behörden und Dienststellen hatten sich aufgelöst. Die großen Städte, aber auch viele mittlere und kleine, lagen in Trümmern, rund 5 Millionen Wohnungen waren total oder erheblich zerstört. Die Menschen in den Städten hausten in Kellern unter Trümmern, in Barackenlagern oder notdürftig hergerichteten Behelfswohnungen. In zahlreichen Städten war die Versorgung mit Elektrizität und Gas, selbst mit Wasser äußerst unzureichend. Die den Armeen nachfolgenden alliierten Militärverwaltungen hatten vorrangig die wichtigsten Transportprobleme zu lösen und die Bevölkerung mit dem Notwendigsten an Lebensmitteln, Brennstoffen und Bekleidung zu versorgen. Dazu waren sie von Anfang an auf die Mitarbeit der Deutschen angewiesen. Aus Männern und Frauen, die sie für politisch unbelastet hielten, wählten sie die Hilfskräfte aus, setzten Bürgermeister, Landräte und Ministerpräsidenten ein. Außerordentlich verschärft wurde die katastrophale Versorgungslage in den ersten Monaten und Jahren durch den anhaltenden Zustrom von Flüchtlingen und Vertriebenen aus dem Osten.

Man hat die damalige Situation der Deutschen als »Stunde null« charakterisiert: Fast alles war zerstört, die materiellen und die immateriellen Werte. Die Hauptsorge der meisten Menschen galt der unmittelbaren Existenzerhaltung, doch zugleich schien die Situation Deutschlands auch im positiven Sinne völlig offen zu sein. Man hoffte, die Vergangenheit völlig hinter sich lassen und mit der Gestaltung der Zukunft bei null anfangen zu können.

Blick auf die Ruinen Dresdens am Ende des 2. Weltkriegs

1.2 Alliierter Kontrollrat

Mit den Vereinbarungen »über das Kontrollsystem in Deutschland« vom 12. September und 14. November 1944 hatte die von den USA, der Sowjetunion und Großbritannien gebildete Europäische Beratende Kommission festgelegt, dass nach dem Sieg der Alliierten die oberste Gewalt in Deutschland von den Oberbefehlshabern ihrer Streitkräfte ausgeübt werden sollte – und zwar, wie im *Potsdamer Abkommen* (▶1.4) vom 2. August

1945 erklärt wurde, »von jedem in seiner Besatzungszone sowie gemeinsam in ihrer Eigenschaft als Mitglieder des Kontrollrates in den Deutschland als Ganzes betreffenden Fragen«. In ihrer Berliner Erklärung vom 5. Juni 1945 kündigten die vier Oberbefehlshaber der amerikanischen, englischen, französischen und sowjetischen Streitkräfte in Deutschland die Errichtung eines Alliierten Kontrollrates an, der am 30. August 1945 erstmals an die Öffentlichkeit trat.

Der Kontrollrat, der im Gebäude des ehemaligen Berliner Kammergerichts tagte, bestand aus den Oberbefehlshabern der vier Siegermächte in Deutschland, die gleichzeitig als Militärgouverneure in ihrer jeweiligen Besatzungszone die oberste Verwaltungsbehörde darstellten. Der Kontrollrat, dessen Beschlüsse nur einstimmig gefasst werden konnten, wurde unterstützt von einem Koordinierungsausschuss, dem die Stellvertreter der vier Militärgouverneure angehörten, und einem Kontrollstab, der aus mehreren sachlich gegliederten Direktorien bestand. Die im Potsdamer Abkommen vorgesehene Bildung zentraler deutscher Verwaltungsabteilungen unter der Leitung des Kontrollrats scheiterte am Einspruch Frankreichs.

Der Kontrollrat befasste sich zunächst v. a. mit der Aufhebung nationalsozialistischer Gesetze und Verordnungen und in Ausführung des Potsdamer Abkommens mit Entnazifizierung, Entmilitarisierung und Demontage. Er hatte allerdings keine eigene Exekutivgewalt, sondern war darauf angewiesen, dass seine Beschlüsse, die in Form von Proklamationen, Befehlen, Gesetzen und Direktiven ergingen, von den Militärgouverneuren in den jeweiligen Besatzungszonen durchgeführt wurden. Besonders bei der Herstellung der wirtschaftlichen Einheit Deutschlands, wie sie das Potsdamer Abkommen vorschrieb, konnte sich der Alliierte Kontrollrat nicht auf ein gemeinsames Vorgehen einigen.

Der beginnende Kalte Krieg (▶1.15), das Misstrauen zwischen den westlichen Alliierten und der Sowjetunion, eigene Vorstellungen Frankreichs und die unterschiedliche Entwicklung in den Besatzungszonen lähmten zunehmend die Funktionsfähigkeit des Kontrollrats. Seine Tätigkeit endete schließlich in der Sitzung vom 20. März 1948 mit einem

Der Alliierte Kontrollrat im Juni 1945: der britische Feldmarschall Bernard Law Montgomery (links), der amerikanische General Dwight D. Eisenhower und (rechts) der sowjetische Marschall Georgi K. Schukow

Eklat, als der sowjetische Vertreter aus Protest gegen die Londoner Sechsmächtekonferenz, auf der sich die Westalliierten auf eine gemeinsame staatliche Ordnung für ihre Besatzungszonen einigten, den Sitzungssaal für immer verließ.

1.3 Besatzungszonen und Bildung der Länder

Die alliierten Kriegsgegner Deutschlands hatten bereits im Herbst 1944 sowie auf der Konferenz von Jalta (4.–11. 2. 1945) festgelegt, Deutschland nach der militärischen Besetzung in drei Besatzungszonen aufzuteilen, die jeweils einer der alliierten Mächte – USA, UdSSR, Großbritannien – zugewiesen werden sollten. Eine Sonderregelung für die Reichshauptstadt Berlin sah deren Aufteilung in drei Sektoren vor. Frankreich wurde nach der Konferenz von Jalta in den Kreis der Besatzungsmächte aufgenommen und erhielt aus Teilen der amerikanischen und der britischen Zone eine eigene Besatzungszone im Südwesten Deutschlands sowie einen eigenen Sektor im Nordwesten Berlins. Die britische Zone bestand aus dem nordwestlichen

KAPITEL I

Deutschland, die amerikanische aus Süddeutschland sowie Bremen und Bremerhaven. Die Sowjetunion hatte aus ihrer Besatzungszone, die Mittel- und Ostdeutschland umfasste, ohne Absprache mit den Westmächten bereits das nördliche Ostpreußen unter ihre Verwaltung und das übrige Ostdeutschland bis zur Oder-Neiße-Linie unter polnische Verwaltung gestellt.

Das Land Preußen war durch die Grenzen der Besatzungszonen mehrfach zerschnitten – wie auch die Länder Baden und Württemberg. Zum Teil unter Beibehaltung alter Ländergrenzen bildeten die Besatzungsmächte in ihren jeweiligen Zonen Länder, deren Verwaltungen mit Deutschen besetzt wurden. In der sowjetischen Zone wurden bereits im Juli 1945 die Länder Sachsen, Sachsen-Anhalt, Thüringen, Brandenburg und Mecklenburg gebildet. Die US-Militärregierung proklamierte im September 1945 die Länder Bayern, Hessen, Württemberg-Baden und im Januar 1947 Bremen. Ab Mitte 1946 wurden in der britischen Zone die Länder Nordrhein-Westfalen, Niedersachsen, Schleswig-Holstein und Hamburg gebildet, in der französischen Zone Baden, Württemberg-Hohenzollern und Rheinland-Pfalz; das Saarland erhielt einen Sonderstatus. – Karte S. 20.

1.4 Potsdamer Abkommen

Vom 17. Juli bis zum 2. August 1945 fand in Potsdam das letzte Gipfeltreffen der »großen Drei« der Anti-Hitler-Koalition statt. Die Westmächte waren von vornherein geschwächt: Sie mussten in die Verhandlungen mit neuen, außenpolitisch unerfahrenen Repräsentanten gehen. Für den am 12. April 1945 verstorbenen Präsidenten Roosevelt vertrat sein Nachfolger Truman die USA, und der britische Premierminister Churchill wurde nach den Unterhauswahlen während der Konferenz am 28. Juli durch den Führer der siegreichen Labour Party, Attlee, abgelöst. Schwerwiegender war, dass Stalin mit seinem eigenmächtigen Vorgehen in Ostdeutschland seine Verbündeten vor vollendete Tatsachen gestellt hatte. Er hatte der kommunistisch geführten polnischen Regierung als Entschädigung für die an die Sowjetunion abzutretenden ostpolnischen Gebiete Ostdeutschland bis zur Oder-Neiße-Linie übergeben. Hierüber kam es im Lauf der Konferenz zu harten Auseinandersetzungen mit den Westmächten, die aber schließlich im Potsdamer Abkommen vom 2. August 1945 die Oder-Neiße-Linie als Westgrenze Polens de facto anerkannten. Unter dem Vorbehalt einer endgültigen Regelung durch den Friedensvertrag stimmten sie zu, dass die ostdeutschen Gebiete bis zur Oder-Neiße-Linie aus der sowjetischen Besatzungszone Deutschlands herausgenommen und unter sowjetische bzw. polnische Verwaltung gestellt wurden. Gleichzeitig stimmten die Westmächte der »Überführung« der Deutschen aus diesen Gebieten sowie aus Polen, Ungarn und der Tschechoslowakei zu, womit die bereits in vollem Gang befindliche *Vertreibung* (▶1.5) legalisiert wurde. Das deutsche Auslandsvermögen wurde vom Alliierten Kontrollrat übernommen, die Kriegs- und Handelsflotte aufgeteilt.

Hinsichtlich der Behandlung Deutschlands legte das Potsdamer Abkommen politische Grundsätze fest: »Der deutsche Militarismus und Nazismus werden ausgerottet«, und es sollen alle notwendigen Maßnahmen getroffen werden, »damit Deutschland niemals mehr seine Nachbarn oder die Erhaltung des Friedens in der ganzen Welt bedrohen kann«. Es sei nicht die Absicht der Alliierten, »das deutsche Volk zu vernichten oder zu versklaven«, ihm solle vielmehr die Möglichkeit ge-

Die Teilnehmer der Konferenz von Potsdam: Winston Churchill, Harry Truman, Iossif Stalin (von links nach rechts)

18

VORGESCHICHTE

Vertriebene aus den deutschen Ostgebieten kommen mit Trecks in die westlichen Besatzungszonen (November 1945)

geben werden, »sich darauf vorzubereiten, sein Leben auf einer demokratischen und friedlichen Grundlage wieder aufzubauen«. Als ihre Ziele formulierten die Alliierten bei der Besetzung Deutschlands: völlige Abrüstung und Entmilitarisierung, Ausschaltung der gesamten für Kriegsproduktion geeigneten Industrie, völlige und endgültige Auflösung aller bewaffneten Verbände sowie der militärischen Traditions- und Kriegervereine, Auflösung der NSDAP und ihrer angeschlossenen Gliederungen, Umgestaltung des politischen Lebens auf demokratischer Grundlage, Aufhebung nazistischer Gesetze, Verhaftung und Aburteilung der Kriegsverbrecher, Entfernung von Nationalsozialisten aus öffentlichen und halböffentlichen Ämtern sowie aus verantwortlichen Posten der Privatwirtschaft, demokratische Erneuerung des Erziehungs- und des Gerichtswesens, Dezentralisierung der Verwaltung, Wiederherstellung der lokalen Selbstverwaltung und Zulassung aller demokratischen Parteien.

Es wurde ausdrücklich festgelegt, dass die wirtschaftliche Einheit Deutschlands gewahrt werden sollte. Dieser Grundsatz wurde jedoch bereits mit der Vereinbarung entwertet, dass jede Besatzungsmacht ihre Ansprüche auf Reparationen vor allem aus ihrer Zone befriedigen solle (mit einer Ausnahmeregelung zugunsten der Sowjetunion).

1.5 Vertreibung/Aussiedlung

Die im *Potsdamer Abkommen* (▶1.4) von den Westmächten akzeptierte »Überführung der deutschen Bevölkerung oder deutscher Bevölkerungselemente, die in Polen, der Tschechoslowakei und in Ungarn geblieben sind, nach Deutschland« sollte »in geregelter und menschlicher Weise« erfolgen. Die Vertreibung der Deutschen hatte jedoch schon lange vor der Konferenz von Potsdam eingesetzt und war bald auf die erste große Flüchtlingswelle der vor den Truppen der Roten Armee zusammen mit den Einheiten der deutschen Wehrmacht nach Westen fliehenden Bevölkerung gefolgt. Auch die dritte Welle, die nun organisierte Vertreibung, offiziell Aussiedlung genannt, ging für die meisten Betroffenen in einer unmenschlichen und brutalen Weise vor sich. Die Ausgewiesenen konnten meist nur das, was sie am Körper trugen, mit sich nehmen, oft wurden selbst noch ihre armseligen Gepäckstücke durchsucht und ihnen abgenommen.

Insgesamt sind aus den deutschen Ostgebieten und den angrenzenden Staaten Polen, Tschechoslowakei und Ungarn etwa 12 Millionen Deutsche vertrieben worden. Die Angaben über die Menschenverluste während dieser Fluchtbewegungen und Zwangsaus-

KAPITEL I

Besatzungszonen in Deutschland und Österreich nach dem 2. Weltkrieg

siedlungen sind wegen der damaligen chaotischen Zustände nur ungenau. Übereinstimmend schätzt man heute die Zahl der Toten und Vermissten auf über zwei Millionen.
Acht Millionen Flüchtlinge und Vertriebene fanden in den Westzonen eine notdürftige Zuflucht. Die Aufnahme dieser Menschenmassen in einem vom Krieg weitgehend zerstörten Land, in dem nicht einmal für die alteingesessene und ausgebombte Bevölkerung ausreichender Wohnraum zur Verfügung stand, in dem eine katastrophale Versorgungslage herrschte, brachte für die Militärregierungen und die deutschen Verwaltungsstellen zusätzliche und kaum lösbare Probleme mit sich.
Dass nicht Verzweiflung und Resignation um sich griffen, dass es am Ende doch gelang, nach einer langen Zeit mit großer Geduld ertragener Unzulänglichkeiten die Schwierigkeiten zu meistern und den Anfang zu einem neuen menschenwürdigen Leben zu finden, dass die Heimatvertriebenen schließlich voll integriert wurden, gehört zu den großen

VORGESCHICHTE

Nürnberger Prozess gegen die Hauptkriegsverbrecher. Hinter der Barriere die Angeklagten

menschlichen und politischen Leistungen der Deutschen in den ersten Jahren nach dem Krieg.

1.6 Nürnberger Kriegsverbrecherprozess

Bereits während des Krieges, nämlich in der Moskauer Dreimächteerklärung vom 30. November 1943 über die »deutschen Grausamkeiten in Europa«, hatten die alliierten Gegner Deutschlands die Bestrafung von Kriegsverbrechen angekündigt. Am 8. August 1945 schlossen sie ein »Abkommen über die Verfolgung der Hauptkriegsverbrecher der europäischen Achse« und erließen ein »Statut für den Internationalen Militärgerichtshof«, der durch die vier Hauptalliierten besetzt wurde. In Nürnberg, am Ort der nationalsozialistischen Reichsparteitage, begann vor dem Internationalen Militärgerichtshof am 20. November 1945 der Prozess gegen 22 Hauptangeklagte, der am 1. Oktober 1946 mit den Urteilsverkündungen endete. Am 16. Oktober 1946 folgte die Vollstreckung von zehn Todesurteilen.

Die Berichte über die trotz einiger zeitbedingter Einschränkungen mit größter Sorgfalt durchgeführten Prozesse beschäftigten ein Jahr lang die Zeitungen in aller Welt. Die zielstrebig auf den Krieg und die Eroberung »neuen Lebensraumes« für das deutsche Volk ausgerichtete Aggressionspolitik Hitlers wurde eindeutig nachgewiesen. Das umfangreiche Beweismaterial füllte in einer 1947 vom Internationalen Militärgerichtshof herausgegebenen Dokumentensammlung 42 Bände. Das ganze Ausmaß der im Auftrage Hitlers begangenen Verbrechen, insbesondere der Völkermord an den Juden, wurde offen gelegt und rief Entsetzen in der Welt, aber auch beim deutschen Volk hervor.

Angeklagt waren neben den Mitgliedern der obersten nationalsozialistischen Führungsschicht kollektiv folgende Organisationen: NSDAP, Gestapo, Sicherheitsdienst (SD), SA, SS, die Reichsregierung und das Oberkommando der Wehrmacht (OKW). Die vier Anklagepunkte lauteten: 1. Teilnahme an der Planung oder Verschwörung zu einem Verbrechen gegen den Frieden; 2. Verbrechen gegen den Frieden, d. h. Angriffskrieg; 3. Kriegsverbrechen, d. h. Verletzung der internationalen Kriegskonventionen; 4. Verbrechen gegen die Menschlichkeit, hier vor allem Völkermord.

Drei der Hauptverantwortlichen, nämlich Hitler, Goebbels und Himmler, hatten sich einer Anklage bereits durch Selbstmord entzogen. Von den 22 Angeklagten wurden 12 zum Tode durch den Strang verurteilt, von ihnen entging Göring der Hinrichtung durch Selbstmord, gegen den Reichsleiter der NSDAP, Martin Bormann, erging das Todesurteil in Abwesenheit. Unter den zehn Hingerichteten waren der Reichsaußenminister Ribbentrop, der Chef des OKW Keitel, der Reichsinnenminister Frick und der NSDAP-Gauleiter von Franken, Julius Streicher. Sieben Angeklagte wurden zu Haftstrafen zwischen 10 Jahren und lebenslänglich verurteilt. Unter den drei Freisprüchen stießen die für Franz von Papen und für den früheren Reichsbankpräsidenten Hjalmar Schacht auf Unverständnis. Der Gerichtshof verurteilte ferner das Führerkorps der NSDAP, die Gestapo, den SD (Sicherheitsdienst) und die SS als verbrecherische Organisationen; nicht verurteilt wurden SA, Reichsregierung, Generalstab und Oberkommando der Wehrmacht.

Die zu Haftstrafen verurteilten Kriegsverbrecher wurden in das eigens dafür hergerichtete Kriegsverbrechergefängnis in Berlin-Spandau gebracht, in dem Kommandos der vier Besatzungsmächte die Bewachung abwechselnd übernahmen. Alle Häftlinge wurden bis 1966, zum Teil vorzeitig, freigelassen; nur der zu lebenslänglicher Haft verurteilte Rudolf Heß blieb bis zu seinem Selbstmord 1987 im Gefängnis.

1.7 Entnazifizierung

Um die Umgestaltung des politischen Lebens in Deutschland zu verwirklichen, trafen die Siegermächte auf der Grundlage des *Potsdamer Abkommens* (▶1.4) Maßnahmen zur Säuberung des öffentlichen Lebens von Anhängern des Nationalsozialismus. Diese Entnazifizierung nahm in den einzelnen Besatzungszonen einen sehr unterschiedlichen Verlauf.

In der sowjetischen Zone stand sie im Zusammenhang mit den dort eingeleiteten Maßnahmen zur Umgestaltung der Wirtschafts- und Gesellschaftsstruktur (Bodenreform, Enteignungen, Verstaatlichungen) und diente in erster Linie der Ausschaltung von »Klassengegnern«. Die sowjetische Militäradministration führte die Säuberungen relativ schnell und rigoros durch, vor allem in der Justiz, in der Verwaltung und bei den Lehrern, reihte aber ebenso rasch ehemalige nominelle NSDAP-Mitglieder in die neuentstandene SED ein.

Die meisten Verfahren fanden in der US-Zone statt, dort wurde die Entnazifizierung am strengsten durchgeführt. Hier wie in den anderen Zonen mussten die Betroffenen einen Fragebogen mit 131 Fragen beantworten. Die US-Militärregierung hatte mit Deutschen besetzte Spruchkammern und Berufungskammern eingerichtet, die die Entnazifizierungsverfahren gerichtsförmig abwickelten und die Betroffenen jeweils in eine der fünf Kategorien einstuften: Hauptschuldige, Belastete, Minderbelastete, Mitläufer, Entlastete. Den in die drei ersten Kategorien Eingestuften drohten Strafen von der Einweisung in ein Arbeitslager (bis zu zehn Jahren) über Berufsverbot, Amtsverlust oder Pensionsverlust bis zur Aberkennung des aktiven und passiven Wahlrechts; für Mitläufer waren Geldbußen vorgesehen.

Die oft willkürlich erscheinenden Entscheidungen der Spruchkammern riefen Unmut in der deutschen Bevölkerung hervor, auch bei erklärten Nazigegnern. Die große Zahl der Verfahren – in Bayern etwa waren rund zwei Drittel der Bevölkerung von der Entnazifizierung berührt – führte dazu, dass zunächst die leichteren Fälle entschieden wurden, während die Verfahren gegen schwerer Belastete zurückgestellt wurden. Als dann die amerika-

Fragebögen zur Entnazifizierung werden vor einem Polizeirevier eingesammelt

nische Regierung im beginnenden Kalten Krieg das Interesse an einer Weiterführung der Säuberungsmaßnahmen verlor, wurde die Entnazifizierung bis zum 31. März 1948 abrupt eingestellt, ohne dass die Verfahren gegen schwerer Belastete abgeschlossen wurden. Dies führte erneut zu Kritik (»Die Kleinen hängt man, die Großen lässt man laufen«) und zu einer politischen Belastung beim Aufbau der Bundesrepublik Deutschland.

Die französischen Besatzungsbehörden nahmen die Entnazifizierung auf dem reinen Verwaltungswege und vor allem unter dem Gesichtspunkt politischer Zweckmäßigkeit vor. Die britische Militärregierung gab der Effektivität der aufzubauenden deutschen Verwaltung eindeutigen Vorrang vor der politischen Säuberung und beschäftigte zahlreiche ehemalige Beamte des Dritten Reichs. Sie behielt sich bis Mitte 1947 alle Entscheidungen über Entnazifizierungsmaßnahmen selbst vor. Nachdem in den westlichen Zonen seit 1948 die Entnazifizierung als Spruchtätigkeit im Wesentlichen abgeschlossen war, sind seit 1949 in allen Ländern der Bundesrepublik Deutschland Entnazifizierungs-Schlussgesetze erlassen worden.

Wahlplakate zu den ersten Berliner Wahlen im Oktober 1946

1.8 Demokratisierung/ Bildung der Parteien

Die Demokratisierung des politischen Lebens in Deutschland war eines der wichtigsten Ziele der Alliierten auf den großen Kriegskonferenzen – wenn auch ihre Auffassungen von Demokratie sehr unterschiedlich waren. Das *Potsdamer Abkommen* vom 2. August 1945 (▶1.4) sah die Dezentralisierung der politischen Struktur und eine lokale Selbstverwaltung nach demokratischen Grundsätzen vor. In ganz Deutschland sollten alle demokratischen Parteien zugelassen werden. Während Amerikaner und Briten in ihren Besatzungszonen erst im August bzw. September 1945 offiziell die Bildung von Parteien zuließen, hatten die Sowjets schnell gehandelt. Bereits am 10. Juni 1945 gaben sie in einem Befehl den Weg zur Bildung demokratischer Parteien in ihrer Besatzungszone frei – wohl auch deshalb, weil sie vor dem Einrücken der Westalliierten in Berlin (im Juli 1945) auf die in der alten Reichshauptstadt gegründeten und einen gesamtdeutschen Anspruch erhebenden Parteien Einfluss gewinnen wollten. Schon am 11. Juni 1945 – zeitlich offensichtlich mit dem sowjetischen Erlass abgestimmt – erfolgte der Aufruf des Zentralkomitees der KPD, der bewusst alle sozialistischen oder kommunistischen Forderungen vermied und sich gerade auch an bürgerliche Kräfte wandte. Einer der Unterzeichner war *Walter Ulbricht* (▶2.39), der kurz vor Kriegsende am 20. April als Leiter einer Gruppe deutscher Exilkommunisten aus Moskau nach Berlin eingeflogen worden war, die sofort die Parteiarbeit in Deutschland wieder aufnehmen sollte.

Am 15. Juni 1945 trat in Berlin der Zentralausschuss der SPD in seinem Aufruf mit weitgehenden Sozialisierungsvorstellungen hervor und forderte – im Gegensatz zur KPD – in »moralischer Wiedergutmachung politischer Fehler der Vergangenheit« die Vereinigung der beiden Arbeiterparteien. In Hannover hatte nach dem Einmarsch der Alliierten, aber noch vor Kriegsende der ehemalige SPD-Reichstagsabgeordnete *Kurt Schumacher*

(▶1.11) Parteimitglieder um sich versammelt und mit dem Wiederaufbau der SPD-Organisation begonnen. Schumacher lehnte den gesamtdeutschen Führungsanspruch des Berliner Zentralausschusses der SPD ebenso ab wie dessen Forderung nach Vereinigung mit der KPD. Auf der »Reichskonferenz« der SPD in Wennigsen bei Hannover am 5./6. Oktober 1945 einigte man sich, dass der Zentralausschuss für die sowjetische Zone und Kurt Schumacher für die Westzonen zuständig sein sollte. Diese Spaltung fand ihren Abschluss in dem Zusammenschluss von KPD und SPD zur SED (▶1.12) in der sowjetischen Zone 1946.

In den Westzonen knüpften SPD und KPD an die Traditionen der Weimarer Republik an. Mit der Gründung einer liberalen Partei, die schließlich den Namen FDP (▶1.10) annahm, versuchte man demgegenüber, den seit der Bismarckzeit in zwei Parteien gespaltenen Rechts- und Linksliberalismus in einer Partei zusammenzufassen. Eine echte Neugründung war hingegen die als überkonfessionelle Volkspartei angelegte CDU (▶1.9).

1.9 CDU und CSU

Wichtigste Gründungsorte der Christlich Demokratischen Union Deutschlands (CDU) waren Berlin, Köln und Frankfurt am Main. Die CDU entstand als neue Partei aus einer christlich-bürgerlichen Sammlungsbewegung, die aus der Erfahrung des Widerstandes gegen den Nationalsozialismus in beiden großen Konfessionen eine überkonfessionelle christliche Partei anstrebte. Ehemalige katholische Zentrumspolitiker, christliche Gewerkschafter, Protestanten, die in der Weimarer Zeit der DDP, DVP oder DNVP angehört hatten, fanden sich in der neuen Partei zusammen. An der Spitze der CDU in Berlin und in der sowjetischen Zone stand seit Dezember 1945 Jakob Kaiser, dessen Programm eines »christlichen Sozialismus« auch in der CDU der Westzonen verbreitet Zustimmung erhielt. In der sowjetischen Zone schloss sich die CDU dem Block der antifaschistischen Parteien an und verlor fast völlig ihre politische Eigenständigkeit. In Köln wurde am 17. Juni 1945 die »Christlich-Demokratische Partei« gegründet, in Frankfurt am 15. September 1945 die »Christliche Demokratische

Jakob Kaiser (CDU) bei den Berliner Wahlen vom Oktober 1946

Volkspartei«. Alle regionalen Gruppierungen einigten sich auf der Reichstagung vom 14. bis 16. Dezember 1945 in Bad Godesberg auf den gemeinsamen Namen »Christlich Demokratische Union«, ohne jedoch eine Gesamtorganisation zu bilden. Die am 13. Oktober 1945 gegründete »Christlich-Soziale Union in Bayern« (CSU) behielt ihren Namen wie auch ihre Selbstständigkeit bei. Die CSU war eine überkonfessionelle Parteineugründung, aber konservativer und stärker föderalistisch orientiert als die CDU.

Wichtigste Persönlichkeit der CDU wurde bald Konrad Adenauer (▶2.4), der Anfang 1946 den Parteivorsitz sowohl im Rheinland als auch in der britischen Zone übernahm. Erster Bundesvorsitzender wurde er 1950. Die Programmatik des »christlichen Sozialismus«, im Rheinland unter anderem von Karl Arnold verkörpert, fand Eingang in das Ahlener Programm, das die CDU der britischen Zone am 3. Februar 1947 verabschiedete. Der Einfluss der Gewerkschafter in der Partei ging in der Folgezeit freilich zurück, das Schwergewicht verlagerte sich auf den bürgerlichen und industriellen Flügel. In Abkehr vom Ahlener Programm, das jedoch nicht annulliert wurde, bekannte sich die CDU der britischen Zone in ihren Düsseldorfer Leitsätzen vom Juli 1949 zum Konzept einer privatwirtschaftlich verfassten sozialen Marktwirtschaft, wie es Professor *Ludwig Erhard* (▶3.6) vertrat.

1.10 FDP und LDPD

Die liberalen Parteigründungen nach dem Krieg wurden vor allem von ehemaligen Politikern der DDP, aber auch der DVP betrieben. Sie zielten auf eine Überwindung der alten Spaltung in rechts- und linksliberale Parteiorganisationen. In Berlin wurde am 5. Juli 1945 die Liberal-Demokratische Partei Deutschlands (LDPD) unter Wilhelm Külz gegründet, die einen gesamtdeutschen Anspruch erhob, faktisch aber auf die sowjetische Zone beschränkt blieb. Der wichtigste Schwerpunkt liberaler Parteigründungen in den Westzonen lag in Württemberg und Baden, wo *Theodor Heuss* (▶2.6) und Reinhold Maier die Demokratische Volkspartei (DVP) aufbauten. In Hamburg wurde im September 1945 die »Partei der Freien Demokraten« gegründet, die der späteren Bundespartei den Namen gab. Auf Zonenebene entstanden liberale Parteiorganisationen im Januar 1946 in der britischen, im September 1946 in der amerikanischen Zone, in der französischen Zone erst später. Bei aller programmatischen Vielfalt waren den Liberalen die Ablehnung kirchlichen Einflusses auf den Staat und das Eintreten für eine privatwirtschaftliche Ordnung gemeinsam.

Die im März 1947 gegründete lockere gesamtdeutsche Parteiorganisation brach im Januar 1948 wieder auseinander, nachdem sich die LDPD in der sowjetischen Zone am Deutschen Volkskongress (▶1.22) beteiligte und zunehmend unter den Einfluss der SED geriet. Die Landesparteien in den Westzonen schlossen sich am 11. Dezember 1948 in Heppenheim an der Bergstraße zur Freien Demokratischen Partei (FDP) zusammen. Zum ersten Bundesvorsitzenden der FDP wurde Theodor Heuss gewählt.

1.11 Kurt Schumacher

Geboren in Culm (Westpreußen) am 13. Oktober 1895, verlor Schumacher als Kriegsfreiwilliger im 1. Weltkrieg einen Arm; er studierte Jura und Nationalökonomie. 1918 wurde er Mitglied des Berliner Arbeiter- und Soldatenrates. 1920–24 war er Redakteur der sozialdemokratischen »Schwäbischen Tagwacht« in Stuttgart, 1924–31 SPD-Landtagsabgeordneter in Württemberg. Seit 1930 Mitglied des Reichstags, gehörte Schumacher zu den SPD-Politikern, die den konsequenten Kampf gegen den Nationalsozialismus mit einer geistigen und organisatorischen Erneuerung der SPD verbinden wollten. Von 1933 bis 1943 und nochmals 1944 war Schumacher in KZ-Haft.

Noch vor dem Kriegsende am 8. Mai 1945 begann er von Hannover aus mit dem Wiederaufbau der SPD und wurde rasch deren führender Politiker in den westlichen Besatzungszonen. Er widersetzte sich mit aller Schärfe der nun von vielen Sozialdemokraten gestellten Forderung nach Vereinigung mit der KPD. Im Mai 1946 wurde er zum Vorsitzenden der SPD gewählt. Trotz seiner schweren Erkrankung infolge der KZ-Haft im Dritten Reich – u. a. musste ihm ein Bein abgenommen werden – widmete sich Schumacher mit großer Energie und Leidenschaft der politischen Arbeit und wurde neben seinem erfolgreicheren Gegenspieler Konrad Adenauer der profilierteste deutsche Politiker der Nachkriegszeit. In der Wirtschaftspolitik vertrat er ein sozialistisches Konzept und bekämpfte die Wiederherstellung privatkapitalistischer Verhältnisse.

Wahlversammlung der LDP (später: FDP) 1948 in Berlin. Theodor Heuss am Rednerpult

KAPITEL 1

Kurt Schumacher bei einer SPD-Kundgebung in Frankfurt am Main (1947)

Seine Hoffnung, ja Gewissheit, dass die SPD die führende Rolle in der deutschen Nachkriegspolitik übernehmen werde, erfüllte sich aufgrund der Wahlergebnisse nicht. So wurde Schumacher 1949 der erste Oppositionsführer des Deutschen Bundestages. Er lehnte Adenauers Politik der Westintegration ab, weil er befürchtete, dass durch sie die Wiedervereinigung Deutschlands für lange Zeit verhindert werden würde. Er starb am 20. August 1952 in Bonn.

1.12 SED

»Wir sind der Auffassung, dass der Weg, Deutschland das Sowjetsystem aufzuzwingen, falsch wäre ...« war im Gründungsaufruf der KPD vom 11. Juni 1945 (▶1.8) betont worden. Der Forderung nach der Vereinigung der beiden Arbeiterparteien, die von vielen Sozialdemokraten und vom Zentralausschuss der SPD erhoben wurde, verweigerten sich die Kommunisten zunächst. Offensichtlich wollten sie zuerst die eigene Organisation festigen und in Zusammenarbeit mit der Sowjetischen Militäradministration in Deutschland (SMAD) wichtige Personalentscheidungen in der sowjetischen Zone beeinflussen. Außerdem bestand bei den KPD-Politikern wohl die Erwartung, mit ihrem antifaschistisch-demokratischen Programm eine breite Anhängerschaft gewinnen zu können. Nachdem sich jedoch herausgestellt hatte, dass die KPD einen sehr viel geringeren Zulauf als die SPD und die bürgerlichen Parteien hatte, forderte die KPD nun ab Oktober 1945 ihrerseits die Vereinigung mit der SPD. Die SPD und ihr Berliner Zentralausschuss unter Otto Grotewohl, der nun Vorbedingungen für eine Vereinigung mit der KPD stellte, gerieten unter massiven Druck der sowjetischen Besatzungsmacht; es kam auch zu Verhaftungen einzelner SPD-Funktionäre. Eine Urabstimmung unter den Parteimitgliedern über den Zusammenschluss wurde von der SMAD unterbunden. Die nur in den Westsektoren Berlins am 31. März 1946 durchgeführte Urabstimmung unter den SPD-Mitgliedern (rund 73 % beteiligten sich) ergab 82,2 % der Stimmen gegen eine Vereinigung mit der KPD.

Doch der Zentralausschuss der SPD gab dem Druck der Verhältnisse nach; der SPD-Parteitag der sowjetischen Zone billigte den Zusammenschluss am 19./20. April 1946, und am 21./22. April 1946 wurde dieser auf dem Vereinigungsparteitag, dem 1. Parteitag der Sozialistischen Einheitspartei Deutschlands (SED), vollzogen. Den Vorsitz der SED übernahmen gemeinsam der Kommunist Wilhelm Pieck und der Sozialdemokrat Otto

26

Grotewohl. Die Positionen in der Partei wurden zunächst paritätisch von Sozialdemokraten und Kommunisten besetzt. Nach dem Bruch der Sowjetunion mit Jugoslawien, das unter Tito eine eigenständige Politik verfolgte, wurde die SED seit Jahresmitte 1948 in eine »Partei neuen Typus« umgewandelt, die sich immer stärker dem sowjetischen Vorbild anpasste. Die Thesen vom besonderen deutschen Weg zum Sozialismus wurde ausdrücklich widerrufen, und 1949 sagte die SED-Führung dem »Sozialdemokratismus« den Kampf an.

1.13 Bizone

Das *Potsdamer Abkommen* (▶1.4) hatte festgelegt, dass ganz Deutschland als wirtschaftliche Einheit behandelt werden sollte. Welch negative Auswirkungen es hatte, dass dies nicht verwirklicht wurde, zeigte sich bereits bei der Versorgungskatastrophe im Winter 1945/46. Die französische Besatzungsmacht lehnte die Errichtung deutscher Zentralbehörden strikt ab. Die USA schlugen daraufhin eine gemeinsame Wirtschaftsverwaltung für die drei übrigen Zonen vor, stießen damit aber bei Briten und Sowjets auf Ablehnung. Nach den Pariser Außenministerkonferenzen forderten die USA am 20. Juli 1946 im *Alliierten Kontrollrat* (▶1.2) unter Bezug auf das Potsdamer Abkommen mehrseitige Verträge zwischen den Besatzungsmächten in Deutschland, um die wirtschaftlichen Probleme zu bewältigen. Während die Sowjetunion den amerikanischen Vorschlag ablehnte und Frankreich sich ausweichend verhielt, stimmten die Briten zehn Tage später zu. Die damit eingeleitete Wende in der amerikanischen und britischen Deutschlandpolitik kam am deutlichsten in der berühmt gewordenen Rede des amerikanischen Außenministers James F. Byrnes am 6. September 1946 in Stuttgart vor deutschen Politikern zum Ausdruck, in der Byrnes bei den Deutschen für die baldige Errichtung eines nichtkommunistischen deutschen Kernstaates warb.

Am 1. Januar 1947 trat der amerikanisch-britische Vertrag über die Bildung des Vereinigten Wirtschaftsgebietes der Bizone in Kraft. Die Organisation der Bizone wurde zweimal geändert; seit Februar 1948 hatte sie folgende Gestalt: Oberstes Organ war der Wirtschaftsrat, eine parlamentarische Versammlung, deren 104 Mitglieder von den Länderparlamenten entsandt wurden. Der Länderrat wurde aus je zwei Vertretern der acht Landesregierungen gebildet; die Exekutive bildeten sechs Verwaltungen (Ernährung und Landwirtschaft, Verkehr, Wirtschaft, Finanzen, Post- und Fernmeldewesen, Arbeit), deren Direktoren vom Wirtschaftsrat gewählt wurden und unter einem Oberdirektor zusammen den Verwaltungsrat bildeten. Wirtschaftlich ergänzten sich die amerikanische und die britische Zone sehr gut. Die britische Zone verfügte v. a. über Rohstoffe und Grundstoffindustrien, die amerikanische v. a. über verarbeitende Industrie; der Anteil der Landwirtschaft war in beiden Zonen etwa gleich groß. Die Bizone umfasste eine Bevölkerung von etwa 39 Millionen Menschen. Amerikaner und Briten hatten sich bei der Bildung der Bizone ausdrücklich auf das Potsdamer Abkommen bezogen und Sowjets und Franzosen zum Beitritt ihrer Zonen aufgefordert. Trotz des Drängens der deutschen Repräsentanten in der französischen Zone vollzog Frankreich erst am 8. April 1949 den Beitritt seiner Zone zum Vereinigten Wirt-

Wilhelm Pieck (links) und Otto Grotewohl, die beiden ersten Vorsitzenden der SED, am 21. April 1946

Der amerikanische Außenminister James F. Byrnes bei seiner Rede in Stuttgart am 6. September 1946

schaftsgebiet, das damit zur »Trizone« wurde. Im Prozess der *Teilung Deutschlands* (▶1.15) wurden Bizone und Trizone zu Vorläufern bei der Bildung der Bundesrepublik Deutschland.

1.14 Sozialistischer oder kapitalistischer Weg?

Mit der Bildung demokratischer Parteien in den Westzonen begann bald eine lebhafte Diskussion über die künftige Wirtschaftsverfassung, bei der Forderungen nach Sozialisierung sowie nach Mitbestimmung auf Betriebs- und Unternehmensebene im Vordergrund standen. In der SPD und bei den Gewerkschaften war die Meinung vorherrschend, dass die politische Macht der Schwerindustrie, die die Machtergreifung der Nationalsozialisten ausschlaggebend unterstützt hatte, in der neu aufzubauenden Wirtschaftsstruktur durch Sozialisierung und Mitbestimmung der Arbeitnehmer gebrochen werden musste. Ganz ähnliche Vorstellungen enthielten auch die Entwürfe der Berliner Christdemokraten um Jakob Kaiser mit ihrem »christlichen Sozialismus«. Auch im Ahlener Programm der *CDU* (▶1.9) der britischen Zone vom Februar 1947 wurde festgestellt, dass »die Zeit der unumschränkten Herrschaft des privaten Kapitalismus vorbei ist«. Kohle und Eisenindustrie sollten vergesellschaftet, die Großbetriebe entflochten werden. Die Sozialisierungsforderungen fanden Eingang in die 1946/47 verabschiedeten Landesverfassungen. Am weitesten ging dabei der Artikel 41 der hessischen Verfassung: »Mit In-Kraft-Treten dieser Verfassung werden 1. in Gemeineigentum überführt: der Bergbau (Kohle, Kali, Erze), die Betriebe der Eisen- und Stahlerzeugung, die Betriebe der Energiewirtschaft und das an Schienen oder Oberleitungen gebundene Verkehrswesen.« Die amerikanische Besatzungsmacht verlangte eine gesonderte Volksabstimmung über den Artikel 41, die am 1. Dezember 1946 gleichzeitig mit der Abstimmung über den übrigen Text der Verfassung stattfand und 71% der Stimmen für den Sozialisierungsartikel erbrachte. Daraufhin setzten die Amerikaner den Vollzug dieses Artikels aus. Die Durchführung ähnlicher Verfassungsbestimmungen oder Gesetze in den Ländern der Westzonen scheiterte am Einspruch der USA – dem sich auch die britische Besatzungsmacht beugte –, die künftige Wirtschaftsordnung sei erst von dem zu errichtenden Gesamtstaat festzulegen. Damit wurde die Umsetzung der Sozialisierungsvorstellungen verhindert.

Während sich FDP und CSU von Anfang an gegen Sozialisierung aussprachen, setzte sich in der CDU in den Jahren 1948/49 das vor allem von *Ludwig Erhard* (▶3.6) befürwortete Konzept der *sozialen Marktwirtschaft* (▶2.25) durch, das auf dem Privateigentum an den Produktionsmitteln basiert und dem Staat Schutz- und Korrekturaufgaben zuweist. Eine verfassungsrechtliche Entscheidung für eine bestimmte Wirtschaftsordnung hat der Parlamentarische Rat im Grundgesetz nicht getroffen. Nach zahlreichen wirtschaftspolitischen Vorentscheidungen, u.a. der Abschaffung der Zwangswirtschaft, der *Währungsreform* (▶1.19) und dem *Marshallplan* (▶1.18), brachte das Ergebnis der ersten Bundestagswahl 1949 eine Gesetzgebungsmehrheit für die Verwirklichung der sozialen Marktwirtschaft.

1.15 »Kalter Krieg« und Teilung Deutschlands

Bald nach der Beendigung des 2. Weltkriegs entwickelte sich der weltpolitische Gegensatz zwischen der Sowjetunion einerseits und den USA und den anderen Westmächten andererseits. Das Vorgehen der Sowjetunion in Mittel- und Osteuropa, auch hinsichtlich der deutsch-polnischen Grenze, hatte das Misstrauen und den Unwillen der Westmächte geweckt. Bereits am 5. März 1946 beschwor Churchill in einer Rede in den USA das Bild vom »Eisernen Vorhang«, der von Stettin bis Triest über Europa niedergegangen sei. Die Sowjetunion ihrerseits fühlte sich vom expansiv auftretenden Kapitalismus der USA bedroht, der das Verlangen nach freiem Welthandel und offenen Märkten mit der politischen Forderung verband, den Grundsätzen liberaler Demokratie weltweite Geltung zu verschaffen. Von daher bemühte sich die Sowjetunion, ihre im Krieg durch die Rote Armee geschaffene Einflusssphäre durch Förderung der kommunistischen Parteien und v. a. mit polizeistaatlichen Mitteln zu konsolidieren. Amerikanisch-sowjetische Interessenkonflikte in Iran, in Griechenland und in der Türkei 1946/47 markierten den Beginn des Kalten Krieges – ein »heißer« Krieg zwischen den beiden Weltmächten wurde von beiden sorgsam vermieden. Die nun betriebene amerikanische Politik der Eindämmung (»containment«) ging von der Teilung der Welt in eine amerikanische und eine sowjetische Einflusssphäre aus, beantwortete jedoch jeden sowjetischen Versuch einer Änderung des Status quo mit militärischem Gegendruck.

Auf das besiegte und besetzte Deutschland wirkte sich der Kalte Krieg besonders stark aus. Die Sowjetunion beurteilte die von der US-Regierung vorgeschlagene wirtschaftliche Vereinigung der Besatzungszonen zur Verbesserung der Versorgung der Bevölkerung – ebenso wie später den Marshallplan – als gezielte Maßnahmen des »amerikanischen Wirtschaftsimperialismus«, zumal auch die von ihr immer wieder erhobene Forderung nach einer Beteiligung an der Kontrolle des Ruhrgebietes von den Briten abgelehnt wurde. Die sowjetische Deutschlandpolitik wurde von den USA entsprechend der Eindämmungsdoktrin als der Versuch angesehen, ganz Deutschland in die sowjetische Einflusssphäre einzubeziehen. Alle Aktionen der Machtstabilisierung in der sowjetisch besetzten Zone wurden unter diesem Blickwinkel betrachtet. Dabei bleibt die Frage offen, ob nicht das deutschlandpolitische Konzept Stalins weniger auf Einbeziehung Deutschlands in den eigenen Machtbereich abzielte als vielmehr darauf, den Anschluss Deutschlands an den kapitalistischen Westen zu verhindern und ein bürgerliches, neutrales, der Sowjetunion nicht feindlich gegenüberstehendes Gesamtdeutschland zu schaffen. Die amerikanische Führung jedenfalls meinte vor der Alternative zu stehen, ganz Deutschland an die Sowjetunion zu verlieren oder die Teilung Deutschlands zu akzeptieren; sie entschied sich für die Errichtung eines westdeutschen Teilstaates. Der Versuch Stalins, dies mit der *Berliner Blockade* 1948/49 (▶1.20), dem bis dahin schwersten Konflikt der Westmächte mit der UdSSR in der Nachkriegszeit, zu verhindern, schlug fehl. So führte die Politik der Siegermächte im Kalten Krieg zur Gründung der Bundesrepublik Deutschland und der Deutschen Demokratischen Republik im Jahre 1949.

1.16 Münchner Ministerpräsidentenkonferenz

In Ost und West waren deutsche Politiker in den ersten Nachkriegsjahren bemüht, miteinander im Gespräch zu bleiben und der drohenden Teilung Deutschlands entgegenzuwirken. Jakob Kaiser, der Vorsitzende der CDU in der Sowjetzone, hatte im März 1947 in der interzonalen Arbeitsgemeinschaft von CDU und CSU durchgesetzt, dass aus allen Zonen die Führungsgremien der Parteien eingeladen werden sollten, um in Form einer ständigen Konferenz die Vorstufe zu einer parlamentarischen Vertretung des ganzen deutschen Volkes zu schaffen. Diese Initiative wurde in den Parteien der Westzonen positiv aufgenommen, scheiterte aber am Widerstand des SPD-Vorsitzenden *Kurt Schumacher* (▶1.11), der eine Konferenz mit der SED ablehnte, solange die SPD in der sowjetischen Zone nicht wieder zugelassen war.

Jetzt nahmen die Ministerpräsidenten der Länder den Gedanken einer gesamtdeutschen Vertretung auf. Der bayerische Ministerpräsident Hans Ehard (CSU) lud zu einer Zusammenkunft aller Länderregierungschefs für den 6. und 7. Juni 1947 nach München ein.

KAPITEL I

Nach seiner Meinung mussten sich, solange es keine Instanz für Gesamtdeutschland gab, die Ministerpräsidenten als »Treuhänder des deutschen Volkes« betrachten. Die Teilnahme der Ministerpräsidenten aus der sowjetischen Zone war zunächst unsicher. Als sie dann doch zur Vorbesprechung am Abend des 5. Juni eintrafen, beanstandeten sie, dass bereits eine feste Tagesordnung vorlag. Da ihre Änderungswünsche nur zum Teil Berücksichtigung fanden, reisten sie wieder ab, bevor die Konferenz begonnen hatte.

Das Scheitern dieses einzigen Versuchs, mithilfe einer gesamtdeutschen Konferenz die Spaltung Deutschlands zu verhindern, hatte mehrere Ursachen, die alle bereits im Vorfeld des Treffens lagen: Auf Betreiben Schumachers hatten die Regierungschefs der britischen Zone sich darauf geeinigt, dass die Konferenz sich nicht mit rein politischen Themen befassen dürfe. Auch Frankreich hatte den Ministerpräsidenten seiner Zone zur Auflage gemacht, dass nur wirtschaftliche Themen behandelt werden dürften. Auf der anderen Seite waren die Ministerpräsidenten der sowjetischen Zone auf Drängen Ulbrichts mit der bindenden Weisung versehen worden, »als Tagesordnungspunkt den Antrag auf Bildung einer deutschen Zentralverwaltung durch Verständigung der demokratischen deutschen Parteien und Gewerkschaften zur Schaffung eines deutschen Einheitsstaates zu stellen und im Fall einer Ablehnung sofort die Konferenz zu verlassen«.

1.17 Schwarzmarkt

In den ersten Nachkriegsjahren war die Versorgungslage der deutschen Bevölkerung äußerst angespannt. Die in den letzten Kriegsjahren eingeführte Bewirtschaftung aller Konsumgüter wurde von den Militärregierungen beibehalten. Aber es war nicht einmal gesichert, dass man die auf den Lebensmittelkarten eingedruckten Güter auch erhielt. Da infolge der Kriegswirtschaft große Geldvorräte vorhanden waren, denen nur ein minimales Warenangebot gegenüberstand, kam es zur Ausbildung eines üppig blühenden Schwarzmarktes, vor allem in den Städten. Hier war gegen viel Geld oder im Tauschhandel Ware gegen Ware nahezu alles zu beschaffen. Eine große Rolle spielte dabei die so genannte Zigarettenwährung. Wer »Ami-Zigaretten« besaß, konnte damit Butter, Brot und andere Lebensmittel auf dem schwarzen Markt erstehen. Ein großer Teil der Bevölkerung beteiligte sich an diesen irregulären Geschäften, um zu überleben. Nach der *Währungsreform* (▶1.19) normalisierte sich das Warenangebot in den Geschäften, und der Schwarzmarkt verschwand.

1.18 Marshallplan

Die wirtschaftliche Not in den Ländern Europas, vor allem auch in den Besatzungszonen Deutschlands, war in den Augen der ameri-

Teilnehmer der Münchner Ministerpräsidentenkonferenz im Juni 1947 (von links nach rechts): Theodor Steltzer (Schleswig-Holstein), Hans Ehard (Bayern), Rudolf Amelunxen (Nordrhein-Westfalen), Christian Stock (Hessen), Hinrich Wilhelm Kopf (Niedersachsen), Reinhold Maier (Württemberg-Baden), Wilhelm Kaisen (Bremen)

kanischen Regierung ein großes Hindernis bei der Eindämmung des Kommunismus. Die bisherigen Anleihen der USA erwiesen sich als ungenügend, weitere Kredite waren in der amerikanischen Öffentlichkeit unpopulär. So bot der neue amerikanische Außenminister George C. Marshall am 5. Juni 1947 allen europäischen Ländern ein Hilfsprogramm an. Die Sowjetunion lehnte am 2. Juli 1947 eine Teilnahme daran ab; dieser Entscheidung mussten wenige Tage später auch die in ihrem Einflussbereich liegenden Staaten folgen. Die meisten anderen europäischen Staaten sowie die Westzonen Deutschlands wurden in den Marshallplan einbezogen, der am 3. April 1948 vom amerikanischen Kongress verabschiedet wurde.

Jugendliche werden von der Polizei auf Schwarzmarktgüter durchsucht (1947)

Die Hilfsleistungen wurden auf Vorschlag der neu gegründeten Organisation für europäische wirtschaftliche Zusammenarbeit (OEEC) in Paris verteilt. Die Hilfe umfasste Sachlieferungen, vor allem Geschenke von Lebensmitteln und Rohstoffen, sowie Kredite. In den europäischen Ländern wurden die Gegenwerte für die empfangenen Hilfen in inländischen Zahlungsmitteln bei der jeweiligen Zentralbank gesammelt. So entstanden in den einzelnen Ländern investierbare Fonds, die eigene wirtschaftliche Aktivitäten anregten. Der DM-Fonds bei der Bank deutscher Länder wurde vor allem für Investitionen in den Grundstoffindustrien, in der Landwirtschaft, im Verkehrswesen, in der Forschung, in der Exportförderung und im Wohnungsbau verwendet. Bis 1957 erhielten die drei Westzonen und West-Berlin bzw. die Bundesrepublik Deutschland, die dem Abkommen am 15. Dezember 1949 beigetreten war, Hilfeleistungen in Höhe von 1,7 Milliarden Dollar, die den raschen wirtschaftlichen Aufbau und das spätere »Wirtschaftswunder« ermöglichten.

1.19 Währungsreform

Eine Vorbedingung für die Einbeziehung der Westzonen in den *Marshallplan* (▶1.18) war die grundlegende Bereinigung der Währungsverhältnisse. Durch die nationalsozialistische Kriegswirtschaft war eine riesige Geldmenge entstanden, der nur ein geringes Warenangebot gegenüberstand. Nachdem am 1. März 1948 die Bank deutscher Länder gegründet worden war, wurde am 19. Juni 1948 – einem Samstag – ein Währungsgesetz der drei westlichen Militärgouverneure über Rundfunk und Extrablätter bekannt gegeben. Die Währungsreform wurde am 20./21. Juni durchgeführt. Jeder Bewohner der Westzonen erhielt im Umtausch gegen 60 Reichsmark ein so genanntes Kopfgeld von 40 Deutschen Mark, im August noch einmal 20 DM; Unternehmen erhielten für jeden beschäftigten Arbeitnehmer 60 DM. Löhne, Gehälter, Pensionen, Renten, Mieten und Pachtzinsen wurden im Verhältnis 1:1 umgestellt, die meisten anderen Verbindlichkeiten 10:1. Besonders hart getroffen waren die Besitzer von Sparguthaben, weil diese im Verhältnis 100:6,5 abgewertet wurden. Demgegenüber wurden die Besitzer von Sachwerten wie Grund und Boden, Häusern, Produktionsbetrieben, Lagern begünstigt. Die Währungsreform war damit auch eine Grundentscheidung über die künftige Vermögensverteilung.

Am 20. Juni 1948 verkündete *Ludwig Erhard* (▶3.8), der Direktor für Wirtschaft in der Trizonenverwaltung, eigenmächtig – ohne Zustimmung der Besatzungsmächte – die weitgehende Aufhebung der Bewirtschaftung und Preisbindung. Über Nacht wurde nun plötzlich in den Geschäften alles, was bisher gesetzwidrig zurückgehalten worden war, angeboten; der Schwarzmarkt verschwand spurlos. Die Sowjetzonenverwaltung zog am 23. Juni 1948 mit einer eigenen Währungsreform nach, die auf ganz Berlin ausgedehnt werden sollte. Als die Westmächte die

KAPITEL I

Währungsreform im Juni 1948: Umtauschstelle in Hamburg

DM-Währung in den Westsektoren Berlins einführten, begannen die Sowjets mit der *Berliner Blockade* (▶1.20), die von den Westmächten mit einer Luftbrücke beantwortet wurde.

1.20 Berliner Blockade

Die Reichshauptstadt Berlin war bei Kriegsende allein von der Sowjetarmee erobert worden, aber bereits im Protokoll der Europäischen Beratenden Kommission vom 12. September 1944 hatten die Alliierten den Dreimächtestatus (später den Viermächtestatus) der Stadt und die Einteilung in entsprechende Sektoren festgelegt. Regelungen für den Verkehr der westlichen Truppeneinheiten oder gar der Zivilbevölkerung zwischen den Westzonen und West-Berlin durch die sowjetische Zone waren nicht getroffen worden. Lediglich bezüglich des Luftverkehrs wurde Ende November 1945 vereinbart, drei Luftkorridore von Hamburg, Hannover und Frankfurt am Main nach Berlin einzurichten, ferner eine alliierte Kontrollzone über dem Stadtgebiet von Berlin.

Nachdem der *Alliierte Kontrollrat* (▶1.2) durch den Auszug der Sowjets am 20. März 1948 funktionsunfähig geworden war, kam es zu Behinderungen westalliierter Truppentransporte auf den Zufahrtswegen nach Berlin. Bereits damals richteten Amerikaner und Briten eine kleine Luftbrücke ein. Als die westlichen Alliierten die DM-Währung der Westzonen auch in den Westsektoren Berlins einführten, verhängte die Sowjetunion am 24. Juni 1948 eine totale Sperre der Schienen- und Straßenwege, einige Tage später auch der Wasserwege. Damit waren die Westsektoren auch von den Stromlieferungen aus dem Ostsektor und der Zufuhr von Frischmilch und anderen Lebensmitteln aus der sowjetischen Zone abgeschnitten. Mit dem Anspruch, Berlin liege auf dem Territorium der sowjetischen Besatzungszone, trat jetzt die Sowjetunion aggressiv gegen die im Viermächtestatus festgeschriebenen Rechte der Westmächte auf. Sie wollte durch Aushungern die West-Berliner Bevölkerung mürbe machen und die westlichen Besatzungsmächte zur Aufgabe ihrer Position in Berlin zwingen.

Auf diese Kampfansage reagierten Amerikaner und Briten mit der Einrichtung einer Luftbrücke. Initiator war der amerikanische Militärgouverneur Lucius D. Clay. In einer einmaligen organisatorischen, technischen und menschlichen Leistung wurden während der elfmonatigen Blockade in etwa 195 000 Flügen fast 1,5 Millionen Tonnen Lebensmittel, Kohle, Baumaterialien und andere Güter nach Berlin eingeflogen. Alle 2 bis 3 Minuten landete eine Maschine auf einem der drei West-Berliner Flughäfen. Zum Flug in die Stadt standen den Westalliierten acht westdeutsche Flugplätze und nur drei Luftkorridore von je 30 km Breite zur Verfügung. An die verunglückten Piloten der Luftbrücke erinnert das Luftbrückendenkmal vor dem Flughafen Berlin-Tempelhof. Zum Repräsentanten des Widerstandswillens der Bevölkerung in West-Berlin wurde Ernst Reuter (SPD), der sein Amt als Oberbürgermeister bis Dezember 1948 aufgrund eines sowjetischen Vetos nicht ausüben konnte. Mit der Berliner Blockade, die den ersten gefährlichen Höhepunkt des *Kalten Krieges* (▶1.15) bildete, strebte die Sowjetunion das politische Ziel an, die sich abzeichnende Einbindung Westdeutschlands und West-Berlins in das westliche Staatenbündnis zu verhindern. Tatsächlich hat die Blockade diesen Prozess beschleunigt, da die Zusammenarbeit zwischen den USA, Großbritannien und den deutschen Politikern in den Westzonen ge-

VORGESCHICHTE

Während der Berliner Blockade stellten die USA und Großbritannien mit ihrer Luftbrücke die Versorgung West-Berlins sicher

stärkt wurde. Nachdem die Sowjets erkannt hatten, dass sie ihre Ziele nicht durchsetzen konnten, beendeten sie nach Geheimverhandlungen mit den USA und einem Abkommen der vier Mächte am 12. Mai 1949 die Berliner Blockade.

Während der Blockadezeit erfolgte auch die politische und verwaltungsmäßige Spaltung Berlins. Nach dem Auszug der Sowjets aus der alliierten Stadtkommandantur am 16. Juni 1948 bildeten die Westmächte im Dezember 1948 eine Drei-Mächte-Kommandantur in West-Berlin und bestätigten die Wahl Ernst Reuters zum Oberbürgermeister durch die am 5. Dezember nur in den Westsektoren gewählte Stadtverordnetenversammlung. Seit dem 20. November 1948 amtierte Friedrich Ebert (SED), der Sohn des früheren Reichspräsidenten, als Oberbürgermeister im sowjetischen Sektor Berlins, der 1949 zur Hauptstadt der DDR erklärt wurde.

1.21 Parlamentarischer Rat

Im Zuge des *Kalten Kriegs* (▶1.15) zwischen Ost und West nahmen die Überlegungen der Amerikaner und Briten zur Errichtung eines westdeutschen Teilstaates zunehmend konkrete Gestalt an. Die bis dahin bestehenden Widerstände Frankreichs konnten auf der Londoner Sechsmächtekonferenz abgebaut werden, an der vom 23. Februar bis 5. März und vom 20. April bis 1. Juni 1948 die drei westlichen Besatzungsmächte sowie die Niederlande, Belgien und Luxemburg als unmittelbare westliche Nachbarn Deutschlands teilnahmen. Die Londoner Empfehlungen bildeten die Grundlage für die »Frankfurter Dokumente«, die die Militärgouverneure den Ministerpräsidenten der westdeutschen Länder am 1. Juli 1948 übergaben. Die Ministerpräsidenten wurden darin aufgefordert, eine verfassunggebende Nationalversammlung einzuberufen, die spätestens am 1. September 1948 zusammentreten sollte. Weiterhin wurde ein *Besatzungsstatut* (▶2.7) angekündigt, das die Beziehungen zwischen einer künftigen deutschen Regierung und den Besatzungsmächten regeln sollte. Die Ministerpräsidenten, die vom 8. bis 10. Juli im Hotel »Rittersturz« in Koblenz tagten, hoben bei ihrer Stellungnahme zu den »Frankfurter Dokumenten« hervor, dass vermieden werden müsse, »die Spaltung zwischen West und Ost zu vertiefen«. Sie wehrten sich gegen den Staatscharakter des zu errichtenden Gebildes und plädierten für ein Provisorium, das einen gemeinsamen organisatorischen Rahmen für den Bereich der Westzonen bilden sollte. Dementsprechend verwarfen sie den Begriff »Verfassung« und schlugen statt dessen ein »Grundgesetz« vor – der Hamburger Bürgermeister Max Brauer hatte diesen Begriff in die Debatte eingeführt. Auch eine Volksabstimmung über den Verfassungsentwurf lehnten sie ab; die Länderparlamente sollten das Grundgesetz ratifizieren. In den beiden letztgenannten Punkten konnten sich die deutschen Länderregierungschefs durchsetzen; sie erreichten auch, dass das Grundgesetz nicht von einer vom Volk gewählten Nationalversammlung, sondern von einem Parlamentarischen Rat erarbeitet wurde, dessen 65 Mitglieder von den Länderparlamenten bestimmt wurden.

Ihre grundsätzlichen Bedenken gegenüber einer westdeutschen Teilstaatsbildung schoben die Ministerpräsidenten jedoch beiseite, nachdem der US-Militärgouverneur Lucius D. Clay mit Konsequenzen für das eingeschlossene Berlin gedroht und der Berliner Oberbürgermeister Ernst Reuter darauf hingewiesen hatte, dass die befürchtete Spaltung Deutschlands bereits Wirklichkeit geworden sei.

KAPITEL I

Ein von den Ministerpräsidenten berufener Verfassungskonvent erarbeitete in Herrenchiemsee vom 10. bis 23. August einen Verfassungsentwurf, und am 1. September 1948 trat in Bonn der Parlamentarische Rat zusammen. Ihm gehörten je 27 Abgeordnete der CDU/CSU und der SPD an, 5 der FDP, je 2 der KPD, der DP und des Zentrums. Hinzu kamen 5 Abgeordnete aus Berlin, die lediglich beratendes Stimmrecht besaßen. Zum Präsidenten des Parlamentarischen Rates wurde Konrad Adenauer gewählt, den Vorsitz des Hauptausschusses übernahm Carlo Schmid (SPD).

Nach langen, oft kontrovers geführten Debatten, vor allem über die Vorschläge der Militärgouverneure und über die Finanz- und Kompetenzverteilung zwischen Bund und Ländern, wurde das *Grundgesetz* für die Bundesrepublik Deutschland (▶2.1) am 8. Mai 1949 mit 53 gegen 12 Stimmen angenommen. Dagegen stimmten die Abgeordneten der KPD, der DP und des Zentrums sowie sechs der acht CSU-Abgeordneten. Mit Ausnahme Bayerns, dem die neue Staatsordnung zu zentralistisch angelegt war, stimmten die Landtage aller westdeutschen Länder dem Grundgesetz zu. Die drei Militärgouverneure genehmigten das Grundgesetz am 12. Mai, am 23. Mai 1949 wurde es verkündet und trat am folgenden Tag in Kraft.

1.22 Deutscher Volksrat

Am 6. und 7. Dezember 1947 trat in Berlin der »Deutsche Volkskongress für Einheit und gerechten Frieden« zusammen, dessen Delegierte auf eine Initiative der SED hin aus Parteien und Massenorganisationen der sowjetischen Zone gewählt worden waren, zum geringen Teil auch aus den Westzonen stammten. Angesichts der erkennbaren Tendenz der Amerikaner und Briten, einen westdeutschen Teilstaat zu errichten, verlangte der Kongress – dabei die sowjetische Deutschlandpolitik unterstützend – die Vorbereitung eines Friedensvertrages sowie eine gesamtdeutsche Regierung »aus Vertretern aller demokratischen Parteien« und gründete die von der SED geführte »Volkskongressbewegung für Einheit und gerechten Frieden«. Der 2. Volkskongress, der am 17. und 18. März 1948 tagte, lehnte den *Marshallplan* (▶1.18) ab, erkannte die Oder-Neiße-Linie an und beschloss ein Volksbegehren zur deutschen Einheit. Er wählte den 1. Deutschen Volksrat, der 400 Mitglieder, davon 100 aus den Westzonen, umfasste. Der Verfassungsausschuss des Volksrates unter der Leitung Otto Grotewohls erarbeitete auf der Grundlage eines SED-Entwurfs vom November 1946 den Entwurf einer »Verfassung der Deutschen De-

Der Parlamentarische Rat bei der Verkündung des Grundgesetzes am 23. Mai 1949

34

Proklamation der Deutschen Demokratischen Republik durch den Deutschen Volksrat am 7. Oktober 1949. Wilhelm Pieck am Mikrofon

mokratischen Republik«, der vom Volksrat am 22. Oktober 1948 gebilligt und am 19. März 1949 formell beschlossen wurde. Die 1400 Delegierten aus der sowjetischen Zone, die am 3. Deutschen Volkskongress (29. und 30. Mai 1949) teilnahmen, waren von der Bevölkerung am 15. und 16. Mai aufgrund einer Einheitsliste mit vorher festgelegtem Schlüssel, der der SED die Kontrolle über den Kongress garantierte, gewählt worden. Der Protest in der Bevölkerung zeigte sich allerdings in 31,5 % Nein-Stimmen sowie 6,7 % ungültigen Stimmen. Aus den Westzonen nahmen 610 Delegierte am 3. Volkskongress teil, der ganz im Zeichen der Reaktion auf die Verabschiedung des Bonner Grundgesetzes stand. Der Kongress nahm die Verfassung der Deutschen Demokratischen Republik an und wählte den 2. Deutschen Volksrat, der am 7. Oktober 1949 zusammentrat, sich als provisorische Volkskammer der DDR konstituierte, ein »Manifest der Nationalen Front des demokratischen Deutschland« (in der die Volkskongressbewegung aufging) beschloss und den ehemaligen Sozialdemokraten Otto Grotewohl mit der Bildung einer Regierung beauftragte. Damit war die Gründung der DDR (▶ 2.9) vollzogen.

KAPITEL I

Daten

5. Juni 1945	Berliner Erklärung der vier Oberbefehlshaber
9. Juni 1945	Errichtung der Sowjetischen Militäradministration in Deutschland (SMAD)
10. Juni 1945	Zulassung demokratischer Parteien in der SBZ und in Berlin
11. Juni 1945	Gründungsaufruf der KPD in Berlin
15. Juni 1945	Gründung der SPD in Berlin
26. Juni 1945	Gründung der CDU in Berlin; Gründung der UN in San Francisco
5. Juli 1945	Gründung der LDPD in Berlin
17. Juli–2. Aug. 1945	Konferenz von Potsdam (2. Aug.: Potsdamer Abkommen)
6./9. Aug. 1945	Atombomben auf Hiroshima und Nagasaki
30. Aug. 1945	Errichtung des Alliierten Kontrollrats
19. Sept. 1945	Bildung der Länder Bayern, (Nord-)Württemberg-Baden und Hessen (US-Zone)
20. Nov. 1945 bis 1. Okt. 1946	Nürnberger Hauptkriegsverbrecherprozess
21./22. April 1946	Vereinigung von KPD und SPD der SBZ zur SED
23. Aug. 1946	Bildung der Länder Schleswig-Holstein, Hannover (später Niedersachsen) und Nordrhein-Westfalen (britische Zone)
6. Sept. 1946	Stuttgarter Rede von US-Außenminister Byrnes
20. Sept. 1946	1. Berliner Magistratswahlen
2. Dez. 1946	amerikanisch-britisches Abkommen über Bizone
3. Febr. 1947	Ahlener Programm der CDU
15. Febr. 1947	Auflösung Preußens durch Kontrollratsgesetz Nr. 46
12. März 1947	Trumandoktrin
5. Juni 1947	US-Außenminister Marshall verkündet Wiederaufbauprogramm für Europa (Marshallplan)
6.–8. Juni 1947	Münchner Ministerpräsidentenkonferenz
14. Juni 1947	Deutsche Wirtschaftskommission in der SBZ
25. Juni 1947	Konstituierung des bizonalen Wirtschaftsrates
6./7. Dez. 1947	Tagung des 1. Deutschen Volkskongresses in Ost-Berlin
20. Febr.–1. Juni 1948	Sechsmächtekonferenz in London
20. März 1948	Sowjets verlassen Alliierten Kontrollrat
16. Juni 1948	Sowjets verlassen Berliner alliierte Stadtkommandantur
20. Juni 1948	Währungsreform in den Westzonen/Aufhebung der Zwangswirtschaft
23. Juni 1948	Währungsreform in der SBZ
24. Juni 1948 bis 12. Mai 1949	Berliner Blockade
26. Juni 1948	Beginn der Luftbrücke
1. Juli 1948	Frankfurter Dokumente
10.–23. Aug. 1948	Verfassungskonvent von Herrenchiemsee
1. Sept. 1948	Konstituierung des Parlamentarischen Rates in Bonn
5. Dez. 1948	Wahl der 1. West-Berliner Stadtverordnetenversammlung
19. März 1949	Deutscher Volksrat billigt Verfassung für eine »Deutsche Demokratische Republik«
4. April 1949	Gründung der NATO in Washington
8. April 1949	Trizone
5. Mai 1949	Gründung des Europarates in London
8. Mai 1949	Annahme des Grundgesetzes
23. Mai 1949	Verkündung des Grundgesetzes

Adenauerzeit (1949–1961)

Einführung

Die Bildung eines westlich orientierten, westdeutschen Teilstaates aus den drei Westzonen ging weit mehr auf die Initiative der Westmächte zurück als auf Wünsche und Vorstellungen westdeutscher Politiker. Amerikaner und Briten gaben auf der Londoner Sechsmächtekonferenz im Frühjahr 1948 den Anstoß dazu, dass aus dem Zusammenschluss der drei Westzonen ein westdeutscher Teilstaat mit »regierungsartiger Verantwortung« entstand. Diese Pläne lehnten die Ministerpräsidenten der westdeutschen Länder anfangs ebenso ab wie die Bemühungen der Sowjetunion und der SED-Führung, mit der Volkskongressbewegung die deutsche Einheit im kommunistischen Sinne als Volksbewegung voranzutreiben.

Schon im Parlamentarischen Rat, der das Grundgesetz ausarbeitete, spielte die Persönlichkeit eine wesentliche Rolle, die nach der Konstituierung des ersten Deutschen Bundestages die junge Bundesrepublik nachhaltig prägte: Konrad Adenauer. Er verstand es, den von ihm geführten Regierungen, seiner Partei und ihrer Bundestagsfraktion seinen Stempel aufzudrücken und seinen Willen durchzusetzen. Keiner seiner Nachfolger im Amt des Bundeskanzlers hat so nachdrücklich die im Grundgesetz verankerte Richtlinienkompetenz des Bundeskanzlers beansprucht wie er. Eine der vielen Adenauer-Karikaturen aus den 50er- Jahren zeigte Adenauer mit seinem »Schattenkabinett«: ihn jeweils als Minister, den eigentlichen Fachminister nur als Schlagschatten.

Adenauers großer Gegenspieler im zweiten deutschen Teilstaat, der Deutschen Demokratischen Republik, hielt sich dagegen mehr im Hintergrund und baute seine staatliche Position erst Ende der 50er-Jahre, Anfang der 60er-Jahre aus. Walter Ulbricht hatte die stalinschen Säuberungen der 30er-Jahre in Moskau als opportunistischer Emigrant überlebt. An Zähigkeit und taktischem Gespür war er den meisten seiner Gegner weit überlegen. Als 1. Sekretär der SED war er der wichtigste Mann in der neuen DDR. Die starke Stellung der SED, die er mit sowjetischer Hilfe aufgebaut hatte, erlaubte ihm diese Form der Herrschaft.

Außenpolitisch war die Epoche 1949 bis 1961 vor allem durch den Kalten Krieg gekennzeichnet, der in die deutschlandpolitischen Entscheidungen der ehemaligen Anti-Hitler-Koalition hineinspielte. Deutlich wurde dies vor allem in der Frage der Wiederbewaffnung. Unter Führung der USA wurde – vor allem nach dem Ausbruch des Koreakrieges – der Verteidigungsbeitrag der Bundesrepublik erörtert und der Aufbau der Bundeswehr psychologisch vorbereitet, auch wenn dies die meisten Deutschen zu dieser Zeit noch ablehnten. In der DDR wurden Teile der Deutschen Volkspolizei zunächst in paramilitärischen Verbänden zusammengezogen, aus denen 1952 die Kasernierte Volkspolizei und 1956 die Nationale Volksarmee entstand.

Schwerpunkt der bundesdeutschen Außenpolitik war die Westintegration der Bundesrepublik. Ziel der adenauerschen Politik war zwar die Wiedervereinigung Deutschlands, in erster Linie wollte Adenauer aber zunächst die volle Souveränität für die Bundesrepublik Deutschland erreichen. Dies schien ihm nur möglich durch die enge Anlehnung an die USA. Mit ihrer Hilfe gelang ein beispielloser wirtschaftlicher Aufschwung, der die Bundesrepublik zum geschätzten Verhandlungs-

KAPITEL 2

partner vieler Staaten werden ließ. Mit der Anerkennung der deutschen Schuld an der Vernichtung der Juden in der Zeit des Dritten Reichs und der Bereitschaft, Wiedergutmachung zu leisten, gewann die Bundesrepublik auch wieder an moralischem Ansehen.

Heftige innenpolitische Kontroversen zwischen SPD-Opposition und Bundesregierung gab es um die Außenpolitik. Zwar war die SPD antikommunistisch eingestellt, doch verfocht sie lebhaft und nachdrücklich die Wiedervereinigung Deutschlands. Sie war bereit, dafür auch einen Status als neutrales Land in Kauf zu nehmen. Die in ihren Augen überstürzte Politik der Westintegration bedeutete für die SPD die Zementierung der deutschen Spaltung. Erst als sie mit ihrem Deutschland-Plan (1959) auch bei der Sowjetunion auf Ablehnung stieß, begann die Umorientierung. Die Hinwendung zur Marktwirtschaft im Godesberger Programm und die große deutschlandpolitische Rede Herbert Wehners 1960 im Deutschen Bundestag markierten den Wendepunkt in der Politik der SPD.

Ein Problem von vorrangiger innenpolitischer Bedeutung war die Situation der Empfänger von Sozialleistungen, die auch durch den beginnenden Wirtschaftsaufschwung nicht gebessert wurde, sondern eine umfassende Reform des gesamten Sozialwesens erforderte. Kernstück dieser Reform wurde die Rentenreform 1957, an der zwar alle Parteien gleichmäßig beteiligt waren, für die aber letztlich nur die Union unter Bundeskanzler Adenauer die Früchte einstreichen konnte, als sie die Bundestagswahl 1957 mit absoluter Mehrheit gewann. Daneben war eine der Hauptschwierigkeiten der Bundesregierung vor allem die Eingliederung der Vertriebenen und der ehemaligen Kriegsgefangenen. Für diese Gruppen mussten nicht nur Arbeitsplätze bereitgestellt werden, sondern es galt auch dafür Sorge zu tragen, dass erlittene Vermögensverluste ersetzt und Rentenansprüche geklärt wurden. Mit dem Heimkehrergesetz und dem Lastenausgleichsgesetz wurden die entscheidenden Grundlagen zu einer erfolgreichen Einbindung in die Gesellschaft der neuen Bundesrepublik gelegt.

Eine entgegengesetzte Entwicklung zeichnete sich in der DDR ab. Nachdem die SED mithilfe der sowjetischen Besatzungsmacht ihre Vormachtstellung endgültig gesichert und jede politische Opposition ausgeschaltet hatte, vollzog sie den »Übergang von einer antifaschistisch-demokratischen Ordnung« zum »Aufbau des Sozialismus«, der im Juli 1952 auch offiziell als Staatsziel verkündet wurde. Innenpolitische Gegner waren dem Terror und der Willkür staatlicher Organe und der Parteiinstanzen ausgesetzt, im Februar 1950 wurde ein Ministerium für Staatssicherheit eingerichtet.

1949 war die Planwirtschaft eingeführt worden, zwei Jahre später trat der erste Fünfjahrplan (1951–55) in Kraft. Umfangreiche Reparationsleistungen für die Sowjetunion belasteten zusätzlich die schwierige wirtschaftliche Situation. Ziel der ulbrichtschen Wirtschaftspolitik war zunächst einmal die Ankurbelung der Schwerindustrie als Grundlage des wirtschaftlichen Lebens in der DDR. Mithilfe der Planwirtschaft und rigoroser Festsetzung von Arbeitsnormen suchte man diesem Ziel näher zu kommen. Dabei scheute man auch nicht vor Täuschung zurück: Als der im Bergbau tätige Hauer Adolf Hennecke am 13. Oktober 1948 seine Arbeitsnorm mit 380 % übererfüllte und damit die »Aktivisten«-Bewegung« begründete, war die Propagandaabsicht unverkennbar. Eine solche Übererfüllung der Arbeitsnorm war nur auf die gute Vorbereitung und eine gut organisierte Zuarbeit zurückzuführen; unter normalen Arbeitsbedingungen waren sie unmöglich. Der Protest gegen den wachsenden Arbeitsdruck und die Verweigerung politischer Mitspracherechte entlud sich schließlich im Aufstand vom 17. Juni 1953, der von sowjetischen Truppen niedergeschlagen wurde.

Danach versuchte die SED die ablehnende Haltung in weiten Teilen der Bevölkerung dadurch abzubauen, dass sie eine Verbesserung der Lebensbedingungen ankündigte und den politischen Druck zeitweilig lockerte. Die Entwicklung, die der sowjetische Parteichef Chruschtschow auf dem XX. Parteitag der KPdSU im Februar 1956 angekündigt hatte, zeigte in der DDR kaum Wirkung. Bereits Ende desselben Jahres wurden unter dem Eindruck des ungarischen Volksaufstandes Reformkommunisten wie Wolfgang Harich, die einen eigenen gesamtdeutschen Weg zum Sozialismus gefordert hatten, hart bestraft. Als Walter Ulbricht auf dem V. Parteitag der SED 1958 ankündigte, in kurzer

Zeit solle Westdeutschland im Pro-Kopf-Verbrauch erreicht und überholt werden, wurde deutlich, wie wichtig der Vergleich der wirtschaftlichen Lebensbedingungen in der Konkurrenz zwischen Ost und West geworden war. Spätestens am Ende des Jahrzehnts war unübersehbar, dass die SED damit eine illusionäre Zielsetzung verfolgt hatte. Die Kluft zwischen Partei und Gesellschaft zeigte sich in einer anhaltenden Fluchtbewegung, die schließlich mit dem Bau der Mauer am 13. August 1961 beendet wurde.

Außenpolitisch war die DDR isoliert, sie war allein von der sowjetischen Bestandsgarantie abhängig und erlangte erst 1955 nach dem Vertrag mit der Sowjetunion innerhalb des Ostblocks einen gleichrangigen Status im Rahmen des Warschauer Paktes. Die Anerkennung durch die internationale Staatengemeinschaft blieb ihr außerhalb des kommunistischen Staatensystems versagt. Anders als die Bundesrepublik lehnte die DDR eine Wiedergutmachung an Israel ab. Ihr Standpunkt war, dass sie nicht der Rechtsnachfolger des untergegangenen Deutschen Reiches sei; mit der Gründung des »ersten deutschen Arbeiter- und Bauernstaates« sei ein neuer Staat entstanden. Seit Mitte der 50er-Jahre suchte Ulbricht seine Zweistaatentheorie durchzusetzen. Seine bedingungslose Anlehnung an die Sowjetunion sorgte für einen Abbau des sowjetischen Misstrauens und gab der DDR zu Beginn der 60er-Jahre auch außenpolitischen Spielraum.

Auch im Innern entwickelten sich die beiden deutschen Teilstaaten auseinander. In der Bundesrepublik machte sich, nachdem die Gefahr eines Krieges 1950/51 gebannt war, Zufriedenheit breit. Man arbeitete hart und lange, zog sich in Familie oder Vereine zurück und suchte – wenn meist auch unbewusst – gleichsam den Anschluss an die Vorkriegszeit, die Jahre der nationalsozialistischen Herrschaft blendete man weitgehend aus. Im Arbeitsleben gelang die stufenweise Einführung der 40-Stunden-Woche, die wiederum machte sich auf dem Arbeitsmarkt durch Arbeitskräftemangel bemerkbar und stellte die Weichen für die Anwerbung der »Gastarbeiter« genannten ausländischen Arbeitnehmer seit den 60er-Jahren. Im Großen und Ganzen bot die Gesellschaft der Bundesrepublik ein Bild von Selbstzufriedenheit und Stabilität.

Gleichzeitig waren die 50er-Jahre gerade in der Bundesrepublik das Jahrzehnt einer stürmischen Modernisierung. Seine Energien bezog dieser Modernisierungsschub aus der Währungsreform und dem Wiederaufbau. Die Währungsreform legte die Grundlage, war das äußere Zeichen, dass die wirtschaftliche Entwicklung vorwärts ging. Der Wiederaufbau war zwingende Notwendigkeit, denn die Kriegszerstörungen mussten beseitigt, den Menschen Wohnungen und Arbeitsstätten gebaut werden. Für den Städtebau war dies die einmalige Chance, alte Städte völlig neu zu planen. Der Wiederaufbau der zerstörten Frankfurter Altstadt z. B. wurde erst gar nicht mehr ernsthaft erwogen, sondern es wurden teilweise völlig neue Straßenzüge angelegt. Beim Wohnungsbau knüpfte man zum Teil an die Wohnungsbauten zur Zeit der Weimarer Republik an. Im Industrie- und Verwaltungsbau ging man von dem pompösen Baustil des Dritten Reichs ab. Helle, lichtdurchflutete Gebäude entstanden, mit großen, weit geschwungenen Treppenhäusern. Auch nach außen wurde so demonstriert, dass hier eine neue, offene Gesellschaft entstand, die sich deutlich absetzen wollte gegen die nationalsozialistische Zeit. Die Bundesrepublik zeigte sich als moderner und wohlhabender Staat.

Dieses Bild hatte seinen Reiz vor allem für die Bewohner der DDR. Sie waren von der wirtschaftlichen Entwicklung des Westens abgekoppelt, durften nicht am Marshallplan teilnehmen und litten unter der Parteidiktatur der SED. Dies alles führte dazu, dass viele in der DDR die Zustände doppelt unerträglich fanden und aus ihrem Machtbereich zu entkommen suchten. Die Flüchtlingszahlen ließen den wirtschaftlichen Kollaps der DDR befürchten, denn es flohen gerade diejenigen, die die Last des wirtschaftlichen Aufbaus hätten tragen sollen: die arbeitsfähige Bevölkerung. Nur durch den Bau der Berliner Mauer 1961, der eine politische Kapitulationserklärung gegenüber der eigenen Bevölkerung darstellte, gelang es der SED-Führung, die Fluchtbewegung zu unterbinden. Damit begann für die DDR eine Phase der Konsolidierung. Bundesrepublik und DDR mussten sich nun mit dem ungeliebten anderen Staat auseinander setzen und sich miteinander arrangieren.

2.1 Grundgesetz

Das vom *Parlamentarischen Rat* (▶1.21) erarbeitete Grundgesetz als Verfassungsgrundlage des zu bildenden westdeutschen Teilstaates wurde am 23. Mai 1949 durch den Präsidenten des Parlamentarischen Rates, Konrad Adenauer, verkündet und trat am 24. Mai 1949 als Verfassung der Bundesrepublik Deutschland in Kraft. Um den provisorischen Charakter dieser Staatsbildung nachdrücklich zu betonen und die deutsche Frage offen zu halten, wurde der staatsrechtliche Begriff »Verfassung« vermieden. Mit dem In-Kraft-Treten des Grundgesetzes war die *Bundesrepublik Deutschland* (▶2.2) als parlamentarische Demokratie entstanden.

In Erinnerung an die nationalsozialistische Diktatur legte der Parlamentarische Rat größten Wert auf die Verankerung der Grund- und Menschenrechte in der Verfassung. So beginnt das Grundgesetz in Artikel 1: »Die Würde des Menschen ist unantastbar. Sie zu achten und zu schützen ist Verpflichtung aller staatlichen Gewalt. Das Deutsche Volk bekennt sich darum zu unverletzlichen und unveräußerlichen Menschenrechten als Grundlage jeder menschlichen Gemeinschaft, des Friedens und der Gerechtigkeit in der Welt.« In der *Weimarer Verfassung* von 1919 fand sich ein solcher Artikel nicht; die Grundrechte waren hier erst im zweiten Hauptteil der Verfassung ab Artikel 109 aufgeführt. So sind die Grundrechte in der Bundesrepublik Deutschland die Basis, auf der dieser Staat aufgebaut ist. Für jeden Staatsbürger sind sie einklagbar vor den Gerichten.

Das Grundgesetz gliedert sich in 14 Abschnitte, denen eine Präambel vorangestellt wurde. In der Präambel wurde ausdrücklich auf den provisorischen Charakter dieses deutschen Teilstaates hingewiesen: »... hat das Deutsche Volk in den Ländern ..., um dem staatlichen Leben für eine Übergangszeit eine neue Ordnung zu geben, kraft seiner verfassunggebenden Gewalt dieses Grundgesetz für die Bundesrepublik Deutschland beschlossen. Es hat auch für jene Deutschen gehandelt, denen mitzuwirken versagt war. Das gesamte Deutsche Volk bleibt aufgefordert, in freier Selbstbestimmung die Einheit und Freiheit Deutschlands zu vollenden.« In Artikel 146 wurde festgelegt, dass das Grundgesetz seine Gültigkeit verliert »an dem Tage, an dem eine Verfassung in Kraft tritt, die vom Deutschen Volke in freier Entscheidung beschlossen worden ist«.

In Abschnitt I (Artikel 1–19) sind die Grundrechte niedergelegt. Abschnitt II (Artikel 20–37) enthält Regelungen über die Staatsform der Bundesrepublik Deutschland und über das Verhältnis von Bund und Ländern. Die Abschnitte III–VI (Artikel 38–69) sind den Verfassungsorganen Bundestag, Bundesrat, Gemeinsamer Ausschuss, Bundespräsident und Bundesregierung gewidmet. Abschnitt VII (Artikel 70–82) behandelt die Zuständigkeit und das Verfahren bei der Gesetzgebung. In den Abschnitten VIII und VIIIa (Artikel 83–91b) folgen Bestimmungen über die Ausführung der Bundesgesetze, die Bundesverwaltung und die Gemeinschaftsaufgaben. Der Rechtsprechung ist Abschnitt IX (Artikel 92–104) gewidmet. In Abschnitt X (Artikel 104a–115) schließen sich Regelungen über das Finanzwesen, in Abschnitt Xa (Artikel 115a–115l) über den Verteidigungsfall an. In Abschnitt XI (Artikel 116–146) finden sich Übergangs- und Schlussbestimmungen. Das Grundgesetz geht als Verfassungsgesetz allen anderen Rechtsnormen vor. Es kann nur durch ein Gesetz geändert werden, das den Wortlaut des Grundgesetzes ausdrücklich ändert oder ergänzt und der Zustimmung von zwei Dritteln der Mitglieder des Bundestages und zwei Dritteln der Stimmen des Bundesrates bedarf. Bestimmte elementare Verfassungsgrundsätze dürfen auch durch Verfassungsänderungen nicht beseitigt werden: Dazu zählen die Unantastbarkeit der Menschenwürde sowie als Grundlage der staatlichen Ordnung der »demokratische und soziale Bundesstaat«.

Die Alliierten genehmigten das Grundgesetz am 12. Mai 1949 mit einigen, im *Besatzungsstatut* (▶2.7) aufgeführten Vorbehalten.

2.2 Bundesrepublik Deutschland – Politisches System

Der *Parlamentarische Rat* (▶1.21) hatte dem neuen Staatsgebilde, das aus dem Zusammenschluss der drei Westzonen mit der Ver-

ADENAUERZEIT

Der Deutsche Bundestag trat am 7. September 1949 zu seiner konstituierenden Sitzung zusammen

kündung des *Grundgesetzes* (▶2.1) entstanden war, den neuen Namen Bundesrepublik Deutschland gegeben.
Der Begriff »Bundesrepublik« bezeichnete die Staatsform mit der den Bundesstaat kennzeichnenden Aufteilung der staatlichen Aufgaben zwischen dem Bund als Gesamtstaat und den Ländern als Gliedstaaten (Föderalismus). Die Hinzufügung »Deutschland« sollte darauf hinweisen, dass dieser Teilstaat den Anspruch erhob, für das ganze Deutschland zu sprechen. Das Volk als Souverän ist im Deutschen Bundestag repräsentativ vertreten. Der Deutsche Bundestag ist als oberstes Organ der Legislative der Mittelpunkt des politischen Lebens und von keinem anderen Verfassungsorgan abhängig; sein Präsident ist nach dem Bundespräsidenten der zweithöchste Repräsentant der Bundesrepublik.
Die Abgeordneten werden in allgemeinen, freien, gleichen und geheimen Wahlen vom Volk gewählt. In der Zusammensetzung des Bundestags spiegeln sich somit die gesellschaftlichen Gruppierungen und Kräfte wieder. Allerdings hat sich im Lauf der Jahre gezeigt, dass bestimmte Gruppen der Gesellschaft, wie z. B. die Beamten, überproportional vertreten sind, während andere, z. B. freie Unternehmer oder Handwerker, eher unterrepräsentiert sind. Bis 1990 traten zu den 496 vom Volk gewählten Mitgliedern (zuzüglich möglicher Überhangmandate) 22 vom Berliner Abgeordnetenhaus gewählte Abgeordnete aus West-Berlin, die nicht voll stimmberechtigt waren. Nach der ersten gesamtdeutschen Wahl 1990 hatte der Bundestag (einschließlich 6 Überhangmandaten) 662 Abgeordnete. Kritiker bemängeln, dass mit dieser Zahl das Parlament nicht mehr richtig arbeitsfähig sei und fordern die Verkleinerung des Parlaments. Der Bundestag wählt den Bundeskanzler und kann ihn auf dem Wege des konstruktiven Misstrauensvotums (d. h., indem er mit absoluter Mehrheit einen neuen Bundeskanzler wählt) auch wieder stürzen. Der Bundeskanzler wird nach seiner Wahl vom *Bundespräsidenten* (▶2.3) ernannt. Er schlägt sodann die von ihm ausgewählten Minister und Staatssekretäre dem Bundespräsidenten zur Ernennung vor. Bundeskanzler und Bundesminister bilden gemeinsam die

KAPITEL 2

Theodor Heuss wird als erster Bundespräsident vereidigt (12. September 1949)

Bundesregierung (»Kabinett«), in der dem Bundeskanzler die Richtlinienkompetenz zusteht. Die Bundesregierung ist als oberstes Organ der Exekutive vom Vertrauen des Bundestages abhängig.

Der Bundesrat wurde als Vertretung der Länder neben dem Bundestag in das Regierungssystem eingebaut und fungiert quasi als zweite Kammer, obgleich dies im Grundgesetz so nicht vorgesehen ist. Durch den Bundesrat sind die Bundesländer an der Gesetzgebung des Bundes beteiligt. Jedem Bundesland stehen im Bundesrat mindestens drei Stimmen zu. Hamburg, Bremen, Mecklenburg-Vorpommern und das Saarland verfügen über drei Stimmen, die Länder mit mehr als 2 Millionen Einwohnern besitzen vier Stimmen (Berlin, Brandenburg, Rheinland-Pfalz, Sachsen, Sachsen-Anhalt, Schleswig-Holstein und Thüringen), Hessen verfügt über fünf Stimmen, Länder mit mehr als sieben Millionen Einwohnern haben sechs Stimmen (Niedersachsen, Nordrhein-Westfalen, Baden-Württemberg und Bayern). Für die Dauer eines Jahres wird im Turnus ein Ministerpräsident oder (bei den Stadtstaaten) Bürgermeister zugleich Präsident des Bundesrates und damit Stellvertreter des Bundespräsidenten. Im September 1951 wurde als weiteres oberstes Verfassungsorgan das Bundesverfassungsgericht in Karlsruhe (▶5.29) errichtet, das über die Einhaltung der rechtsstaatlichen Ordnung zu wachen hat. Seine Entscheidungen binden alle anderen staatlichen Organe, auch den Deutschen Bundestag.

Mit der Vereinigung Deutschlands wurde das Grundgesetz am 3. Oktober 1990 auch in den neu gebildeten Ländern der bisherigen DDR in Kraft gesetzt.

2.3 Bundespräsident und Bundesversammlung

Der Bundespräsident ist das Staatsoberhaupt der *Bundesrepublik Deutschland* (▶2.2). Er wird von der Bundesversammlung gewählt, die ausschließlich für die Wahl des Bundespräsidenten geschaffen wurde. Sie wird vom Präsidenten des Deutschen Bundestages einberufen und besteht aus den Abgeordneten des Bundestages und einer gleichen Anzahl von Mitgliedern, die von den Landtagen nach den Grundsätzen der Verhältniswahl delegiert werden. Die Amtszeit des Bundespräsidenten dauert fünf Jahre, seine einmalige Wiederwahl ist möglich. Der *Parlamentarische Rat* (▶1.21) hatte sich bemüht, die Fehler der Weimarer Verfassung von 1919 von vornherein auszuschalten, und deshalb nicht nur auf die direkte Wahl durch das Volk verzichtet, sondern auch dem Bundespräsidenten im Wesentlichen rein repräsentative Aufgaben zugewiesen. Der Bundespräsident schlägt dem Deutschen Bundestag einen Kandidaten für das Amt des Bundeskanzlers vor, ernennt und entlässt auf Ersuchen des Deutschen Bundestages den Bundeskanzler und auf dessen Vorschlag hin die Bundesminister. Der Bundespräsident vertritt die Bundesrepublik Deutschland völkerrechtlich und schließt im

Namen des Bundes Verträge mit auswärtigen Staaten. Er beglaubigt und empfängt die Botschafter und Gesandten der ausländischen Staaten, mit denen diplomatische Beziehungen unterhalten werden. Außerdem werden von ihm die Bundesrichter, Bundesbeamten, Offiziere und Unteroffiziere der deutschen Bundeswehr ernannt und entlassen. Im Einzelfall übt der Bundespräsident das Begnadigungsrecht aus.

Die Befugnisse des Bundespräsidenten werden im Falle seiner Verhinderung oder bei vorzeitiger Erledigung des Amtes durch den Präsidenten des Bundesrates wahrgenommen.

Zum ersten Bundespräsidenten wählte die Bundesversammlung am 12. September 1949 den Vorsitzenden der *FDP* (▶1.10), Professor Theodor Heuss (▶2.6).

Bundeskanzler Adenauer mit dem amerikanischen Außenminister John Foster Dulles (links) im September 1954

2.4 Konrad Adenauer

Erster Bundeskanzler der *Bundesrepublik Deutschland* (▶2.2) wurde der Präsident des *Parlamentarischen Rates* (▶1.21) und Vorsitzende der *CDU* (▶1.9) Konrad Adenauer. Geboren in Köln am 5. Januar 1876, schlug Adenauer nach juristischem und volkswirtschaftlichem Studium die Anwaltslaufbahn ein. 1906 trat er dem Zentrum bei, 1908 wurde er Beigeordneter der Stadt Köln und war dort von 1917 bis 1933 Oberbürgermeister. 1920 bis 1933 war er außerdem Mitglied und Präsident des Preußischen Staatsrates.

In der Zeit der Weimarer Republik trat er während des deutsch-französischen Konfliktes anlässlich der Ruhrbesetzung 1923 für einen von Preußen losgelösten rheinischen Teilstaat innerhalb des Deutschen Reiches, aber in Anlehnung an Frankreich ein, um zur Entschärfung der Gegensätze beizutragen. Von den Nationalsozialisten wurde Adenauer aus allen Ämtern entlassen; nach dem 20. Juli 1944 war er für einige Monate inhaftiert.

Nach dem Krieg setzte ihn die amerikanische Militärverwaltung wieder als Kölner Oberbürgermeister ein, die britische Militärverwaltung entließ ihn aber bald wieder »wegen Unfähigkeit«. Parteipolitisch aktiv wurde Adenauer in der neu gegründeten CDU, in der er schnell Führungsfunktionen übernahm. 1946 wurde er zum Vorsitzenden der CDU der britischen Zone gewählt, 1950 bis 1966 war er Bundesvorsitzender der Partei. Am 1. September 1948 wählte ihn der Parlamentarische Rat zu seinem Präsidenten. Mit nur einer Stimme Mehrheit erreichte Adenauer am 15. September 1949 seine Wahl zum ersten Bundeskanzler, ein Amt, das er bis 1963 behielt.

Konrad Adenauer bei seinem Besuch in Moskau im September 1955. Er reicht dem sowjetischen Ministerpräsidenten Nikolai Bulganin die Hand, rechts neben Adenauer der sojwetische Parteichef Nikita Chruschtschow

Dreimal, 1953, 1957 und 1961, gewann die CDU/CSU mit ihm die Bundestagswahlen, jedes Mal mit deutlichem Abstand vor der SPD, 1957 errang sie sogar knapp die absolute Mehrheit. Adenauer hat die Politik dieser Zeit geprägt, sodass – auch wegen seiner langen Amtsperiode – von einer Adenauer-Ära gesprochen wird.

Seine herausragenden Leistungen waren vor allem die konsequent und zielstrebig betriebene Zurückgewinnung der deutschen Souveränität und die im erbitterten Kampf mit der Opposition durchgeführte Westintegration der Bundesrepublik. Die sich abzeichnende Vertiefung der Spaltung nahm Adenauer in Kauf in der Annahme, dass nur durch die Westintegration und eine Politik der Stärke gegenüber der Sowjetunion die Wiedervereinigung erreicht werden könne.

Schon früh, nämlich im März 1949 und wieder im Sommer/Herbst 1950, signalisierte Adenauer die deutsche Bereitschaft, einen Verteidigungsbeitrag im Rahmen einer europäischen Armee zu leisten. Dies geschah vor dem Hintergrund des Koreakrieges und der internationalen Diskussion um einen solchen Beitrag. Als Gegenleistung forderte das Kabinett die Souveränität für die Bundesrepublik. Ende August 1950 wurde ein entsprechendes Memorandum an den amerikanischen Hochkommissar McCloy übergeben.

Zu den großen Leistungen Adenauers gehörten auch die Wiederaufnahme der Gespräche mit Repräsentanten des neuen Staates Israel, das Bekenntnis zur Wiedergutmachung und vor allem die Aussöhnung mit Frankreich. Der am 22. Januar 1963 in Paris unterzeichnete Elysée-Vertrag (*Deutsch-Französischer Vertrag,* ▶ 3.2) begründete eine enge Zusammenarbeit auf allen Gebieten.

Bei seinem Besuch in Moskau im September 1955 erreichte Adenauer die Rückkehr der bisher noch festgehaltenen rund 10 000 deutschen Kriegsgefangenen und akzeptierte die von der Sowjetunion gewünschte Aufnahme diplomatischer Beziehungen. In der Mitte seiner vierten Amtsperiode trat Adenauer am 15. Oktober 1963 als Bundeskanzler zurück, starkem Druck auch in den eigenen Reihen nachgebend. Zu seinem Nachfolger wurde am 16. Oktober 1963 der erfolgreiche Wirtschaftsminister *Ludwig Erhard* (▶ 3.6), der »Vater der sozialen Marktwirtschaft«, vom Deutschen Bundestag gewählt. Adenauer starb am 19. April 1967 in Rhöndorf.

2.5 Erstes Kabinett Adenauer

Der 1. Deutsche Bundestag wurde am 14. August 1949 nach einem nur für diese erste Wahl gültigen Wahlgesetz gewählt. 60 % der Abgeordneten wurden als Direktkandidaten in den Wahlkreisen gewählt, die restlichen 40 % der Mandate wurden unter Anrechnung

Wahlwerbung der Parteien vor der ersten Bundestagswahl am 14. August 1949

ADENAUERZEIT

Theodor Heuss mit dem Regierenden Bürgermeister von Berlin Ernst Reuter (1952)

der Direktmandate über Landeslisten auf die Parteien verteilt. Die Gesamtzahl der Abgeordneten betrug 402. Die *CDU/CSU* (▶1.9) erhielt 31,0 % und 139 Mandate, die SPD 29,2 % und 131 Mandate, die *FDP* (▶1.10) errang 11,9 % und erhielt 52 Sitze. Ferner waren vertreten: die Deutsche Partei (DP, 17 Sitze), die Bayernpartei (17), das Zentrum (10), die KPD (15), die Wirtschaftliche Aufbauvereinigung (12), die Deutsche Reichspartei (5) und der Südschleswigsche Wählerverband (1).

Am 15. September 1949 wählte der Bundestag den Bundeskanzler. Der CDU-Vorsitzende der britischen Zone, *Konrad Adenauer* (▶2.4), erhielt 202 Stimmen und war somit mit der kleinsten Mehrheit von einer Stimme gewählt. Am 20. September stellte Bundeskanzler Adenauer sein Koalitionskabinett vor, das von den Parteien CDU/CSU, FDP und DP gebildet wurde. Ihm gehörten 13 Ressortminister an, ein Außenministerium gab es noch nicht, da die auswärtige Politik noch den Besatzungsmächten vorbehalten war. Führer der Opposition im Bundestag wurde der SPD-Fraktionsvorsitzende *Kurt Schumacher* (▶1.11).

Dringendste Aufgaben der ersten Bundesregierung und des Parlamentes waren die soziale Eingliederung der Millionen von Flüchtlingen und Vertriebenen und die Versorgung der Kriegsopfer. Zunächst musste das staatliche Versicherungssystem finanziell wieder in Gang gebracht werden. Das Bundesversorgungsgesetz regelte bundeseinheitlich die Versorgung der Kriegsopfer, das Gesetz über Hilfsmaßnahmen für Heimkehrer kümmerte sich um die Heimkehrerentschädigung, das *Lastenausgleichsgesetz* (▶2.26) versuchte, die Verluste der Vertriebenen und Flüchtlinge zu registrieren und nach Möglichkeit auszugleichen. Der *Wohnungsbau* (▶2.14) wurde gefördert und erste Verhandlungen mit dem Staat Israel und jüdischen Organisationen über die zu leistende *Wiedergutmachung* (▶2.13) geführt.

Adenauer war von Anfang an bestrebt, den neuen Staat eng an die Westmächte anzulehnen. Er bot dabei auch schon früh einen deutschen Verteidigungsbeitrag an, um dafür Souveränitätsrechte für die Bundesrepublik zu erhalten. Er stieß mit dieser Politik auf heftigen Widerstand bei den Sozialdemokraten, die befürchteten, eine zu enge Westintegration könne die Chance der Wiedervereinigung aufs Spiel setzen, aber auch in der eigenen Partei. Innenminister Gustav Heinemann trat wegen der Wiederbewaffnung der Bundesrepublik zurück. Adenauer konnte sich schließlich durchsetzen und für seine Politik die Zustimmung der Mehrheit der Bundesbürger erhalten. Bei der Wahl zum 2. Deutschen Bundestag am 6. September 1953 erzielte die CDU/CSU beträchtliche Stimmengewinne und erreichte bei der folgenden Bundestagswahl 1957 sogar die absolute Mehrheit.

2.6 Theodor Heuss

Am 12. September 1949 wählte die erste *Bundesversammlung* (▶2.3) den Vorsitzenden der *Freien Demokratischen Partei* (▶1.10), Theodor Heuss, zum ersten Bundespräsidenten der Bundesrepublik Deutschland. Am 31. Januar 1884 in Brackenheim geboren, studierte Heuss Kunstgeschichte und Volkswirtschaft und schloss sich nach dem Studium dem Kreis um Friedrich Naumann an, der ihn in seinen politischen und sozialen Ideen entscheidend prägte. Er war 1905–12 Schriftleiter der von Naumann herausgegebenen Zeitung »Die Hilfe« und 1912–18 der »Neckarzeitung«. 1920–24 war er Studienleiter und dann bis 1933 Dozent an der Hochschule für Politik in Berlin. 1924–28 und 1930–33 wirkte Heuss als Mitglied des Reichstags in der Deutschen Demokratischen Partei, der er 1918 beigetreten war. Mit seiner Fraktion stimmte er am 23. März 1933 widerstrebend dem Ermächtigungsgesetz zu. Während des Dritten Reiches musste er seine publizistisch-politische Tätigkeit einschränken.

Nach dem Zusammenbruch wurde Heuss 1945/46 der erste Kultusminister in Württemberg-Baden und war dort 1945–49 Mitglied des Landtages für die Demokratische Volkspartei. Er setzte sich nachdrücklich für die Vereinigung der liberalen Parteien der westlichen Besatzungszonen ein und erreichte dieses Ziel 1948 mit der Gründung der Freien Demokratischen Partei, deren Vorsitzender er im gleichen Jahr wurde. Im *Parlamentarischen Rat* (▶1.21) arbeitete er maßgeblich am *Grundgesetz* (▶2.1) mit. Das Grundgesetz weist dem Bundespräsidenten in deutlicher Abkehr von der Verfassung der Weimarer Republik lediglich repräsentative Aufgaben als Staatsoberhaupt zu. Heuss war es zu verdanken, dass dieses Amt in der Öffentlichkeit zu hohem Ansehen gelangt ist. Heuss knüpfte bewusst an die demokratischen, geistigen und politischen Traditionen an, die die nationalsozialistische Herrschaft unterbrochen hatte. Das Schwergewicht seines innenpolitischen Wirkens legte er auf den Ausgleich der politischen Gegensätze. Seine Staatsbesuche trugen wesentlich zum wachsenden Ansehen der Bundesrepublik Deutschland im Ausland bei. Theodor Heuss wurde 1954 von der Bundesversammlung eindeutig in seinem Amt bestätigt. Eine dritte Amtszeit, für die das Grundgesetz hätte geändert werden müssen und die ihm 1959 angetragen worden war, lehnte er ab. 1959 wurde Theodor Heuss mit dem Friedenspreis des Deutschen Buchhandels ausgezeichnet. Er starb am 12. Dezember 1963 in Stuttgart.

2.7 Besatzungsstatut

Wenige Wochen vor dem In-Kraft-Treten des *Grundgesetzes* (▶2.1), am 10. April 1949, wurde der *Parlamentarische Rat* (▶1.21) über das auf der Außenministerkonferenz in Washington ausgearbeitete Besatzungsstatut informiert, das nie offiziell übergeben wurde, aber am 21. September 1949 in Kraft trat. Durch das Statut erhielten Bund und Länder die volle gesetzgebende, vollziehende und Recht sprechende Gewalt übertragen. Die Besatzungsmächte behielten sich aber bei einigen Sachgebieten die Zuständigkeit vor: »Abrüstung und Entmilitarisierung, einschließlich der damit zusammenhängenden naturwissenschaftlichen Forschungsgebiete, der Verbote und Beschränkungen für die Industrie und die zivile Luftfahrt; Kontrollmaßnahmen hinsichtlich der Ruhr, Rückerstattungen, Reparationen, Dekartellisierung, Entflechtung, Nicht-Diskriminierung im Geschäftsverkehr, ausländische Vermögenswerte in Deutschland und vermögensrechtliche Ansprüche gegen Deutschland;
Auswärtige Angelegenheiten ...;
Verschleppte und die Zulassung von Flüchtlingen;
Schutz, Ansehen und Sicherheit der alliierten Streitkräfte ...;
Beachtung des Grundgesetzes und der Landesverfassungen;
Kontrolle über Außenhandel und Devisenwirtschaft ...«
Die Besatzungsbehörden behielten sich jedoch auch das Recht vor, die »Ausübung der vollen Regierungsgewalt ganz oder teilweise wieder aufzunehmen, wenn sie der Ansicht sind, dass dies aus Sicherheitsgründen oder zur Aufrechterhaltung der demokratischen Regierungsform in Deutschland ... unumgänglich ist«.

Die Hohen Kommissare John McCloy (USA), André François-Poncet (Frankreich) und Brian Robertson (Großbritannien) teilen Adenauer das In-Kraft-Treten des Besatzungsstatuts mit. Adenauer betrat den Teppich, auf dem nur die Hohen Kommissare stehen sollten

Die Besatzungsmächte sprachen aber auch ihre Bereitschaft aus, nach zwölf Monaten das Statut zu überprüfen mit dem Ziel, »die Zuständigkeit der deutschen Behörden ... zu erweitern«. Seit 1951 wurden die Vorbehaltsrechte der Alliierten weiter abgebaut; am 5. Mai 1955 wurde mit In-Kraft-Treten der Pariser Verträge, in die die Bestimmungen des Deutschlandvertrages eingingen, das Besatzungsstatut aufgehoben.

2.8 Petersberger Abkommen

Bundeskanzler *Adenauer* (▶2.4) bemühte sich ständig, Bestimmungen des *Besatzungsstatutes* (▶2.7) zu revidieren und für die Bundesrepublik weitere Souveränitätsrechte zu erhalten.

Berühmt wurde das so genannte »Teppichfoto« vom Antrittsbesuch des Bundeskanzlers mit einigen seiner Minister bei der Alliierten Hohen Kommission, die ihren Sitz im Hotel auf dem Petersberg bei Königswinter hatte. Der Teppich, auf dem die Hohen Kommissare standen, sollte die Distanz zwischen den Alliierten und den Deutschen dokumentieren. Adenauer erkannte die Situation und betrat seinerseits bei der Begrüßung ebenfalls den Teppich.

Im Petersberger Abkommen vom 22. November 1949, also gerade zwei Monate nach In-Kraft-Treten des Besatzungsstatutes, erreichte Adenauer eine erste vertragliche Revision des Statutes. Die Bundesrepublik erhielt die Erlaubnis, konsularische Beziehungen zu ausländischen Mächten aufzunehmen und internationalen Organisationen beizutreten. Bestimmte Beschränkungen im Bau von Hochseeschiffen wurden aufgehoben und der teilweise oder vollständige Demontagestopp bei zahlreichen Werken im Ruhrgebiet, im Rheinland und in West-Berlin verfügt. Das Abkommen betraf auch die Gesetzgebung über die Kartellentflechtung und die Genehmigung des Marshallplanes. Die Bundesrepublik trat der Internationalen Ruhrbehörde bei und erzielte Übereinstimmung für einen Beitritt zum *Europarat* (▶2.11).

2.9 Deutsche Demokratische Republik – Politisches System

Parallel zur Gründung der *Bundesrepublik Deutschland* (▶2.2) entstand auf dem Gebiet der Sowjetischen Besatzungszone mit der Verabschiedung einer Verfassung am 7. Oktober 1949 die Deutsche Demokratische Republik. Der am 30. Mai 1949 aus der Volkskongressbewegung gebildete 2. *Deutsche Volksrat* (▶1.22) konstituierte sich selbst an diesem Tage als provisorische Volkskammer zum Parlament des neuen Staates. Am 10. Oktober 1949 bestimmten die fünf Länderparlamente der sowjetischen Zone eine provisorische Länderkammer aus 34 Abgeordneten. Volkskammer und Länderkammer wählten

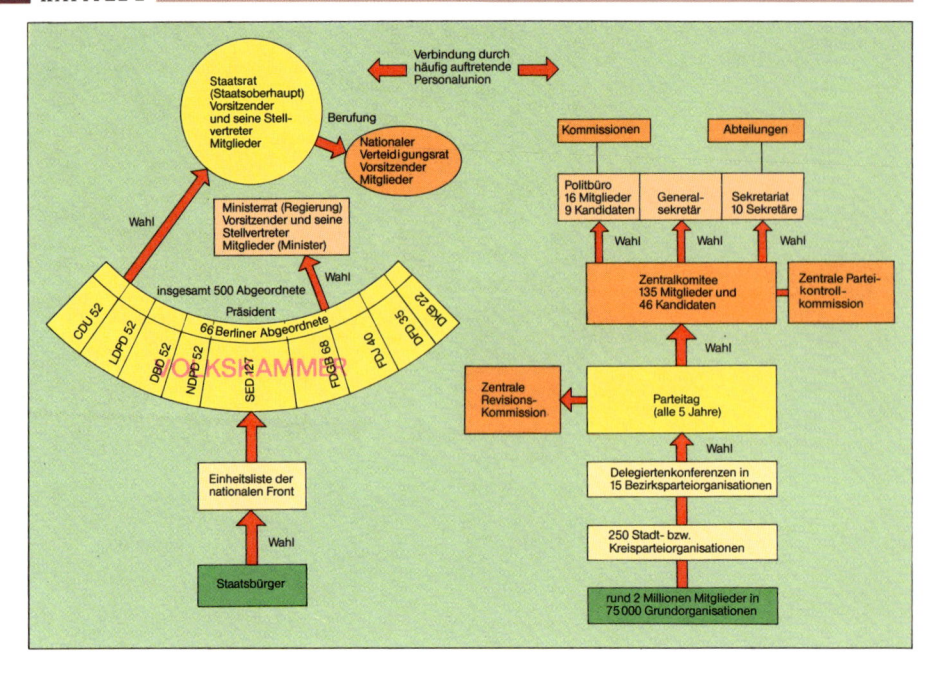

Deutsche Demokratische Republik. Schematische Darstellung des politischen Systems (Stand von 1985)

am 11. Oktober 1949 den SED-Vorsitzenden Wilhelm Pieck zum ersten Präsidenten der DDR; am 12. Oktober bestätigte die Volkskammer die erste DDR-Regierung unter dem Ministerpräsidenten Otto Grotewohl. Die ersten Wahlen zur Volkskammer fanden am 15. Oktober 1950 auf der Grundlage einer Einheitsliste der Nationalen Front statt, bei 99,7 % Ja-Stimmen. Dieses Wahlsystem, das keine Alternative zuließ, wurde bis zum Ende der SED-Diktatur beibehalten.

Die erste Verfassung der DDR erinnerte noch stark an die Weimarer Verfassung. Sie bezeichnete Deutschland als eine »unteilbare demokratische Republik«, die sich auf den Ländern aufbaut. Sie garantierte die Grundrechte des Bürgers, so zum Beispiel die Rede-, Presse-, Versammlungs- und Religionsfreiheit und nannte auch das Streikrecht. Sie gewährleistete das Eigentum und bestimmte gleichzeitig: »Die Wirtschaft hat dem Wohle des ganzen Volkes und der Deckung seines Bedarfs zu dienen.« Der Staat sollte durch seine gesetzgebenden Organe den öffentlichen Wirtschaftsplan aufstellen. Obwohl die Verfassung einen gesamtdeutschen Anspruch erhob und viele demokratische Grundsätze verkündete, wurde sie sehr bald als Instrument der politischen Unterdrückung benutzt. Der berüchtigte Artikel 6, der u. a. »Boykotthetze gegen demokratische Einrichtungen und Organisationen« als Verbrechen bezeichnete, diente als Grundlage für die politische Justiz, die rigoros gegen tatsächliche und vermeintliche Gegner des neuen Staates vorging. Schon nach kurzer Zeit wurde deutlich, dass die Verfassung nur noch wenig mit der tatsächlichen Struktur des politischen Systems übereinstimmte. 1952 ersetzte man die fünf Länder Brandenburg, Mecklenburg, Sachsen, Sachsen-Anhalt und Thüringen durch 14 Bezirke, ohne dass eine entsprechende Verfassungsänderung für nötig erachtet wurde.

Die politische Macht in der DDR wurde nicht durch den Staat und seine Organe, sondern durch die Leitungsgremien der SED ausgeübt. Das Politbüro der SED war das eigentliche Machtzentrum der DDR, der Apparat des Zentralkomitees, der mehr als 2 000 Mitarbeiter umfasste, war der Staatsverwaltung übergeordnet und übte eine weit reichende

Kontrolle über die Staatstätigkeit aus. Das Zentralkomitee der SED, eine Art Parteiparlament, das im Abstand von einigen Monaten tagte, diente in erster Linie zur öffentlichen Verkündigung politischer Richtlinien, es übte nur selten und in Ausnahmefällen eine gewisse Kontrollfunktion gegenüber der Parteiführung aus, die ihm satzungsgemäß zustand. Wie gering die SED die Bedeutung der Verfassung für die Staatspolitik einschätzte, zeigt die Tatsache, dass erst 1968 eine neue »sozialistische Verfassung« verabschiedet wurde, die das in der DDR entstandene politische System charakterisierte und erstmals auch offiziell den Führungsanspruch der SED als Verfassungsgrundsatz postulierte.

2.10 Schumanplan/ Montanunion

Die Forderung Frankreichs nach Internationalisierung des Ruhrgebietes war in den Nachkriegsjahren von Amerikanern und Briten ebenso zurückgewiesen worden wie die Ansprüche der Sowjetunion auf eine Beteiligung an der Kontrolle und Ausbeutung der Ruhrindustrie. Auf Drängen Frankreichs wurde dann jedoch auf der Londoner Sechsmächtekonferenz 1948 das Ruhrproblem eingehend behandelt und am 28. April 1949 im Ruhrstatut eine internationale Kontrollbehörde für die Ruhr geschaffen, an der Belgien, Frankreich, Großbritannien, Luxemburg, die Niederlande und die USA beteiligt waren. Das Ruhrgebiet blieb Bestandteil des deutschen Staatsgebietes, die wirtschaftliche Auswertung wurde jedoch der Kontrollbehörde übertragen.

Im *Petersberger Abkommen* (▶2.8) vom 22. November 1949 erklärte sich die Regierung Adenauer bereit, der Ruhrbehörde beizutreten. Dieser Schritt führte zu einer heftigen Kontroverse mit dem Oppositionsführer im Deutschen Bundestag, Kurt Schumacher (▶1.11), der die Anerkennung der Ruhrkontrolle ablehnte und Adenauer vorwarf, ein »Kanzler der Alliierten« zu sein.

Am 9. Mai 1950 erwähnte der französische Außenminister Robert Schuman in einer Regierungserklärung zum ersten Mal öffentlich die Idee einer »Fusion« der deutschen und französischen Kohle- und Stahlproduktion. Schuman erinnerte damit an die Zeit vor dem 1. Weltkrieg, als sich Ruhrkohle und lothringische Minette ergänzt hatten, und griff dabei ein vorangegangenes Angebot Adenauers auf. Dieser Produktionsgemeinschaft sollten sich weitere europäische Länder anschließen können. Schumans Ziel war eine deutsch-französische Union als Basis eines »auf föderalistischer Grundlage« organisierten Europa. Ein erster Schritt dazu war nach Auffassung des französischen Außenministers – aber auch Adenauers – die Koordination und Kooperation bei den Grundstoffindustrien.

Am 20. Juni 1950 nahmen Delegationen der Regierungen Belgiens, der Niederlande, Luxemburgs, Frankreichs, Italiens und der Bundesrepublik Deutschland über diesen »Schumanplan« Vertragsverhandlungen auf. Der Vertrag über die Gründung der Europäischen

Adenauer mit Staatssekretär Walter Hallstein im Ministerausschuss des Europarats, nachdem die Bundesrepublik Deutschland Vollmitglied des Europarats geworden ist (Mai 1951). Rechts der französische Außenminister Robert Schuman

Gemeinschaft für Kohle und Stahl (EGKS) – bekannt geworden unter dem Namen »Montanunion« – wurde am 18. April 1951 in Paris unterzeichnet. Er trat am 23. Juni 1952 in Kraft. Gleichzeitig wurde das Ruhrstatut aufgehoben. Die Montanunion wurde einer der Grundpfeiler der *Europäischen Gemeinschaft* (▶ 2.32 und 5.32).

2.11 Europarat

Die in den ersten Nachkriegsjahren von vielen führenden Politikern europäischer Staaten angestellten Überlegungen über einen stärkeren politischen und wirtschaftlichen Zusammenschluss führten am 5. Mai 1949 zur Unterzeichnung eines Statutes durch Vertreter von zehn europäischen Staaten (Belgien, Dänemark, Frankreich, Großbritannien, Irland, Italien, Luxemburg, die Niederlande, Norwegen, Schweden), mit dem der Europarat gegründet wurde. Noch 1949 traten Griechenland und die Türkei hinzu. Die Bundesrepublik Deutschland wurde am 31. März 1950 eingeladen, dem Europarat vorerst als assoziiertes Mitglied, ebenso wie das Saarland, beizutreten. Am 2. Mai 1951 wurde sie Vollmitglied des Europarates.

Der Europarat war die einzige europäische Organisation, in der bis zur Auflösung des Ostblocks nahezu alle nichtkommunistischen Staaten Europas vertreten waren. Seit 1990 sind auch Staaten aus dem Bereich des ehemaligen Warschauer Pakts beigetreten. Einige Länder haben Gaststatus. 1998 hat der Europarat 40 Mitglieder.

Organe des Europarats sind: 1. das Ministerkomitee (die Außenminister der Mitgliedsstaaten), 2. die Parlamentarische Versammlung (zusammengesetzt aus den von den nationalen Parlamenten entsandten Abgeordneten, deren Zahl sich nach der Größe der einzelnen Mitgliedsstaaten richtet; die Bundesrepublik Deutschland hat 18 Vertreter), 3. das Generalsekretariat, das die Sekretariatsaufgaben für die Versammlungs- und Regierungsexpertenausschüsse wahrnimmt. Der Europarat erlässt keine unmittelbar geltenden Rechtsakte; seine Organe äußern sich in der Form von Entschließungen und Empfehlungen. Wichtig sind die in Empfehlungen enthaltenen Konventionen, vor allem die Europäische Menschenrechtskonvention, gegen deren Verletzung auch von den eigenen Bürgern eines Staates das Rechtsschutzsystem dieser Konvention in Anspruch genommen werden kann.

2.12 Interzonenhandel

Mit dem später durch die Bezeichnung »innerdeutscher Handel« ersetzten Begriff »Interzonenhandel« war der Warenaustausch zwischen der *Bundesrepublik Deutschland* (▶ 2.2) und der *Deutschen Demokratischen Republik* (▶ 2.9) gemeint. Eine erste innerdeutsche Vereinbarung kam unmittelbar nach der Gründung der beiden deutschen Staatsgebilde am 8. Oktober 1949 im Frankfurter Abkommen zustande. Es hatte aber bereits seit 1946 verschiedene Interzonenvereinbarungen zwischen den von den westlichen Alliierten besetzten Zonen bzw. dem Vereinigten Wirtschaftsgebiet und der sowjetisch besetzten Zone gegeben.

Am 20. September 1951 wurden die Wirtschaftsbeziehungen zwischen der Bundesrepublik Deutschland einschließlich West-Berlins und der DDR einschließlich Ost-Berlins neu geregelt. Das Berliner Abkommen wurde 1968 neu gefasst und war im Wesentlichen bis 1990 gültig. Zur Überwindung der Währungsunterschiede wurde die Bezeichnung »Verrechnungseinheit« (1 DM-West = 1 DM-Ost = 1 VE) geschaffen. Alle Zahlungen wurden über zentrale Verrechnungskonten

Bundeskanzler Adenauer und der israelische Ministerpräsident David Ben Gurion im Waldorf-Astoria-Hotel in New York (März 1960)

bei der Deutschen Bundesbank bzw. der Staatsbank der DDR abgewickelt. Das bilaterale Verrechnungssystem funktionierte, zusätzlich hatten beide Zentralbanken einander einen zinslosen Überziehungskredit (Swing) eingeräumt. Abwicklungsorgane waren für die Bundesrepublik die »Treuhandstelle Industrie und Handel« (bis 1981 Treuhandstelle für den Interzonenhandel) in West-Berlin, für die DDR das Ministerium für Außenhandel in Ost-Berlin.

Der innerdeutsche Handel galt nicht als Außenhandel, war andererseits aber auch kein Binnenhandel. Er musste, da er selbstständige und unterschiedliche Währungsgebiete betraf, nach besonderen Regeln abgewickelt werden. Diese Sonderstellung des Interzonenhandels ist auch bei der Gründung der EWG (▶2.32) berücksichtigt worden. Nach dieser Regelung wurde er in der EWG als Binnenhandel (innerdeutscher Handel) angesehen. Somit war die DDR als Nutznießer der EWG-Vergünstigungen ein Quasimitglied dieser Gemeinschaft.

Jährlich wurden Listen über die zu handelnden Warengruppen zusammengestellt. Die wichtigsten Warengruppen in den Lieferungen der Bundesrepublik waren Maschinen, elektrotechnische und chemische Erzeugnisse, bei den Lieferungen der DDR überwogen Textilien und Bekleidung, Land- und forstwirtschaftliche Produkte, Holzwaren und Mineralölerzeugnisse.

2.13 Wiedergutmachung

Schon auf der Konferenz von Jalta im Februar 1945 war grundsätzlich festgelegt worden, dass das Deutsche Reich nach der Kapitulation die während des Krieges und unter der Herrschaft der Nationalsozialisten angerichteten Zerstörungen in den von ihnen besetzten Ländern wieder gutzumachen hätte. Auf der *Konferenz von Potsdam* (▶1.4) setzten die USA das Prinzip der Reparationsentnahme auf Zonenbasis durch, d.h., jede Besatzungsmacht sollte ihre Reparationsansprüche aus der eigenen Zone abdecken. Der Sowjetunion wurden für den Wiederaufbau ihres stark zerstörten Landes zusätzliche Reparationsleistungen aus den Westzonen zugestanden, die aber schon im Mai 1946 durch den auf Betreiben des amerikanischen Militärgouverneurs verhängten Demontagestopp abgeblockt wurden. Die besonders rigoros betriebene Demontage durch die sowjetische Besatzungsmacht in ihrer Zone belastete den wirtschaftlichen Normalisierungsprozess und den Wiederaufbau dort weit stärker als die Besatzungspolitik in den Westzonen. Hier wurden mit der Einrichtung des vereinigten Wirtschaftsgebietes der *Bizone* (▶1.13) Maßnahmen zur Verbesserung der wirtschaftlichen Situation eingeleitet.

Die Rückerstattung feststellbarer Vermögensverluste an Opfer des NS-Regimes hatten schon die alliierten Militärregierungen angeordnet. Die neu entstandene Bundesrepublik Deutschland nahm den großen Komplex der Wiedergutmachung für die Personengruppen und Völker auf, die in der NS-Zeit aus rassischen, religiösen und politischen Gründen verfolgt worden waren. Am 27. September 1951 erklärte die Bundesregierung mit einhelliger Zustimmung des Deutschen Bundestages ihre Bereitschaft zur Wiedergutmachung gegenüber Israel. Am 10. September 1952 wurde das Wiedergutmachungsabkommen mit Israel unterzeichnet. Die Bundesrepublik Deutschland verpflichtete sich, innerhalb von zwölf Jahren 3 Mrd. DM zu zahlen. Weitere Abkommen wurden mit mehreren jüdischen Organisationen für Rückerstattungsansprüche der außerhalb Israels lebenden jüdischen Flüchtlinge geschlossen. Im Gegensatz zur Bundesrepublik lehnte die DDR Wiedergutmachungsleistungen ab, da sie sich nicht als Nachfolgestaat des Dritten Reiches verstand.

Das Bundesentschädigungsgesetz vom 29. Juni 1956 definierte den Begriff des vom NS-Regime Verfolgten und regelte alle bereits laufenden Verfahren; damit wurde die Entschädigung der Opfer des Nationalsozialismus in die Wege geleitet. Entschädigungsleistungen waren u.a. Renten, Abfindungen, Kostenersatz für Heilverfahren, Kranken- und Hinterbliebenenversorgung, Darlehen und Ausbildungsbeihilfen.

2.14 Sozialer Wohnungsbau

Die katastrophale Wohnungssituation am Ende des Krieges verschärfte sich in den ersten Nachkriegsjahren durch die Millionen Vertriebenen aus den Ostgebieten (▶1.5), die

Großbaustelle des sozialen Wohnungsbaus (1956)

in den Westzonen eine neue Heimat suchten. Wegen fehlender Materialien konnte eine Bautätigkeit, die fühlbare Verbesserungen hätte bringen können, vorerst nicht beginnen. In den zerstörten Städten und Stadtteilen begnügte man sich anfangs damit, die Trümmer aufzuräumen und die nur halbzerstörten Häuser und Wohnungen notdürftig als Behelfsunterkünfte wieder herzurichten. Der Wiederaufbau von Wohnungen war deshalb eine der vorrangigsten sozialpolitischen Aufgaben der Bundesrepublik Deutschland. In den Jahren 1949/50 wurden 503 900 Wohnungen fertig gestellt, darunter über 400 000 im Rahmen des öffentlich geförderten Wohnungsbaus.

Das erste Wohnungsbaugesetz vom 24. April 1950 regelte bundeseinheitlich den Wiederaufbau von Wohnungen, begünstigte vorwiegend jedoch den sozialen Wohnungsbau (»Bau von Wohnungen, die nach Größe, Ausstattung und Miete bzw. Belastung für die breiten Schichten des Volkes bestimmt und geeignet sind«). Das Bauvorhaben dieses 1. Wohnungsbaugesetzes sah die Errichtung von 1,8 Millionen Sozialwohnungen vor (in einem Zeitraum von sechs Jahren). In den Städten und Gemeinden teilten die Wohnungsämter die Wohnungen nach der Bedürftigkeit den jeweils Anspruchsberechtigten zu. Nach statistischen Erhebungen bestand 1950 noch ein Defizit von 4,8 Millionen Wohnungen. 1951/52 wurden über 850 000 Wohnungen gebaut, etwa 20 % davon finanzierte die öffentliche Hand. Die Aufwendungen der öffentlichen Hand, also Bund, Ländern und Gemeinden errreichten 1952 eine Höhe von fast 2 Mrd. DM.

Durch die Neufassung vom 25. August 1953 und das 2. Wohnungsbaugesetz vom 27. Juni 1956 wurde zunehmend auch der private Eigenheimbau gefördert. Seit Mitte der 50er-Jahre ging der Anteil des sozialen Wohnungsbaus zugunsten des privaten mehr und mehr zurück, der durch das Wohnungsbauprämiengesetz von 1952 erste zusätzliche Förderung erhielt. Die Wohnungszwangswirtschaft und damit auch verbunden die Mietpreisbindung mussten jedoch bis 1960 noch beibehalten werden.

2.15 Mitbestimmung und Betriebsverfassung

Unmittelbar nach dem Zusammenbruch 1945 hatten in zahlreichen Betrieben, deren Leiter geflohen oder von den Alliierten verhaftet worden waren, Arbeiter und Angestellte unter der Führung von Betriebsräten die Produktion weitergeführt. Bald bildete sich auch wieder eine Gewerkschaftsbewegung, die sich für die Bundesrepublik Deutschland 1949 im Deutschen Gewerkschaftsbund

(DGB) organisierte. Der DGB bestand aus 16 einzelnen nach Branchen unterschiedenen Industriegewerkschaften und definierte sich als parteipolitisch unabhängige Einheitsgewerkschaft – im Gegensatz zu den Richtungsgewerkschaften der Weimarer Republik und des Kaiserreiches.

In der Montanindustrie (Kohle, Eisen, Stahl) Nordrhein-Westfalens hatte nach 1945 die Gewerkschaft bei der britischen Besatzungsmacht erreicht, dass die Aufsichtsräte der unter britischer Verwaltung stehenden Unternehmen mit je fünf Vertretern der Aktionäre und der Arbeitnehmer sowie einem neutralen Aufsichtsratsmitglied besetzt wurden (»paritätische Mitbestimmung«). Den Vorständen dieser Unternehmen gehörte ein Arbeitsdirektor an, dem vor allem das Personalwesen unterstand und der im Einvernehmen mit Betriebsräten und Gewerkschaft bestellt wurde. Gegenüber Bundestag und Bundesregierung vertraten die Gewerkschaften nach 1949 ihre Forderungen nach gesetzlicher Verankerung dieser Montanmitbestimmung, ihrer Ausweitung und nach volkswirtschaftlicher Mitbestimmung der Arbeitnehmer oberhalb der Unternehmensebene. Unter dem Druck eines Streikaufrufs in der Stahl- und Eisenindustrie einigten sich am 11. Januar 1951 der DGB-Vorsitzende Hans Böckler und Bundeskanzler Adenauer auf einen Kompromiss: Die bisher praktizierte Form der Mitbestimmung wurde festgeschrieben (Gesetz vom 21. Mai 1951), blieb jedoch auf die Montanindustrie beschränkt. Die weitergehenden gewerkschaftlichen Forderungen kamen nicht zum Zuge, obwohl auch kirchliche Kreise dafür warben und sie unterstützten. Die Koalitionsparteien FDP und DP wandten sich gegen das Gesetz; es konnte nur mithilfe der SPD verabschiedet werden.

Die Mitwirkung der Arbeitnehmer und der Betriebsräte im Betrieb, die bisher nur in einem Gesetz des Alliierten Kontrollrats festgelegt war, wurde durch das Betriebsverfassungsgesetz vom 11. Oktober 1952 einheitlich geregelt. Danach waren in den Betrieben Betriebsräte zu wählen, die u. a. bei personellen Angelegenheiten, bei der Ordnung des Betriebes, der Arbeitszeit und der Urlaubsplanung mitbestimmten. In wirtschaftlichen Angelegenheiten erhielten die Betriebsräte freilich nur Informationsrechte. Die Aufsichtsräte in Kapitalgesellschaften wurden zu einem Drittel mit Arbeitnehmervertretern besetzt.

Erst in den 60er-Jahren gelang es den Gewerkschaften wieder, das Thema Mitbestimmung in die öffentliche Diskussion zu tragen, die auch mit dem *Mitbestimmungsgesetz* von 1976 (▶4.15) nicht beendet wurde. Bereits 1972 hatte das neue *Betriebsverfassungsgesetz* (▶3.26) die Rechte der Arbeitnehmer und der Betriebsräte im Betrieb erweitert.

2.16 Deutschlandvertrag

Der Deutschlandvertrag regelte das Ende des Besatzungsregimes in der Bundesrepublik

Bundeskanzler Konrad Adenauer unterzeichnet den Deutschlandvertrag (26. Mai 1952)

Deutschland und gab dieser die Rechte eines souveränen Staates. Er entstand im Zusammenhang mit den Bemühungen um einen deutschen Beitrag zur Verteidigung des Westens, die auf Betreiben der USA unter dem Eindruck des Koreakrieges und der wachsenden Spannungen zwischen Ost und West in Gang gekommen waren und eine Einbindung und Kontrolle der aufzustellenden deutschen Truppen in der projektierten *Europäischen Verteidigungsgemeinschaft* (EVG, ▶2.17) vorsahen. Da ein eigenständiger deutscher Verteidigungsbeitrag eine Ablösung des *Besat-*

zungsstatuts (▶2.7) von 1949 voraussetzte, fanden sich die drei Westmächte seit Dezember 1950 zu Verhandlungen bereit, deren Ergebnis der Deutschlandvertrag war, dessen In-Kraft-Treten jedoch gemäß Artikel 11 an das Zustandekommen der EVG gebunden war.

Durch den Deutschlandvertrag (Bonner Vertrag) wurden Besatzungsstatut und Alliierte Hohe Kommission aufgehoben und die Souveränität an die Bundesrepublik Deutschland übertragen, vorbehaltlich der Rechte und Verantwortung der drei Mächte »in Bezug auf Berlin und auf Deutschland als Ganzes einschließlich der Wiedervereinigung Deutschlands und einer friedensvertraglichen Regelung«, sowie das Recht zur Stationierung von Streitkräften und zur Regelung des Notstandes zum Schutze dieser Streitkräfte (Artikel 5, 2, erloschen seit dem Erlass der *Notstandsgesetzgebung* von 1968, ▶3.15). Er verpflichtete die Bundesrepublik Deutschland in ihrer Politik auf die Prinzipien der UN und die im Statut des Europarats festgelegten Ziele und alle Unterzeichner auf das gemeinsame Ziel der Wiedervereinigung Deutschlands in Freiheit und eines frei vereinbarten Friedensvertrages für ganz Deutschland (Artikel 7).

Der Deutschlandvertrag wurde durch drei weitere Verträge ergänzt: Der Truppenvertrag regelte die Rechte und Pflichten der ausländischen Streitkräfte, der Finanzvertrag legte den Beitrag der Bundesrepublik Deutschland zum Unterhalt dieser Streitkräfte fest sowie der Überleitungsvertrag zur Regelung aus Krieg und Besatzung entstandener Fragen.

Nachdem der Deutschlandvertrag noch 1952 in Großbritannien und den USA ratifiziert worden war, wurde er nach heftigen innenpolitischen und verfassungsrechtlichen Streitigkeiten in der Bundesrepublik erst 1953 ratifiziert. Die Ratifikation des EVG-Vertrages in der französischen Nationalversammlung scheiterte jedoch am 30. August 1954. Auf der Londoner Neunmächtekonferenz der sechs EVG-Staaten sowie Großbritanniens, der USA und Kanadas vom 28. September bis 3. Oktober 1954 wurde daraufhin der Beitritt der Bundesrepublik zur *NATO* (▶2.19), die Bildung der *Westeuropäischen Union* (▶2.20) sowie eine Anpassung des Deutschlandvertrages beschlossen und in den Pariser Verträgen am 23. Oktober 1954 vollzogen. Nach der Ratifizierung dieser Verträge trat der Deutschlandvertrag in modifizierter Form am 5. Mai 1955 in Kraft.

2.17 Europäische Verteidigungsgemeinschaft (EVG)

Die EVG stellte den Versuch dar, im Zeichen des *Kalten Krieges* (▶1.15) eine effektive kontinentale Verteidigungsmacht der späteren EWG-Staaten Frankreich, Italien, Belgien, Niederlande, Luxemburg und Bundesrepublik Deutschland zu schaffen, die Risiken einer Wiederbewaffnung der Bundesrepublik durch eine supranationale Organisation aufzufangen und durch diese zugleich die europäische Einigung zu fördern. Wichtige Impulse verdankte die EVG einem Vorschlag Winston Churchills vom 11. August 1950 zur Bildung einer »Europa-Armee« und dem Plan des französischen Ministerpräsidenten René Pleven vom Oktober 1950. Die durch den Vertrag vom 27. Mai 1952 in Paris abgeschlossenen Verhandlungen der sechs Staaten sahen die Verschmelzung der nationalen Streitkräfte unter einem gemeinsamen Oberbefehl (mit Ausnahme der für die Kolonien benötigten Truppen) vor. Die Grundeinheiten bis zur Division sollten national, die höheren Einheiten, die Kommandobehörden und die Logistik supranational organisiert sein. Status, Ausrüstung, Ausbildung und Dienstzeit der Soldaten der EVG sollten gleich sein. Der EVG-Vertrag wurde von den Parlamenten der Beneluxstaaten, Italiens und der Bundesrepublik gebilligt, scheiterte jedoch 1954 an den französischen Bedenken gegen einen Souveränitätsverzicht.

Die militärpolitischen Konsequenzen des Fehlschlags der EVG wurden durch die Aufnahme der Bundesrepublik Deutschland in die *Westeuropäische Union* (▶2.20) und die *NATO* (▶2.19) aufgefangen.

2.18 17. Juni 1953

Am 5. März 1953 starb der sowjetische Partei- und Regierungschef Stalin. Von seinen Nachfolgern erwartete man ein Nachlassen des innenpolitischen Terrors und eine Verbesserung des Verhältnisses zu den Westmächten. Auch die innenpolitische Situation in der DDR geriet in Bewegung. Gerüchte kursierten, dass der doktrinäre und am stalinistischen Herrschaftssystem festhaltende SED-Generalsekretär Walter Ulbricht abgelöst werden sollte. Der neu ernannte sowjetische Hohe Kommissar Wladimir Semjonow hatte angeblich entsprechende Weisungen aus Moskau mitgebracht, falls die SED-Führung den sowjetischen Wünschen nach mehr Flexibilität nicht entsprechen sollte.

Ende Mai 1953 hatte der Ministerrat der DDR noch eine allgemeine Erhöhung der Normen verkündet und damit erhebliche Unruhe hervorgerufen und die Fluchtbewegung aus der DDR verstärkt, hinzu kamen die schlechte Versorgung mit Lebensmitteln und der staatliche Terror durch willkürliche Verhaftungen. Unter sowjetischem Druck machte das SED-Politbüro wirtschaftliche Zugeständnisse und verkündete den »neuen Kurs«. Er brachte Lockerungen des Drucks, Rücknahme von Preiserhöhungen und Verbesserungen im Konsum. Die am 28. Mai beschlossene Erhöhung der Normen für Industriebetriebe und die Bauwirtschaft um 10 % wurde jedoch nicht zurückgenommen. Daraufhin streikten und demonstrierten am 16. Juni die Bauarbeiter in der Ost-Berliner Stalinallee. Daraus entwickelte sich am 17. Juni eine Volkserhebung in der gesamten DDR, in deren Verlauf es in mehr als 560 Orten, darunter alle Industriezentren, zu Streiks und Demonstrationen kam. Rund 10 % der Arbeitnehmer beteiligten sich am Aufstand. Die ursprünglich wirtschaftlichen Forderungen, die von der Rücknahme der Normenerhöhungen ausgingen, entwickelten sich schnell zu weitgehenden politischen Forderungen wie dem Rücktritt der Regierung, der Ablösung Ulbrichts, freien Wahlen.

Die SED-Führung war der Lage nicht gewachsen; sie verlor die Kontrolle und ließ den Aufstand durch sowjetische Truppen niederschlagen. Die Zahl der Todesopfer wird zwischen 25 und 300 angegeben, als Zahl der zu langjährigen Haftstrafen Verurteilten wurden rund 1400 festgestellt. Als Folge des Aufstandes konnte Ulbricht seine Machtposition festigen und wieder mit sowjetischer Rückendeckung rechnen, seine innerparteilichen Gegner wurden ausgeschaltet.

Die Westmächte hatten, um ein Kriegsrisiko zu vermeiden, auf ein von der Bevölkerung erwartetes Eingreifen in Ost-Berlin verzichtet und sich auf Proteste beschränkt.

Der 17. Juni wurde in der Bundesrepublik Deutschland durch ein Bundesgesetz am 4. August 1953 zum gesetzlichen Feiertag erklärt (bis 1990).

2.19 Nordatlantikpakt (NATO)

Am 4. April 1949 war der Nordatlantikpakt (NATO = North Atlantic Treaty Organization) vor dem Hintergrund des sich verschärfenden Ost-West-Konfliktes von Belgien, Dänemark, Frankreich, Großbritannien, Island, Italien, Kanada, Luxemburg, den Niederlanden, Norwegen, Portugal und den USA abgeschlossen worden. 1952 traten Griechenland und die Türkei, 1982 Spanien dem Bündnis bei. Im Rahmen der Verhandlungen über die Pariser Verträge vom 23. Oktober 1954 nach dem Scheitern der *EVG* (▸2.17) wurde der Beitritt der Bundesrepublik Deutschland zur NATO vorbereitet und mit dem In-Kraft-Treten der Verträge am 5. Mai 1955 vollzogen. Die Bundesrepublik Deutschland erlangte damit wieder ihre Souveränität, die allerdings hinsichtlich der Sonderrechte der alliierten Truppen erheblichen Einschränkungen unterworfen blieb.

17. Juni 1953: Ost-Berliner bewerfen sowjetische Panzer mit Steinen

KAPITEL 2

Aufhebung des Besatzungsstatus am 5. Mai 1955. Die Bundesrepublik wird souverän und tritt am gleichen Tag der NATO bei

Der NATO-Vertrag verpflichtet die Mitglieder neben der politischen und wirtschaftlichen Zusammenarbeit zur gemeinsamen militärischen Verteidigung. Ein bewaffneter Angriff auf ein oder mehrere Mitgliedsländer bedeutet nach Artikel 5 einen Angriff auf alle, allerdings folgt daraus keine automatische militärische Beistandsverpflichtung. Vielmehr ist jedes NATO-Mitglied verpflichtet, unverzüglich und im Zusammenwirken mit den anderen Vertragspartnern die ihm geeignet erscheinenden Maßnahmen zu treffen. In der politischen Organisation ist das oberste Organ der Ständige Rat (NATO-Rat), in dem alle Mitgliedsländer Sitz und Stimme haben. Er tritt unter Vorsitz des Generalsekretärs zu Konsultationen über politische Entscheidungen der Allianz auf Botschafterebene wöchentlich, auf Ministerebene zweimal jährlich zusammen.

Zentrales militärisches Gremium ist der Militärausschuss. Ihm gehören die Stabschefs der beteiligten Länder mit Ausnahme Frankreichs an, das aus der militärischen Organisation 1966 ausgeschieden, aber Mitglied der politischen Organisation geblieben ist; Griechenland hatte 1974–80 auf die militärische Mitarbeit verzichtet. Der Militärausschuss berät den Ständigen Rat in militärstrategischen Fragen. Das Bündnisgebiet wurde in drei Kommandobereiche mit integrierten Kommandostäben eingeteilt, jeweils geleitet von einem alliierten Oberbefehlshaber: Europa (SACEUR mit dem Hauptquartier SHAPE in Casteau, Belgien), Atlantik (SACLANT in Norfolk, USA) und Ärmelkanal (CHINCHAN in Northwood, Großbritannien).

Die Streitkräfte der Mitgliedsstaaten sind teils der NATO bereits unterstellt, teils für die NATO zu irgendeinem Zeitpunkt in Friedenszeiten oder automatisch im Mobilmachungsfall vorgesehen, teils verbleiben sie unter nationalem Oberbefehl. Von den Streitkräften der deutschen *Bundeswehr* (▶2.29) sind die Verbände der Luftraumüberwachung und der Luftverteidigung auch in Friedenszeiten voll der NATO unterstellt, im Verteidigungsfall unterstehen auch das Feldheer und die Seestreitkräfte der operativen Führung der NATO.

Seit dem Ende des Ost-West-Konflikts 1989/90 sieht die NATO ihre Aufgabe nicht mehr in der Abwehr einer konkreten Bedrohung, sondern in der gemeinsamen Versicherung gegen mögliche Konfliktrisiken.

2.20 Westeuropäische Union (WEU)

Im Zuge des Ost-West-Konflikts wurde im Oktober 1954 im Rahmen der Pariser Verträge ein kollektiver Beistandspakt abgeschlossen. Der Pakt änderte die gegen ein wieder erstarkendes Deutschland gerichtete Fünfmächteallianz des Brüsseler Vertrages vom 17. März 1948, der die Benelux-Staaten, Frankreich und Großbritannien angehörten, in ein durch die Bundesrepublik Deutschland und Italien erweitertes Verteidigungssystem. Es bildete einen Ersatz für die an französischen Bedenken gescheiterte *Europäische Verteidigungsgemeinschaft* (▶2.17) und schuf mit den Bestimmungen über die Rüstungskontrolle und Rüstungsbegrenzung für die Bundesrepublik Deutschland eine Voraussetzung für deren Eintritt in die *NATO* (▶2.19).

Die Organe der WEU sind: 1. Rat der WEU (Außenminister der Mitgliedsstaaten) mit dem Ständigen Rat (in London akkreditierte Botschafter) als Hilfsorgan; 2. Versammlung, zusammengesetzt aus den insgesamt 89 Vertretern der WEU-Staaten in der Beratenden

Versammlung des Europarats; 3. Generalsekretariat (in London). Für die militärischen Aufgaben der WEU ist der NATO-Oberbefehlshaber zuständig.

Entgegen anfänglichen Hoffnungen wurde die WEU nicht zur Basis der politischen Einigung Westeuropas. Mit dem Ende des Ost-West-Konflikts (1989/90) spielt die WEU wieder eine größere Rolle bei den Versuchen, innerhalb der EG eine eigene Verteidigungspolitik zu entwickeln. Die WEU wurde 1992 durch die Maastrichter Verträge enger in den europäischen Sicherheitsverbund einbezogen.

2.21 Warschauer Pakt

Wenige Tage nach der Aufnahme der Bundesrepublik Deutschland in die NATO unterzeichneten am 14. Mai 1955 in Warschau Vertreter Albaniens, Bulgariens, der DDR, Polens, Rumäniens, der Tschechoslowakei, der UdSSR und Ungarns einen »Vertrag über Freundschaft, Zusammenarbeit und gegenseitigen Beistand«; gleichzeitig wurde ein »Vereintes Kommando der Streitkräfte« gebildet. Der Warschauer Pakt sollte ein Gegenstück zum *Nordatlantikpakt* (▶ 2.19) bilden und übernahm zum Teil dessen Vertragsformulierungen fast wörtlich.

Neben dem Rat für gegenseitige Wirtschaftshilfe wurde der Warschauer Pakt zur wichtigsten multilateralen Organisation der europäischen kommunistischen Staaten. Veranlasst durch die Mitgliedschaft der Bundesrepublik Deutschland in der NATO, dürfte die Errichtung des Warschauer Paktes auf das sowjetische Bestreben zurückzuführen sein, vertraglich gesicherte Rechte zur Stationierung ihrer Truppen in den Staaten Ostmittel- und Südosteuropas zu erhalten. Weiter sah die UdSSR den Zweck des Bündnisses vornehmlich darin, ein Gegengewicht gegen die NATO zu bilden, die Streitkräfte der europäischen kommunistischen Staaten einheitlich zusammenzufassen und diese Staaten möglichst eng an sich zu binden. Der Warschauer Pakt, der seiner Struktur nach ganz auf die Hegemonie der UdSSR zugeschnitten war, wurde durch Truppenstationierungsverträge der UdSSR mit Polen (1956), der DDR (1957), Rumänien (1957), Ungarn (1957) und der ČSSR (Oktober 1968) ergänzt.

Der Warschauer Vertrag verpflichtete zu Konsultationen in allen wichtigen Fragen der internationalen Politik, vor allem bei Gefahr für die Sicherheit eines der Vertragspartner, zu gegenseitigem militärischem Beistand bei einem bewaffneten Überfall in Europa auf einen oder mehrere Teilnehmerstaaten sowie zur Unterstellung aller (im Falle der DDR) oder von Teilen der Streitkräfte unter ein gemeinsames Oberkommando. Die Kündigung der Mitgliedschaft durch Ungarn am 1. November 1956 im Verlauf des ungarischen Volksaufstandes wurde durch die bewaffnete sowjetische Intervention unwirksam gemacht. Albanien schied 1968 aus dem Warschauer Pakt aus, die DDR 1990 – wenige Tage vor ihrem Beitritt zur Bundesrepublik Deutschland.

Als politisches Führungsorgan des Warschauer Paktes fungierte ein Politischer Beratender Ausschuss, in dem jeder Teilnehmerstaat vertreten war. 1956 wurden zwei Hilfsorgane mit Sitz in Moskau gebildet: ein Vereinigtes Sekretariat und eine Ständige Kommission, deren Kompetenz sich auf die

Das Gebäude des Bundesvorstands der KPD in Düsseldorf am Tag des Parteiverbots durch das Bundesverfassungsgericht (17. August 1956)

Ausarbeitung von Empfehlungen in außenpolitischen Fragen erstreckte. Das militärische Führungsorgan des Warschauer Paktes war das Vereinte Oberkommando der Streitkräfte mit Sitz in Moskau, an dessen Spitze immer ein sowjetischer Oberbefehlshaber stand.
Die überholte Paktstruktur wurde im Gefolge der mit Gorbatschow seit 1985 einsetzenden Reformpolitik weiter geschwächt. Den 1990 geschlossenen bilateralen Abkommen über den Abzug der Sowjetarmee aus den Mitgliedsstaaten folgte am 1. Juli 1991 die Auflösung des Warschauer Paktes.

2.22 KPD-Verbot

Die *Kommunistische Partei Deutschlands* (KPD) war auch in den Westzonen neu gegründet worden. Zwischen 1945 und 1948 war sie mit Ausnahme von Schleswig-Holstein und Württemberg-Hohenzollern zumindest kurzzeitig an allen Landesregierungen beteiligt. In diesem Zeitraum verfolgte sie einen gesamtdeutschen Kurs und legte einen Schwerpunkt auf die Betriebsarbeit. Mit der SED bildete sie eine »Arbeitsgemeinschaft«, die eine einheitliche sozialistische Partei in ganz Deutschland anstrebte. Die Errichtung eines westdeutschen Teilstaates lehnte sie ab. Bei der ersten Bundestagswahl im August 1949 errang sie 5,7 % der Stimmen und zog mit 15 Abgeordneten in den ersten Deutschen Bundestag ein. Bei der zweiten Wahl zum Deutschen Bundestag scheiterte sie mit nur noch 2,2 % der Stimmen an der inzwischen eingeführten Fünfprozentklausel. Ab 1951 ging die Partei zu den bundesdeutschen Parteien deutlich auf Distanz und verfolgte eine revolutionäre Politik. Sie rief zum Kampf auf gegen die »Ausbeuter des deutschen Volkes« und die »Handlanger der Imperialisten«; erst ein »revolutionärer Sturz des Adenauer-Regimes« könne die deutsche Wiedervereinigung bringen. Diese Parolen gaben für die Bundesregierung den Anstoß, die Partei vom Bundesverfassungsgericht verbieten zu lassen. Ursprünglich sollte dies gleichzeitig mit dem Verbot der rechtsextremistischen Sozialistischen Reichspartei (SRP) geschehen. Beide Parteien gaben in ihrer Argumentation den Westmächten Anlass zu Besorgnis. Aber erst im November 1955 konnten im Bundesverfassungsgericht die Verhandlungen über den Verbotsantrag der Bundesregierung beginnen. Am 17. August 1956 wurde das Urteil verkündet und die KPD verboten mit der Begründung, sie stehe nicht auf dem Boden des *Grundgesetzes* (▶2.1). Als Endziel strebe sie die sozialistische Revolution an, um im Sinne des Marxismus-Leninismus die »Diktatur des Proletariats« zu errichten.
In der Öffentlichkeit und in den Debatten des Deutschen Bundestages ist lange über die Zweckmäßigkeit des Urteils diskutiert worden. Die Wahlen von 1953 und auch die folgenden Landtags- und Kommunalwahlen zeigten allerdings, dass die Partei keine beachtenswerte Rolle mehr spielte. Erst 1968 wurde sie unter leicht verändertem Namen als Deutsche Kommunistische Partei wieder neu gegründet, ihre Mitgliederzahl war auf 7 500 gesunken.

2.23 Freie Deutsche Jugend (FDJ)

Die FDJ war die einzige offiziell zugelassene Jugendorganisation der DDR und nahm im System der Massenorganisationen einen wichtigen Platz ein. Sie war die Nachwuchsorganisation (Kaderreserve) der *SED* (▶1.12), deren führende Rolle sie in ihrem Statut anerkannte. Ihre Aufgaben waren die politische Organisierung der Jugend in Grundorganisationen, die ab drei Mitgliedern in

Wilhelm Pieck und der FDJ-Vorsitzende Erich Honecker unter den Teilnehmern einer Großkundgebung der FDJ in Leipzig (Juni 1949)

Wohngebieten, Betrieben, Bildungseinrichtungen usw. gebildet wurden, die ideologische und fachliche Erziehung der Jugend und die Freizeitgestaltung. Mit der Bildung relativ kleiner Grundorganisationen verfolgte die FDJ das Ziel, möglichst viele Jugendliche in die aktive Verbandsarbeit einzubeziehen. Der FDJ angeschlossen war der Kinderverband Pionierorganisation »Ernst Thälmann«.

Die FDJ wurde am 7. März 1946 unter der Leitung des späteren Generalsekretärs der SED, Erich Honecker, als überparteiliche Jugendorganisation gegründet. Ihre Ausrichtung auf die KPD und später die SED (▶1.12) wurde in den 50er-Jahren abgeschlossen. Seitdem war sie verpflichtet, den Marxismus-Leninismus zu verbreiten, die Beschlüsse der SED durchzuführen und sich an der vormilitärischen Ausbildung zu beteiligen.

Die FDJ hatte rund 2,2 Millionen Mitglieder; nach offiziellen Angaben besaßen etwa 70 % der Jugendlichen zwischen 14 und 25 Jahren die Mitgliedschaft. Besonders hoch war der Anteil der Schüler und Studenten. Die Funktionäre der Jugendorganisation waren vielfach zugleich Mitglied der SED. Die 1. Sekretäre der FDJ gehörten meist auch dem Politbüro der SED an. Ebenso stellte sie auch eine eigene Fraktion in den Volksvertretungen. So gehörten z. B. ab 1963 40 von 500 Mitgliedern der Volkskammer (▶2.9) der FDJ-Fraktion an. Gemeinsam mit den anderen Massenorganisationen sicherte sie auf diese Weise das Übergewicht der SED in diesen Gremien.

2.24 Planwirtschaft

Im Gegensatz zu der Entwicklung in der *Bundesrepublik Deutschland* (▶2.2) wurde in der DDR (▶2.9) entsprechend dem zentralistischen Staatsaufbau nach dem Muster der UdSSR die staatliche Planwirtschaft eingeführt, d. h. eine zentral und nach langfristigen Plänen gelenkte, von politisch motivierten Zielsetzungen beeinflusste Wirtschaftsordnung. Der Staat dirigierte und kontrollierte zentral die gesamten wirtschaftlichen Vorgänge. Mit den ebenfalls planwirtschaftlich organisierten Ostblockländern war die DDR im Rat für gegenseitige Wirtschaftshilfe (RGW) verbunden.

Grundlage der wirtschaftlichen Planung waren die stark durch politische Zielsetzungen bestimmten Perspektivpläne, die stufenweise in Mehrjahresplänen (häufig Fünfjahrplänen) und schließlich in Jahresplänen verwirklicht werden sollten. Gegenstand der Planung für einen Vollzugszeitraum waren die Verteilung der Produktionsfaktoren (einschließlich der Roh-, Hilfs- und Betriebsstoffe) auf die Branchen bzw. Regionen und schließlich auf die Produktionseinheiten (Betriebe, Kombinate), die Festsetzung von Verrechnungspreisen sowie die Bestimmung der Sollwerte der Produktionsergebnisse. Der Gesamtplan wurde in verschiedene Teilpläne (Investitions-, Produktions-, Konsumtionsplan) und schließlich in Einzelpläne eingeteilt.

Der erste Fünfjahrplan der DDR (1951 bis 1955) hatte vorrangig das Ziel, die Industrieproduktion zu verdoppeln und die Folgen von Kriegszerstörung, Reparationen und rücksichtsloser sowjetischer Demontage zu beseitigen. Dementsprechend wurden Energieerzeugung, Schwerindustrie, chemische Industrie und Maschinenbau auf- und ausgebaut. Die Konsumgüterindustrie wurde dagegen weitgehend vernachlässigt. Die Planziele wurden trotz vielfältiger Schwierigkeiten – anders als bei späteren Plänen – insgesamt erreicht, die Arbeitsproduktivität konnte um 55 % gesteigert werden.

Der zweite Fünfjahrplan konnte erst 1958 in Kraft treten und wurde wegen unrealistischer Zielsetzungen wenig später abgebrochen. Er ging 1959 in einen Siebenjahrplan über. Nach dem Mauerbau 1961 wurden Wirtschaftsreformen eingeleitet, die als »Neues Ökonomisches System der Planung und Leitung der Volkswirtschaft« 1963 beschlossen wurden. Damit wollte die SED-Führung eine rentabilitätsorientierte Wirtschaftspolitik einführen, die eine verstärkte Förderung des Konsums einschloss. Der Siebenjahrplan wurde 1963 durch einen Perspektivplan bis 1970 abgelöst, der jeweils in Jahresplänen konkretisiert werden sollte.

Für die Wirtschaftsplanung ließen sich in der DDR drei Ebenen unterscheiden: An der Bestimmung der Planziele wirkten die wichtigen politischen und Verwaltungsorgane mit, vor allem das Politbüro der SED, der Ministerrat und die Staatliche Plankommission.

Dies war die zentrale Ebene. Die Staatliche Plankommission war das zentrale Organ des Ministerrats für die Planung. Grundsatzfragen legte sie dem Ministerrat zur Entscheidung vor. Auf der mittleren Ebene fungierten die Bezirksplankommissionen als Organ der Bezirksräte für die Territorialplanung. Für die örtliche Planung zuständig war die Kreisplankommission, die dem Kreisrat zuarbeitete und ihm unterstellt war; zugleich war sie der Bezirksplankommission nachgeordnet.

2.25 Soziale Marktwirtschaft

Nach dem Krieg galt es, die darniederliegende Wirtschaft möglichst schnell wieder aufzubauen. Zunächst wurde in fast allen Ländern der sozialistischen Idee der zentral gelenkten Wirtschaft Vorrang eingeräumt. Zentrale Lenkung und Zuteilung – in Deutschland seit Beginn des 2. Weltkrieges praktiziert – schien die einzige Möglichkeit zu sein, den Bedarf der Menschen an Nahrungsmitteln, Kleidung, Kohlen usw. einigermaßen gleichmäßig und gerecht zu decken. Man sah dies zwar als Notmaßnahme an, doch konnte sich niemand auch auf längere Sicht andere Lösungen vorstellen, durch die der notwendigste Bedarf gedeckt werden konnte. Seinen Niederschlag fand der Gedanke der zentralen Lenkung der Wirtschaft sogar bei der CDU (▸1.9), die in ihrem Ahlener Programm von 1947 auch die Vergesellschaftung der Grundstoffindustrien nicht ausschließen mochte.

Während die britische Militärverwaltung solchen sozialistischen Vorstellungen durchaus folgen konnte, stießen diese Gedanken bei den amerikanischen Dienststellen auf Ablehnung. Vor allem General Lucius D. Clay war klar, dass die Wirtschaft nur in Schwung kommen konnte, wenn für den Wiederaufbau genügend Kredite bereitgestellt würden. Kredite für eine von sozialistischen Theorien beherrschte Volkswirtschaft wären aber weder vom amerikanischen Kongress noch von der amerikanischen Wirtschaft zu erhalten gewesen. So zielte Clay in der amerikanischen Besatzungszone darauf ab, ein möglichst liberales Wirtschaftssystem aufzubauen. Natürlich suchten die Vertreter der widerstreitenden Richtungen die Schlüsselpositionen in den Länderregierungen und den zentralen Organen des Vereinigten Wirtschaftsgebietes mit ihren jeweiligen Anhängern zu besetzen. Mit Viktor Agartz als Direktor des Verwaltungsamtes für Wirtschaft der Bizone gelangte ein exponierter Sozialist in eine Schlüsselposition. Die Vertreter einer liberaleren Wirtschaftspolitik – vor allem im süddeutschen Raum angesiedelt – sammelten sich um den parteilosen bayerischen Wirtschaftsminister *Ludwig Erhard* (▸3.6). Im März 1948 wurde Erhard zum Direktor der Verwaltung für Wirtschaft des Vereinigten Wirtschaftsgebietes gewählt. Sein Programm sah die Liberalisierung der Wirtschaft vor. Währungsreform und Marshallplanhilfe seien geeignet, den Wirtschaftsaufschwung zu sichern. Produktion und Konsum müssten mehr Freiheit haben, Wettbewerb und Leistungswille seien das Gebot der Stunde. Die soziale Marktwirtschaft bedingte nach Anlaufschwierigkeiten den wirtschaftlichen Aufstieg der Bundesrepublik. Das so genannte »Wirtschaftswunder«, ist jedoch auch im Rahmen eines fast alle europäischen Länder erfassenden Wirtschaftswachstums zu sehen. Die soziale Marktwirtschaft sieht bei grundsätzlicher Befürwortung und Absicherung der wirtschaftlichen Freiheit eine Regulierungs- und Kontrollfunktion des Staates vor, um ein Höchstmaß an sozialer Gerechtigkeit zu gewährleisten. Der Staat hat die Aufgabe, sozial unerwünschte Entwicklungen der Marktwirtschaft rechtzeitig zu korrigieren, den freien Wettbewerb unter anderem vor der Beeinträchtigung durch Kartelle und Monopole zu schützen und die Einkommens- und Vermögensverteilung im Interesse der nicht am Wirtschaftsprozess beteiligten Bevölkerungsgruppen zu steuern. Bestimmte Bereiche der Volkswirtschaft wie z.B. Raumordnung und Strukturpolitik, die der Privatinitiative nicht überlassen werden können, werden vom Staat geregelt. Ihm obliegt es ferner, die Stabilität des Geldwertes zu sichern.

2.26 Lastenausgleich

In den Anfangsjahren der Bundesrepublik Deutschland mussten für die besonders geschädigten Bevölkerungsgruppen wie Kriegsopfer, Ausgebombte, Flüchtlinge und Vertriebene Gesetze geschaffen werden, auf-

grund derer Hilfen für die dringendste Beseitigung der Not bereitgestellt werden konnten.
Im Dezember 1950 wurde das Bundesversorgungsgesetz verabschiedet, das die Versorgung der Kriegsopfer, der Kriegsbeschädigten und ihrer Hinterbliebenen bundeseinheitlich regelte. Das Gesetz über Hilfsmaßnahmen für Heimkehrer, das die ehemaligen Kriegsgefangenen und ihre Angehörigen versorgte, hatte schon im Juni den Deutschen Bundestag passiert. Von größter Bedeutung war das Lastenausgleichsgesetz vom 14. August 1952. Es sollte nach den Grundsätzen der sozialen Gerechtigkeit Schäden und Verluste der Vertriebenen und Flüchtlinge aus den ehemaligen deutschen Ostgebieten und aus der Sowjetischen Besatzungszone (bzw. aus der DDR) auszugleichen versuchen. Zur Feststellung der Schäden und Verluste sowie zur Festsetzung der Beträge der Vermögensabgabe jener Bevölkerungsteile, die durch die Kriegsereignisse nicht oder nur gering betroffen waren, wurde ein umfassendes und kompliziertes Gesetzgebungswerk und ein umfangreicher Bearbeitungsapparat in den Lastenausgleichsämtern geschaffen. Die Leistungen unterscheiden sich vor allem nach folgenden Kategorien: Hauptentschädigung zur Abgeltung von Vermögensschäden, Wohnraumhilfen, Eingliederungsdarlehen, Renten, Unterhaltshilfen, Hausratentschädigung, Entschädigung im Währungsausgleich für Spartguthaben Vertriebener und Darlehen zur Förderung der Flüchtlingsansiedlung.
Trotz aller gesetzgeberischen Bemühungen und außerordentlichen Leistungen – bis Dezember 1980 wurden rund 104 Milliarden DM für Entschädigungshilfen nach dem Lastenausgleichsgesetz ausgegeben – dauerte es Jahre, bis die größte Not gelindert war.

2.27 Dynamische Rente

1951 hatten die Sozialleistungen einen Anteil von 36,5 % am Bundeshaushalt, vier Jahre später betrug dieser Anteil sogar 42 %: rund 9,8 Mrd. DM bei einem Gesamthaushalt von 29,6 Mrd. DM. Immerhin waren 1955 rund 20 % der Bevölkerung von Sozialleistungen abhängig; die Sozial-Enquête (Untersuchungsbericht über die soziale Situation der Bevölkerung) von 1955 erfasste etwa 1 Million Haushalte, die unter der offiziellen Armutsgrenze von 130 DM Monatseinkommen lagen. Das Sozialsystem der Bundesrepublik musste also umfassend reformiert werden, und Bundeskanzler Adenauer kündigte in seiner Regierungserklärung zu Beginn seiner zweiten Amtszeit eine solche Reform auch an.
Diskussionen um eine Reform hatte es seit dem Zusammenbruch des Deutschen Reiches 1945 gegeben. Zwei grundsätzliche Richtungen standen sich in den Auseinandersetzungen gegenüber: Sozialdemokraten und Gewerkschaften fochten für eine Einheitsversicherung mit gleichen Leistungen für alle Berufsgruppen unter einheitlicher Verwaltung. Dagegen forderten die Wirtschaftsverbände eine Wiederherstellung des bisherigen gegliederten Versicherungssystems, in dem jede Gruppe eigene Versicherungen hatte. In den Diskussionen konnten sich schließlich die Befürworter des traditionellen Systems durchsetzen.
Das Konzept der Einheitsversicherung wurde von der Regierung abgelehnt, bewirkte aber, dass in den anderen Parteien und Gruppierungen intensiv nach Plänen und Lösungen gesucht wurde. Bis 1955 lagen aber keine konkreten Entwürfe vor, und es stand zu befürchten, dass die groß angekündigte Sozialreform versanden würde.
Adenauer seinerseits drängte – auch mit Blick auf die Bundestagswahl 1957 – auf die Reform. Mitte 1955 war aber auch klar, dass eine umfassende Reform im Rest der Legislaturperiode nicht mehr zu schaffen sein würde. So mussten sich Adenauer und das federführende Bundesarbeitsministerium unter Anton Storch, dem Vorsitzenden der CDU-Sozialausschüsse, mit einer Teilreform begnügen. Die Sozial-Enquête hatte deutlich gemacht, dass die Sozialrentner in der größten Not lebten. Eine Rentenreform konnte also die schlimmsten Notfälle und gleichzeitig rund die Hälfte der Sozialleistungsfälle erfassen. Als Konzept für die Reform bot sich ein Modell an, das ein Kölner Privatdozent in die Diskussion brachte. Dieses Modell bestand darin, dass die Erwerbstätigen einen Teil ihres Bruttoeinkommens in die Rentenkasse zahlten, der den Betrag an die Rentner weitergab. Dem Beitragszahler wurden Punkte gutgeschrieben, die sich an der Höhe seines Beitrages orientierten. Aus diesen

Punkten und dem jährlichen Beitrag konnte dann der Rentenwert errechnet werden. Auf diese Weise war die Rente mit dem Bruttoeinkommen der Beitragszahler gekoppelt – die dynamische Rente war erfunden (zur weiteren Entwicklung: Krise des Sozialstaats, ▶ 5.22). Dieses Modell eines Generationenvertrages konnte sich im nun einsetzenden Streit der Parteien und Ministerien durchsetzen. Die SPD rückte im Verlauf der Diskussionen, an denen sich auch die Öffentlichkeit lebhaft beteiligte, von der Einheitsversicherung ab und brachte einen noch weitergehenden Entwurf im Bundestag ein. Im Januar 1957 passierte die Reform in zweiter Lesung den Deutschen Bundestag. Rückwirkend zum 1. Januar wurde sie wirksam, ab Mai wurden die fälligen Nachzahlungen und Erhöhungen geleistet. In der Arbeiterversicherung stiegen die Renten um durchschnittlich 65 %, in der Angestelltenversicherung um fast 72 %. Der von Adenauer geführten CDU brachte unter anderem diese Reform bei den Bundestagswahlen im September 1957 die absolute Mehrheit.

2.28 Hallsteindoktrin

Schon kurz nach ihrer Gründung erhob die *Bundesrepublik Deutschland* (▶ 2.2) den Anspruch, die allein legitimierte Vertreterin der deutschen Interessen zu sein und für alle Deutschen in Ost und West zu sprechen (Alleinvertretungsanspruch). Begründet wurde dieser Anspruch damit, dass im westlichen Teil Deutschlands eine Regierung im Amt sei, die aus freien Wahlen hervorgegangen war, während in der *DDR* (▶ 2.9) eine Parteidiktatur herrsche. Die Sowjetunion und die übrigen Ostblockstaaten und die DDR selber hatten die so genannte Zweistaatentheorie entwickelt. Diese besagte, dass auf dem Gebiet des ehemaligen Deutschen Reichs zwei souveräne deutsche Staaten entstanden seien.

Die Bundesregierung suchte mit allen Mitteln zu verhindern, dass weitere Staaten mit der DDR diplomatische Beziehungen aufnahmen und damit die DDR als Staat anerkannten. Bei dem Besuch Bundeskanzler *Adenauers* (▶ 2.4) in Moskau im September 1955 war die Aufnahme diplomatischer Beziehungen zwischen der Sowjetunion und der Bundesrepublik und damit der Austausch von Botschaftern vereinbart worden. Die Sowjetunion aber hatte bereits 1954 diplomatische Beziehungen zur DDR aufgenommen.

Begründet wurde die Aufnahme diplomatischer Beziehungen zur Sowjetunion zum einen damit, dass diese eine der vier Besatzungsmächte war, und zum anderen hoffte man, die Freilassung der noch in sowjetischen Lagern befindlichen deutschen Kriegsgefangenen zu erreichen. Bereits bei der Rückreise nach Bonn überlegte die deutsche Delegation, wie der befürchteten Flut diplomatischer Anerkennungen der DDR wirksam begegnet werden könnte. Der Leiter der Politischen Abteilung des Auswärtigen Amtes, Wilhelm Grewe, stellte dabei einen Problemkatalog auf, aus dem Grewe und Adenauers außenpolitischer Berater Walter Hallstein die so genannte »Hallsteindoktrin« entwickelten. In der Regierungserklärung vom 23. September 1955 war dieser Grundsatz der deutschen Außenpolitik dann formuliert. Die Bundesrepublik Deutschland werde – aufgrund ihres demokratisch legitimierten Alleinvertretungsanspruchs für das gesamte deutsche Volk – mit keinem Staat diplomatische Beziehungen aufnehmen oder unterhalten, der seinerseits in diplomatischen Beziehungen mit der DDR stehe oder solche eingehe.

Gestützt auf das wirtschaftliche Potenzial und die Entwicklungshilfeleistungen der Bundesrepublik, erwies sich die Hallstein-

Walter Hallstein (links) und der Diplomat Wilhelm Grewe, die geistigen Urheber der Hallsteindoktrin. Aufnahme von 1955

ADENAUERZEIT

Bundeskanzler Adenauer besucht in Andernach fünf Kompanien der neu aufgestellten Bundeswehr (Januar 1956). Links: Verteidigungsminister Theodor Blank

doktrin als effektives Mittel, die diplomatische Anerkennung der DDR durch nichtkommunistische Staaten zu verhindern. Sie führte zum Abbruch der diplomatischen Beziehungen mit Jugoslawien 1957 und Kuba 1963, verhinderte aber auf lange Sicht auch eine flexiblere deutsche Außenpolitik. Fragwürdig wurde die Doktrin vollends, als die Bundesrepublik 1967 diplomatische Beziehungen zu Rumänien und 1969 wieder zu Jugoslawien aufnahm. Nach der Bildung der *sozialliberalen Koalition* aus SPD und FDP (▶3.17) wandelte sich die bundesdeutsche *Ostpolitik* (▶3.20) grundlegend. Mit dem *Deutschsowjetischen Vertrag* (▶3.22) 1970 und vor allem dem *Grundlagenvertrag* (▶3.30) mit der DDR 1972 wurde die Hallsteindoktrin endgültig gegenstandslos.

2.29 Bundeswehr

Mit der Aufnahme der *Bundesrepublik Deutschland* (▶2.2) in die *NATO* (▶2.19) war die Aufstellung westdeutscher Streitkräfte und damit die auch zu dieser Zeit noch heftig umstrittene Wiederaufrüstung verbunden. Ende 1955 wurden die ersten Einheiten der Bundeswehr aufgestellt. Vorher aber musste das Grundgesetz geändert werden. Das Gesetz zur Ergänzung des Grundgesetzes vom 26. März 1954 begründete die Wehrhoheit der Bundesrepublik, ein weiteres Ergänzungsgesetz vom 19. März 1956 bezog die Streitkräfte in die Rechtsordnung der Bundesrepublik Deutschland ein und schuf die allgemeine Wehrpflicht (21. Juli 1956). Bis dahin waren nur Freiwillige eingestellt worden.

Die Bundeswehr wurde von vornherein der Kontrolle des Deutschen Bundestages unterstellt. Ein Verteidigungsausschuss wurde eingerichtet und die Position des Wehrbeauftragten geschaffen. Dieser beobachtet im Auftrage des Deutschen Bundestages die Einhaltung der Grundrechte in der Bundeswehr. An ihn kann sich jeder Soldat wenden, wenn er seine Grundrechte verletzt sieht. Der Wehrbeauftragte hat den Beschwerden nachzugehen und jährlich dem Deutschen Bundestag zu berichten.

Die Soldaten der deutschen Bundeswehr sind entweder Wehrpflichtige, Soldaten auf Zeit oder Berufssoldaten. Die Befehls- und Kommandogewalt liegt beim Bundesminister der Verteidigung, im Verteidigungsfall geht sie jedoch auf den Bundeskanzler über. Damit ist die politische Führung der Bundeswehr sichergestellt. Oberster militärischer Berater der Bundesregierung ist der Generalinspekteur der Bundeswehr. Im Führungsstab der Streitkräfte sind die drei Teilstreitkräfte vertreten.

Die Bundeswehr ist ein Bestandteil des demokratischen Staates. Um Fehlentwicklungen zu vermeiden wie in der Weimarer Republik, als die Reichswehr bewusst zu einem »Staat im Staate«, zu einem Fremdkörper in der republikanischen Wirklichkeit, geformt worden war, entwickelte man das Konzept der Inneren Führung. Diese zielt darauf ab, den Soldaten sowohl in die Gesellschaft als auch in die Streitkräfte zu integrieren und dabei möglichst wenige Grundrechte einzuschränken. So haben alle Soldaten das aktive und passive Wahlrecht zu den parlamentarischen Gremien und das Koalitionsrecht, also das Recht, sich zusammenzuschließen.

In das Grundgesetz wurde der Artikel 12 a eingefügt, der die Pflicht zum Wehrdienst regelt. Das Recht auf Kriegsdienstverweigerung war bereits 1949 bei den Beratungen des Parlamentarischen Rats in den Katalog der Grundrechte aufgenommen worden. Niemand soll gegen sein Gewissen zum Dienst mit der Waffe gezwungen werden dürfen. Diese Kriegsdienstverweigerer haben jedoch einen Ersatzdienst (Zivildienst) in den Bereichen Sozialwesen oder Natur- und Umweltschutz zu leisten. Dieser Dienst darf um bis zu einem Drittel länger sein als der Wehrdienst.

Mit der Wiedergewinnung der Einheit verpflichtete sich die Bundesrepublik Deutschland im Souveränitätsvertrag vom 12. September 1990, ihre Streitkräfte auf 370 000 Mann zu reduzieren.

2.30 Nationale Volksarmee (NVA)

Die Nationale Volksarmee war die Armee der DDR. Sie entstand 1956 aus den seit 1952 bestehenden Verbänden der Kasernierten Volkspolizei und den seit 1950 getarnt aufgebauten See- und Luftstreitkräften. Offizielles Gründungsdatum ist der 1. März 1956, als die ersten Einheiten der Kasernierten Volkspolizei in die NVA überführt wurden. Bereits am 28. Januar 1956 hatte der Politische Beratende Ausschuss des *Warschauer Paktes* (▶ 2.21) beschlossen, die Einheiten der NVA in die Vereinigten Streitkräfte einzubeziehen und dem gemeinsamen Oberkommando zu unterstellen. Die NVA verstand sich als »sozialistische Armee«, die unter Führung der SED ihren revolutionären Klassenauftrag im Staat erfüllte.

Das Ministerium für Nationale Verteidigung war die oberste Kommandobehörde, sein Hauptstab war das Oberkommando des Heeres. Die Seestreitkräfte (Volksmarine) und die Luftstreitkräfte besaßen eigene Oberkommandos. Erst nach dem Mauerbau entschloss sich die SED am 24. Januar 1962, die allgemeine Wehrpflicht in der DDR einzuführen, vorher rekrutierte sich die NVA aus Freiwilligen. Um die Einheiten personell aufzufüllen, mussten SED und FDJ bis 1962 oft wenig erfolgreiche Kampagnen veranstalten, die für den Eintritt in die NVA warben. Die Gesamtstärke der NVA Anfang 1989 betrug 173 100 Mann.

Mit der Vereinigung Deutschlands am 3. Oktober 1990 wurden die Offiziere, Unteroffiziere und Soldaten der NVA zum Teil in die Bundeswehr übernommen.

Militärparade der Nationalen Volksarmee in Berlin (Ost)

Während der 50er-Jahre regte sich gegen den Kurs Ulbrichts auch innerhalb der SED Opposition, die mit Unterdrückungsmaßnahmen beantwortet wurde. Justizminister Max Fechner verlor 1953 sein Amt und war bis 1956 in Haft. Rudolf Herrnstadt, Chefredakteur des „Neuen Deutschland" und Kandidat des Politbüros, wurde 1953 entmachtet. Der Philosoph Wolfgang Harich war 1957–64 in Haft. Karl Schirdewan, Mitglied des Politbüros, verlor 1958 alle Parteifunktionen (von links nach rechts)

2.31 Opposition in der SED

Der Arbeiteraufstand vom 17. Juni 1953 (▶ 2.18) und der anhaltende Flüchtlingsstrom in den freien Westen zeigten mit aller Deutlichkeit, dass die SED und ihre Politik nicht populär waren. Aber schon vor diesen Ereignissen 1953 gab es innerhalb der SED erkennbare oppositionelle Strömungen, die sich v. a. gegen Walter Ulbricht (▶ 2.39) und seine stalinistischen Herrschaftsmethoden richteten. In einer ersten Säuberungswelle wurden 1948–50 die ehemaligen SPD-Mitglieder in der SED erfasst, die bereits gegen den Zusammenschluss von KPD und SPD (▶ 1.12) votiert hatten. Sie hatten sich hauptsächlich gegen die Umformung der SED zu einer stalinistischen Partei gewandt. Auch der Arbeiteraufstand 1953 war von innerparteilichen Differenzen und oppositionellen Strömungen begleitet. Justizminister Fechner beispielsweise wurde wegen seiner Kritik an der Terrorwelle nach dem Aufstand verhaftet.
In der zweiten Hälfte der 50er-Jahre, als nach dem XX. Parteitag der KPdSU die Entstalinisierungswelle begann, wurde vor allem Kritik an der bürokratischen Wirtschaftspolitik geübt, die viel zum Scheitern der Wirtschaftspläne (▶ 2.24) beitrug. Gegen diese »revisionistischen Strömungen« ging die SED-Führung in aller Schärfe vor. Die führenden Köpfe, wie die Philosophen Wolfgang Harich und Ernst Bloch, der Chemiker Robert Havemann und andere, die für einen »humanitären Sozialismus« eintraten, verloren ihre Positionen. Wolfgang Harich hatte mit einigen Freunden ein Konzept für eine »Erneuerung der Partei« entwickelt und forderte einen »besonderen deutschen Sozialismus« sowie einen vom »Stalinismus befreiten Marxismus-Leninismus«. Harich wurde 1957 zu zehn Jahren Haft verurteilt und kam Ende 1979 vorübergehend in die Bundesrepublik; Bloch, der als philosophischer Anreger der »Revisionisten« galt, verlor 1957 seinen Lehrstuhl an der Leipziger Universität und floh 1961; Havemann, 1964–66 aller Ämter enthoben, weigerte sich, die DDR zu verlassen, und wurde bis zu seinem Tod 1982 systematisch isoliert. Die Wirtschaftswissenschaftler Fritz Behrens und Arne Benary, die für eine »Produzentenselbstverwaltung« nach jugoslawischem Muster eintraten, wurden gemaßregelt. Innerhalb der Führung der SED, im Politbüro, verloren Karl Schirdewan und Ernst Wollweber ihre Ämter, als sie sich für eine Fortsetzung der Entstalinisierung einsetzten.

Nach dem Selbstverständnis der DDR verkörperte sich im Staat die Herrschaft des Volkes; Kritik und Opposition richteten sich demnach gegen das Volk und mussten deshalb verfolgt werden. Auf diese Weise wurde Opposition gegen das herrschende System kriminalisiert. Gleichwohl waren oppositio-

KAPITEL 2

Die Unterzeichnung der Römischen Verträge zur Gründung der EWG und der EURATOM am 25. März 1957

nelle Strömungen gegen die Herrschaft der SED immer wieder zu registrieren. Aktionen wie die Aberkennung der DDR-Staatsbürgerschaft für den Lyriker und Kabarettisten Wolf Biermann anlässlich einer Reise in die Bundesrepublik, die Verhaftung und Abschiebung Rudolf Bahros, die Übersiedlung der Lyriker Reiner Kunze und Sarah Kirsch und der Umgang der DDR-Behörden mit der Friedensbewegung in der DDR belegen dies.

2.32 Europäische Wirtschaftsgemeinschaft (EWG)

Die sechs Staaten, die sich im April 1951 in der *Montanunion* (▶ 2.10) zu einer gemeinsamen Kohle- und Stahlpolitik zusammengeschlossen hatten, wollten auf dem Weg der europäischen Integration trotz aller Rückschläge weitergehen. Am 25. März 1957 unterzeichneten die Außenminister in Rom die so genannten Römischen Verträge, die am 1. Januar 1958 in Kraft traten, und gründeten damit zwei europäische Institutionen: EURATOM sollte Forschung und friedliche Anwendung der Atomenergie koordinieren und vorantreiben, mit dem Gründungsvertrag für die Europäische Wirtschaftsgemeinschaft (EWG) suchte man die Integration Europas zunächst einmal auf wirtschaftlichem Gebiet zu beschleunigen. Ziel des Zusammenschlusses war die Hebung des Lebensstandards der Bevölkerung und eine ständige harmonische Ausweitung der Wirtschaftstätigkeit. Dieses Ziel sollte durch die Errichtung des gemeinsamen Marktes und mithilfe einer abgestimmten Wirtschaftspolitik erreicht werden.

Zur Erfüllung der mit dem Integrationsprozess verbundenen Aufgaben waren einige Organe vorgesehen: Die parlamentarische Versammlung übte ein Beratungs- und Kontrollrecht aus; ihre Mitglieder waren Abgeordnete der nationalen Parlamente. Dem Ministerrat gehören die Regierungsvertreter der nationalen Regierungen an; dabei handelt es sich je nach Gegenstand der Beratung um den zuständigen Fachminister oder seinen Stellvertreter. Der Rat hat die Entscheidungsbefugnis, wobei bei Abstimmungen zunächst das Prinzip der Einstimmigkeit galt. Als gleichsam geschäftsführendes Organ schuf man die Kommission, die aus von den Regierungen ernannten Mitgliedern bestand. Sie muss die Ratsbeschlüsse in praktische Politik umsetzen. Erstes deutsches Mitglied der EWG-Kommission und 1958–67 deren erster Präsident war Adenauers außenpolitischer Berater Walter Hallstein.

Eine Reihe weiterer Vereinbarungen sollte die Integration fördern: Die Zollunion (seit 1. Januar 1970) sieht den Abbau der Zölle untereinander vor, die gemeinsame Agrarpolitik wird finanziert durch den Europäischen Ausrichtungs- und Garantiefonds für die Landwirtschaft, im Niederlassungsrecht wurde größere Freizügigkeit versprochen. Die Europäische Investitionsbank soll durch Darlehen und Bürgschaften Projekte unterstützen, mit denen regionale Benachteiligungen ausgeglichen werden. 1967 wurden die Institutionen von Montanunion, EURATOM und EWG miteinander vereint, sodass seitdem für die drei Gemeinschaften gemeinsame Organe bestehen: Europäisches Parlament, Ministerrat und Europäische Kommission. Die ersten direkten Wahlen zum Europäischen Parlament fanden 1979 statt. Die Gemeinschaften wurden 1973 um Großbritannien, Dänemark und Irland erweitert (▶ 4.2), 1981 wurde Griechenland aufgenommen, seit 1986 sind Spanien und Portugal ebenfalls EG-Mitglieder. Zum 1. Januar 1995 traten Finnland, Österreich und Schweden bei. Hinzu kommen seit 1975 zahlreiche assoziierte Mitglieder aus dem afrikanischen, karibischen und pazifischen Raum (so genannte AKP-Staaten), denen die EG in den Verträgen von Lomé Zollvergünstigungen einräumte.

Die Politische Union, die das Ziel der Römischen Verträge war, trat in den 90er-Jahren mit den Verträgen von Maastricht und der *Wirtschafts- und Währungsunion* (▶ 5.32) in eine entscheidende Phase.

2.33 Kampf dem Atomtod

Die zum Teil sehr heftigen und lang andauernden Debatten in der Öffentlichkeit und im Deutschen Bundestag über den deutschen Wehrbeitrag und die Wiederaufstellung deutscher Streitkräfte waren kaum abgeklungen, als im Bereich der Verteidigungspolitik ein neues, politischen Sprengstoff enthaltendes Problem auf die Bundesrepublik zukam. Der amerikanische NATO-Oberbefehlshaber, General Lauris Norstad, forderte Ende Februar 1957 die Ausrüstung der Bundeswehr mit Atomwaffen. Zu diesem Zeitpunkt hatte sich bereits die Erkenntnis durchgesetzt, dass die USA und die Sowjetunion sich in ihrer Rüstung auf den Zustand des atomaren Patts hinbewegten. Die NATO entwickelte deshalb neue strategische Konzepte und bezog dabei taktische Atomwaffen mit einer Reichweite bis zu 150 km in ihre Überlegungen ein. Bundeskanzler Adenauer und Verteidigungsminister *Franz Josef Strauß* (▶ 4.26) sprachen sich für die Ausrüstung der Bundeswehr mit Atomwaffen aus, um die Gesamtverteidigung des Westens zu stärken. Adenauer forderte gleichzeitig auf der NATO-Ratstagung im Dezember 1957 einen west-östlichen Entspannungsdialog.

Gegen die NATO-Pläne erhob sich Anfang 1958 stürmischer Protest in der deutschen Öffentlichkeit und im Parlament. Schon im April 1957 hatten 18 Atomwissenschaftler im so genannten Göttinger Manifest gegen die atomare Bewaffnung Stellung genommen. Wenig später forderte die SPD in einem Antrag, dass weder die Bundeswehr mit Atomwaffen ausgerüstet werden solle noch solche Waffen auf dem Gebiet der Bundesrepublik gelagert werden dürften. Im März 1958 erließ ein überparteiliches Komitee den Aufruf »Kampf dem Atomtod«, der von der SPD und den Gewerkschaften auch organisatorisch getragen wurde.

Vor dem Hintergrund der erregten deutschen Öffentlichkeit trug der Deutsche Bundestag Ende März 1958 eine leidenschaftliche Atomdebatte aus, die mit der Resolution der Regierungsparteien CDU/CSU und DP endete, »die Bundeswehr mit den modernsten Waffen auszurüsten, wenn sich dies politisch und strategisch als notwendig erweisen sollte«. SPD und DGB suchten nun im außerparlamentarischen Raum mit Protestaktionen die Entscheidung zu revidieren. Der DGB hielt sich jedoch wegen der vielen CDU-Wähler unter seinen Mitgliedern relativ zurück; der Gedanke der SPD, ein Plebiszit zu beantragen, scheiterte am Bundesverfassungsgericht. Letztlich zerbrach die Anti-Atomtod-Bewegung aber an der prinzipiellen Haltung der NATO-Länder, die Ratsbeschlüsse durchzuführen, und am festen Führungswillen der Bundesregierung.

Nachdem die CDU die Landtagswahlen in Nordrhein-Westfalen im Juli 1958 deutlich für sich hatte entscheiden können und die Unterstützung von DGB und SPD für die Anti-Atomtod-Kampagne nachgelassen hatte, verlor diese Bewegung ihre Bedeutung.

2.34 Rapacki-Plan

Die Aufnahme der *Bundesrepublik Deutschland* (▶ 2.2) in die *NATO* (▶ 2.19) und der *DDR* (▶ 2.9) in den *Warschauer Pakt* (▶ 2.21) 1955/56 zog die Aufstellung von Streitkräften

Der sowjetische Partei- und Regierungschef Nikita Chruschtschow im Juli 1958 bei einem Besuch in Ost-Berlin. Links und rechts hinter ihm: Walter Ulbricht und Otto Grotewohl

in beiden deutschen Staaten nach sich. Seitdem suchten die Politiker in Ost und West auch immer wieder nach Wegen, um die deutschen Teilstaaten aus den jeweiligen Bündnissen herauszubrechen. Damit verbunden war immer der Versuch, durch Abrüstungspläne und den Vorschlag von atomwaffenfreien Zonen in Europa von dem atomaren Patt und dem »Gleichgewicht des Schreckens« wieder wegzukommen.

In seiner Rede vor der 12. UN-Vollversammlung am 2. Oktober 1957 legte der polnische Außenminister Adam Rapacki seinen Plan vor, die Herstellung und Stationierung von Atomwaffen auf den Gebieten Polens und der Tschechoslowakei sowie der beiden Teile Deutschlands zu verbieten. Der Zeitpunkt für die Veröffentlichung dieses Planes war insofern geschickt gewählt, als zu dieser Zeit in der Bundesrepublik die Auseinandersetzungen um die atomare Bewaffnung der deutschen Bundeswehr und die Anti-Atomtod-Kampagne (▶ 2.33) in vollem Gang war.

Der Rapacki-Plan fand volle Unterstützung bei der Sowjetunion und der DDR. Mit detaillierten Angeboten an die drei Westmächte und die beteiligten Staaten in Mitteleuropa griff Rapacki seinen Plan am 14. Februar 1958 erneut auf. Er bezog dabei auch eine Verpflichtung der Atommächte mit ein, keinen Atomwaffeneinsatz gegen das Gebiet der vorgesehenen atomwaffenfreien Zone einzuplanen. Seitens der Westmächte wurden die Vorschläge Rapackis, die noch mehrfach in abgewandelter Form vorgetragen wurden, mit dem Argument abgelehnt, dass sich dadurch das militärische Gleichgewicht in Europa wegen der konventionellen Überlegenheit der UdSSR zugunsten des Warschauer Paktes verschieben würde.

2.35 Berlin-Ultimatum

In den Diskussionen um die Zukunft Mitteleuropas und ein Auseinanderrücken der Machtblöcke hatte sich auch die DDR zu Wort gemeldet und in mehreren Noten an die Bundesrepublik eine »Konföderation« beider deutscher Staaten auf der Basis der Gleichrangigkeit als Vorstufe einer späteren Wiedervereinigung vorgeschlagen. Diese von der Sowjetunion unterstützten Pläne wurden jedoch von der Bundesregierung im Einverständnis mit den Westmächten zurückgewiesen und als Versuch gewertet, die Bundesrepublik aus dem westlichen Bündnis herauszulösen.

Im November 1958 wurden die Deutschlandfrage und die Situation Berlins durch den sowjetischen Partei- und Regierungschef Nikita Chruschtschow erneut in den Vordergrund der Weltpolitik gerückt.

In einer Rede am 10. November 1958 betonte er, dass es ein Recht der westlichen Alliierten, in Berlin zu bleiben, nicht mehr geben könne. Am 27. November überreichte er sein Ultimatum an die drei Westmächte und forderte die Umwandlung Berlins in eine »selbstständige politische Einheit« mit dem Status einer »entmilitarisierten Freien Stadt«. Innerhalb eines halben Jahres müssten die Verhandlungen über Berlin zu dieser Lösung führen, andernfalls werde die Sowjetunion mit der Regierung der DDR eine Vereinbarung treffen, dass diese die ihr zustehenden Hoheitsrechte auszuüben habe. Dies gelte dann auch für die alliierten Militärtransporte. Schon vor dem Ultimatum hatte die

DDR-Volkspolizei begonnen, amerikanische Transporte durch die DDR zu behindern und teilweise sogar zu beschlagnahmen, was wiederum das NATO-Oberkommando alarmierte, das Pläne erwog, notfalls gewaltsam gegen die DDR-Volkspolizei vorzugehen.

Die Teilnehmer der NATO-Ratstagung im Dezember 1958 lehnten die sowjetische Forderung entschieden ab. In einer Note vom 10. Januar 1959 machte Chruschtschow deutlich, dass es ihm auf eine totale Änderung der Verhältnisse in Deutschland und das Hinausdrängen der Westmächte ankam, als er den Entwurf eines Friedensvertrages vorlegte. Der Vertragsentwurf ging von zwei deutschen Staaten und einer entmilitarisierten »Freien Stadt Berlin« aus. Bundesregierung und Opposition suchten ihrerseits Gegenvorstellungen auszuarbeiten und vor allem die Westmächte zur Ablehnung des Ultimatums und zur Erneuerung der Garantien für Berlin zu bewegen.

Sowohl der so genannte »Globke-Plan« der Regierung (benannt nach dem Staatssekretär im Bundeskanzleramt Hans Globke) als auch der »Deutschland-Plan« der SPD schlossen eine Anerkennung der DDR nicht von vornherein aus. Der »Globke-Plan« lehnte jedoch eine entmilitarisierte Bundesrepublik ab, für Groß-Berlin schien eine solche Lösung möglich. Nach einer Übergangszeit sollten nach diesem Plan freie Wahlen in ganz Deutschland stattfinden und die Wiedervereinigung einleiten. Der »Deutschland-Plan« hingegen ging von der Rüstungskontrollzone des *Rapacki-Plans* (▶2.34) aus, wollte aber hinsichtlich des Status für Berlin nicht so weit wie der »Globke-Plan« gehen. Auch hier standen am Schluss Überlegungen für ein wieder vereinigtes Deutschland, die sich allerdings an den SED-Vorstellungen der »Konföderation« orientierten.

Die Politik der westlichen Regierungen und der Bundesregierung zielte jedoch darauf, die Sowjetunion zu Verhandlungen zu bewegen. Als am 11. Mai 1959 der sowjetische Außenminister Andrei Gromyko einer Konferenz der Außenminister zustimmte, war deutlich geworden, dass die Sowjetunion nicht unter allen Umständen an dem bis zum 27. Mai befristeten Ultimatum festhalten würde. Im Juni 1959 trat in Genf die Viermächtekonferenz zusammen, die die Deutschlandfrage und damit auch die Berlinfrage behandelte. Die beiden deutschen Teilstaaten wurden eingeladen, Beobachterdelegationen zu den Verhandlungen zu entsenden.

2.36 Godesberger Programm

Seit dem Tod *Kurt Schumachers* 1952 (▶1.11) vollzog sich in der SPD ein tief greifender Wandel, der bei den Vorstandswahlen auf dem Stuttgarter Parteitag 1958 seinen deut-

Godesberger Parteitag der SPD im November 1959. Im Vordergrund spricht Willy Brandt mit dem Parteivorsitzenden Erich Ollenhauer; daneben Herbert Wehner

lichsten Ausdruck fand. Von dem 33-köpfigen Vorstand wurden elf Mitglieder neu gewählt, darunter unter anderen *Willy Brandt* (▶3.18), *Helmut Schmidt* (▶4.8) und Gustav Heinemann. Gleichzeitig wurde die innerparteiliche Diskussion um ein neues Programm verstärkt. Bislang war das Heidelberger Programm von 1925 gültig geblieben, das lediglich durch kurzfristige Wahl- und Aktionsprogramme ergänzt wurde. Ende Januar 1959 beschloss das SPD-Präsidium, die seit 1957 laufenden Diskussionen zu kanalisieren und im November 1959 in Bad Godesberg einen außerordentlichen Programm-Parteitag abzuhalten, auf dem das neue Parteiprogramm beraten und verabschiedet werden sollte. Maßgeblich war daran *Herbert Wehner* (▶3.9) beteiligt, der schließlich auch die grundsätzliche Zustimmung der SPD zur NATO- und Europapolitik Adenauers durchsetzte.

Die marxistischen Grundpositionen wurden im Godesberger Programm aufgegeben, an ihre Stelle traten Freiheit, Gerechtigkeit und Solidarität als neue Ziele, die die Partei anstrebte. Statt der Beseitigung der kapitalistischen Produktionsverhältnisse durch Sozialisierung und Planwirtschaft wurde die Mitbestimmung zur Kontrolle wirtschaftlicher Macht gefordert.

Entscheidend für die positive Aufnahme des Programms in der deutschen Öffentlichkeit wurde der Verzicht auf die Sozialisierung. Mit dem neuen Programm überwand die SPD den traditionellen Widerspruch von revolutionär-marxistischer Programmatik und ihrer eher sozialreformerischen Praxis. Hinzu kamen der Abbau der Frontstellung zu den Kirchen und ein klares Bekenntnis zur Landesverteidigung. Damit wurde die SPD, in der inzwischen viele Akademiker und Intellektuelle Mitglieder geworden waren und die ihre Struktur als Arbeiterpartei zu verlieren begann, auch für weite bürgerliche Schichten wählbar.

»Die Sozialdemokratische Partei ist von einer Partei der Arbeiter zu einer Partei des Volkes geworden. Sie will die Kräfte, die durch die industrielle Revolution und durch die Technisierung aller Lebensbereiche entbunden wurden, in den Dienst von Freiheit und Gerechtigkeit für alle stellen ...« Das neue Parteiprogramm, das auf dem Godesberger Parteitag (13.–15. November 1959) nahezu einstimmig angenommen wurde, und die damit verbundene Wandlung der Partei erschlossen der SPD neue Wählerschichten und machten sie koalitionsfähig. Auf seiner Grundlage entwickelte die SPD ihre Programmatik im Berliner Grundsatzprogramm von 1990 fort.

2.37 Landwirtschaftliche Produktionsgenossenschaften (LPG)

Die Agrarpolitik der DDR zielte bereits seit 1952 auf eine Kollektivierung der Landwirtschaft nach sowjetischem Muster. Die Bodenreform 1945, die mit der Enteignung von landwirtschaftlichem Grundbesitz von über 100 Hektar verbunden war, hatte die Großbetriebe weitgehend beseitigt, viele Neubauern bewirtschafteten verhältnismäßig kleine Flächen ohne technische Hilfsmittel. Seit 1952 propagierte die SED die Bildung landwirtschaftlicher Produktionsgenossenschaften (LPG), denen sich die Bauern auf freiwilliger Basis, aber nur zögernd anschlossen. Seit Herbst 1959 wurde der Druck verstärkt und bis April 1960 war die mit großem propagandistischem Aufwand durchgeführte Zwangskollektivierung der Einzelbauern abgeschlossen. Nach dem Grad der Vergesellschaftung und der daraus folgenden Verteilung der genossenschaftlichen Einkünfte wurden in den Musterstatuten der LPG drei Typen unterschieden: LPG-Typ I: genossenschaftliche Bewirtschaftung des Ackerlandes und, falls das jeweilige Statut dieses vorsah, auch des Grünlandes und der Waldflächen; LPG-Typ II: Aufbau einer genossenschaftlichen Viehwirtschaft auf der Grundlage eines langfristigen Perspektivplans; LPG-Typ III: Alle land- und forstwirtschaftlichen Flächen, alle Maschinen und Geräte sowie alles Vieh wurden in die LPG eingebracht; Ackerland und Vieh zur persönlichen Nutzung unterlagen Höchstbegrenzungen (z. B. 0,5 ha Ackerland je Familie).

Die Folge der Kollektivierung war ein Bruch im Selbstverständnis der Bauern, die als Genossenschaftsproduzenten ihre Eigenständigkeit eingebüßt hatten. Dadurch aufgeschreckt, zogen viele Bauernfamilien die Flucht in die Bundesrepublik diesem abhängigen Status vor mit entsprechenden Konsequenzen für die Nahrungsmittelversorgung der DDR. Ab 1960 wurden die LPGs zu neuen Betriebsformen veranlasst, die das Ziel der überbetrieblichen Zusammenarbeit hatten. Als Konsequenz folgte daraus der Zusammenschluss zu Kooperativen mit speziellem Anbau- bzw. Zuchtauftrag.

Flüchtlinge aus der DDR bei der Ankunft im Notaufnahmelager Berlin-Marienfelde

2.38 DDR-Flüchtlinge

Seit dem Ende des Krieges gab es eine starke Fluchtbewegung der Bevölkerung aus den mitteldeutschen sowjetisch besetzten Gebieten in das westliche Deutschland. Auch nach Gründung der DDR (▶2.9) riss der Flüchtlingsstrom nicht ab. Schon im Jahre 1949 wurde in den Notaufnahmelagern in West-Berlin und in der Bundesrepublik die Zahl von fast 130 000 Flüchtlingen registriert. Sie stieg in den Fünfzigerjahren weiter an. Einen Höhepunkt von über 330 000 Flüchtlingen verzeichnete das Jahr 1953, bedingt durch den Arbeiteraufstand vom 17. Juni 1953 (▶2.18) und die darauf folgende Verhaftungs- und Terrorwelle.
Auch in den nächsten Jahren war die Zahl der registrierten Flüchtlinge extrem hoch. Diese »Abstimmung mit den Füßen«, wie man die Absetzbewegung auch bezeichnet hat, betraf vor allem die im arbeitsfähigen Alter stehenden DDR-Bürger. Etwa 50 % der Flüchtlinge waren Jugendliche unter 25 Jahren, fast 60 % waren erwerbstätig, im Rentenalter standen weniger als 10 % der Flüchtlinge. Der härtere politische Kurs der SED und die Zwangskollektivierung in der Landwirtschaft führten 1960 erneut zu einem starken Anschwellen der Fluchtbewegung, die in das Jahr 1961 hinein lawinenartige Ausmaße annahm: Bis zum 13. August 1961 (▶2.40) kamen über 155 000 in den Westen. Nach dem 13. August waren es immer noch fast 52 000 Menschen, die teilweise unter Lebensgefahr die DDR verließen. Die meisten von ihnen kamen über die Berliner Sektorengrenzen in den Westen der Stadt, von wo sie nach Registrierung in den Flüchtlingslagern in die Bundesrepublik ausgeflogen wurden. Nachdem die DDR-Führung in den ersten Jahren erklärt hatte, dass nur die Klassenfeinde das Land verlassen würden, stellte sie sehr schnell fest, dass die DDR in eine wirtschaftliche Katastrophe geraten müsste, sollte der menschliche Aderlass in diesem Ausmaß weitergehen. 1957 wurde deshalb neben einer Verschärfung der Kontrollen auch der Reiseverkehr beschränkt und der Straftatbestand der »Republikflucht« eingeführt.
Gerüchte, dass der Fluchtweg über West-Berlin nicht mehr lange bestehen bleiben würde, ließen die Flüchtlingszahlen 1961 weiter erheblich ansteigen, bis der Bau der Berliner Mauer am 13. August 1961, mit dem die DDR alle Verbindungen zwischen ihrem Sektor und den drei Westsektoren kappte, dem Flüchtlingsstrom ein Ende setzte. Von 1949 bis zum 13. August flohen 2 686 942 Menschen in den Westen, das ist etwa ein Siebtel der Gesamtbevölkerung.

2.39 Walter Ulbricht

Geboren am 30. Juni 1893 in Leipzig als Sohn eines Schneiders, erlernte Ulbricht das Tischlerhandwerk. 1912 trat er in die SPD ein, war von 1915 bis 1918 Soldat und wurde 1919 Mitglied der neu gegründeten KPD. 1923 war Ulbricht bereits Mitglied des Zentralkomitees; 1925 war er für kurze Zeit Mitarbeiter im Exekutivkomitee der Kommunistischen Internationale (EKKI) in Moskau, 1926–28 war er Abgeordneter des sächsischen Landtags, 1928–33 Reichstagsabgeordneter der KPD. Nach der Machtübernahme der National-

sozialisten emigrierte Ulbricht im Parteiauftrag nach Frankreich und 1938 in die Sowjetunion, wo er als Vertreter der KPD beim EKKI tätig war. 1943 war er an der Gründung der Widerstandsgruppe Nationalkomitee Freies Deutschland beteiligt. Ende April 1945 kehrte er mit einer Gruppe in Moskau ausgebildeter Parteifunktionäre, der »Gruppe Ulbricht«, nach Berlin zurück, wo er sofort die Wiedergründung der KPD betrieb.
Nach der Bildung der SED (▶1.12) wurde er deren stellvertretender Vorsitzender und Mitglied des Zentralsekretariats. 1950–53 war Ulbricht Generalsekretär der Partei, danach bis 1971 1. Sekretär, ab 1949 auch Mitglied der Volkskammer. Nach dem Tode des ersten Staatspräsidenten der DDR, Wilhelm Pieck, wurde Ulbricht Vorsitzender des 1960 neu geschaffenen Staatsrates und gleichzeitig Vorsitzender des Nationalen Verteidigungsrates.

Walter Ulbricht bei einer Pressekonferenz (Januar 1960)

Ulbricht bestimmte mehr als zwei Jahrzehnte lang die Entwicklung der SED und der DDR und war, als er alle seine Rivalen in der Partei ausgeschaltet hatte, der einflussreichste Politiker der DDR. Die Führungspositionen in Staat und Partei waren in ihm vereint.
Unter Ulbricht wurde die DDR zur zweitstärksten Industriemacht im Bereich des Ostblocks und zum zuverlässigsten Gefolgsmann der Sowjetunion. Nachdem er lange Jahre dogmatisch die Positionen der UdSSR vertreten hatte und zu Stalins Lebzeiten dessen eifriger Anhänger gewesen war, versuchte Ulbricht Mitte der 60er-Jahre, die Rolle der DDR aufzuwerten und eine Lockerung der sowjetischen Vorherrschaft zu erreichen. Indem er 1963 eine von der Partei kontrollierte Wirtschaftsreform einleitete, stellte er sich als Politiker dar, der in der DDR ein eigenes Sozialismus-Modell entwickelt hatte, das für moderne Industriestaaten als Vorbild dienen sollte. Diese Selbstüberschätzung musste die sowjetische Führung verstimmen, die schließlich die Forderung seiner Kritiker im Politbüro unterstützte, seine Ablösung herbeizuführen. Aus Altersgründen, vermutlich aber auch unter sowjetischem Druck, trat er am 3. Mai 1971 als 1. Sekretär der SED zurück und machte *Erich Honecker* (▶4.25) Platz. Er verlor den Vorsitz im Nationalen Verteidigungsrat und allen politischen Einfluss, obwohl er, inzwischen erkrankt, bis zu seinem Tode (er starb am 1. August 1973 in Ost-Berlin) Vorsitzender des Staatsrates blieb.

2.40 13. August 1961: Mauerbau in Berlin

Auf einer internationalen Pressekonferenz in Ost-Berlin hatte der Staatsratsvorsitzende der DDR *Walter Ulbricht* (▶2.39) am 15. Juni 1961 auf die Frage einer westdeutschen Journalistin geantwortet: »Ich verstehe Ihre Frage so, dass es in Westdeutschland Menschen gibt, die wünschen, dass wir die Bauarbeiter der Hauptstadt der DDR dazu mobilisieren, eine Mauer aufzurichten. Mir ist nicht bekannt, dass eine solche Absicht besteht. Die Bauarbeiter unserer Hauptstadt beschäftigen sich hauptsächlich mit Wohnungsbau, und ihre Arbeitskraft wird dafür voll eingesetzt. Niemand hat die Absicht, eine Mauer zu errichten!« Nach der Veröffentlichung dieses Interviews stiegen die Flüchtlingszahlen noch einmal kräftig an (*DDR-Flüchtlinge*, ▶2.38). Im August 1961 flohen 47 433 Menschen aus der DDR und Ost-Berlin in den Westen.
Am Morgen des 13. August 1961 begann die SED-Führung mit dem Bau einer Mauer, die ihren Sektor gegenüber dem Westen hermetisch abriegelte. Die Bauarbeiten wurden von Volkspolizei und Nationaler Volksarmee überwacht. Alle Verkehrsverbindungen zwischen beiden Teilen Berlins waren damit unterbrochen. Gleichzeitig führte die DDR

ADENAUERZEIT

Grenzsoldaten der DDR und West-Berliner Bürger an der neu errichteten Mauer im Bezirk Kreuzberg (26. August 1961)

an allen Grenzen nach West-Berlin und zur Bundesrepublik scharfe Kontrollen ein. Bundesregierung und Westmächte mussten diesen Gewaltakt hilflos hinnehmen, der Protest der westlichen Alliierten gegen den Mauerbau blieb wirkungslos. In der Bundesrepublik lief der Wahlkampf für die Bundestagswahlen im September 1961 auf Hochtouren. Entsprechend waren die Parteispitzen durch Wahlkampfveranstaltungen sehr stark beansprucht. Einig war man sich aber durchaus in dem Bemühen, den Vorfall nicht eskalieren zu lassen und die Bevölkerung von spontanen Aktionen abzuhalten. Willy Brandt (▶3.18), der Regierende Bürgermeister von Berlin, stellte sich einer Demonstration entgegen, deren Teilnehmer die aufgestellten Zäune und Sperreinrichtungen am liebsten niedergerissen hätten. Bundeskanzler Adenauer war ebenfalls um Abwiegelung bemüht und wirkte auf die Westmächte entsprechend ein; er setzte sein Wahlkampfprogramm fort und besuchte erst am 16. August das jetzt geteilte Berlin, ein Verhalten, das die deutsche Öffentlichkeit nicht verstand.

Die Westalliierten waren schon früh durch Geheimdienstberichte über mögliche Sperraktionen informiert worden. Bereits im Frühsommer 1961 hatten sie der Sowjetunion signalisiert, dass sie ihr im Ostsektor Berlins relativ freie Hand lassen würden. Die Sowjetunion hatte der Abriegelung der DDR schließlich zugestimmt, weil sie keine andere Möglichkeit sah, die ökonomische Lage der DDR zu stabilisieren. Sie nahm dafür den politischen Gesichtsverlust und das Risiko einer Konfliktverschärfung mit den Westmächten in Kauf.

Während die Sowjetunion nach dem Mauerbau als Maximalziel die Einbeziehung Groß-Berlins in die DDR weiterverfolgte, richtete sich das Hauptinteresse der Westmächte auf die politischen Garantien für West-Berlin und die Sicherung der Zufahrtswege. Gleichzeitig beharrten die Westmächte auf ihrem Recht, auch weiterhin den Ostsektor der Stadt ungehindert betreten zu können.

Willy Brandt, der die Gefahr sah, dass Berlin einen von der Bundesrepublik abgekoppelten neutralen Status erhalten könnte, erreichte an Bundeskanzler und Auswärtigem Amt vorbei durch eine direkte Initiative bei Präsident Kennedy eine erneute amerikanische Garantieerklärung für Berlin. Die endgültige Teilung der Stadt war aber nicht mehr rückgängig zu machen. Die DDR feierte den Bau der Mauer – in der Sprache der SED-Propaganda »antifaschistischer Schutzwall« – als Sieg des »sozialistischen Lagers« über den westlichen Imperialismus.

KAPITEL 2

Daten

14. Aug. 1949	Wahlen zum 1. Deutschen Bundestag
7. Sept. 1949	Konstituierung von Bundestag und Bundesrat
12. Sept. 1949	Theodor Heuss wird Bundespräsident
15. Sept. 1949	Konrad Adenauer wird Bundeskanzler
21. Sept. 1949	Besatzungsstatut in Kraft
7. Okt. 1949	Gründung der DDR
13. Okt. 1949	Gründung des Deutschen Gewerkschaftsbundes
22. Nov. 1949	Petersberger Abkommen
1950–1953	Koreakrieg
18. April 1951	Europäische Gemeinschaft für Kohle und Stahl (Montanunion)
25. Mai 1951	Mitbestimmungsgesetz für die Montanindustrie
20. Sept. 1951	Interzonenabkommen
10. März 1952	Angebot Stalins zur Wiedervereinigung Deutschlands
26. Mai 1952	Deutschlandvertrag
27. Mai 1952	Vertrag über Europäische Verteidigungsgemeinschaft
23. Juli 1952	Auflösung der Länder der DDR
14. Aug. 1952	Lastenausgleichsgesetz
10. Sept. 1952	Wiedergutmachungsvertrag mit Israel
11. Okt. 1952	Betriebsverfassungsgesetz
27. Febr. 1953	Londoner Schuldenabkommen
5. März 1953	Tod Stalins
17. Juni 1953	Volksaufstand in der DDR
6. Sept. 1953	Bundestagswahl
20. Okt. 1953	2. Kabinett Adenauer
23. Okt. 1954	Pariser Verträge (Beitritt der Bundesrepublik zu NATO und WEU)
5. Mai 1955	Souveränitätserklärung der Bundesrepublik
14. Mai 1955	Unterzeichnung des Warschauer Paktes
15. Mai 1955	Österreichischer Staatsvertrag
9.–13. Sept. 1955	Staatsbesuch Adenauers in Moskau
23. Sept. 1955	Hallsteindoktrin
23. Okt. 1955	Abstimmung über das Saarstatut
12. Nov. 1955	Gründung der Bundeswehr
18. Jan. 1956	Gründung der Nationalen Volksarmee
27. Jan. 1956	Beitritt der DDR zum Warschauer Pakt
17. Aug. 1956	Verbot der KPD
23. Okt. 1956	Beginn des ungarischen Volksaufstands
29. Okt.–6. Nov. 1956	Suezkrise
1. Jan. 1957	Eingliederung des Saarlandes in die Bundesrepublik
23. Febr. 1957	Verkündung der Rentenreform (dynamische Rente)
25. März 1957	Römische Verträge (Gründung von EWG und Euratom)
15. Sept. 1957	Bundestagswahl (absolute Mehrheit der CDU/CSU)
2. Okt. 1957	Rapacki-Plan
28. Okt. 1957	3. Kabinett Adenauer
27. Okt. 1958	Berlin-Ultimatum Chruschtschows
1. Juli 1959	Heinrich Lübke wird Bundespräsident
15. Nov. 1959	Godesberger Programm der SPD
14. April 1960	LPG-Programm in der DDR abgeschlossen
30. Juni 1960	Bundessozialhilfegesetz
12. Sept. 1960	Walter Ulbricht wird Vorsitzender des neu geschaffenen Staatsrats
13. Aug. 1961	Bau der Berliner Mauer

Vom Mauerbau zum Grundvertrag (1961–1972)

Einführung

Die Errichtung der Berliner Mauer nach den Sperrmaßnahmen vom 13. August 1961 markierte das doppelte Scheitern bisheriger Deutschlandpolitik. In der DDR war der Versuch misslungen, eine sozialistische Gesellschaftsordnung aufzubauen, die von der Bevölkerung bejaht, ja gegenüber dem westlichen Kapitalismus als überlegen betrachtet wurde. Millionen von Menschen, darunter viele jüngere und qualifizierte Arbeitskräfte, hatten die DDR verlassen und waren in die Bundesrepublik gegangen. Um das Ausbluten des eigenen Staates zu verhindern, riegelte die DDR ihre Grenzen fast hermetisch ab. Die besondere Lage Berlins führte dabei zu dem bis dahin unvorstellbaren Vorgang, dass quer durch eine europäische Metropole eine Mauer gezogen wurde.

Aber der Mauerbau zeigte auch, dass der Versuch der Bundesregierung gescheitert war, gemeinsam mit den Westmächten durch eine »Politik der Stärke« die Sowjetunion zu veranlassen, »die Zone herauszugeben«, und so die Wiedervereinigung Deutschlands zu erreichen. Die Amerikaner griffen militärisch nicht ein, als unter sowjetischem Schutz die Berliner Mauer errichtet wurde, sie respektierten damit – wie schon am 17. Juni 1953 und beim Ungarnaufstand 1956 – die sowjetische Machtsphäre. Die Erkenntnis, dass es keinen kurzen Weg zur deutschen Einheit gab, ja dass nun sogar die Verbindungen zwischen den Menschen in beiden Teilen Deutschlands abzureißen drohten und damit die Einheit der Nation zusätzlich in Gefahr war, löste in der Bundesrepublik einen politischen Umdenkungsprozess aus.

In der DDR begann nach dem Mauerbau eine Phase der wirtschaftlichen und politischen Stabilisierung. Die DDR-Bevölkerung, der die Möglichkeit zum Überwechseln in die Bundesrepublik genommen war, begann sich mit dem Staat und den Verhältnissen stärker als früher zu arrangieren. Mit dem nach 1963 eingeführten »Neuen Ökonomischen System« der Planung und Leitung der Volkswirtschaft brachte die SED dynamische Elemente in die Planwirtschaft ein und motivierte durch materielle Anreize die Betriebe und die »Werktätigen« zu verstärktem Engagement in der Produktion. Die spürbaren wirtschaftlichen Erfolge weckten nach der Schocktherapie des Mauerbaus Hoffnungen auf eine Veränderung der Verhältnisse, und die SED-Propaganda behauptete schließlich sogar, dass die DDR einen Platz unter den zehn führenden Industrieländern erreicht hätte. In der Gesellschaft der DDR entwickelte sich ein gewisser Stolz auf die eigene Leistung, die unter schwierigen Bedingungen erreicht worden war. Viele DDR-Bürger begannen sich trotz mancher politischer Vorbehalte in ihrem Staat einzurichten.

Die DDR-Führung unter Ulbricht verstärkte seit Mitte der 60er-Jahre ihre Bemühungen um internationale Anerkennung und betonte die Eigenstaatlichkeit der DDR. Dem Gesetz über die Staatsbürgerschaft von 1967 folgte am 6. April 1968 die neue Verfassung der DDR, die nun als »sozialistischer Staat deutscher Nation« bezeichnet wurde. Walter Ulbricht, der maßgebliche Politiker der DDR seit ihrer Gründung 1949, wurde 1971 von Erich Honecker als 1. Sekretär der SED abgelöst und behielt bis zu seinem Tod 1973 nur sein Amt als Vorsitzender des Staatsrates, verlor jedoch seinen politischen Einfluss. Ulbrichts Ablösung bildet eine Zäsur in der Geschichte der

DDR. Sie war mit einer innenpolitischen Neuorientierung verbunden, die sich in der Formel »Einheit von Wirtschafts- und Sozialpolitik« ausdrückte, und führte im Zuge deutsch-deutscher Vertragspolitik zum Eintritt der DDR in die Weltpolitik.

In der Bundesrepublik Deutschland endete die Ära Adenauer acht Jahre, bevor sein langjähriger Widersacher Ulbricht die Bühne der Politik verließ. Bei der Bundestagswahl 1961 verlor die CDU/CSU ihre absolute Mehrheit, und der 85-jährige Adenauer musste in den Koalitionsverhandlungen mit der FDP, die im Wahlkampf seine Ablösung gefordert und 12,8 % der Stimmen erreicht hatte, seinen Rücktritt während der Legislaturperiode zugestehen. Der Abschluss des Deutsch-Französischen Freundschaftsvertrages und die Staatsbesuche des französischen Staatspräsidenten Charles de Gaulle und des amerikanischen Präsidenten John F. Kennedy waren noch einmal glanzvolle Höhepunkte seiner Kanzlerzeit, bevor er am 15. Oktober 1963 vereinbarungsgemäß von seinem Amt zurücktrat.

Die große Zeit seines Nachfolgers Ludwig Erhard, unumstrittener Vater des deutschen Wirtschaftswunders und die Wahllokomotive für die Kanzlerpartei in allen Bundestagswahlen, war fast schon vorbei, als er – gegen den erklärten Willen Adenauers – im Oktober 1963 die Kanzlerschaft antrat. Nach drei Jahren stürzte Erhard über die in der wirtschaftlichen Rezession 1966 entstandene Haushaltskrise.

Die Regierungskrise wurde im Dezember 1966 durch die Bildung der Großen Koalition zwischen CDU/CSU und SPD gelöst, an deren Spitze Kurt Georg Kiesinger (CDU) als Bundeskanzler und der SPD-Vorsitzende Willy Brandt als Vizekanzler und Außenminister standen. Zur raschen Überwindung des wirtschaftlichen Abschwungs trug auch die vorbildliche Zusammenarbeit zwischen dem Wirtschaftsminister Karl Schiller (SPD) und dem Finanzminister Franz Josef Strauß (CSU) bei. Mit der Bildung der Großen Koalition hatte Herbert Wehner, der führende Parteistratege der SPD, ein wichtiges Zwischenziel erreicht, nämlich durch eine Regierungsbeteiligung die Regierungsfähigkeit der SPD unter Beweis zu stellen. Die Große Koalition hat bedeutende innenpolitische Reformen verwirklicht, die der Modernisierung der westdeutschen Gesellschaft dienten. In der Außenpolitik blieb sie jedoch eher unbeweglich.

Die Bildung einer Regierung aus CDU/CSU und SPD, die von über 90 % der Bundestagsabgeordneten unterstützt wurde, hatte zur Folge, dass die innenpolitischen Konflikte im Parlament nicht mehr in der bis dahin gewohnten Weise öffentlich debattiert wurden. Das Fehlen einer wirksamen Opposition im Bundestag trug zur Entstehung der so genannten außerparlamentarischen Opposition (APO) bei. Die tieferen Wurzeln der Protestbewegung, die etwa um die gleiche Zeit in vielen westlichen Industriestaaten entstand, lagen allerdings im Aufbegehren eines Teils der Jugendlichen und jungen Erwachsenen gegen gesellschaftliche und politische Erstarrung und Verkrustung. Der Protest richtete sich keineswegs nur gegen politische Verhältnisse im engeren Sinne – etwa gegen den Vietnamkrieg oder die Notstandsgesetze –, sondern erfasste viele Lebensbereiche. Als antiautoritäre Bewegung strebte die APO eine »Kulturrevolution« an, indem sie die Machtverhältnisse in Ehe und Familie, Schulen und Universitäten, Betrieben und Verwaltung, gesellschaftlichen und politischen Organisationen kritisch »hinterfragte«, und erreichte dabei zum Teil mit großer zeitlicher Verzögerung Veränderungen, die sich am stärksten im Wandel der Wertvorstellungen, des Lebensstils und der Umgangsformen auswirkten. Die angestrebte Umwälzung der gesellschaftlichen Machtverhältnisse blieb freilich aus. Die APO war und blieb in ihrem Kern eine Studentenbewegung, hatte jedoch Ausläufer wie die Lehrlings- und Schülerbewegung sowie die Frauenbewegung und wirkte in die Parteien (vor allem SPD und FDP) und einen Teil der Gewerkschaften hinein.

Man hat gesagt, dass ohne die APO das Bundestagswahlergebnis von 1969, das die Bildung der sozialliberalen Koalition zur Folge hatte, nicht möglich gewesen wäre. Der »Machtwechsel«, der sich durch die Wahl des Sozialdemokraten Gustav Heinemann zum Bundespräsidenten im März 1969 angekündigt hatte, traf die CDU/CSU unvorbereitet und machte es ihr zunächst fast unmöglich, sich nach 20 Jahren als führende Regierungspartei in ihrer neuen Rolle als parlamentarische Opposition zurechtzufinden. Die Folge war eine fast permanente Kampfsituation im Bundestag, wobei die knappe parlamentarische Mehrheit der Regierung Brandt/Scheel bei der CDU/CSU die Hoffnung nährte, über Nacht doch wieder die Regierung übernehmen zu können. Hauptkonfliktfeld der politischen Auseinandersetzung war die neue Deutschland- und Ostpolitik der sozialliberalen Koalition. Vor allem in der SPD und in der FDP hatte nach dem Mauerbau von 1961 das Nachdenken über eine neue Deutschland- und Ostpolitik eingesetzt. Die Vorstellungen bewegten sich dabei in beiden Parteien in eine ähnliche Richtung und bildeten die Grundlage eines neuen deutschland- und ostpolitischen Konzepts, das nun von der sozialliberalen Koalition in praktische Politik umgesetzt wurde. Ausgangspunkt war dabei die Erkenntnis, dass ohne Krieg die bestehende Lage und die Grenzen in Europa nicht verändert werden können. Nun war zu fragen: Wie kann die Bundesrepublik unter dieser Voraussetzung zu erträglichen nachbarschaftlichen Beziehungen mit den osteuropäischen Staaten gelangen, auch unter Berücksichtigung der allgemeinen Ost-West-Entspannung? Wie kann die Bundesrepublik ein geregeltes Verhältnis zur DDR herstellen, das es ermöglicht, trotz der staatlichen Teilung den Zusammenhalt der deutschen Nation v. a. durch vermehrte Kontakte zwischen den Menschen zu wahren? Wie kann die Lebensfähigkeit West-Berlins auf Dauer gesichert werden? Der Ansatz zur Lösung bestand in dem Mittel der Gewaltverzichtsverträge, die schon die Regierung Erhard 1966 den osteuropäischen Staaten angeboten hatte, die nun aber konkret auf die bestehenden Grenzen bezogen wurden und in die die DDR einbezogen wurde. Das bedeutete die Anerkennung der Oder-Neiße-Linie als Westgrenze Polens und der DDR als zweiten deutschen Staat – wenngleich nicht als Ausland. Brandts langjähriger politischer Berater Egon Bahr, der die ostpolitische Konzeption der SPD maßgeblich bestimmt hatte, wurde – nunmehr Staatssekretär im Bundeskanzleramt – mit den Vorverhandlungen in Moskau und mit den Verhandlungen mit der DDR beauftragt. An seiner Verhandlungsführung entzündete sich die heftige Kritik der CDU/CSU, unterstützt von einigen Presseorganen,

VOM MAUERBAU ZUM GRUNDVERTRAG

die durch Indiskretionen aus den Verhandlungen für Aufregung sorgten. Kern der Vorwürfe war, dass die Bundesregierung ohne Not Rechtspositionen räume, die von den unionsgeführten Bundesregierungen entwickelt und aufrechterhalten worden waren. Manche Kritiker erhoben gegenüber der SPD den Vorwurf nationaler Unzuverlässigkeit (»Ausverkauf Deutschlands«) und des einvernehmlichen Zusammenspiels mit den »Genossen« der kommunistischen Staatsführungen. Von den westlichen Verbündeten freilich erfuhr die Ostpolitik der Bundesregierung einhellige Zustimmung, zumal sie sich in die Politik der Ost-West-Entspannung einfügte, die von den USA unter Präsident Nixon und Außenminister Kissinger betrieben wurde.
Der Bundesregierung gelang es, die Verträge mit Moskau und Warschau wirksam werden zu lassen, auch das im politischen Zusammenhang stehende Viermächteabkommen über Berlin trat in Kraft, und der Grundlagenvertrag mit der DDR konnte paraphiert werden, bevor der Bundestag im November 1972 neu gewählt wurde. Die Konzentration der sozialliberalen Koalition auf die Ostpolitik und die damit verbundenen innenpolitischen Auseinandersetzungen führten dazu, dass die meisten der 1969 angekündigten inneren Reformen ausblieben.
Im Laufe der Legislaturperiode seit 1969 waren im Zusammenhang mit der Ostpolitik eine Reihe von Abgeordneten, vornehmlich der FDP, unter Beibehaltung ihres Bundestagsmandats zur CDU oder CSU übergetreten. Dadurch war die ohnehin knappe Koalitionsmehrheit immer mehr zusammengeschmolzen. Eigene Erfolge bei Landtagswahlen ließen in der CDU/CSU den Entschluss reifen, durch ein konstruktives Misstrauensvotum Bundeskanzler Brandt zu stürzen und durch Rainer Barzel zu ersetzen. Die Opposition rechnete bei der geheimen Abstimmung, die am 27. April 1972 stattfand, auf weitere Stimmen aus der Koalition. Der Versuch scheiterte, doch hatte auch die Regierung keine Mehrheit mehr; der Bundeshaushalt konnte nicht verabschiedet werden. Brandt erreichte daher über das Mittel der Vertrauensfrage die vorzeitige Auflösung des Bundestages und Neuwahlen am 19. November 1972, die die Koalition eindrucksvoll bestätigten.

3.1 »Spiegelaffäre«

Das Hamburger Nachrichtenmagazin »Der Spiegel« hatte sich in seiner Ausgabe vom 10. Oktober 1962 in einem Artikel des Redakteurs Conrad Ahlers unter dem Titel »Bedingt abwehrbereit« mit dem NATO-Manöver »Fallex 62« befasst und dabei die Bonner Verteidigungspolitik kritisiert. Am 26. Oktober 1962, kurz nach 21 Uhr, wurden die Redaktionsräume des »Spiegel« im Hamburger Pressehaus von etwa 50 Polizisten besetzt. Unter dem Verdacht des publizistischen Landesverrats, der landesverräterischen Betätigung und der aktiven Bestechung wurden auf Antrag der Bundesanwaltschaft der Herausgeber Rudolf Augstein und die Chefredakteure sowie – in seinem spanischen Urlaubsort – Conrad Ahlers verhaftet. Die Redaktionsräume wurden durchsucht und wochenlang besetzt gehalten, um belastendes Material aufzuspüren. Diese Polizeiaktion, an der auch Dienststellen der Bundeswehr beteiligt waren und in der, wie sich erst später herausstellte, auch der Verteidigungsminister *Strauß* (▶4.26) selbst seine Hände im Spiel hatte, führte zu einer heftigen innenpolitischen Auseinandersetzung unter starker Beteiligung der Bevölkerung und schließlich zu einer Regierungskrise, als die FDP-Minister aus Protest gegen das Verhalten des Verteidigungsministers aus der Koalitionsregierung austraten. In einer leidenschaftlich geführten Bundestagsdebatte musste sich Bundeskanzler *Adenauer* (▶2.4) gegen den Vorwurf der SPD-Opposition zur Wehr setzen, mit Mitteln des Staates gegen das Grundrecht der Pressefreiheit verstoßen zu haben. Strauß, der erst nach langem Leugnen seine Beteiligung an der Verhaftung des Redakteurs Ahlers zugab, verlor sein Ministeramt bei der notwendig gewordenen Regierungsneubildung am 14. Dezember 1962; ebenso mussten zwei beteiligte Staatssekretäre aus dem Verteidigungs- und dem Justizministerium ihre Ämter aufgeben. Der Bundesgerichtshof lehnte 1965 die Eröffnung des Hauptverfahrens gegen Augstein und Ahlers ab, weil der Inhalt des »Spiegel«-Artikels nicht der Geheimhaltung unterlag. Die Verfassungsbeschwerde des »Spiegel« scheiterte 1966 beim Bundesverfassungsgericht, weil nur vier der acht Verfassungsrichter einen Verstoß gegen die Pressefreiheit feststellten.

3.2 Deutsch-Französischer Vertrag

Die zielstrebigen Bemühungen Bundeskanzler *Adenauers* (▶2.4) um eine Aussöhnung mit Frankreich hatten schon am Beginn der 50er-Jahre zur Zusammenarbeit mit dem französischen Außenminister Robert Schuman geführt und zum Zusammenschluss der deutschen und französischen Kohle- und Stahlproduktion in der Montanunion ent-

In vielen Städten demonstrieren Bürger gegen die Polizeiaktion beim »Spiegel« und für die Pressefreiheit. Das Bild zeigt einen Sitzstreik von Studenten vor der Frankfurter Hauptwache (Oktober 1962)

sprechend dem *Schumanplan* (▶2.10). Weitere Abkommen folgten (EURATOM und *EWG*, ▶2.32). Die Machtübernahme de Gaulles in Frankreich (1958) brachte anfänglich Spannungen im Verhältnis der beiden Staaten mit sich, da de Gaulle den übernationalen Zusammenschluss Europas ablehnte, stattdessen ein starkes »Europa der Vaterländer« anstrebte, in dem Frankreich die Führungsrolle zufallen sollte.

In mehreren persönlichen Begegnungen zwischen de Gaulle und Adenauer wurde jedoch die deutsch-französische Aussöhnung weiter betrieben. Am 22. Januar 1963 besiegelten die beiden Staatsmänner die deutsch-französische Freundschaft in dem so genannten Élysée-Vertrag. In diesem Vertrag verpflichteten sich beide Regierungen zu ständiger Konsultation und zu regelmäßigen Treffen, bei denen Fragen der Außen-, Wirtschafts-, Verteidigungs- und Kulturpolitik beraten werden sollten. Ein verstärkter deutsch-französischer Jugendaustausch wurde beschlossen, aus dem das Deutsch-Französische Jugendwerk entstanden ist. Die gemeinsamen Treffen und Konferenzen – sie finden zweimal im Jahr statt – sind seitdem von allen nachfolgenden Staats- und Regierungschefs eingehalten worden.

Der Deutsch-Französische Vertrag ist als ein epochales Ereignis gefeiert worden, weil er einen Schlussstrich setzte unter die jahrhundertelange Rivalität zwischen den beiden Nachbarvölkern. Dass dennoch Unterschiede in der Bewertung bestehender Verträge und der sich daraus ergebenden Schwerpunkte der Politik weiter bestanden, wird durch die Präambel deutlich, die auf Drängen des Deutschen Bundestages hin dem Vertrag vorangestellt wurde. In ihr wurde ausdrücklich sichergestellt, dass durch »diesen Vertrag die Rechte und Pflichten aus den von der Bundesrepublik Deutschland abgeschlossenen multilateralen Verträgen unberührt bleiben«. Während de Gaulle eine eigenständigere Politik Europas, auch gegenüber den USA, befürwortete und Frankreich 1966 aus den militärischen Bindungen an die NATO herauslöste, betonte die Bundesrepublik, allein schon mit Rücksicht auf West-Berlin, die enge Anlehnung an die Vereinigten Staaten und das atlantische Bündnis. Ungeachtet dieser Differenzen ist die deutsch-französische

Im Deutsch-Französischen Vertrag von 1963 besiegelten Konrad Adenauer und der französische Staatspräsident Charles de Gaulle – hier im Juli 1962 in Paris – die Aussöhnung ihrer beiden Völker

Freundschaft, die die beiden großen alten Männer 1963 besiegelt hatten, zu einem festen Bestandteil der europäischen Politik geworden.

3.3 Das »Neue Ökonomische System« der DDR

In der DDR hatte sich nach dem *Mauerbau in Berlin vom 13. August 1961* (▶2.40) eine Wandlung vollzogen. Der ständige, die wirtschaftliche Entwicklung lähmende und sich allmählich zur wirtschaftlichen Katastrophe ausweitende Aderlass durch die Massenflucht der Bevölkerung war gestoppt worden. Die Menschen, denen nun die Möglichkeit der Flucht über die Sektorengrenzen nach West-Berlin genommen war, begannen zwangsläufig, sich mit dem Regime zu arrangieren. Anderseits warb die Parteiführung verstärkt um die Mitarbeit der Bevölkerung, indem sie eine bessere Befriedigung ihrer Wohlstandserwartungen in Aussicht stellte. Zur Reformierung des Wirtschaftssystems verordneten das Zentralkomitee der SED und

Ausgabe von Passierscheinen an West-Berliner Bürger in einer Schule in Berlin-Neukölln (Dezember 1963)

der Ministerrat der DDR im Juni 1963 die Einführung des »Neuen Ökonomischen Systems der Planung und Leitung der Volkswirtschaft«.
Danach sollte die Staatliche Plankommission jeweils für fünf bis sieben Jahre einen Perspektivplan aufstellen und mit den unteren Organen entsprechende Jahrespläne ausarbeiten. Eine besondere Rolle übernahmen in diesem Planungssystem die Vereinigungen Volkseigener Betriebe (VVB), denen eine größere Handlungs- und Verantwortungsfreiheit zugebilligt wurde. Durch ein Prämiensystem wurden die Betriebe angeregt, Gewinne zu erwirtschaften, mit denen sie selbstständig Investitionsentscheidungen treffen konnten; Arbeitnehmer sollten durch leistungsabhängige Löhne und Prämien motiviert werden; die Industriepreise wurden reformiert.
Damit wurde der Versuch unternommen, die Schwierigkeiten der zentralen Planwirtschaft durch Elemente des wirtschaftlichen Wettbewerbs zu überwinden. Mit der Einführung des Neuen Ökonomischen Systems wurde die DDR ein Vorreiter für die kommunistischen Nachbarländer auf dem Felde wirtschaftlicher Reformversuche. Das Neue Ökonomische System führte in der DDR zu einer wirtschaftlichen Stabilisierung und bildete die Ausgangsbasis für den Aufstieg der DDR zur zweitstärksten Industriemacht im Bereich des »Rates für gegenseitige Wirtschaftshilfe« (RGW). Aufgrund einer einseitigen Investitionspolitik, die sich auf »strukturbestimmende« Wirtschaftszweige konzentrierte, entstanden allerdings Disproportionen und zahlreiche Engpässe bei der Versorgung der Bevölkerung, die 1970 zu einem Abbruch der Wirtschaftsreformen führten.

3.4 Passierscheinabkommen

Mit dem Mauerbau vom 13. August 1961 und der damit vollzogenen Abriegelung war auch den West-Berlinern die Möglichkeit genommen, ihre Verwandten und Bekannten im Ostsektor der Stadt zu besuchen. Andererseits waren die zahlreichen Bewohner Ost-Berlins und der DDR, die in West-Berlin ihrer Beschäftigung nachgegangen waren, seit dem Mauerbau von ihren Arbeitsplätzen abgeschnitten.
Bemühungen des Senats von West-Berlin, wenigstens in der Weihnachtszeit 1963 die Mauer durchlässiger zu machen, führten schließlich in Verhandlungen mit der DDR, die mit Zustimmung der Bundesregierung direkt zwischen dem Berliner Senat und Behörden der DDR geführt wurden, zum ersten Passierscheinabkommen am 17. Dezember 1963. 28 Monate nach dem Bau der Mauer erhielten mit diesem Abkommen West-Berliner die Möglichkeit, ihre Verwandten im Ostsektor der Stadt in der Zeit zwischen dem 19. Dezember 1963 und dem 5. Januar 1964 zu besuchen. Vor den in West-Berlin eingerichteten Ausgabestellen für Passierscheine bildeten sich endlose Schlangen wartender

Menschen. Insgesamt wurden 1,2 Millionen Besucher aus West-Berlin im Ostteil der Stadt gezählt. Die DDR war bemüht, dem Passierscheinabkommen den Charakter eines völkerrechtlichen Vertrages zu geben, Bundesregierung und Senat behandelten die Angelegenheit als eine verwaltungstechnische Vereinbarung. Aufgrund weiterer Passierscheinabkommen (Oktober/November 1964, zu den Jahreswechseln 1964/65 und 1965/66, zu Ostern und Pfingsten 1966) wurden von der West-Berliner Bevölkerung rund 4,3 Millionen Passierscheine für Verwandtenbesuche in Ost-Berlin in Anspruch genommen.

Nach 1966 kamen keine Passierscheinabkommen mehr zustande; erst aufgrund des *Viermächteabkommens über Berlin* (▶3.24) erfolgte 1972 im *Grundlagenvertrag* (▶3.30) eine generelle – wesentlich verbesserte – Regelung des Besucherverkehrs von West-Berlin nach Ost-Berlin.

3.5 Auschwitz-Prozess/ Vergangenheitsbewältigung

In den Jahren 1963 bis 1966 fanden in Frankfurt am Main Prozesse gegen Angehörige des SS-Aufsichtspersonals im Vernichtungslager Auschwitz (Polen) statt. Unter anderem wurde der Adjutant des Lagerkommandanten zu 14 Jahren Zuchthaus verurteilt. In der Weltöffentlichkeit lösten einzelne Freisprüche und das zum Teil niedrige Strafmaß Empörung aus. Die deutsche Öffentlichkeit wurde durch die Presseberichte aus dem Gerichtssaal erneut mit den Verbrechen konfrontiert, die deutsche Männer und Frauen an den ihnen hilflos ausgelieferten Lagerhäftlingen begangen hatten. Die Bundesbürger, die vielfach den Krieg und die Kriegsfolgen für überwunden hielten und sich mit ihrem Alltag beschäftigen wollten, mussten sich mit der Vergangenheit, die sie so gern verdrängen wollten, immer wieder auseinander setzen. Schon 1959/60 hatten zahlreiche Hakenkreuzschmierereien und Schändungen jüdischer Friedhöfe gezeigt, dass der Ungeist des Antisemitismus noch immer nicht ausgestorben war. Damals hatte man eine gründlichere politische Bildung der Jugend – die Täter waren meist ganz junge Menschen gewesen – gefordert; dafür engagierte sich insbesondere auch die Bundeszentrale für politische Bildung (1952–63 unter dem Namen Bundeszentrale für Heimatdienst).

Wieder war die Reaktion der Bevölkerung auf diese erneute Begegnung mit der jüngsten Vergangenheit ganz unterschiedlich. Viele reagierten mit aufrichtiger Bestürzung und Betroffenheit, für sie waren die Urteile des Gerichtes zum Teil viel zu milde, sie verlangten harte Bestrafung, rückhaltlose weitere Aufklärung und Strafverfolgung der noch nicht dingfest gemachten Verbrecher. Sie fanden es unerträglich, dass möglicherweise

22 Angehörige des SS-Aufsichtspersonals im Vernichtungslager Auschwitz standen ab 20. Dezember 1963 in Frankfurt vor Gericht. Im Vordergrund die Angeklagten Wilhelm Boger, Victor Capesius, Oswald Kaduk, Emil Hantl

viele Menschen, die sich im Dritten Reich an Verbrechen beteiligt hatten, noch immer unerkannt und straffrei unter ihnen lebten, vielleicht sogar in angesehenen Berufen und in verantwortlichen Positionen tätig waren. Andere verlangten, man solle endlich einen Schlussstrich ziehen unter die Vorgänge der NS-Vergangenheit. Und noch andere sprachen sogar von fortwährender »Nestbeschmutzung«, die beendet werden müsse. Manche verstiegen sich zu der Behauptung, die Verbrechen an den Juden, an Sinti und Roma, an Polen und Russen, an Homosexuellen und Geisteskranken habe es gar nicht gegeben, sie seien nur eine Erfindung der Siegermächte, um das deutsche Volk demütigen und vor der Welt schuldig sprechen zu können. Das Wort von der »Auschwitz-Lüge« war geboren.

In diesen Jahren konnte die neu gegründete rechtsradikale *Nationaldemokratische Partei Deutschlands* (▶3.12) zunehmend Anhänger und Wähler gewinnen, was im Ausland aufmerksam und mit Sorge beobachtet wurde. Die Deutschen, so schien es, hatten große Mühe, ihre jüngste Vergangenheit zu bewältigen. Die Herausforderung durch den Rechtsradikalismus war unter anderem auch ein Argument für den Zusammenschluss der Parteien CDU, CSU und SPD in der *Großen Koalition* (▶3.7).

3.6 Ludwig Erhard

Erhard wurde am 4. Februar 1897 in Fürth (Bayern) geboren, studierte nach kaufmännischer Lehre und Teilnahme am 1. Weltkrieg Volks- und Betriebswirtschaft und war seit 1928 wissenschaftlich in Nürnberg tätig. 1945 wurde er Professor in München und Wirtschaftsberater der amerikanischen Militärregierung, 1945/46 war er bayerischer Minister für Handel und Gewerbe, anschließend der Leiter der Sonderstelle für Geld und Kredit. Seit März 1948 Direktor der Verwaltung für Wirtschaft des Vereinigten Wirtschaftsgebiets (*Bizone,* ▶1.13), bereitete Ludwig Erhard die *Währungsreform* (▶1.19) vor und erklärte – an den Besatzungsmächten vorbei – am 20. Juni 1948 für wichtige Wirtschaftsbereiche das Ende der Zwangswirtschaft.

Nach der Gründung der Bundesrepublik Deutschland trat Erhard als Bundeswirtschaftsminister in das *erste Kabinett Adenauer* (▶2.5) ein und blieb in diesem Amt auch in allen folgenden von Adenauer geführten Bundesregierungen bis 1963. Er hatte mit dem von ihm politisch durchgesetzten Konzept der *sozialen Marktwirtschaft* (▶2.25) wesentlichen Anteil am schnellen wirtschaftlichen Wiederaufstieg der Bundesrepublik Deutschland. Der erfolgreiche Wirtschaftsminister hat als »Wahllokomotive« erheblich dazu beigetragen, dass die *CDU/CSU* (▶1.9) unter Adenauer die Bundestagswahlen 1953, 1957 und 1961 mit deutlichem Vorsprung vor der SPD gewinnen konnte. Als daher 1961 der 85-jährige Adenauer aufgrund einer Forderung des Koalitionspartners FDP sich verpflichten musste, nach der Hälfte der neuen Legislaturperiode das Amt des Bundeskanzlers einem jüngeren Nachfolger zu übergeben, wurde ganz selbstverständlich in der Öffentlichkeit die Nominierung Erhards erwartet. Die CDU/CSU-Fraktion hat ihn schließlich zum neuen Bundeskanzler vorgeschlagen, obwohl sich Adenauer hartnäckig gegen die Kandidatur Erhards gesträubt hat.

Als Bundeskanzler (seit Oktober 1963) konnte Erhard im September 1965 erneut die Bundestagswahl mit der CDU/CSU gewinnen, aber bei der Regierungsbildung ergaben sich erhebliche Schwierigkeiten durch die starken Gegensätze zwischen der CSU und der FDP, die sich hartnäckig und erfolgreich gegen einen Eintritt des CSU-Vorsitzenden *Strauß* (▶4.26) in die neue Koalitionsregierung zur Wehr setzte. In der Außenpolitik versuchte Erhard, im Zuge der weltweit einsetzenden Entspannungspolitik neue Initiativen zur Normalisierung der Beziehungen zu den Staaten des Warschauer Paktes zu entwickeln. Er bot den osteuropäischen Ländern mit seiner Friedensnote vom 25. März 1966 Gewaltverzichtsabkommen an. Weil jedoch die DDR hierbei ausgeklammert wurde und die Bundesregierung unbeirrt an der *Hallsteindoktrin* (▶2.28) festhielt, brachte dieser Schritt keinen Erfolg. Da Erhard und sein Außenminister Gerhard Schröder als so genannte »Atlantiker« dem engen Kontakt zu den USA und dem atlantischen Bündnis den Vorrang gegenüber den Europa-Vorstellungen des französischen Staatspräsidenten de Gaulle einräumten, kühlte sich das deutsch-französische Verhältnis merklich ab. Demgegenüber setzten die so genannten »Gaullisten« in der CDU/CSU, angeführt von Franz Josef Strauß, auf eine enge Zusammenarbeit mit Frankreich.

Innenpolitisch setzte 1966 eine nicht erwartete wirtschaftliche Rezession ein, die zu Arbeitslosigkeit und zu einer sich rasch verschärfenden Haushaltskrise führte. Im Streit um den Haushaltsausgleich brach schließlich die Regierungskoalition auseinander, die FDP-Minister traten am 27. Oktober 1966 zurück. Die empfindliche Wahlniederlage der CDU im bevölkerungsreichsten Land Nordrhein-Westfalen im Juli 1966 wurde von seinen Parteifreunden dem Führungsstil Erhards angelastet. Als in den Landtagswahlen in Hessen und Bayern im November 1966 die rechtsradikale NPD überraschend viele Stimmen erhielt, begannen Spitzenpolitiker der CDU/CSU, während Erhard noch mit einem Minderheitskabinett regierte, mit der SPD Verhandlungen über die Bildung einer *großen Koalition* (▶3.7) und entschieden sich für Kurt Georg Kiesinger (▶3.8) als neuen Bundeskanzler. Erhard trat am 30. November 1966 zurück.

Am 23. Mai 1967 gab er auch den Parteivorsitz der CDU, den er seit März 1966 innegehabt hatte, an Kiesinger ab. Mit seiner Wahl zum Ehrenvorsitzenden der CDU hat die Parteiführung eine nachträgliche Wiedergutmachung angestrebt. Ludwig Erhard starb am 5. Mai 1977 in Bonn. Als »Vater des deutschen Wirtschaftswunders« ist er in die deutsche Nachkriegsgeschichte eingegangen. – Abb. S. 84.

3.7 Große Koalition

Die sich rasch verschärfende wirtschaftliche Rezession mit hohem Haushaltsdefizit und schnell ansteigenden Arbeitslosenzahlen auf der einen Seite, die Sorge um das Anwachsen des *Rechtsradikalismus* (▶3.12) andererseits waren die wesentlichen Motive für den Entschluss der Politiker in beiden großen Parteien, miteinander Gespräche über eine zu bildende große Koalition zu führen, die ausschließlich zur Bewältigung der Krisenpunkte gedacht war und von vornherein zeitlich begrenzt sein sollte.

Am 1. Dezember 1966 wählte der Bundestag den bisherigen Ministerpräsidenten von Ba-

Das Kabinett der Großen Koalition tagt im Park des Palais Schaumburg (Juli 1967)

den-Württemberg, *Kurt Georg Kiesinger* (▶3.8), zum Bundeskanzler, der noch am selben Tag sein Kabinett der Großen Koalition aus CDU/CSU und SPD vorstellte. Stellvertreter des Kanzlers und Außenminister wurde der Vorsitzende der SPD und bisherige Regierende Bürgermeister von Berlin, *Willy Brandt* (▶3.18). Der Koalitionswechsel innerhalb einer Wahlperiode und die Bildung einer großen Koalition bedeuteten einen Markstein in der Geschichte der Bundesrepublik, wie es auch Kiesinger in seiner Regierungserklärung zum Ausdruck brachte. Die Beseitigung des Haushaltsdefizits und die Überwindung der wirtschaftlichen Rezession, die mit steigender Arbeitslosigkeit verbunden war, lagen als unmittelbare Aufgaben vor der Koalition. Das *Stabilitätsgesetz* (▶3.10) und die Einrichtung der *konzertierten Aktion* (▶3.11) sollten hierzu als Instrumente dienen; sie wirkten lange darüber hinaus. Mit dem Wirtschaftsminister Karl Schiller (SPD) und dem Finanzminister Franz Josef Strauß (CSU) standen zwei Ressortchefs von hohem Sachverstand zur Verfügung, deren gute Zusammenarbeit zu den wirtschafts- und finanzpolitischen Erfolgen der Großen Koalition beitrug. In den drei Jahren ihres Bestehens hat die Große Koalition weitere wichtige Reformvorhaben zur Modernisierung von Staat

Bundeskanzler Ludwig Erhard (links) mit seinem Amtsvorgänger Konrad Adenauer (1964)

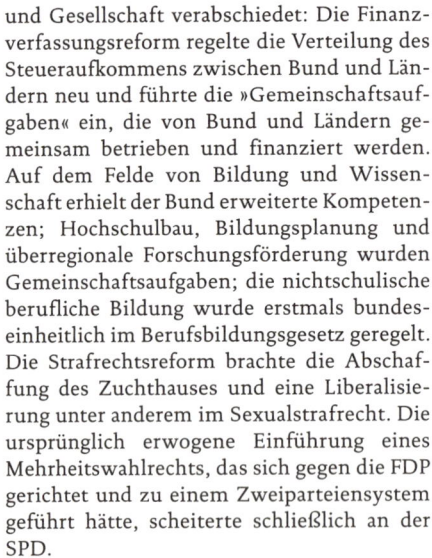

Bundeskanzler Kurt Georg Kiesinger (rechts) mit dem französischen Staatspräsidenten Charles de Gaulle (1967)

und Gesellschaft verabschiedet: Die Finanzverfassungsreform regelte die Verteilung des Steueraufkommens zwischen Bund und Ländern neu und führte die »Gemeinschaftsaufgaben« ein, die von Bund und Ländern gemeinsam betrieben und finanziert werden. Auf dem Felde von Bildung und Wissenschaft erhielt der Bund erweiterte Kompetenzen; Hochschulbau, Bildungsplanung und überregionale Forschungsförderung wurden Gemeinschaftsaufgaben; die nichtschulische berufliche Bildung wurde erstmals bundeseinheitlich im Berufsbildungsgesetz geregelt. Die Strafrechtsreform brachte die Abschaffung des Zuchthauses und eine Liberalisierung unter anderem im Sexualstrafrecht. Die ursprünglich erwogene Einführung eines Mehrheitswahlrechts, das sich gegen die FDP gerichtet und zu einem Zweiparteiensystem geführt hätte, scheiterte schließlich an der SPD.

In der Ostpolitik waren neue Ansätze in der Regierungserklärung nicht erkennbar. Zwar betonte Kiesinger die intensive Fortsetzung der Bemühungen um ein »zunehmendes gegenseitiges Vertrauen« zur Sowjetunion und ebenfalls zu Polen, aber auch diese Bundesregierung beharrte auf dem Standpunkt, »... die einzige deutsche Regierung (zu sein), die berechtigt ist, für das ganze deutsche Volk zu sprechen«. Die uneingeschränkte Geltung der *Hallsteindoktrin* (▶2.28) wurde freilich bereits im Januar 1967 mit der Aufnahme diplomatischer Beziehungen zu Rumänien durchbrochen. Trotz einiger vorsichtiger Sondierungsversuche, zu denen auch ein ergebnisloser Briefwechsel Kiesingers mit dem Regierungschef der Deutschen Demokratischen Republik Willi Stoph, gehörte, gelang es nur in bescheidenen Ansätzen, die ost- und deutschlandpolitische Erstarrung zu überwinden.

Die Bildung der Großen Koalition wurde in weiten Kreisen der Bevölkerung zur Bewältigung der wirtschaftlichen und politischen Probleme für notwendig gehalten, von vielen Menschen aber auch sehr kritisch gesehen, weil damit das normale parlamentarische Kräftespiel zwischen Regierungspartei(en) und starker Opposition zum Erliegen kam. Die 49 Oppositionsabgeordneten der FDP konnten der überwältigenden Mehrheit der insgesamt 447 CDU/CSU- und SPD-Abgeordneten keine wirkungsvolle Kraft entgegenstellen. Dies trug mit zur Entstehung von Protestbewegungen außerhalb des Parlaments, der so genannten *außerparlamentarischen Opposition* (▶3.14), bei, die das politische und gesellschaftliche System der Bundesrepublik infrage stellten.

Schon in den Vorbereitungen zur Bundestagswahl am 28. September 1969 waren die Gemeinsamkeiten zwischen den Parteien der Großen Koalition so gut wie verbraucht. Die

Wahl des sozialdemokratischen Politikers und bisherigen Justizministers Gustav W. Heinemann zum neuen Bundespräsidenten am 5. März 1969 mit den Stimmen der SPD und der FDP deutete bereits an, dass nach 20 Jahren CDU-geführter Regierungen eine neue politische Konstellation bevorstand.

3.8 Kurt Georg Kiesinger

Geboren am 6. April 1904 in Ebingen, studierte Kiesinger Jura, Geschichte und Philosophie und war 1935–39 Rechtsanwalt beim Kammergericht Berlin, 1940–45 wissenschaftlicher Hilfsarbeiter und stellvertretender Leiter der Rundfunkabteilung im Auswärtigen Amt. 1945–47 in Ludwigsburg interniert, wurde Kiesinger 1948 Landesgeschäftsführer der CDU in Südwürttemberg-Hohenzollern. 1949–58 und 1969–80 gehörte er dem Bundestag an; er hatte den Vorsitz im Vermittlungsausschuss 1950–58 und im auswärtigen Ausschuss 1954–66 inne. 1958–66 war Kiesinger Ministerpräsident von Baden-Württemberg. Am 1. Dezember 1966 vom Bundestag zum Bundeskanzler gewählt, bildete Kiesinger am gleichen Tage eine Regierung der *Großen Koalition* (▶3.7) aus CDU/CSU und SPD, die die schwierigsten, von seinem Vorgänger *Ludwig Erhard* (▶3.6) übernommenen Probleme (wirtschaftliche Rezession, Haushaltsdefizit, bedrohliches Anwachsen des Rechtsradikalismus) möglichst rasch in den Griff bekommen sollte.

In der Großen Koalition war Kiesinger in erster Linie der Moderator zwischen zwei großen konkurrierenden politischen Kräften, die sich nur widerstrebend die Machtausübung teilten. Während die Wirtschafts- und Finanzminister Schiller und Strauß trotz ihrer unterschiedlichen Parteizugehörigkeit auf überraschende Weise harmonierten, zeigte sich in der Ost- und Deutschlandpolitik, dass Kiesinger an der traditionellen Position des Alleinvertretungsanspruchs strikt festhalten wollte, während sein Außenminister Brandt nach neuen Wegen suchte und eine flexiblere Politik gegenüber Osteuropa und der DDR forderte. Als der DDR-Ministerpräsident Willi Stoph im September 1967 Verhandlungen zur Normalisierung der Beziehungen und zur Anerkennung der bestehenden Grenzen vorgeschlagen hatte, lehnte Kiesinger diese Vorschläge ab und erklärte lediglich seine Bereitschaft, Gespräche über eine Ausweitung der Kontakte zwischen den Menschen zu führen.

Die Koalition auf Zeit unter Bundeskanzler Kiesinger zerbrach nach der Bundestagswahl im September 1969. Bei dieser Wahl konnte Kiesinger zwar mit 46,1 % der Stimmen gegenüber der SPD (42,7 %) ein sehr beachtliches Ergebnis erreichen, da aber SPD und FDP bereits vor der Wahl angekündigt hatten, eine Koalitionsregierung bilden zu wollen, musste Kiesinger mit den Christdemokraten in die Opposition gehen. Er war Bundesvorsitzender der CDU von 1967 bis 1971, danach Ehrenvorsitzender. Kiesinger starb am 9. März 1988 in Tübingen.

3.9 Herbert Wehner

Geboren in Dresden am 11. Juli 1906 als Sohn eines Schuhmachers, trat Wehner nach Realschule und kaufmännischer Lehre 1927 in die KPD ein. 1930 wurde er stellvertretender Sekretär der KPD in Sachsen, 1930/31 war er Mitglied des sächsischen Landtages und stellvertretender Vorsitzender der KPD-Fraktion. 1932 wurde Wehner als »Technischer Sekretär« des KPD-Politbüros enger Mitarbeiter des Parteivorsitzenden Ernst Thälmann. Nach der nationalsozialistischen Machtergreifung 1933 arbeitete Wehner bis 1935 illegal in Deutschland für die verbotene KPD, danach vor allem im westlichen Ausland, ab 1937 in Moskau bei der Komintern, die ihn 1941 nach Schweden schickte. Dort wurde er 1942 wegen »Gefährdung der schwedi-

Herbert Wehner (1980)

schen Freiheit und Neutralität« zu einem Jahr Haft verurteilt. Er wurde aus der KPD ausgeschlossen und vollzog den Bruch mit dem Kommunismus. 1946 kehrte er nach Deutschland zurück und trat der SPD bei; bald zählte er zum engsten Kreis um den SPD-Vorsitzenden *Kurt Schumacher* (▶1.11). Wehner gehörte dem Bundestag von 1949 bis 1983 an (1949–66 Vorsitzender des Bundestagsausschusses für gesamtdeutsche Fragen). Stellvertretender Bundesvorsitzender der SPD war Wehner von 1958 bis 1973. Als führender Parteistratege war er maßgeblich an der Gestaltung und Durchsetzung des *Godesberger Programms* (▶2.36) und an der Umwandlung der SPD von einer Klassen- in eine linke Volkspartei beteiligt. Die von ihm vor allem gemeinsam mit Fritz Erler durchgesetzte Zustimmung der SPD zur Westpolitik Adenauers vertrat er am 30. Juni 1960 in einer großen außenpolitischen Rede vor dem Bundestag. Wehner setzte sich schon früh für eine große Koalition zwischen der CDU/CSU und der SPD ein, mit der die »Regierungsfähigkeit« der Sozialdemokraten unter Beweis gestellt werden sollte. In der *Großen Koalition* (▶3.7) 1966–69 war Wehner Bundesminister für gesamtdeutsche Fragen. Mit Beginn der *sozialliberalen Koalition* (▶3.17) übernahm Wehner den Vorsitz der SPD-Fraktion im Bundestag. Er trat mit großem Engagement für die Deutschland- und *Ostpolitik* (▶3.20) der neuen Bundesregierung ein. Mit seinen kämpferischen Reden und leidenschaftlichen Zwischenrufen in hitzigen Debatten brachte Wehner Schwung und Farbe in den Bundestag. Nach dem Sturz der Regierung unter Helmut Schmidt im Oktober 1982 kandidierte Herbert Wehner bei den Wahlen im März 1983 nicht mehr zum Bundestag. Er starb am 19. Januar 1990 in Bonn.

3.10 Stabilitätsgesetz

Die Überwindung der wirtschaftlichen Rezession, die auf viele Menschen wie ein Schock gewirkt und Erinnerungen an die Weltwirtschaftskrise von 1929 und ihre unglückseligen Folgen hervorgerufen hatte, war eine Hauptaufgabe der 1966 gebildeten *Großen Koalition* (▶3.7). Das »Gesetz zur Förderung der Stabilität und des Wachstums der Wirtschaft« vom 8. Juni 1967 schuf die Voraussetzungen dazu, indem mit staatlichen Maßnahmen (Auftragsprogrammen) der negativen Entwicklung, die in die Krise geführt

Erste Gesprächsrunde der konzertierten Aktion am 14. Februar 1967 (von links nach rechts): Rolf Spaethen (DAG), Ludwig Rosenberg (DGB), Otto Brenner (IG Metall), Rudolf Sperner (IG Bau), Bundeswirtschaftsminister Karl Schiller, Fritz Berg (Bundesverband der deutschen Industrie), Herbert van Hüllen (Bundesvereinigung der Deutschen Arbeitgeberverbände), Ernst Schneider (Deutscher Industrie- und Handelstag), Bundestagsabgeordneter Klaus Dieter Arndt

hatte, gegengesteuert wurde. Bund und Länder, die eine mittelfristige Finanzplanung zu erstellen hatten, wurden mit dem Gesetz auf die Ziele des so genannten »magischen Vierecks« verpflichtet: Vollbeschäftigung, Geldwertstabilität, außenwirtschaftliches Gleichgewicht und wirtschaftliches Wachstum.
Durch eine Konjunkturausgleichsrücklage sollten in Zeiten des Nachfrageüberhanges Mittel eingebracht werden, die in einer Periode der Konjunkturabschwächung zur Wirtschaftsbelebung wieder freigegeben werden können. Die Bundesregierung hat seither jährlich im Januar einen Jahreswirtschaftsbericht vorzulegen, in dem die voraussichtliche wirtschaftliche Entwicklung prognostiziert und zugleich zu dem jeweils zum 15. November erstellten Gutachten des Sachverständigenrates zur gesamtwirtschaftlichen Entwicklung Stellung bezogen werden soll.
Mit dem Stabilitätsgesetz und den darin verankerten Einrichtungen wie der *konzertierten Aktion* (▶3.11) und der Aufstellung eines Konjunkturrates für die öffentliche Hand vermochte die Regierung der Großen Koalition relativ rasch die Krise zu überwinden.

3.11 Konzertierte Aktion

Die vom Sachverständigenrat (nach ausländischen Vorbildern) empfohlene Einrichtung der konzertierten Aktion wurde von Bundeswirtschaftsminister Karl Schiller aufgegriffen und erstmalig am 14. Februar 1967 durchgeführt. An der Besprechung nahmen die am Wirtschaftsprozess beteiligten Gruppen und Institutionen teil: Arbeitgeberverbände und Gewerkschaften, die Gebietskörperschaften, also Vertreter des Bundes, der Länder und Gemeinden, sowie Vertreter der Landwirtschaft. Die konzertierte Aktion wurde auch im *Stabilitätsgesetz* (▶3.10) verankert.
Anhand so genannter »Orientierungsdaten«, die vom Bundeswirtschaftsminister über die voraussichtliche wirtschaftliche Entwicklung vorgegeben wurden, sollten alle am Wirtschaftsprozess beteiligten Institutionen und Verbände die Situation ausloten und ihr Verhalten aufeinander abstimmen. Die konzertierte Aktion wurde zu einer festen Einrichtung von 1967 bis 1977. Die Gewerkschaften zogen sich jedoch ab 1977 aus dieser Gesprächsrunde zurück, als die Arbeitgeber

Neonazis mit ihrem Anführer Michael Kühnen (Mitte) 1978

beim Bundesverfassungsgericht Klage gegen das *Mitbestimmungsgesetz von 1976* (▶4.15) erhoben hatten.

3.12 NPD und Rechtsradikalismus

Eine rechtsradikale Partei gab es bereits seit 1946, die Deutsche Reichspartei (DRP); sie konnte 1949 bei den ersten Bundestagswahlen 1,8 % der Stimmen und 5 Mandate gewinnen – eine 5 %-Klausel gibt es erst seit 1953. Von der DRP spaltete sich 1949 die Sozialistische Reichspartei (SRP) ab, die nach dem Führerprinzip organisiert war und die NS-Ideologie propagierte. Sie erreichte 1951 bei den Landtagswahlen in Niedersachsen 11 % und in Bremen 7,7 %. Vom Bundesverfassungsgericht wurde die SRP 1952 als Nachfolgeorganisation der NSDAP verboten. Ein Teil ihrer Anhänger ging zur DRP über.
1964 entstand in Hannover aus dem Zusammenschluss der DRP mit verschiedenen Rechtsgruppen die Nationaldemokratische Partei Deutschlands (NPD). Sie wurde zum Sammelbecken rechtsextremer, neofaschistischer Kräfte, und es gelang ihr in kurzer Zeit, rechtsradikale Anhängerreservate zu mobilisieren und in der Zeit der wirtschaftlichen Rezession auch andere Protestwähler zu gewinnen. Bei den hessischen Landtagswahlen am 6. November 1966 erzielte die NPD mit 7,9 % der Stimmen einen aufsehenerregenden Anfangserfolg; insgesamt konnte sie 1966/67

Der einmillionste Gastarbeiter in der Bundesrepublik, der Portugiese Armado Sa. Rodrigues, wird auf dem Bahnhof Köln-Deutz begrüßt und erhält ein Moped als Geschenk (1964)

in sechs Landesparlamente einziehen. Ihr bestes Ergebnis erzielte die NPD bei den Landtagswahlen in Baden-Württemberg am 28. April 1968 mit 9,8 % der Stimmen. Die aus einer Mischung von Nationalismus, Rassismus und autoritär-romantischem Staatsdenken des 19. Jahrhunderts zusammengesetzten politischen Leitbilder der NPD zielten in unrealistischer Verkennung der weltpolitischen Situation auf ein wieder vereintes, freies Deutschland in einem freien Europa. Die Rückgabe der Ostgebiete stand ebenso auf ihrem Programm wie die Forderung nach Beendigung der NS-Prozesse, die einseitig auf deutsche Kriegsverbrechen gerichtet seien.

An den Bundestagswahlen 1969 nahm die NPD teil, blieb aber mit 4,3 % der Stimmen unter der Sperrklausel. Bis 1972 verlor sie sämtliche Landtagsmandate, bei der vorgezogenen Bundestagswahl 1972 fiel ihr Stimmenanteil auf 0,6 % zurück.

Dennoch waren Rechtsextremismus und Neonazismus in der Bundesrepublik nicht tot. Seit Ende der 70er-Jahre haben neonazistische Gruppen, die zum Teil mit ausländischen Gruppen in Verbindung stehen, mit Gewaltaktionen von sich reden gemacht, u. a. so genannte Wehrsportgruppen und die 1983 verbotene »Aktionsfront Nationaler Sozialisten/Nationale Aktivisten« unter Führung des ehemaligen Bundeswehrleutnants Michael Kühnen.

Rechtsradikale Parteien wie die Republikaner, die Deutsche Volksunion und die Nationaldemokratische Partei Deutschlands konnten seit Ende der 80er-Jahre bei Landtags- und Kommunalwahlen wieder beachtliche Erfolge erzielen und in Landesparlamente und Gemeindevertretungen einziehen.

3.13 Gastarbeiter

Mit dem Wirtschaftsaufschwung um ' die Mitte der 50er-Jahre, der sich zu dem unerwarteten Wirtschaftswunder ausweitete, gingen die anfänglich hohen Arbeitslosenzahlen relativ rasch zurück, und es kam bald zu ersten Erscheinungen von Arbeitskräftemangel in einzelnen Sektoren wie z. B. in der Landwirtschaft und im Baugewerbe. Um diesem Zustand abzuhelfen, setzte die Anwerbung ausländischer Arbeitskräfte ein. Diese vor allem aus den südeuropäischen Mittelmeerländern, später vor allem aus der Türkei in die Bundesrepublik strömenden Arbeitnehmer wurden mit offenen Armen aufgenommen. Für sie wurde der Name »Gastarbeiter« gefunden.

Bereits im Jahre 1964 wurde der einmillionste Gastarbeiter, ein Portugiese, in der Bundesrepublik Deutschland begrüßt. Bis 1972 verdoppelte sich diese Zahl noch und stieg auf 2 158 551. In den ersten Jahren ging es vornehmlich darum, die ausländischen Arbeitnehmer in ihre Betriebe zu integrieren und dort rechtlich abzusichern. Dadurch, dass viele Gastarbeiter ihre Familien nachholten, gewannen Fragen der Integration in die Gesellschaft und besonders die Schul- und Berufsausbildung der ausländischen Kinder zunehmend an Gewicht. Mit der Verschlechterung der wirtschaftlichen Situation in der Bundesrepublik und dem Anwachsen der Arbeitslosenzahlen seit Mitte der 70er-Jahre veränderte sich bei vielen Menschen in Deutschland die Einstellung zu den ausländischen Mitbürgern.

VOM MAUERBAU ZUM GRUNDVERTRAG

Den Ausländern wurde z. T. die Schuld an der *Krise des Sozialstaats* (▶5.22) zugeschoben, soziale Spannungen entluden sich in Fremdenhass, und rechtsradikale Gruppen fanden mit Hetzkampagnen und ausländerfeindlichen Gewaltaktionen neuen Nährboden und unverhohlene Sympathien (▶5.18).

3.14 Studentenunruhen/ Außerparlamentarische Opposition (APO)

Die Studentenbewegung in den USA, die sich vor allem gegen den Krieg der Vereinigten Staaten in Vietnam richtete und die gleichen Bürgerrechte für die schwarze Bevölkerung forderte, griff ab Mitte der 60er-Jahre auch auf deutsche und andere europäische Universitätsstädte über. Zuerst erhob sich an der Freien Universität in West-Berlin der Protest der Studenten gegen die verkrusteten Hochschulverhältnisse (»Unter den Talaren der Muff von tausend Jahren«). Als nach der Bildung der *Großen Koalition* (▶3.7) die Opposition im Bundestag auf die kleine FDP-Fraktion beschränkt war, weitete sich der Protest der Studenten in Verbindung mit anderen oppositionellen Gruppen in der Bundesrepublik zur so genannten außerparlamentarischen Opposition aus.

Der Protest der vorwiegend von der jungen Generation getragenen Opposition, der begleitet war vom Aufkommen eines neuen Lebensgefühls, richtete sich gegen alle überkommenen Autoritäten in Schule, Elternhaus, Gesellschaft und Staat sowie gegen diktatorische Staatsformen in der Welt. Als anlässlich des Staatsbesuches des iranischen Schahs Resa Pahlevi in der Bundesrepublik und in West-Berlin Studenten gegen das Unrechtsregime in Iran protestierten und bei einer Demonstration am 2. Juni 1967 in West-Berlin der Student Benno Ohnesorg durch eine Polizeikugel getötet wurde, kam es zur Eskalation der Protestbewegung, die nun nahezu alle Universitätsstädte erfasste.

Störungen von Universitätsveranstaltungen, Blockaden des Straßenverkehrs durch demonstrative Sitzstreiks auf belebten Plätzen und Straßen (»sit-in«) häuften sich; Brandanschläge gegen das Verlagshaus des Axel-Springer-Konzerns in West-Berlin, gegen Kaufhäuser (erstmals am 3. April 1968 in Frankfurt) als Zentren der Übermacht des »Systems« und des »Konsumterrors« zeigten den Übergang der Protestaktionen zur Gewaltanwendung. Nach einem Attentat auf den Studentenführer Rudi Dutschke am 11. April 1968 kam es in mehreren Universitätsstädten erneut zu Demonstrationen und Aktionen gegen Zeitungsbetriebe des Springer-Konzerns. Weitere Demonstrationen und ein Sternmarsch auf Bonn am 11. Mai 1968, an dem sich rund 30000 Menschen beteiligten, richteten sich gegen die vom Bundestag diskutierte *Notstandsverfassung* (▶3.15), die am 30. Mai 1968 verabschiedet wurde.

Die aus einer Vielfalt von ideologischen Wurzeln, meist aus der marxistischen Gedankenwelt, entwickelten Vorstellungen der Studentenrevolte fanden, obwohl ein Zusammenhang mit der Arbeiterbewegung stets betont wurde, keine Zustimmung in den Arbeitnehmerschichten, die den spektakulären Aktionen mit Ablehnung und Unverständnis begegneten. Lediglich beim Kampf gegen die Notstandsgesetze (▶3.15) kam es zu einem Bündnis mit den Gewerkschaften. Mit Ausnahme einiger kleiner Gruppen, die schließlich in den *Terrorismus* (▶4.10) abglitten und im Untergrund weiter agierten, verebbte die Studentenbewegung gegen Ende des Jahres 1969. Ihr bleibendes Ergebnis war eine nachhaltige Veränderung der politischen Kultur in der Bundesrepublik. Viele Anhänger der APO fanden ihre politische Heimat bei der SPD, ein kleinerer Teil auch bei FDP, andere schlossen sich radikalen Organisationen wie der DKP an oder engagierten sich in den maoistischen K-Gruppen.

3.15 Notstandsverfassung

Im *Deutschlandvertrag* (▶2.16) vom 26. Mai 1952 (in der Fassung vom 23. Oktober 1954) war festgelegt worden, dass die den drei ehemaligen Besatzungsmächten Frankreich, Großbritannien und USA noch zustehenden und von ihnen ausgeübten Rechte bezüglich des Schutzes und der Sicherheit ihrer in der Bundesrepublik stationierten Streitkräfte auf deutsche Behörden übergehen sollten, sobald diese von der deutschen Gesetzgebung die entsprechenden Vollmachten erhalten haben würden, um die Sicherheit dieser Streitkräfte zu gewährleisten. Das hieß: Wollte man diese Einschränkung der Souveränität der Bundesrepublik aufheben, mussten Gesetze für jede Art von Notsituationen beschlossen und in das Grundgesetz eingebaut werden. Die Diskussion um die Notstandsgesetze begann bereits mit dem ersten Entwurf des Bundesinnenministeriums im Jahre 1958. Dieser und die weiteren Entwürfe 1960 und 1963, die die Rechte der Exekutive sehr stark ausweiteten, fanden nicht die notwendige Mehrheit im Parlament. Die Große Koalition griff nun das Problem wieder auf und sah es als eine vordringliche und lösbare Aufgabe an, Notstandsgesetze zu beschließen und damit die alliierten Vorrechte abzulösen.

Die jetzt unter Mitarbeit der SPD neu gestalteten Notstandsgesetze wurden im Bundestag am 30. Mai 1968 mit der notwendigen Zweidrittelmehrheit – gegen die Stimmen der FDP – angenommen. Die Debatte über diese Gesetze hatte sowohl im Parlament als auch in der Öffentlichkeit zu heftigen Auseinandersetzungen geführt. Außerhalb des Parlaments waren es vor allem die Gewerkschaften und die Studenten, die Protestkundgebungen im ganzen Land durchführten und von der Annahme der Notstandsgesetze einen unerträglichen Machtzuwachs für den Staat erwarteten.

Mit der am 28. Juni 1968 in Kraft getretenen Notstandsverfassung war der Gesetzgeber bemüht, eine missbräuchliche Anwendung zu verhindern, wie sie der Artikel 48 der Weimarer Verfassung von 1919 dem Reichspräsidenten Paul von Hindenburg bei der Ausschaltung des Reichstags ermöglicht hatte. So wird die Feststellung des Verteidigungsfalls auf Antrag der Bundesregierung vom Bundestag mit Zustimmung des Bundesrates getroffen. Stehen dem rechtzeitigen Zusammentritt des Bundestages unüberwindliche Hindernisse entgegen, trifft der Gemeinsame Ausschuss die Feststellung. Dieser besteht (seit 1990) aus 16 Mitgliedern des Bundesrats (ein Vertreter je Bundesland) und 32 nach dem Stärkeverhältnis der Fraktionen bestimmten Bundestagsabgeordneten. Bestehen weiterhin unüberwindliche Hindernisse für den Zusammentritt des Bundestages, tritt der Gemeinsame Ausschuss im Verteidigungsfall an die Stelle von Bundestag und Bundesrat. Die Stellung des Bundesverfassungsgerichts darf nicht eingeschränkt werden.

Die Gesetzgebungskompetenz und die Weisungsbefugnisse des Bundes gegenüber den Ländern werden im Verteidigungsfall erweitert. In verschiedene Grundrechte kann z.T. erheblich eingegriffen werden; dies gilt auch für den inneren Notstand oder im Katastrophenfall. Einige der vorgesehenen Maßnahmen können schon vor dem Verteidigungsfall getroffen werden, wenn der Bundestag den Spannungsfall feststellt. – Abb. S. 92.

Demonstration der außerparlamentarischen Opposition in Berlin gegen den Vietnamkrieg (Februar 1968). In der Bildmitte Rudi Dutschke

3.16 Der »sozialistische Staat deutscher Nation«

Die Versuche der Bundesregierungen Erhard und Kiesinger, die Beziehungen zu den kommunistischen Staaten an der DDR vorbei zu verbessern, veranlassten die DDR zu verstärkten Anstrengungen, die Eigenständigkeit ihres Staates unter Beweis zu stellen. Im Februar 1965 wurde der Staatsratsvorsitzende *Walter Ulbricht* (▶ 2.39) in Ägypten bei einem Staatsbesuch mit allen Ehren eines Staatsoberhauptes empfangen, im Juni 1965 stattete der jugoslawische Staatschef Tito der DDR seinen ersten offiziellen Besuch ab. Diese Ereignisse trugen zusammen mit der inneren Konsolidierung durch die Wirtschaftsreformen (*Neues Ökonomisches System*, ▶ 3.3) sehr dazu bei, das Selbstbewusstsein der DDR-Führung zu stärken und die Eigenständigkeit des zweiten deutschen Staates zu betonen.

Während der DDR-Ministerratsvorsitzende Stoph 1967/68 über ein Abkommen mit der Bundesrepublik verhandelte, das die Anerkennung der DDR als gleichberechtigter deutscher Staat erreichen sollte, wurden zugleich durch das »Gesetz über die Staatsbürgerschaft der DDR« vom 20. Februar 1967 Fakten geschaffen und die Abgrenzung zur Bundesrepublik damit vorangetrieben. Im Juni 1968 verfügte die DDR-Regierung die Einführung des Pass- und Visumzwangs im Reiseverkehr zwischen der Bundesrepublik und West-Berlin einerseits und der DDR andererseits sowie im Transitverkehr zwischen der Bundesrepublik und West-Berlin; sie setzte einen Mindestumtausch von 10 DM pro Tag und Person beim Aufenthalt in der DDR und 5 DM beim Aufenthalt in Ost-Berlin fest.

Am 6. April 1968 wurde eine neue »sozialistische Verfassung« der DDR in einem Volksentscheid angenommen und damit die erste Verfassung der DDR vom 7. Oktober 1949 (▶ 2.9) abgelöst, die sich nach zwei Jahrzehnten politischer Entwicklung in weiten Teilen in einem grundlegenden Widerspruch zur politischen Realität befand. Die Wahlbeteiligung bei dem Volksentscheid, dem eine zwei Monate dauernde »Volksaussprache« vorausgegangen war, lag bei 98,05 % der Wahlberechtigten. Davon stimmten 94,49 % für die Verfassung. Bei diesem einzigen Volksentscheid in der Geschichte der DDR wurde ein Ergebnis verkündet, das hinter dem der Volkskammerwahlen deutlich zurückblieb. Auf diese Weise sollte vermutlich die Glaubwürdigkeit der Abstimmung, die von der SED als grundsätzliche Zustimmung zur sozialistischen Gesellschaftsordnung gedeutet wurde, unterstrichen werden.

Die neue Verfassung markierte grundlegende Unterschiede zum Staatsverständnis der parlamentarischen Demokratie, indem sie den politischen Führungsanspruch der SED ausdrücklich festlegte. Im Unterschied zur ersten DDR-Verfassung waren in der neuen Verfassung wichtige Grundrechte entfallen: das Widerstandsrecht, das Verbot der Pressezensur, das Auswanderungsrecht, das Streikrecht, die wirtschaftliche Freiheit des Einzelnen, das Recht auf Privateigentum am Boden, die Freiheit von Kunst, Wissenschaft und Lehre, das Recht auf freie Berufswahl. Dagegen wurde der Katalog der sozialen Grundrechte in der neuen Verfassung erheblich erweitert; dazu zählten vor allem das Recht auf Arbeit, auf Bildung, auf Freizeit und Erholung und das Recht auf Wohnraum. Im politischen System der DDR existierten zwar verschiedene Parteien und Massenorganisationen, die sich an unterschiedliche soziale Schichten und Gruppen wenden sollten, doch bestand ihre Aufgabe vornehmlich darin, für die Verwirklichung der von der SED vorgegebenen politischen Ziele zu werben. In der neuen DDR-Verfassung wurde Politik als »gemeinsames Handeln« verstanden. In diesem Rahmen galt politische Opposition als systemwidrige Erscheinung, die mit staatlichen Machtmitteln bekämpft wurde.

Aufbau und Struktur der Staatsorganisation wurden in der neuen DDR-Verfassung umfassend und detailliert beschrieben. Die Volkskammer wurde als »das oberste staatliche Machtorgan« der DDR gekennzeichnet, das über die »Grundfragen der Staatspolitik« entscheidet (Art. 48). Sie setzte sich aus insgesamt 500 Abgeordneten zusammen. Seit 1950 auf der Grundlage einer Einheitsliste der in der Nationalen Front zusammengefassten Parteien und Massenorganisationen alle vier Jahre gewählt, bestand sie in den 60er-Jahren

KAPITEL 3

Demonstration gegen die Notstandsgesetze (Mai 1968)

aus neun Fraktionen. Neben der SED und den vier »Blockparteien« waren die Einheitsgewerkschaft FDGB, die »sozialistische Jugendorganisation« FDJ, der Demokratische Frauenbund und der Kulturbund vertreten. Obwohl die Volkskammer verfassungsrechtlich als höchstes staatliches Machtorgan bezeichnet wurde, war ihr politischer Einfluss minimal. Sie trat nur im Abstand von etwa zwei Monaten, meist zur Beratung und Verabschiedung von Gesetzen, für kurze Zeit zusammen und erwies sich durch eine fast ausnahmslos einstimmige Beschlussfassung als bloßes Zustimmungsorgan.

Nach dem Tode des ersten Staatspräsidenten Wilhelm Pieck war 1960 der Staatsrat eingerichtet worden. Der Vorsitzende des Staatsrats hatte die Funktion eines Staatspräsidenten, doch nahm das Gremium auch innenpolitische Aufgaben wahr. Erlasse und Beschlüsse des Staatsrats erlangten unmittelbar nach Verkündung Rechtskraft, außerdem legte er die Verfassung und die Gesetze verbindlich aus und führte die Aufsicht über die Tätigkeit des Obersten Gerichts der DDR. Der Ministerrat der DDR, die Staatsregierung, hat in der politischen Praxis vornehmlich die Funktion eines Wirtschaftskabinetts ausgeübt. Er setzte sich in der zweiten Hälfte der 60er-Jahre aus insgesamt etwa 40 Mitgliedern zusammen, von denen elf Personen einzelnen Industrieministerien vorstanden und 20 Ministerien mit Wirtschaftsproblemen im weiteren Sinne befasst waren.

Vielfältige Verflechtungen von Partei- und Staatsämtern stellten sicher, dass die Staatsorgane die politischen Grundsatzentscheidungen der SED umsetzten. Während die Mitglieder der SED bereits durch ihr Parteistatut zur Beachtung und Durchsetzung der Parteidirektiven verpflichtet waren, galten die Parteibeschlüsse darüber hinaus für den Ministerrat und seine Mitglieder sowie für alle anderen Mitglieder des Staatsapparates aufgrund gesetzlicher Bestimmungen als bindende Anweisungen. Ein solches System des »demokratischen Zentralismus« ließ kaum Spielraum für gesellschaftliche Eigeninitiative, es sicherte vor allem die umfassende Kontrolle der Bevölkerung. Die doppelte Unterstellung aller staatlichen Institutionen unter die SED und die übergeordneten Staatsorgane behinderte nachdrücklich die Effektivität der Politik, die nur schwerfällig auf neue Probleme reagieren konnte.

In ihrer neuen Verfassung bezeichnete sich die DDR als »sozialistischer Staat deutscher Nation« und hielt zunächst an der Perspektive einer künftigen Vereinigung Deutschlands auf sozialistischer Grundlage fest. Erst nach Abschluss des *Grundlagenvertrages* (▶ 3.30) änderte sich diese deutschlandpolitische Position. Die DDR vertrat nun eine Politik der »Abgrenzung«, die aus dem Gegensatz zwischen der kapitalistischen und der sozialistischen Gesellschaftsordnung in beiden deutschen Staaten begründet wurde. Am 7. Oktober 1974 wurde die »sozialistische Verfassung« in verschiedenen Punkten geändert, dabei wurde die Bezeichnung »deutsche Nation« ebenso gestrichen, wie jeder Hinweis auf eine Vereinigung der beiden deutschen Staaten entfiel.

Bundeskanzler Willy Brandt und Vizekanzler Walter Scheel, die Architekten der ersten sozialliberalen Koalition (Oktober 1970)

VOM MAUERBAU ZUM GRUNDVERTRAG

In enger Abstimmung mit den westlichen Verbündeten betrieb die sozialliberale Koalition ihre Ostpolitik. Links: Bundeskanzler Brandt bei US-Präsident Nixon (Mitte) und Henry Kissinger, die eine neue Phase der Entspannungspolitik einleiteten (September 1973). Rechts: Brandt empfängt den sowjetischen Parteichef Leonid Breschnew in Bonn (Mai 1973)

3.17 Sozialliberale Koalition/ Machtwechsel

Die Große Koalition war in den Augen der meisten Unions- und SPD-Politiker von vornherein nur ein Bündnis auf Zeit gewesen. Schon bei der Bundespräsidentenwahl am 5. März 1969 in Berlin hatte der Kandidat der SPD, Bundesjustizminister Gustav W. Heinemann, im dritten Wahlgang über den (auch von der NPD unterstützten) Kandidaten der CDU/CSU, Bundesverteidigungsminister Gerhard Schröder, den Sieg davongetragen, weil ihm auch der größte Teil der FDP-Stimmen zugefallen war. Das war als deutliches Signal für eine Koalitionsbereitschaft von SPD und FDP aufgefasst worden.

Bei der Bundestagswahl vom 28. September 1969 errang die CDU/CSU 242 Parlamentssitze, die SPD 224 und die FDP 30 Mandate. Der SPD-Vorsitzende und amtierende Außenminister *Willy Brandt* (▶3.18) meldete unmittelbar nach der Wahl seinen Anspruch an, die Führung einer aus SPD und FDP gebildeten Bundesregierung zu übernehmen. Die FDP stimmte der Koalition zu.

Zwei Tage nach seiner Wahl durch den Bundestag stellte Bundeskanzler Brandt – der erste sozialdemokratische deutsche Kanzler seit 1930 – am 22. Oktober 1969 sein Kabinett vor. Vizekanzler und Außenminister wurde der FDP-Vorsitzende *Walter Scheel* (▶3.19). In seiner Regierungserklärung kündigte Brandt am 28. Oktober 1969 ein sehr umfangreiches innenpolitisches Reformprogramm an mit dem Anspruch, »mehr Demokratie wagen« zu wollen. In der Deutschlandpolitik erkannte er die DDR als anderen deutschen Staat an und bot ihr Verhandlungen auf Regierungsebene an. In der Außen- und Sicherheitspolitik berief sich die neue Bundesregierung auf die Friedensnote Bundeskanzler Erhards vom März 1966 und die Regierungserklärung Bundeskanzler Kiesingers vom Dezember 1966. Sie kündigte die Unterzeichnung des Atomwaffensperrvertrags an. Mit dem Bekenntnis zum westlichen Bündnis und zu den USA verband Brandt die Absicht, auch mit der Sowjetunion und den anderen Staaten des Warschauer Pakts Verständigung herbeizuführen. Damit war die sozialliberale Regierung entschlossen, in der *Ostpolitik* (▶3.20) neue Wege zu gehen.

3.18 Willy Brandt

Willy Brandt wurde am 18. Dezember 1913 in Lübeck als Herbert Ernst Karl Frahm geboren. Er legte 1932 das Abitur ab; 1930 war er der

KAPITEL 3

SPD beigetreten, 1931 jedoch zu der von der SPD abgesplitterten Sozialistischen Arbeiterpartei (SAP) übergewechselt. Nach der nationalsozialistischen »Machtergreifung« 1933 musste Brandt emigrieren; in Norwegen studierte er Geschichte und war als Journalist tätig, unter anderem berichtete er 1937 für skandinavische Zeitungen vom Spanischen Bürgerkrieg. 1938 von den deutschen Behörden ausgebürgert, nahm er die norwegische Staatsbürgerschaft an und musste 1940, nach der deutschen Besetzung Norwegens, nach Schweden fliehen. 1945 kehrte er als Korrespondent skandinavischer Zeitungen nach Deutschland zurück und war 1947 Presseattaché der norwegischen Militärmission in Berlin. Nach seiner Wiedereinbürgerung unter seinem Schriftstellernamen Willy Brandt 1947 schloss er sich erneut der SPD an und wurde 1948/49 als Vertreter des SPD-Parteivorstandes nach Berlin entsandt. 1949 bis 1957 war Brandt Mitglied des Bundestages, erneut seit 1969. Seit 1950 gehörte er auch dem Berliner Abgeordnetenhaus an und war 1953 bis 1957 dessen Präsident.

Als Regierender Bürgermeister von Berlin (1957–66) wurde er weit über die Grenzen Deutschlands bekannt. In den Bundestagswahlkämpfen 1961 und 1965 als Kanzlerkandidat der SPD Adenauer bzw. Erhard unterlegen, wurde Brandt, seit 1964 Bundesvorsitzender der SPD, 1966 Vizekanzler und Außenminister der *Großen Koalition* (▶3.7). Nach der Bundestagswahl 1969 bildete Brandt als Bundeskanzler mit der FDP die *sozialliberale Koalition* (▶3.17). In der jetzt von Brandt und Außenminister Scheel (FDP) forcierten, auf neue Grundlagen gestellten *Ostpolitik* (▶3.20) kam es zu den Vertragsabschlüssen mit den kommunistischen Staaten sowie zum *Viermächteabkommen über Berlin* (▶3.24). Brandt, der für seinen Beitrag zur politischen Entspannung in Europa 1971 mit dem Friedensnobelpreis ausgezeichnet wurde, musste jeden Schritt seiner Ostpolitik in erbittertem Ringen mit der CDU/CSU-Opposition durchsetzen. Ein gegen ihn im April 1972 beantragtes *Misstrauensvotum* (▶3.27) der CDU/CSU scheiterte jedoch. In der vorgezogenen Bundestagswahl im November 1972 errang Brandt mit der SPD, die nun mit 45,8 % der Stimmen stärkste Bundestagsfraktion wurde, einen klaren Sieg. Er trat jedoch im Mai 1974 wegen der *Guillaume-Affäre* (▶4.7) als Bundeskanzler zurück. Brandt blieb als Parteivorsitzender (bis 1987) die Integrationsfigur der SPD, wurde 1976 Vorsitzender der Sozialistischen Internationale und war von 1977 bis 1980 auch Vorsitzender der internationalen Nord-Süd-Kommission. Er starb am 8. Oktober 1992 in Unkel am Rhein.

3.19 Walter Scheel

Geboren am 8. Juli 1919 in Solingen, legte Scheel 1938 das Abitur ab und war von 1939 bis 1945 Soldat. 1946 trat er der FDP bei und gehörte von 1950 bis 1953 dem Landtag von Nordrhein-Westfalen an, von 1953 bis 1974 dem Bundestag. Unter den Bundeskanzlern Adenauer und Erhard war Scheel von 1961 bis 1966 Bundesminister für wirtschaftliche Zusammenarbeit. 1967 bis 1969 Vizepräsident des Bundestages, übernahm er 1968 den Parteivorsitz der FDP (bis 1974).

Nach der Bundestagswahl 1969 bildete Scheel mit dem SPD-Vorsitzenden *Willy Brandt* (▶3.18) die *sozialliberale Koalition* (▶3.17) und wurde Vizekanzler und Außenminister. Gemeinsam mit Brandt brachte er die neue *Ostpolitik* (▶3.20) in Gang und verteidigte sie in langen und heftigen Bundestagsdebatten gegen die Opposition von CDU und CSU. 1974 wurde Scheel mit den Stimmen der SPD und FDP zum Bundespräsidenten gewählt. Er siegte über den Kandidaten der CDU/CSU *Richard von Weizsäcker* (▶4.32). Seine Amtszeit endete am 30. Juni 1979; er wurde Ehrenvorsitzender der FDP.

3.20 Ostpolitik

Die Ostpolitik der Bundesrepublik Deutschland hatte eigentlich mit der Moskaureise des Bundeskanzlers Adenauer im September 1955 und der anschließenden Aufnahme diplomatischer Beziehungen zur Sowjetunion begonnen. Sie konnte sich freilich in der Folgezeit nicht entfalten, da die Bundesregierung die Anerkennung ihrer Rechtsposition verlangte: u. a. Beharren auf den Grenzen von 1937, Nichtanerkennung der DDR und der in der *Hallsteindoktrin* (▶2.28) formulierte Alleinvertretungsanspruch. Die Bemühungen des Außenministers Gerhard Schröder (1961 bis

94

Bei seinem Besuch in Polen anlässlich der Unterzeichnung des Warschauer Vertrages ehrt Bundeskanzler Willy Brandt am Mahnmal des Warschauer Ghettos die Opfer des nationalsozialistischen Terrors (7. Dezember 1970)

1966), im Kontakt mit den osteuropäischen Staaten Bewegung in die Ostpolitik zu bringen, scheiterten, weil Bonn in seine Bemühungen Moskau und Ost-Berlin nicht einbezogen hatte und nicht zur Anerkennung der DDR als selbstständigen Staat bereit war. Auch die *Große Koalition* (▶3.7) hielt noch, obwohl sie ihre Bereitschaft zu neuen Initiativen in der Deutschland- und Ostpolitik deutlich herausstellte, an den alten Grundsatzpositionen fest. Es kam zwar zu Sondierungsgesprächen mit Moskau, auch mit den übrigen Ostblockstaaten und zu einem Briefwechsel zwischen Bundeskanzler Kiesinger und dem DDR-Ministerpräsidenten Stoph, aber konkrete Ergebnisse auf Regierungsebene und Fortschritte in der Normalisierung der Beziehungen wurden nicht erzielt. Eine Ausnahme bildete Rumänien, mit dem im Januar 1967 die Aufnahme diplomatischer Beziehungen vereinbart wurde.
In der *sozialliberalen Koalition* (▶3.17) waren nun mit den Vorsitzenden von SPD und FDP, Willy Brandt und Walter Scheel, zwei Partner zusammengetroffen, die entschlossen waren, durch konsequenten Abbau der Konfrontation mit allen Ostblockstaaten einschließlich der DDR zu Verhandlungen zu kommen und – ausgehend von der bestehenden Lage – Abmachungen zu erreichen, die zur Entspannung in Europa und zur Sicherung des Friedens beitragen konnten. Erklärtes Motiv für diese Politik war das Interesse der Bundesrepublik, den Zusammenhalt der ganzen deutschen Nation durch vermehrten Austausch zwischen den Menschen in der Bundesrepublik und in der DDR zu wahren und die Lebensfähigkeit West-Berlins zu sichern. Inzwischen hatten auch die Sowjetunion, Polen und die DDR ihre Bereitschaft zu konkreten Verhandlungen erkennen lassen. Im Zusammenhang mit den Verhandlungen über den *Moskauer Vertrag* (▶3.22), den *Warschauer Vertrag* (▶3.23) und den *Grundlagenvertrag* (▶3.30) wurde in der Bundesrepublik zwischen Regierung und Opposition eine heftige innenpolitische Auseinandersetzung um die Ostpolitik (▶3.28) geführt.

3.21 Brandt/Stoph-Treffen in Erfurt und Kassel

Die Gespräche zwischen der Bundesregierung und den Regierungen in Moskau und Warschau über den Abschluss von Verträgen waren bereits eingeleitet, als es im Januar/ Februar 1970 auch zu einem Briefwechsel zwischen Bundeskanzler Brandt und DDR-Ministerpräsident Stoph und zur Vereinbarung zweier Gipfeltreffen kam: am 19. März 1970 in Erfurt und am 21. Mai 1970 in Kassel. Die Vorverhandlungen zu diesen Treffen waren außerordentlich schwierig. Die sozial-

KAPITEL 3

Deutsch-deutsches Gipfeltreffen am 21. Mai 1970 in Kassel. DDR-Ministerpräsident Willi Stoph (links) und Bundeskanzler Brandt

liberale Regierung war entschlossen, die Einheit der deutschen Nation zu wahren und die völkerrechtliche Anerkennung der DDR, die die DDR-Vertreter forderten, zu verweigern. Brandts Formulierung zur deutsch-deutschen Situation in seiner Regierungserklärung vom 28. Oktober 1969 hatte den Standpunkt der Bundesrepublik klar festgelegt: »Auch wenn zwei Staaten in Deutschland existieren, sind sie doch füreinander nicht Ausland; ihre Beziehungen zueinander können nur von besonderer Art sein.«

Seit der gescheiterten *Münchner Ministerpräsidentenkonferenz* (▶1.16) vom Juni 1947 hatte es keine offiziellen Begegnungen zwischen Spitzenpolitikern aus West- und Ostdeutschland gegeben. So sah man in Ost und West diesem Treffen mit größter Spannung und hohen Erwartungen entgegen. Während in Erfurt die Bevölkerung die Absperrungen der Polizei durchbrach und Bundeskanzler Brandt demonstrativ spontane Sympathiebekundungen darbrachte, kam es in Kassel zu Störaktionen rechtsextremer Entspannungsgegner, die nach dem relativ harmonisch verlaufenen Erfurter Treffen die Begegnung in nüchterner, fast frostiger Atmosphäre ausklingen ließen.

Die Standpunkte waren nach den beiden Treffen unverändert geblieben. Die DDR beharrte auf der vollen völkerrechtlichen Anerkennung, während Bundeskanzler Brandt, der die Gleichberechtigung der DDR anerkannte und den Austausch von Bevollmächtigten, nicht aber von Botschaftern, vorschlug, betonte: »... Beide Staaten haben ihre Verpflichtungen zur Wahrung der Einheit der deutschen Nation.« Da in den gleichzeitig laufenden Verhandlungen in Moskau ausdrücklich die Verbesserung der Beziehungen zwischen beiden deutschen Staaten als notwendig hervorgehoben worden war, ging auch das Gespräch zwischen Bonn und Ost-Berlin trotz der vorerst festgestellten Unvereinbarkeit der jeweiligen Standpunkte auf Staatssekretärsebene weiter.

Die von Bundeskanzler Brandt beim Kasseler Treffen vorgelegten 20 Punkte als Vorentwurf für ein zwischen beiden deutschen Staaten zu schließendes Abkommen bildeten den Umriss für den am 21. Dezember 1972 unterzeichneten *Grundlagenvertrag* (▶3.30) zwischen der Bundesrepublik Deutschland und der DDR.

3.22 Moskauer Vertrag

Die Vorverhandlungen in Moskau führte ab Ende Januar 1970 der Staatssekretär im Bundeskanzleramt und enge Vertraute Willy Brandts, Egon Bahr. Sie gestalteten sich anfänglich schwierig, da die sowjetische Seite auf der völkerrechtlichen Anerkennung der DDR durch Bonn bestand, während die Bundesrepublik vorrangig ein Gewaltverzichtsabkommen anstrebte. Im Verlauf der Gespräche und nach Abstimmung mit dem amerikanischen Präsidenten Richard Nixon gab die

Bundesregierung Bahr freie Hand, auch »konkrete Tatbestände« miteinzubeziehen, also auch über die Grenzen zu sprechen. Das deutsche Eingehen auf die von dem sowjetischen Außenminister Andrei Gromyko geforderten Grenzgarantien hatte auf sowjetischer Seite zur Folge, dass jetzt die völkerrechtliche Anerkennung der DDR im Zusammenhang mit dem Vertragsabschluss fallen gelassen wurde.

Das vorzeitig durch eine Indiskretion in der Bundesrepublik bekannt gewordene Verhandlungsdokument – als so genanntes Bahr-Papier in einer westdeutschen Illustrierten veröffentlicht – führte zu einer heftigen innenpolitischen Auseinandersetzung, da die Opposition darin den Beweis zu erkennen glaubte, dass die Bundesregierung zu eilfertig verhandelt und unveräußerliche Rechtspositionen aufgegeben oder nicht sorgfältig genug abgesichert habe.

Die Abschlussverhandlungen in Moskau führte Bundesaußenminister Walter Scheel. Am 12. August 1970 unterzeichneten die Regierungschefs Brandt und Kossygin sowie die Außenminister Scheel und Gromyko in Moskau das Vertragswerk. Der Vertrag besteht aus vier Artikeln. Während in Artikel I beide Staaten bekunden, »die Normalisierung der Lage in Europa und die Entwicklung friedlicher Beziehungen zwischen allen europäischen Staaten zu fördern«, wird in Artikel II die Verpflichtung ausgesprochen, »sich ... in ihren gegenseitigen Beziehungen ... der Drohung mit Gewalt oder der Anwendung von Gewalt zu enthalten«. In Artikel III verpflichten sich beide Staaten, »die territoriale Integrität aller Staaten in Europa in ihren heutigen Grenzen uneingeschränkt zu achten, sie erklären, dass sie keine Gebietsansprüche gegen irgendjemand haben und solche in Zukunft auch nicht erheben werden, sie betrachten heute und künftig die Grenzen aller Staaten in Europa als unverletzlich ... einschließlich der Oder-Neiße-Linie, die die Westgrenze der Volksrepublik Polen bildet, und der Grenze zwischen der Bundesrepublik Deutschland und der Deutschen Demokratischen Republik«. Artikel IV vermerkt, dass die von beiden Staaten früher abgeschlossenen zwei- und mehrseitigen Verträge durch diesen Vertrag nicht berührt werden.

Zur unmissverständlichen Klarstellung der Position der Bundesrepublik Deutschland schrieb Bundesaußenminister Scheel an den sowjetischen Außenminister Gromyko den so genannten »Brief zur deutschen Einheit«, der von der Sowjetunion zwar ohne formelle Bestätigung, aber auch ohne Widerspruch entgegengenommen wurde und somit nach völkerrechtlichen Gepflogenheiten Bestandteil des Vertragswerks wurde. In diesem Brief betonte Scheel, dass der »Vertrag nicht im Widerspruch zu dem politischen Ziel der Bundesrepublik Deutschland steht, auf einen Zustand des Friedens in Europa hinzuwirken, in dem das deutsche Volk in freier Selbstbestimmung seine Einheit wiedererlangt«.

3.23 Warschauer Vertrag

Seit Anfang des Jahres 1970 waren auch Vorverhandlungen über einen Vertrag zur Normalisierung der gegenseitigen Beziehungen mit Polen im Gange, die auf deutscher Seite Staatssekretär Duckwitz leitete. In der Endphase der Verhandlungen legten die beiden Außenminister den endgültigen Text fest. Der Vertrag wurde am 7. Dezember 1970 von Bundeskanzler Brandt, dem polnischen Ministerpräsidenten Cyrankiewicz sowie den Außenministern Scheel und Jędrychowski unterzeichnet.

Im Artikel I wird festgestellt, dass die durch die *Potsdamer Konferenz* (▶1.4) festgelegte Oder-Neiße-Linie »die westliche Staatsgrenze der Volksrepublik Polen bildet«. Beide Seiten bekräftigen die »Unverletzlichkeit ihrer bestehenden Grenzen jetzt und in der Zukunft« und verpflichten sich zur uneingeschränkten Achtung ihrer territorialen Integrität. »Sie erklären, dass sie gegeneinander keinerlei Gebietsansprüche haben und solche auch in Zukunft nicht erheben werden.« Artikel II enthält den Verzicht auf Gewaltanwendung und -androhung, Artikel III den Willen zur vollen Normalisierung (Austausch von Botschaftern) und umfassenden Entwicklung der gegenseitigen Beziehungen. In einer Anlage zum Vertragswerk sprach die polnische Regierung die Regelung humanitärer Fragen an und erklärte ihre Bereitschaft, im Zuge der Familienzusammenführung Einwohner mit unbestreitbar deutscher Volkszugehörigkeit ausreisen zu lassen. Außerdem bestätigte die polnische Regierung noch einmal ihre auf ganz Deutschland bezogene Erklärung vom 24. August 1953, mit der sie von 1954 an auf weitere Reparationsleistungen verzichtet hatte.

Bei seinem Warschauer Aufenthalt legte Bundeskanzler Brandt am 7. Dezember 1970 auch einen Kranz am Denkmal für die Opfer des jüdischen Ghettoaufstandes nieder. Protokollarisch unvorhergesehen, ehrte er dabei die Ghetto-Opfer, indem er für eine Gedenkminute niederkniete. Das Bild ging um die Welt. Die in dieser ungewöhnlichen Geste zum Ausdruck kommende Absicht, die Bitte um Versöhnung, wurde gerade im polnischen Volk mit Anteilnahme aufgenommen und verstanden.

3.24 Viermächteabkommen über Berlin

Im Zuge der allgemeinen Entspannungspolitik zwischen Ost und West begannen im März 1970 Gespräche zwischen den vier Siegermächten des 2. Weltkrieges über eine neue Berlin-Regelung. Die Botschafter der USA, Großbritanniens und Frankreichs in Bonn und der sowjetische Botschafter in der DDR trafen sich im ehemaligen alliierten Kontrollratsgebäude in West-Berlin. Nicht nur die *Berliner Blockade* 1948/49 (▶1.20) und das *Berlin-Ultimatum* Chruschtschows von 1958 (▶2.35) hatten gezeigt, wie ungesichert die Situation West-Berlins innerhalb der sowjetisch besetzten Zone bzw. der DDR war; auch nach dem *Mauerbau* 1961 (▶2.40) gab es immer wieder für die DDR-Führung Anlässe, den Verkehr zwischen der Bundesrepublik und Berlin empfindlich zu stören. Diesen unbefriedigenden und anfälligen Zustand durch eine Neuregelung endgültig zu bereinigen und damit die Lebensfähigkeit West-Berlins auf Dauer zu sichern, war das Bestreben der deutschen Bundesregierung und der westlichen Schutzmächte. Anfänglich zeichnete sich in den Botschaftergesprächen kein Fortschritt ab. Nachdem jedoch der *Moskauer Vertrag* (▶3.22) unterzeichnet war und der *Warschauer Vertrag* (▶3.23) weitgehend feststand, ließ die Bundesregierung in Absprache mit den Westmächten in Moskau verlauten, eine Ratifizierung des Moskauer Vertrages werde sich im Bundestag nicht durchsetzen lassen, wenn nicht gleichzeitig eine zufriedenstellende Berlin-Regelung abgeschlossen werde.

Die Sowjetunion wollte den Erfolg einer neuen *Ostpolitik* (▶3.20) auch deshalb nicht gefährden, weil sie eine gesamteuropäische Sicherheitskonferenz anstrebte (*Konferenz über Sicherheit und Zusammenarbeit in Europa,* ▶4.12), die eine Teilnahme beider deutscher Staaten voraussetzte. Sie leistete daher ihren Beitrag, dass das Viermächteabkommen am 3. September 1971 von den Botschaftern abgeschlossen werden konnte. Das Viermächteabkommen bestätigte die Verantwortlichkeiten und Rechte der vier Mächte unter Wahrung ihrer unterschiedlichen Rechtspositionen und legte fest, dass die bestehende Lage nicht einseitig verändert werden solle. Damit war auch die Anwesenheit der drei Westmächte in Berlin bekräftigt. Die Sowjetunion verpflichtete sich dazu, dass der »Transitverkehr von zivilen Personen und Gütern zwischen den Westsektoren Berlins und der Bundesrepublik Deutschland auf Straßen, Schienen- und Wasserwegen durch das Territorium der Deutschen Demokratischen Republik ohne Behinderungen sein wird, dass dieser Verkehr erleichtert werden wird, damit er in der einfachsten und schnellsten Weise vor sich geht, und dass er Begünstigung erfahren wird«. Mit dieser Bestimmung war der DDR das alleinige Verfügungsrecht über den Berlinverkehr, das sie zu häufigen und willkürlichen Störaktionen benutzt hatte, genommen.

Weitere wichtige Regelungen betrafen die »Bindungen zwischen den Westsektoren Berlins und der Bundesrepublik Deutschland«, die »aufrechterhalten und entwickelt werden« sollten, erhebliche Erleichterungen für West-Berliner bei Reisen in die DDR und die bestätigte und erweiterte Interessenvertretung West-Berlins durch die Bundesrepublik Deutschland im Ausland.

Eingeschränkt wurden die Bindungen West-Berlins an die Bundesrepublik mit dem Hinweis, dass »diese Sektoren so wie bisher kein Bestandteil (konstitutiver Teil) der Bundesrepublik Deutschland sind und auch weiterhin nicht von ihr regiert werden«. Die Lage in und um Berlin, das ein Vierteljahrhundert lang einer der Hauptkonfliktpunkte der Weltpolitik war, wurde durch das Viermächteabkommen von 1971 entspannt und stabilisiert.

3.25 Transitabkommen

Den deutschen Stellen in Ost und West war die Detailausführung der im *Viermächteabkommen über Berlin* (▶ 3.24) festgelegten Regelungen übertragen worden. Seit März 1971 liefen Gespräche zwischen dem Berliner Senat und der DDR-Regierung über eine umfangreiche Regelung des Reise- und Besucherverkehrs von West-Berlin nach Ost-Berlin und in die DDR, die am 20. Dezember 1971 zum Abschluss gebracht werden konnte. Gleichzeitig verhandelten Egon Bahr, Staatssekretär im Bundeskanzleramt, und der DDR-Staatssekretär Michael Kohl über ein Transitabkommen, das den Verkehr zwischen der Bundesrepublik Deutschland und West-Berlin regeln sollte; es wurde am 17. Dezember 1971 in Bonn unterzeichnet. Beide Abkommen traten als Ergänzungen zum Viermächteabkommen zusammen mit diesem am 3. Juni 1972 in Kraft.

Die Menschen in beiden deutschen Staaten und besonders auch die Berliner haben nach dem Abschluss dieser Vereinbarungen die deutlichen Verbesserungen dankbar empfunden und entsprechend genutzt. Die Zahl der Westdeutschen und West-Berliner, die Besuche in Ost-Berlin und in der DDR vornahmen, stieg ab 1972 sprunghaft an.

3.26 Betriebsverfassungsgesetz 1972

Zu einem der bedeutendsten innenpolitischen Reformgesetze der ersten Regierung Brandt/Scheel wurde das Betriebsverfassungsgesetz vom 15. Januar 1972, das die Vorschriften des Betriebsverfassungsgesetzes von 1952 ablöste. Bei der Bildung der sozialliberalen Koalition im Oktober 1969 war auf massiven Druck der FDP hin vereinbart worden, dass die Koalition keine Gesetzesinitiative zur Einführung der paritätischen Mitbestimmung außerhalb des Bereichs der Montanindustrie einbringen würde. Damit war der Weiterentwicklung der Mitbestimmung auf Unternehmensebene, wie sie die SPD und die Gewerkschaften seit langem anstrebten, ein Riegel vorgeschoben. Erst 1976 wurde hier ein Koalitionskompromiss erreicht (▶ 4.15). In der Frage der betrieblichen Mitbestimmung waren schon in der vorangegangenen Legislaturperiode Gesetzentwürfe zur Novellierung des Betriebsverfassungsgesetzes von 1952 eingebracht worden. Die sozialliberale Koalition führte diese Arbeiten weiter, sodass das neue Betriebsverfassungsgesetz am 10. November 1971 vom Bundestag verabschiedet werden konnte. Das neue Gesetz regelte umfassend die Stellung der Gewerkschaften im Betrieb und verschaffte ihnen ein Zugangsrecht zum Betrieb. Die Institutionen der Betriebsvertretung wurden ausgebaut (Gesamt- und Konzernbetriebsräte, Jugendvertretungen). Die Betriebsräte erhielten erweiterte Mitbestimmungs- und Mitwirkungsrechte. So wurde die Mitbestimmung unter anderem auf vorübergehende Veränderungen der betriebsüblichen Arbeitszeit, die Einführung und Anwendung technischer Einrichtungen zur Leistungsüberwachung sowie auf die Unfallverhütung ausgedehnt; bei personellen Einzelmaßnahmen verstärkten Verfahrensänderungen das Mitwirkungsrecht.

Neu aufgenommen wurden in das Gesetz eine Reihe individueller Rechte des Arbeitnehmers gegenüber dem Arbeitgeber, so das Recht, in betrieblichen Angelegenheiten, die seine Person betreffen, gehört zu werden, ein Vorschlagsrecht für die Gestaltung des Arbeitsplatzes und des Arbeitsablaufs, Einsicht in die Personalakte und ein Beschwerderecht des Arbeitnehmers.

3.27 Misstrauensvotum gegen Bundeskanzler Brandt

Die CDU/CSU vermochte die ihr durch die Bildung der *sozialliberalen Koalition* (▶ 3.17) nach der Bundestagswahl vom 28. September 1969 zugewiesene Rolle der Opposition nach 20-jähriger Regierungszeit nur schwer zu akzeptieren; sie war nicht in der Lage, den Machtverlust als einen ganz normalen Vorgang in einem funktionierenden parlamentarisch-demokratischen Staatswesen anzuerkennen. Sie setzte alles daran, die Regierungsmacht zurückzugewinnen.

Die neue *Ostpolitik* (▶ 3.20) der sozialliberalen Koalition war das Feld, auf dem die jetzige Opposition zum Sturm auf die Regierung an-

Deutscher Bundestag am 27. April 1972: Das konstruktive Misstrauensvotum gegen Bundeskanzler Brandt scheiterte

setzte und wo die kontroversen Grundeinstellungen mit größter Heftigkeit aufeinander prallten. Dabei war es das von Anfang an angestrebte, kaum verhüllte Ziel der Opposition, die nur schwache parlamentarische Mehrheit der Regierungskoalition (254:242 Stimmen) zum Einsturz zu bringen. Das schien zu gelingen, nachdem bereits im Oktober 1970 drei Abgeordnete des konservativen Flügels der FDP, darunter der frühere FDP-Vorsitzende Erich Mende, im Januar 1972 der SPD-Abgeordnete Hupka, Vorsitzender der Landsmannschaft Schlesien, und am 23. April 1972 der FDP-Abgeordnete Helms jeweils unter Beibehaltung ihrer Mandate zur CDU/CSU gewechselt hatten.

Da zudem in den letzten Landtagswahlen die SPD meist Stimmenverluste hinnehmen musste, während die CDU zum Teil deutliche Stimmengewinne erzielte – in Baden-Württemberg erreichte sie am 23. April 1972 die absolute Mehrheit –, glaubte die Bundestagsfraktion der CDU/CSU, das im Grundgesetz vorgesehene konstruktive Misstrauensvotum gegen Bundeskanzler Brandt beantragen zu können. Sie argumentierte, dass die Bundesregierung für ihre Politik keine Mehrheit mehr im Lande besitze. Der Bundestag wurde aufgefordert, den Vorsitzenden der CDU/CSU-Bundestagsfraktion Rainer Barzel zum neuen Bundeskanzler zu wählen und den Bundespräsidenten zu ersuchen, Bundeskanzler Willy Brandt zu entlassen. Die Opposition glaubte sich ihrer Sache sicher zu sein, weil sie mit weiteren Stimmen aus der Koalition in der geheimen Abstimmung rechnete. Da die Abstimmung am 27. April 1972 für Barzel jedoch nur 247 Stimmen statt der notwendigen 249 ergab, war das konstruktive Misstrauensvotum gescheitert.

Dieser im Grundgesetz vorgesehene Vorgang des konstruktiven Misstrauensvotums ist bei einem Teil der Bevölkerung auf Ablehnung gestoßen, weil damit das Ergebnis der Bundestagswahl vom September 1969 revidiert worden wäre, ohne dass die Wähler sich dazu hätten äußern können. Gegen das Misstrauensvotum fanden in vielen Städten Demonstrationen und Arbeitsniederlegungen statt. Weil aber auch die Regierung keine Mehrheit im Bundestag mehr hatte (»parlamentarisches Patt«), stellte Bundeskanzler Brandt am 20. September 1972 die Vertrauensfrage mit der Absicht, nach dem einkalkulierten Scheitern der Vertrauensabstimmung die Auflösung des Bundestages und Neuwahlen zu erreichen. In diesen Neuwahlen zum Bundestag vom 19. November 1972 erzielten beide Regierungsparteien deutliche Stimmengewinne; die SPD wurde erstmals stärkste Bundestagsfraktion. So konnte die Regierungskoalition aus SPD und FDP nun mit einer klaren Mehrheit von 271 Abgeordneten (CDU/CSU 225 Abgeordnete) gestärkt ihre Arbeit fortsetzen.

3.28 Innenpolitischer Streit um die Ostpolitik

Die Initiativen der sozialliberalen Koalition in der Deutschland- und *Ostpolitik* (▶3.20) bauten auf Vorarbeiten der *Großen Koalition* (▶3.7) auf. Von Anfang an standen Bundeskanzler Brandt und sein Außenminister und Vizekanzler Scheel in ständiger Absprache und Übereinstimmung mit den westlichen Bündnispartnern. Das Ziel der Bundesregierung, mit dem Abschluss von Verträgen einen Beitrag zur Friedenssicherung zu leisten und die Entspannung in Europa voranzutreiben, fand die volle Zustimmung der Verbün-

VOM MAUERBAU ZUM GRUNDVERTRAG

deten und stand im Rahmen der im Bündnis gemeinsam betriebenen Entspannungspolitik gegenüber dem Osten. In der Bundesrepublik kam es jedoch zwischen Regierung und Opposition zu einer lang anhaltenden und sich im Laufe der Verhandlungen in Moskau, Warschau und Ost-Berlin ständig verschärfenden Kontroverse über die unterschiedlichen Standpunkte zur Ost- und Deutschlandpolitik und über die einzelnen Verhandlungsschritte und -ergebnisse.

Kernpunkte waren vor allem die Frage, ob die Hinnahme der bestehenden Grenzen in den Verträgen eine endgültige Anerkennung der Oder-Neiße-Linie als Westgrenze Polens bedeuten würde, und die Befürchtung, mit dem Abschluss eines Vertrages mit der DDR die völkerrechtliche Anerkennung des zweiten deutschen Staates auszusprechen. Schon Brandts Bemerkungen in seiner Regierungserklärung vom 28. Oktober 1969: »Auch wenn zwei Staaten in Deutschland existieren, sind sie doch füreinander nicht Ausland...« wurden von Rednern der Opposition scharf kritisiert und als »dunkle Stunde für dieses Haus, für unser Volk« bezeichnet. Als im Juli 1970 Unterlagen aus den Verhandlungen des Staatssekretärs Egon Bahr, das so genannte »Bahr-Papier«, in Moskau durch eine Indiskretion vorab veröffentlicht wurden, glaubte die Opposition den Beweis für ihre Behauptung in der Hand zu haben, dass die Verhandlungen von deutscher Seite übereilt und nicht sorgfältig genug geführt und Rechtspositionen in dilettantischer Weise aufs Spiel gesetzt würden. Die Behandlung der Ostverträge im Bundesrat und im Bundestag führte im Februar 1972 zu einer mehrtägigen Redeschlacht. Nach dem Scheitern des *Misstrauensvotums gegen Bundeskanzler Brandt* (▶ 3.27) rangen sich die Bundestagsfraktionen zu einer »gemeinsamen Entschließung« (17. Mai 1972) durch, mit der der Versuch gemacht wurde, Gemeinsamkeiten für die Abstimmung über die Ostverträge und bezüglich der darin erwähnten »heute tatsächlich bestehenden Grenzen« zu formulieren. Zur Deutschlandpolitik wird in der gemeinsamen Erklärung festgestellt: »Die Politik der Bundesrepublik Deutschland, die eine friedliche Wiederherstellung der nationalen Einheit im europäischen Rahmen anstrebt, steht nicht im Widerspruch zu den Verträgen ... Mit der Forderung auf Verwirklichung des Selbstbestimmungsrechts erhebt die Bundesrepublik Deutschland keinen Gebiets- oder Grenzänderungsanspruch.«

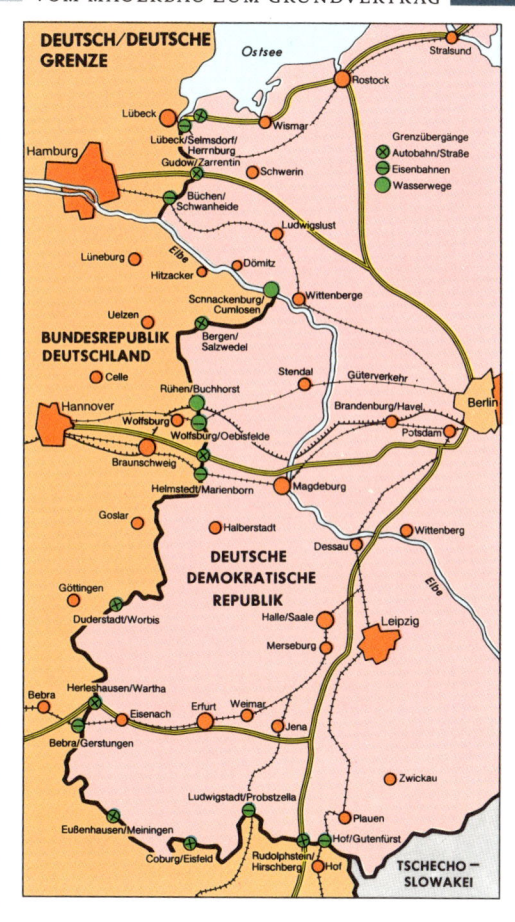

Eine breite Mehrheit für die Ratifizierung der Verträge konnte die gemeinsame Entschließung, der 491 Abgeordnete zustimmten, gleichwohl nicht herbeiführen. Bei der Schlussabstimmung am 17. Mai 1972 stimmten dem Moskauer Vertrag 248 Abgeordnete zu, 10 stimmten mit »Nein«, 238 enthielten sich der Stimme, dem Warschauer Vertrag stimmten ebenfalls 248 Abgeordnete zu. Hier ergaben sich 17 »Nein«-Stimmen und 231 Enthaltungen. Bei Stimmenthaltung des größten Teils der CDU/CSU-Fraktion waren damit die Verträge im Bundestag angenommen. Am 19. Mai 1972 ratifizierte auch der Bundesrat –

bei Stimmenthaltung der CDU/CSU-geführten Länder – die beiden Ostverträge.

3.29 Verkehrsvertrag

Am 22. September 1972 billigte der Bundestag einstimmig bei 9 Enthaltungen der CDU/CSU den von den Staatssekretären Egon Bahr und Michael Kohl ausgehandelten und am 26. Mai 1972 unterzeichneten Verkehrsvertrag. Er trat am 17. Oktober 1972 in Kraft und war der erste Vertrag zwischen den beiden Staaten in Deutschland, den diese aus eigenem Recht und nicht im Rahmen alliierter Vereinbarungen schlossen. In ihm wurden alle praktisch-technischen Fragen des Verkehrs auf der Straße, der Schiene und auf dem Wasser geregelt.

Das Vertragswerk enthielt neben dem eigentlichen Vertragstext, Protokollvermerken und einem Briefwechsel auch eine »Information der DDR zu Reiseerleichterungen«. Danach konnten mehrmals im Jahr Verwandte und Bekannte in der DDR besucht werden. Auch Reisen in die DDR aus kommerziellen, sportlichen, kulturellen und religiösen Gründen sowie Touristenreisen waren möglich. DDR-Bürger konnten bei dringenden Familienangelegenheiten in die Bundesrepublik reisen. Bisher hatte die DDR lediglich Bürgern im Rentenalter die Reise in die Bundesrepublik Deutschland gestattet.

3.30 Grundlagenvertrag

Die sozialliberale Koalition hatte schon in ihrer ersten Regierungserklärung am 28. Oktober 1969 den Anspruch vorgetragen, das Verhältnis zwischen den beiden Staaten in Deutschland grundsätzlich neu zu regeln und in eine gesicherte und normale Form zu bringen. Die von Bundeskanzler Brandt beim Kasseler Treffen mit dem DDR-Ministerratsvorsitzenden Stoph am 21. Mai 1970 (▶3.21) vorgelegten 20 Punkte bildeten die Vorlage für den auszuhandelnden Vertrag. Wie beim *Transitabkommen* (▶3.25) und beim *Verkehrsvertrag* (▶3.29) wurden die Verhandlungen von Staatssekretär Bahr für die Bundesrepublik Deutschland und Staatssekretär Kohl für die DDR geführt. Am 16. August 1972 begannen die offiziellen Verhandlungen über den Grundlagenvertrag (häufig auch Grundvertrag genannt), die am 8. November 1972 mit der Paraphierung in Bonn und am 21. Dezember 1972 mit der Unterzeichnung in Ost-Berlin abgeschlossen wurden.

Beide Vertragspartner verpflichteten sich, zueinander normale gutnachbarliche Beziehungen auf der Grundlage der Gleichberechtigung aufzubauen, sich von den Prinzipien der UN-Charta leiten zu lassen und gegenseitig auf Gewaltanwendung und die Drohung mit Gewalt zu verzichten. Die Unverletzlichkeit der zwischen ihnen bestehenden Grenze, die uneingeschränkte Achtung ihrer territorialen Integrität, die Beschränkung der Hoheitsgewalt jedes der beiden Staaten auf das eigene Staatsgebiet und die Respektierung der Unabhängigkeit und Selbstständigkeit jedes der beiden Staaten in seinen inneren und äußeren Angelegenheiten wurden ausdrücklich bekräftigt. Die Vertragspartner erklärten sich darin einig, friedliche Beziehungen besonders zwischen den europäischen Staaten zu fördern und zu den Bemühungen um eine kontrollierte internationale Rüstungsbegrenzung und Abrüstung beizutragen. Beide Seiten erklärten sich bereit, praktische und humanitäre Fragen zu regeln und eine Reihe von Abkommen über Zusammenarbeit auf verschiedenen Gebieten zu schließen. Der Austausch von ständigen Vertretungen wurde ebenfalls vereinbart.

Die dem Vertrag beigefügten Protokolle, Briefe und Dokumente beziehen sich unter anderem auf Arbeitsmöglichkeiten für Journalisten, Reiseerleichterungen, Familienzusammenführung sowie auf den Eintritt beider Staaten in die UN. Wie beim Abschluss des *Moskauer Vertrages* (▶3.22) übergab die Bundesregierung einen Brief zur deutschen Einheit. Das Bundesverfassungsgericht lehnte am 31. Juli 1973 eine Verfassungsklage Bayerns ab und erklärte den Grundlagenvertrag für »mit dem Grundgesetz vereinbar«. Es verwies aber hinsichtlich einer künftigen friedensvertraglichen Regelung auf das Fortbestehen der Viermächteverantwortung für Deutschland als Ganzes.

Daten

17. Sept. 1961	Bundestagswahl
14. Nov. 1961	4. Kabinett Adenauer (Koalition CDU/CSU–FDP)
24. Jan. 1962	Einführung der allgemeinen Wehrpflicht in der DDR
26. Okt. 1962	Beginn der »Spiegelaffäre«
19. Nov. 1962	Rücktritt von Verteidigungsminister Franz Josef Strauß
14. Dez. 1962	5. Kabinett Adenauer (Koalition CDU/CSU–FDP)
22. Jan. 1963	Deutsch-Französischer Freundschaftsvertrag
23.–26. Juni 1963	Staatsbesuch Kennedys
15. Okt. 1963	Rücktritt Adenauers
16. Okt. 1963	Ludwig Erhard wird Bundeskanzler (Koalition CDU/CSU–FDP)
17. Dez. 1963	1. Passierscheinabkommen
1963–1966	Auschwitz-Prozesse
12. Juni 1964	Freundschaftsvertrag zwischen Sowjetunion und DDR
1. Juli 1964	Heinrich Lübke zum 2. Mal Bundespräsident
24. Sept. 1964	Willi Stoph Vorsitzender des DDR-Ministerrats
12. Mai 1965	Aufnahme diplomatischer Beziehungen zu Israel
19. Sept. 1965	Bundestagswahl
26. Okt. 1965	2. Kabinett Erhard
25. März 1966	Friedensnote der Regierung Erhard
1. Dez. 1966	Kurt Georg Kiesinger Bundeskanzler; Große Koalition
14. Febr. 1967	1. konzertierte Aktion
20. Febr. 1967	Gesetz über DDR-Staatsbürgerschaft
2. Juni 1967	Tod von Benno Ohnesorg
8. Juni 1967	Stabilitätsgesetz
1. Juli 1967	Vereinigung der Organe der drei Europäischen Gemeinschaften
6. April 1968	neue DDR-Verfassung
11. April 1968	Attentat auf Rudi Dutschke
30. Mai 1968	Verabschiedung der Notstandsgesetze
1. Juli 1968	Zollunion der EG
21. Aug. 1968	Einmarsch von Truppen des Warschauer Pakts in die ČSSR
5. März 1969	Wahl Gustav Heinemanns zum Bundespräsidenten
28. Sept. 1969	Bundestagswahl
20. Okt. 1969	Willy Brandt Bundeskanzler; sozialliberale Koalition
28. Nov. 1969	Unterzeichnung des Atomwaffensperrvertrags
19. März 1970	1. Treffen Brandt/Stoph in Erfurt
21. Mai 1970	2. Treffen Brandt/Stoph in Kassel
12. Aug. 1970	Moskauer Vertrag
7. Dez. 1970	Warschauer Vertrag
3. Mai 1971	Rücktritt Ulbrichts als 1. Sekretär der SED; Nachfolger Erich Honecker
3. Sept. 1971	Viermächteabkommen über Berlin
10. Dez. 1971	Friedensnobelpreis für Brandt
17./20. Dez. 1971	Transitabkommen
15. Jan. 1972	neues Betriebsverfassungsgesetz
27. April 1972	Misstrauensvotum gegen Brandt gescheitert
17. Mai 1972	Ratifizierung der Ostverträge im Bundestag
26. Mai 1972	Verkehrsvertrag
3. Juni 1972	Viermächte-Schlussprotokoll zum Abkommen über Berlin; In-Kraft-Treten der Ostverträge
19. Nov. 1972	Bundestagswahl
15. Dez. 1972	2. Kabinett Brandt (Koalition SPD–FDP)
21. Dez. 1972	Grundlagenvertrag

Deutsch-deutsche Verantwortung (1972–1989)

Einführung

Aufgrund ihres eindrucksvollen Wahlsieges vom 19. November 1972 mit einer komfortablen Mehrheit im Bundestag ausgestattet, hätte die sozialliberale Koalition nun an die zügige Verwirklichung der in der vorangegangenen Legislaturperiode angekündigten innenpolitischen Reformen gehen können. Doch in dieser Hinsicht ließ die zweite Regierung Brandt/Scheel das Jahr 1973 weitgehend ungenutzt verstreichen. Die wirtschaftspolitischen Bemühungen richteten sich darauf, die überhitzte Konjunktur und die damit einhergehenden Preissteigerungen zu dämpfen. Dem Ansehen der Bundesregierung nicht zuträglich war die öffentliche Diskussion über den so genannten »Radikalenerlass« vom Januar 1972, der »Extremisten« vom öffentlichen Dienst ausschloss.

Am 1. Januar 1973 war aus der EWG der sechs Gründerstaaten die Gemeinschaft der Neun geworden, wozu das politische Engagement der Regierung Brandt – und ihrer Vorgängerinnen – maßgeblich beigetragen hatte. Neben Dänemark und Irland trat den Europäischen Gemeinschaften auch Großbritannien bei. Von dessen langer parlamentarisch-demokratischer Tradition erwartete man auch eine innere Stärkung der Gemeinschaft – eine Hoffnung, die sich nicht erfüllen sollte. Die Vertragspolitik mit den östlichen Nachbarn der Bundesrepublik wurde im Dezember 1973 mit dem Abschluss des Deutsch-Tschechoslowakischen Vertrages fortgesetzt. Ein weiteres Ergebnis der sozialliberalen Ostpolitik bildete die Aufnahme der Bundesrepublik Deutschland und der DDR in die Organisation der Vereinten Nationen im September 1973. Wohl hatte die Bundesrepublik seit langem in den Unter- und Sonderorganisationen der UN mitgearbeitet, doch nun wurden die beiden deutschen Staaten Vollmitglieder des internationalen Zusammenschlusses, den die Siegermächte des 2. Weltkrieges 1945 gegründet hatten.

Die massive Verteuerung des Erdöls im Gefolge des 4. israelisch-arabischen Krieges (Jom-Kippur-Krieg) vom Oktober 1973 – von den arabischen Ölförderländern als politische Waffe eingesetzt und von den westlichen Ölkonzernen ausgenutzt – hob auf drastische Weise die Knappheit dieses Rohstoffs und die Abhängigkeit der Industriegesellschaften vom Öl ins allgemeine Bewusstsein. Außer der Verteuerung des Erdöls gehörte auch der Zusammenbruch des Weltwährungssystems (1973) zu den Ursachen der Wirtschaftskrise, die nun die westlichen Industriestaaten erfasste. In der Bundesrepublik stieg die Zahl der Arbeitslosen 1974 auf über eine halbe Million und betrug in den Jahren 1975–77 jeweils über eine Million.

Der Führungsstil von Bundeskanzler Brandt wurde schon seit 1973 in den eigenen Reihen kritisiert. Der Fraktionsvorsitzende der SPD Wehner hatte gar von Moskau aus an der Ostpolitik der Bundesregierung und am Bundeskanzler Kritik geübt. In diese Situation platzte Ende April 1974 die Verhaftung Günter Guillaumes, der als Referent im Kanzleramt einer der engen Mitarbeiter Brandts war, wegen des Verdachts der Spionage für die DDR. Der Bundeskanzler übernahm dafür die politische Verantwortung und erklärte am 6. Mai 1974 seinen Rücktritt.

Die SPD bestimmte Helmut Schmidt zum Nachfolger, und am 16. Mai 1974 wählte der Bundestag mit den Stimmen von SPD und FDP Schmidt zum Bundeskanzler. Am Tag zuvor hatte die Bundesversammlung den bisherigen Vizekanzler und Außenminister Walter Scheel (FDP) zum Bundespräsidenten gewählt, nachdem Gustav Heinemann auf die Kandidatur für eine zweite Amtsperiode verzichtet hatte. In dem SPD-FDP-Kabinett, das Bundeskanzler Schmidt am 17. Mai vorstellte, übernahm daher der bisherige Innenminister Hans-Dietrich Genscher die Ämter des Außenministers und des Vizekanzlers; er wurde wenig später auch Vorsitzender der FDP. Unter dem Motto »Kontinuität und Konzentration« wollte die Regierung Schmidt/Genscher die sozialliberale Politik fortführen, sich dabei allerdings in »Realismus und Nüchternheit auf das Wesentliche« konzentrieren.

Die CDU/CSU stand freilich auch zur neuen Bundesregierung in unvermindert scharfer Opposition. In der Union hatte ein Wechsel der politischen Führung stattgefunden. Rainer Barzel, der schon 1972 seine Vorstellungen zur Ostpolitik in der Fraktion nicht hatte durchsetzen können und als Kanzlerkandidat bei der Bundestagswahl 1972 eine schwere Niederlage hatte erleiden müssen, trat im Mai/Juni 1973 als Vorsitzender der CDU/CSU-Bundestagsfraktion und als Bundesvorsitzender der CDU zurück. Ein Sonderparteitag der CDU wählte im Juni 1973 den rheinland-pfälzischen Ministerpräsidenten Helmut Kohl zum neuen Parteivorsitzenden. Kohl führte die Union dann auch als Kanzlerkandidat in die Bundestagswahl von 1976 und übernahm nach der Wahlniederlage die Führung der Unionsfraktion im Bundestag.

Die anhaltende Opposition der CDU/CSU gegen die Ostpolitik der Regierung Schmidt zeigte sich auch in den Auseinandersetzungen um den deutschen Beitrag zur Konferenz über Sicherheit und Zusammenarbeit in Europa (KSZE). In der grundsätzlichen Ablehnung der Konferenz stand die Union – zusammen mit Albanien – in Europa allein. Gewiss, viele der Absichtserklärungen, die die Staats- und Regierungschefs von 35 Staaten (einschließlich der USA und Kanadas) in der Schlussakte von Helsinki am 1. August 1975 unterzeichneten, waren angesichts des weiterbestehenden Ost-West-Konflikts zunächst rhetorischer Natur, doch wurden mit der KSZE in ganz Europa politische Prozesse in Gang gesetzt, denen sich auch die kommunistischen Staaten nicht völlig entziehen konnten. Bei fester Verankerung im westlichen Bündnis entwickelte die Regierung Schmidt/Genscher die von der Regierung Brandt/Scheel begonnene Ostpolitik weiter.

In der DDR vollzog sich der Übergang von Ulbricht zu Honecker schrittweise. Nachdem Ulbricht das politisch entscheidende Amt des Ersten Sekretärs der SED schon 1971 an Honecker abgegeben hatte, wurde nach Ulbrichts Tod 1973 zunächst der bisherige Ministerpräsident Willi Stoph Vorsitzender des Staatsrats. Dieses Amt übernahm 1976 zusätzlich Erich Honecker, der als Parteichef den Titel Generalsekretär erhalten hatte, während Stoph wieder Vorsitzender des Ministerrats wurde. Nach dem Abschluss des Grundlagenvertrages 1972 wurde die DDR von fast allen Staaten der Erde diplomatisch anerkannt und gleichzeitig mit der Bundesrepublik im September 1973 in die UN aufgenommen. Das jahrelang von der DDR-Führung beharrlich verfolgte Ziel der internationalen Anerkennung war damit erreicht. Gegenüber der Bundesrepublik betrieb die DDR ihre Politik der Abgrenzung weiter. Gerade die durch die Vertragspolitik verstärkten Kontakte zwischen den Menschen in beiden deutschen Staaten und das Beharren der Bundesrepublik auf der Einheit der deutschen Nation veranlassten die DDR-Führung, die grundsätzlichen Unterschiede im politischen und gesellschaftlichen System hervorzuheben. Für zahlreiche Institutionen und Organisationen der DDR erfolgten Namensänderungen, bei denen der Bestandteil »deutsch« oder »Deutschland« gestrichen wurde. 1974 wurde schließlich der Begriff »deutsche Nation« aus der Verfassung der DDR herausgenommen. Regimekritiker wie Robert Havemann, Rudolf Bahro oder Wolf Biermann waren Repressionen ausgesetzt, die von Hausarrest und Haft bis zu Abschiebung und Ausbürgerung reichten.

Die Bundesrepublik Deutschland erlebte im Jahr 1977 einen Höhepunkt terroristischer Aktionen der »Rote-Armee-Fraktion« (RAF) und ihrer Nachfolgeorganisationen. Im April wurden Generalbundesanwalt Siegfried Buback und zwei seiner Begleiter in Karlsruhe auf offener Straße erschossen. Im Juli folgte der Mordanschlag auf den Vorstandssprecher der Dresdner Bank, Jürgen Ponto. Und im

KAPITEL 4

September wurde der Präsident der Spitzenverbände der Industrie und der Arbeitgeber, Hanns-Martin Schleyer, entführt und ermordet. Durch Verschärfung des Strafrechts, speziell des Demonstrationsrechts, und besondere Maßnahmen zur »Bekämpfung des Terrorismus« versuchte man, der Gewaltaktionen Herr zu werden. Das insgesamt besonnene Handeln der Regierung, das im Einzelfall genauso ein Eingehen auf erpresserische Forderungen bedeuten konnte wie eine harte, unnachgiebige Reaktion, sowie der Einsatz von durch den Rechtsstaat abgedeckten Mitteln machten es möglich, die Provokationen des Terrorismus zu bewältigen.

Der anhaltenden Wirtschaftskrise suchte die Regierung Schmidt durch nationale und internationale Maßnahmen zu begegnen. Die staatliche Kreditaufnahme wurde ausgeweitet und der Arbeitslosigkeit mit beschäftigungswirksamen öffentlichen Programmen erfolgreich gegengesteuert. Bundeskanzler Schmidt war – auch nachdem die konzertierte Aktion 1977 geplatzt war – um einen wirtschaftspolitischen Konsens mit Gewerkschaften und Unternehmern bemüht. International suchte die Bundesregierung eine Abstimmung der Wirtschaftspolitik. Ein Ziel war die Verhinderung abgrenzender protektionistischer Maßnahmen der Einzelstaaten, die den eigenen Markt zwar schützten, aber den Handel insgesamt erschwerten. Hierzu diente auch die Teilnahme an den jährlichen Wirtschaftsgipfelkonferenzen der wichtigsten westlichen Staaten seit 1975. Die wirtschaftliche Zusammenarbeit mit den kommunistischen Staaten wurde ausgebaut. Nach der Bundestagswahl von 1980, bei der die Auseinandersetzung Schmidt–Strauß zu einem klaren Ergebnis für die sozialliberale Koalition führte, schien die Regierungspolitik ihre sozialdemokratische Prägung mehr und mehr zu verlieren. Der Abstand zwischen dem Bundeskanzler, der auf der Höhe seines Ansehens in der deutschen Bevölkerung und in der Welt stand, und seiner – nach wie vor von Willy Brandt geführten – Partei vergrößerte sich. Einschließlich im Sozialbereich lösten Proteste aus den Reihen der SPD und von den Gewerkschaften aus. Als dann die FDP zur Behebung der Krise weitere Belastungen der sozial Schwächeren bei Schonung der höheren Einkommensschichten forderte, brach die Koalition im September 1982 auseinander. Von schweren innerparteilichen Auseinandersetzungen begleitet, vollzog die FDP den Wechsel zur Koalition mit der CDU/CSU und ermöglichte die Wahl Helmut Kohls zum Bundeskanzler durch den Erfolg des konstruktiven Misstrauensvotums am 1. Oktober 1982. Die Regierung Kohl/Genscher wurde durch die vorgezogene Bundestagswahl vom 6. März 1983 eindrucksvoll bestätigt. Der im Wahlkampf versprochene Aufschwung zeigte sich in einer Belebung der Wirtschaft, allerdings stieg die Arbeitslosigkeit von 1,8 Millionen (1982) auf 2,2 Millionen (1984/85). Gegen den Widerstand einer breiten Friedensbewegung, der sich auch die SPD anschloss, setzte die Bundesregierung 1983 die Stationierung amerikanischer Mittelstreckenraketen in der Bundesrepublik durch. Seit der Wahl von 1983 sind im Bundestag mit der Fraktion der Grünen auch die neuen sozialen Bewegungen politisch vertreten, die in den 70er-Jahren in Gestalt von Bürgerinitiativen, Frauen- und alternativer Bewegung entstanden waren. Die Etablierung der Grünen, die 1985 in Hessen erstmals eine Koalitionsregierung mit der SPD bildeten, kann als Beweis für die Erneuerungsfähigkeit des politischen Systems der Bundesrepublik gelten. Den Grünen ist es gelungen, ein vorhandenes Unbehagen an der modernen industriellen Gesellschaft zu artikulieren und die Erhaltung der natürlichen Lebensgrundlagen zu einem der vorrangigen politischen Themen in der Bundesrepublik zu machen.

Die Regierungskoalition der CDU/CSU und FDP überstand die Belastungen durch eine Reihe von Affären, in die verschiedene Bundesminister verwickelt waren. Die Flick-Affäre führte zum Rücktritt von Wirtschaftsminister Lambsdorff, der aufseiten der FDP einer der Architekten der Koalition mit der Union gewesen war. Die gehäuften Spionagefälle des Jahres 1985 blieben letztlich ohne Einfluss auf das Verhältnis zur DDR, das die Regierung Kohl, aufbauend auf der Deutschlandpolitik der sozialliberalen Koalition, weiterentwickelt hatte. Die DDR-Führung ihrerseits hatte auch nach dem Bonner Regierungswechsel an dem Bemühen festgehalten, die verschärfte weltpolitische Ost-West-Spannung möglichst wenig auf das deutschdeutsche Verhältnis durchschlagen zu lassen.

DEUTSCH-DEUTSCHE VERANTWORTUNG

In der Bundestagswahl vom 25. Januar 1987 erlitten die großen Volksparteien erhebliche Stimmeneinbußen, wohingegen die kleinen Parteien Gewinne verbuchten. Die CDU/CSU erzielte 44,3 % (gegenüber 48,8 % im Jahr 1983), die SPD 37,0 % (gegenüber 38,2 % 1983). Die FDP erhielt 9,1 % (7,0 % 1983), die Grünen 8,3 % (5,6 % 1983). Bei Fortführung der christlich-liberalen Koalition wurde Helmut Kohl erneut zum Kanzler gewählt. Die Wahlentscheidung der Bundesbürger hatte das Kräfteverhältnis zwischen großen und kleinen Parteien wesentlich geändert.

Der Ausgang der Bundestagswahlen von 1987 spiegelt allgemeine gesellschaftliche Tendenzen wider. Deutlich wird, dass die Großorganisationen wie Parteien, Gewerkschaften und Kirchen ihre Anhänger und Wähler nicht mehr wie gewohnt binden können. Ursache hierfür scheint der von dem amerikanischen Soziologen Inglehart konstatierte Wertewandel zu sein. Danach hat sich die Bedeutung traditioneller Werte für den Einzelnen geändert: Selbstständigkeit und freier Wille sowie Selbstverwirklichung sind der Mehrzahl der Bürger wichtiger als traditionelle Werte wie Pflicht und Ordnung. Diese Veränderung wirkt sich ihrerseits wieder auf das politische Verständnis und Verhalten aus. Distanz und Kritik an etablierter Politik drücken sich in neuen Formen des sozialen und politischen Engagements aus. Zahlreiche Bürgerbewegungen und -initiativen sind Beleg für die zunehmende Aufspaltung in Einzelinteressen, die von den großen Organisationen kaum mehr vertreten werden können. Als Folge fühlen sich viele Wähler von den Amtsinhabern und Institutionen nicht mehr vertreten. Die daraus resultierende Politikverdrossenheit wird noch durch Skandale – wie die Barschel-Affäre 1987/88 – gestützt.

Der Wertewandel ist auch in einem veränderten Verhältnis der Menschen zur Arbeit, zur Religion, zur Gesundheit, zur Wissenschaft und zu anderen Menschen wahrnehmbar.

Im Blickpunkt des öffentlichen Interesses standen in den 80er-Jahren eher die politischen Ereignisse. Der neue sowjetische Generalsekretär Michail Gorbatschow weckte mit seinen Slogans »Glasnost« und »Perestroika« die Hoffnung auf eine Öffnung und Reformierung der UdSSR sowie auf einen sichtbaren Abbau des Ost-West-Konflikts.

Am 8. Dezember 1987 wurde in Washington der INF-Vertrag zwischen den USA und der UdSSR unterzeichnet. Danach sollten alle amerikanischen und sowjetischen landgestützten Mittelstreckenraketen vollständig abgebaut werden. Dieser Durchbruch bei den seit 1983 unterbrochenen Abrüstungsverhandlungen wurde bei den beiden deutschen Staaten besonders positiv verzeichnet, waren sie doch beide zugleich Ziel- und Stationierungsländer.

Mit dem Staatsbesuch Honeckers in Bonn vom 7. bis 11. September 1987 wurde auch die innerdeutsche Entspannung sichtbar. Deutliche Zeichen der Annäherung wurden auch durch die Einrichtung von Städtepartnerschaften gesetzt. Die erste war im April 1986 zwischen Saarlouis und Eisenhüttenstadt vereinbart worden. Bei der Ausrichtung der 750-Jahr-Feier Berlins wurde jedoch deutlich, dass die beiden deutschen Staaten weit davon entfernt waren, sich auf eine gemeinsame Geschichte zu beziehen. Die DDR feierte völlig unabhängig von der Bundesrepublik in Ost-Berlin und stellte dabei die Rolle Berlins als Hauptstadt der DDR besonders heraus, während bei den Feierlichkeiten im Westteil der Stadt dessen Bindung an die Bundesrepublik unterstrichen wurde. Die Staatsoberhäupter Großbritanniens, Frankreichs und der USA nahmen im Mai und Juni 1987 an den Jubiläumsfeiern in West-Berlin teil, Michail Gorbatschow besuchte Ost-Berlin anlässlich einer Konferenz des Warschauer Pakts. Allerdings war das Verhältnis der DDR zur Sowjetunion durch die ablehnende Haltung der DDR-Führung gegenüber dem Reformkurs Gorbatschows merklich abgekühlt. Forderungen nach einer »Öffnung«, wie sie in der DDR immer stärker zu vernehmen waren, wurden von der Partei- und Staatsführung mit massiver Unterdrückung beantwortet. So wurden zahlreiche Demonstranten, die sich zu einer Gegendemonstration zur offiziellen Rosa-Luxemburg-Gedenkfeier am 17. Januar 1988 zusammengefunden hatten, verhaftet. Doch der Ruf nach »Glasnost« und »Perestroika« verstummte nicht mehr. Unter dem Dach der evangelischen Kirche sammelte sich die Opposition, in Fürbittgottesdiensten und Mahnwachen gedachte man der Verhafteten. Im November 1989 wurde der Zusammenbruch des DDR-Regimes offenkundig.

4.1 »Radikalenerlass«

Am 28. Januar 1972 beschlossen Bundeskanzler Brandt und die Ministerpräsidenten der Länder »Grundsätze über die Mitgliedschaft von Beamten in extremistischen Organisationen«, die u. a. die Überprüfung von Bewerbern für den öffentlichen Dienst regeln sollten. Der so genannte Extremistenbeschluss nahm Bezug auf die Beamtengesetze, nach denen die Angehörigen des öffentlichen Dienstes verpflichtet sind, sich zur freiheitlichen demokratischen Grundordnung im Sinne des Grundgesetzes zu bekennen. In der öffentlichen Diskussion wurde diese Maßnahme als »Radikalenerlass« kritisiert. In der Tat führte seine Anwendung in Einzelfällen zu Berufsverboten. Besonders in der CDU und der CSU war die Sorge verbreitet, dass die aus den *Studentenunruhen* (▶3.14) der 60er-Jahre hervorgegangenen linken Gruppierungen eine Gefahr für den Staat darstellten, zumal die Wortführer der Studentenbewegung die Parole vom »langen Marsch durch die Institutionen« ausgegeben hatten.

Politiker der SPD und der FDP erhoben schon bald Bedenken gegen den Extremistenbeschluss und seine zum Teil sehr fragwürdige Praktizierung, v. a. gegen die Überprüfung Tausender von Bewerbern durch den Verfassungsschutz. Das Bundesverfassungsgericht erklärte 1975, die Entscheidung über die Eignung eines Bewerbers sei nicht von seiner Mitgliedschaft in einer als verfassungsfeindlich eingestuften, aber nicht als verfassungswidrig verbotenen Partei, sondern von seinem Verhalten und seiner Persönlichkeit abhängig zu machen. Der von der SPD-FDP-Regierung daraufhin im Bundestag eingebrachte und verabschiedete Gesetzentwurf »zur Änderung dienstrechtlicher Vorschriften« scheiterte an der CDU/CSU-Mehrheit im Bundesrat. So kam es zur Spaltung der Bundesländer in dieser Frage. Während die unionsregierten Länder am Extremistenbeschluss in der alten Form festhielten, wandten ab 1976 die von der SPD regierten Länder und der Bund die liberaleren Regelungen des gescheiterten Gesetzentwurfes an.

4.2 EG/Europa der Neun

1967 hatten *EWG* (▶2.32), *Montanunion* (▶2.10) und Europäische Atomgemeinschaft gemeinsame Organe der Europäischen Gemeinschaften (EG) gebildet: Ministerrat, Kommission, Europäisches Parlament und Europäischen Gerichtshof (der Europäische Rat als Gremium der Staats- bzw. Regierungschefs kam 1974 hinzu). Dem Drängen der übrigen fünf Mitgliedsstaaten (Bundesrepublik Deutschland, Italien, Niederlande, Belgien, Luxemburg) auf ein schnelleres Fortschreiten zur angestrebten politischen Union setzte Frankreich Widerstand entgegen. Staatspräsident de Gaulle lehnte eine Entwicklung der EG zum supranationalen Zusammenschluss ab und warb bei den Partnern für sein Konzept eines »Europa der Vaterländer«. De Gaulle widersetzte sich auch der von den übrigen EG-Mitgliedern angestrebten Erweiterung der Sechsergemeinschaft namentlich um Großbritannien, das nach de Gaulles Einschätzung eine zu enge Partnerschaft mit den USA unterhielt.

Im Gegenzug zur Gründung der EWG (1957) hatten Großbritannien, Dänemark, Norwegen, Österreich, Portugal, Schweden und die Schweiz 1960 die Europäische Freihandelsassoziation (EFTA) gebildet, die als handelspolitischer Zusammenschluss in Konkurrenz zur EWG trat, in ihren Zielsetzungen jedoch bescheidener blieb.

Die Erweiterung der EG war dennoch auf der europäischen Tagesordnung geblieben. 1969 schließlich konnte Bundeskanzler Brandt auf

Der »Radikalenerlass« führte über Jahre hinweg zu Protesten und Demonstrationen. Hier eine Protestaktion in Frankfurt (Februar 1977)

Konstituierende Sitzung des ersten direkt gewählten Europäischen Parlaments in Straßburg (Juli 1979)

der Haager Gipfelkonferenz der EG seinen Vorschlag durchsetzen, erneut Beitrittsverhandlungen mit Großbritannien, Dänemark, Irland und Norwegen aufzunehmen. Die Konferenz erklärte gleichzeitig die Übergangsphase zur Errichtung eines gemeinsamen Marktes in der EWG für abgeschlossen – die Zollunion war 1968 fast vollständig verwirklicht worden – und beschloss, nunmehr eine Währungs- und Wirtschaftsunion zu errichten. Die Beitrittsverträge konnten im Januar 1972 unterzeichnet werden; am 1. Januar 1973 wurden Großbritannien, Dänemark und Irland Mitglieder der EG – in Norwegen hatte sich in einer Volksabstimmung die Mehrheit gegen den EG-Beitritt ausgesprochen. Nach vielen vergeblichen Anläufen gelang es, für 1979 die erste direkte Wahl des Europäischen Parlaments durchzusetzen. Wenngleich die Wahlbeteiligung in den neun Staaten der EG sehr unterschiedlich war, bildeten doch Wahlkampf und Wahl einen wichtigen Beitrag zum europäischen Bewusstsein der Bürger. Doch es blieb nicht beim Europa der Neun: Am 1. Januar 1981 traten Griechenland, am 1. Januar 1986 Spanien und Portugal der Europäischen Gemeinschaft bei. Weitere Länder des Mittelmeerraumes (darunter die Türkei, die die volle Mitgliedschaft anstrebt) und über 60 Staaten der Dritten Welt sind mit der EWG durch Assoziierungsverträge verbunden.

1985 wurde ein neuer Anlauf unternommen, die europäische Vereinigung voranzutreiben. Eine Regierungskonferenz erhielt den Auftrag, »konkrete Fortschritte auf dem Weg zur Europäischen Union herbeizuführen«. Sie erarbeitete die Einheitliche Europäische Akte (EEA), die nach der Ratifizierung durch die zwölf Mitgliedstaaten der Europäischen Gemeinschaft am 1. Juli 1987 in Kraft trat.

Die EEA schuf eine Reihe institutioneller Stärkungen der Gemeinschaft. So wurden Mehrheitsentscheidungen im Ministerrat erleichtert, das Europäische Parlament verstärkt an der Gesetzgebung beteiligt, für die die Entscheidungskompetenz allerdings beim Ministerrat verbleibt, und die bisher informelle Europäische Politische Zusammenarbeit (mit dem Ziel einer gemeinsamen Außenpolitik) zum Bestandteil des europäischen Vertragswerks erhoben. Das wichtigste Ziel der EEA war aber die Vereinbarung zur Vollendung des Europäischen Binnenmarktes bis zum 31. Dezember 1992.

Der Rat für gegenseitige Wirtschaftshilfe (RGW), in dem die Ostblockstaaten zusammengeschlossen waren, nahm im Juni 1988 offizielle Beziehungen zur EG auf – nachdem er 31 Jahre lang eine Politik der Nichtanerken-

nung gegenüber dem westeuropäischen Zusammenschluss betrieben hatte.
Seit dem 1. Januar 1993 ist der Europäische Binnenmarkt erreicht: Der freie Verkehr von Personen, Waren, Dienstleistungen und Kapital innerhalb der Gemeinschaft ist damit gewährleistet. Die EG ist mit einem Anteil am Weltimport von 25% (1991, ohne Binnenhandel) der größte Markt der Welt, und sie ist dabei, sich auch politisch enger zusammenzuschließen, erleichtert wird dies auch durch die Einführung des *Euro* (▶5.34).

4.3 UN-Aufnahme beider deutscher Staaten

In einem Zusatzprotokoll zum *Grundlagenvertrag* (▶3.30) hatten die Bundesrepublik und die DDR 1972 miteinander verabredet, in zeitlicher Abstimmung einen Antrag auf Mitgliedschaft in den Vereinten Nationen zu stellen. Am 18. September 1973 wurden anlässlich der 28. Vollversammlung der Vereinten Nationen (UN = United Nations) in New York die DDR als 133. und die Bundesrepublik Deutschland als 134. Mitglied in die Weltorganisation aufgenommen. Bundesaußenminister Walter Scheel nannte in seiner Rede vor der UN-Vollversammlung die Prinzipien der Selbstbestimmung, der Entspannung und des Gewaltverzichtes als außenpolitische Leitlinien der Bundesregierung für ihre Mitarbeit in den Vereinten Nationen. Er versicherte den Delegierten: »Wo immer eine Schlacht um die Befreiung des Menschen von leiblicher Not, um sein Recht auf menschenwürdige Existenz geschlagen wird, dort werden Sie die Bundesrepublik Deutschland in der ersten Reihe der Kämpfer finden. Immer wieder ist die Rede von der einen, der anderen, der Dritten Welt. Ich vermag den tieferen Sinn einer solchen Unterscheidung nicht zu erkennen. Sollten wir nicht statt dessen in Solidarität den Kampf gegen die Armut führen, gemeinsam als Bürger einer Welt? Wenn eine Politik dies möglich macht, so ist es die Politik der Entspannung. Meine Regierung hat daran mitgearbeitet. Die Entspannung soll keinen Exklusivcharakter haben, sie soll allen nützen. Der Abbau von Konfrontation kann Energien freisetzen. Sie sollen zur Überwindung wirtschaftlicher und sozialer Ungerechtigkeiten eingesetzt werden ...«
Die DDR erreichte mit der Aufnahme in die UN endlich ihr Ziel einer weltweiten Anerkennung.

4.4 Ölkrise

Im 4. israelisch-arabischen Krieg vom Oktober 1973 setzten die arabischen Staaten, auch die nicht unmittelbar am Krieg beteiligten, erstmals das Öl als politische Waffe ein. Noch während des Krieges erhöhten die arabischen Ölförderstaaten drastisch den Ölpreis und beschlossen kontinuierliche Produktionseinschränkungen. Über die USA und die Niederlande wurde wegen deren proisraelischer Haltung ein Lieferboykott verhängt, der sich auch auf die übrigen westeuropäischen Staaten auswirkte. Die OPEC (Organisation der Erdöl exportierenden Länder), der auch eine Anzahl nichtarabischer Ölförderstaaten angehört, zog mit ihrer Preispolitik nach. Der Rohölpreis, der 1970 noch 1,40 US-Dollar pro Barrel (=158,8 Liter) betragen hatte, vervierfachte sich 1973. Die westlichen Ölkonzerne verstanden es, die Verknappung des Ölangebots für sich auszunutzen, und erzielten kräftige Gewinnsteigerungen.

Die beiden deutschen Delegationen in der UN-Vollversammlung (1973). Im Vordergrund die DDR-Delegation mit Außenminister Otto Winzer, jenseits des Gangs die Delegation der Bundesrepublik Deutschland mit Außenminister Walter Scheel

DEUTSCH-DEUTSCHE VERANTWORTUNG

In der Bundesrepublik Deutschland bestand die unmittelbare Reaktion auf die Ölkrise in einer Einschränkung des Energieverbrauchs, in der Verordnung von vier autofreien Sonntagen im November/Dezember 1973 und in der zeitweisen Einführung von Geschwindigkeitsbeschränkungen (»Tempo 100« auf Autobahnen). Schlagartig wurde damit der breiten Öffentlichkeit die Abhängigkeit von den Erdölimporten und die begrenzte Verfügbarkeit des Rohstoffes Öl deutlich. Die Ölkrise war einer der auslösenden Faktoren für die schwerste *Wirtschaftskrise* (▶4.22) seit Kriegsende, von der ab 1973/74 die westlichen Industriestaaten betroffen waren. 1974 und in den folgenden Jahren nahm die OPEC weitere Preiserhöhungen vor. Durch die Revolution in Iran 1979 wurde eine zweite Ölkrise ausgelöst, die den Rohölpreis auf knapp 23 Dollar pro Barrel steigen ließ; den bis dahin höchsten Stand erreichte der Ölpreis im Oktober 1981 mit 34 Dollar.

Die Ölkrise führte im November/ Dezember 1973 zur Verordnung eines Fahrverbots an vier Sonntagen. Hier das Autobahnkreuz Duisburg-Kaiserberg an einem der »autofreien Sonntage«

4.5 Prager Vertrag

Im Rahmen der von der sozialliberalen Bundesregierung betriebenen *Ostpolitik* (▶3.20) wurden nach dem Abschluss des Moskauer und des Warschauer Vertrages sowie des Grundlagenvertrages mit der DDR im Mai 1973 auch Verhandlungen mit der tschechoslowakischen Regierung aufgenommen.

Schon seit 1971 waren Vorgespräche geführt worden, die nur sehr mühsam vorankamen. Schwierigkeiten bereitete vor allem die Frage, ob das Münchner Abkommen von 1938, in dem die Unterzeichnerstaaten Deutschland, Italien, Großbritannien und Frankreich die Tschechoslowakei zur Abtretung der mehrheitlich von Deutschen bewohnten Sudeten-

Unterzeichnung des Deutsch-Tschechoslowakischen Vertrages am 11. Dezember 1973 in Prag. Am Tisch von links nach rechts: Bundesaußenminister Scheel, Bundeskanzler Brandt, Ministerpräsident Lubomír Štrougal, Außenminister Bohuslav Chňoupek; hinter Brandt stehend: Parteichef Gustaf Husák

gebiete gezwungen hatten, als ungültig »von Anfang an« bezeichnet werden sollte oder nur allgemein als nicht mehr gültig. Die Tschechoslowakei bestand auf der Ungültigkeitserklärung »von Anfang an«, die Bundesregierung befürchtete, dass sich daraus unübersehbare Folgen staats- und privatrechtlicher Art ergeben könnten. In den Verhandlungen konnte im Wesentlichen der deutsche Standpunkt durchgesetzt werden, d. h., das Münchner Abkommen wurde im Vertrag als »nichtig« bezeichnet; daraus sollten nachteilige Rechtsfolgen für die Betroffenen oder materielle Ansprüche der Tschechoslowakei nicht abgeleitet werden können. Die Formulierungen über den Gewaltverzicht und die Unverletzlichkeit der Grenzen waren dem Text des Warschauer Vertrages angepasst. Am 11. Dezember 1973 unterzeichneten die Regierungschefs Brandt und Štrougal sowie die Außenminister Scheel und Chňoupek in Prag den Deutsch-Tschechoslowakischen Vertrag. Am selben Tag wurden die diplomatischen Beziehungen zwischen beiden Staaten aufgenommen.

Zehn Tage später wurde in Bonn, Sofia und Budapest mitgeteilt, dass auch zwischen Bulgarien, Ungarn und der Bundesrepublik Deutschland diplomatische Beziehungen aufgenommen wurden.

4.6 Politik der Abgrenzung in der DDR

Der Beginn der 70er-Jahre markiert in der politischen Entwicklung der DDR einen doppelten Einschnitt. 1971 erfolgte der Führungswechsel in der Staatspartei, und am Ende des folgenden Jahres wurde der Grundlagenvertrag unterzeichnet. Die vermehrten Kontakte, die mit der Verbesserung der Beziehungen zwischen beiden deutschen Staaten entstanden waren, lösten bei der DDR-Führung Befürchtungen hinsichtlich der Stabilität des eigenen Staates aus. Gegenüber der Hervorhebung der Einheit der deutschen Nation und der gemeinsamen deutschen Geschichte und Kultur durch die Bundesrepublik stellte die SED-Spitze die grundsätzlichen Unterschiede im politischen und gesellschaftlichen System zwischen beiden deutschen Staaten heraus.

Bereits einen Monat nach dem erzwungenen Rücktritt Ulbrichts hatte sein Nachfolger, Erich Honecker, auf dem VIII. Parteitag der SED die Behauptung aufgestellt, »dass der Prozess der Abgrenzung zwischen beiden Staaten in allen Bereichen des gesellschaftlichen Lebens immer tiefgehender wird«. In der DDR entwickle sich die »sozialistische Nation«, während in der Bundesrepublik die »bürgerliche Nation« fortbestehe. Furcht vor gesamtdeutschen Hoffnungen in der DDR-Bevölkerung, die bei dem enthusiastischen Empfang Willy Brandts in Erfurt (▶ 3.21) spürbar geworden waren, veranlassten die SED-Führung, am 7. Oktober 1974 weit reichende Verfassungsänderungen in Kraft zu setzen, die alle Bezüge auf eine gemeinsame deutsche Nation tilgten. In der »sozialistischen Verfassung« von 1968 (▶ 3.16) war noch von der »ganzen deutschen Nation« (Präambel) die Rede gewesen, und die »Überwindung der vom Imperialismus der deutschen Nation aufgezwungenen Spaltung Deutschlands, die schrittweise Annäherung der beiden deutschen Staaten bis zu ihrer Vereinigung auf der Grundlage der Demokratie und des Sozialismus« (Art. 8) war als Ziel der Staatspolitik bezeichnet worden. Demgegenüber wurde nur sechs Jahre später betont, dass die »DDR ein fester Bestandteil der sozialistischen Staatengemeinschaft« sei »für immer und unwiderruflich« mit der Sowjetunion verbündet (Art. 6).

Angst vor unerwünschten Kontakten der Bevölkerung mit westlichen Korrespondenten führte zwischen 1974 und 1979 auch zu weiteren Verschärfungen des politischen Strafrechts. Die bloße Weitergabe von Informationen »zum Nachteil der Interessen der DDR« wurde bereits als »landesverräterische Nachrichtenübermittlung« mit Strafe bedroht, auch wenn die entsprechenden Auskünfte nicht der Geheimhaltung unterlagen. Eine exzessive Auslegung des Begriffs »Geheimnisträger«, die selbst noch den Pförtner einer Forschungseinrichtung einschloss, erlegte vielen DDR-Bürgern ein generelles Kontaktverbot gegenüber westdeutschen Besuchern auf. Die Veröffentlichung von Publikationen im Westen wurde nach einer Änderung des Devisen- und Zollgesetzes 1979 mit erheblich verschärften Strafen bedroht, wenn sie ohne Genehmigung der zuständigen Behörden erfolgte. Mit juristischen Mitteln versuchte die Partei- und Staatsführung auch die Berichterstattung über die DDR einzuschränken. Journalisten wurden strikten Arbeitsvorschriften unterworfen, die eine wesentliche Beeinträchtigung der Freiheit der Berichterstattung darstellten, indem Interviews und Befragungen jeder Art in einer Verordnung vom 11. April 1979 grundsätzlich als genehmigungspflichtig erklärt wurden. In Einzelfällen schreckte die SED auch vor der Ausweisung missliebiger Journalisten und der Schließung von Redaktionsbüros nicht zurück.

Den Vorsitz im Staatsrat und damit die Funktion des Staatsoberhaupts übernahm 1976 *Erich Honecker* (▶4.25), der bereits 1971 Walter Ulbricht im politisch entscheidenden Amt des Ersten Sekretärs des ZK der SED abgelöst hatte.

4.7 Guillaume-Affäre

Am 25. April 1974 gab die Bundesanwaltschaft bekannt, dass im Bundeskanzleramt ein enger Mitarbeiter des Bundeskanzlers Willy Brandt festgenommen worden sei, weil er im Verdacht stand, Spionage für die DDR betrieben zu haben. Günter Guillaume war, wie Bundesjustizminister Jahn in der Debatte des Bundestages berichtete, 1956 angeblich als Flüchtling in die Bundesrepublik gekommen. Er war jedoch Mitarbeiter des Ministeriums für Staatssicherheit der DDR und Offizier der Nationalen Volksarmee. Seit diesem Zeitpunkt hatte er nachrichtendienstlich gearbeitet und war im Wesentlichen auf die Parteiarbeit der SPD angesetzt worden. 1970 war er in das Bundeskanzleramt gekommen und hatte dort seit 1972 im Kanzlerbüro die Parteitermine des Bundeskanzlers zu organisieren sowie den Schriftverkehr mit Parteigliederungen und Mitgliedern zu führen.

Während sich Bundeskanzler Brandt tief betroffen und menschlich enttäuscht zeigte, forderte die Opposition die Untersuchung des Falles und Aufklärung über die Hintergründe. Brandt übernahm am 6. Mai 1974 in einem Schreiben an Bundespräsident Gustav Heinemann persönlich die Verantwortung für die Fahrlässigkeiten im Zusammenhang mit der Guillaume-Affäre und erklärte seinen

Günter Guillaume (rechts) mit Bundeskanzler Willy Brandt

Rücktritt vom Amt des Bundeskanzlers. Die SPD nominierte den bisherigen Bundesfinanzminister *Helmut Schmidt* (▶4.8), der am 16. Mai 1974 vom Bundestag zum Kanzler gewählt wurde.

Guillaume und seine Frau wurden Ende 1975 wegen schweren Landesverrates zu 13 bzw. 8 Jahren Gefängnis verurteilt. Sie wurden 1981 in die DDR abgeschoben. Guillaume starb am 17. April 1995.

4.8 Helmut Schmidt

Geboren am 23. Dezember 1918 in Hamburg als Sohn eines Studienrates, nahm Schmidt als Soldat und Offizier am 2. Weltkrieg teil, studierte 1946 bis 1949 Staatswissenschaften und trat 1946 in die SPD ein. 1947/48 war Schmidt Bundesvorsitzender des Sozialistischen Deutschen Studentenbundes (SDS), von 1949 bis 1953 bei der Behörde für Wirtschaft und Verkehr in Hamburg tätig, ab 1952 Verkehrsdezernent. Von 1953 bis 1962 Mitglied des Bundestages, machte er sich einen Namen als Verteidigungsexperte. Als Innensenator in Hamburg (1961–65) wurde

KAPITEL 4

Bundeskanzler Helmut Schmidt auf dem Parteitag der SPD vom Dezember 1979 in Berlin, der ihn als stellvertretenden Parteivorsitzenden bestätigte

Außenminister Hans-Dietrich Genscher auf dem FDP-Parteitag in Hamburg (Oktober 1974), wo er zum Bundesvorsitzenden der Partei gewählt wurde

Schmidt durch sein energisches Eingreifen während der Sturmflutkatastrophe von 1962 weit über Hamburgs Grenzen hinaus bekannt. Seit 1965 wieder im Bundestag, wurde Schmidt 1967 Fraktionsvorsitzender der SPD, 1968–84 war er einer der beiden Stellvertreter des Parteivorsitzenden. In der sozialliberalen Koalitionsregierung wurde Schmidt 1969 Verteidigungsminister, im Juli 1972 (nach dem Rücktritt Karl Schillers) Bundesminister für Wirtschaft und Finanzen; im Dezember 1972 gab er das Wirtschaftsressort an Hans Friderichs (FDP) ab.

Nach dem Rücktritt Bundeskanzler *Brandts* im Zusammenhang mit der *Guillaume-Affäre* (▶4.7) wurde Schmidt mit den Stimmen von SPD und FDP zum Bundeskanzler gewählt. In seiner Regierungserklärung betonte Schmidt, die Leitworte der neuen Regierung seien »Kontinuität und Konzentration«. Einige Reformvorhaben wurden im Hinblick auf die *Wirtschaftskrise* (▶4.22) zurückgestellt, die Entspannungspolitik dagegen konsequent fortgesetzt. Nach den von der SPD-FDP-Koalition gewonnenen Bundestagswahlen von 1976 und 1980 wurde Schmidt erneut zum Bundeskanzler gewählt. Bei der Abwehr des *Terrorismus* (▶4.10) bewies Schmidt Härte und Durchhaltevermögen, aber auch Augenmaß, sodass der liberale Rechtsstaat letztlich ohne größere Beeinträchtigungen blieb. Wegen seiner staatsmännischen und volkswirtschaftlichen Fähigkeiten erwarb sich Schmidt hohes internationales Ansehen. Mit dem französischen Staatspräsidenten Valéry Giscard d'Estaing, mit dem ihn eine persönliche Freundschaft verband, setzte er die Vertiefung der deutsch-französischen Zusammenarbeit fort.

Die anhaltende Weltwirtschaftskrise, die wie in den anderen Industriestaaten, auch in der Bundesrepublik zu einem stetigen Ansteigen der Arbeitslosenzahlen und wachsendem Haushaltsdefizit führte, verursachte nach 1980 zunehmend Meinungsverschiedenheiten in der SPD-FDP-Koalition und schließlich deren Bruch. Helmut Schmidt, der sich zudem wachsendem Widerstand aus der eigenen Partei gegen den *NATO-Doppelbeschluss* (▶4.30) gegenübersah, wurde am 1. Oktober 1982 durch ein konstruktives Misstrauensvotum der CDU/CSU-Opposition im Bündnis mit der Mehrheit der FDP-Fraktion unter Führung Genschers gestürzt. Neuer Bundeskanzler wurde der CDU-Vorsitzende Helmut Kohl. Auch nach dem Ende seiner politischen Karriere blieb Schmidt eine gefragte und geschätzte Persönlichkeit des öffentlichen Lebens. Er nimmt vor allem publizistisch durch seine nachdenklichen Beiträge zu aktuellen Diskussionen Einfluss auf gesellschaftliche und politische Entwicklungen.

4.9 Hans-Dietrich Genscher

In Reideburg bei Halle (Saale) am 21. März 1927 geboren, studierte Genscher nach dem Abitur 1946–49 Jura in Halle und Leipzig. Er war nach 1945 zunächst Mitglied der LDPD der sowjetischen Zone. 1952 ging er in die Bundesrepublik Deutschland und arbeitete ab 1954 als Rechtsanwalt. 1959–65 war Genscher Geschäftsführer der FDP-Bundestagsfraktion, daneben 1962–64 Bundesgeschäftsführer der FDP, seit 1965 Mitglied des Bundestages, 1968–74 stellvertretender Parteivorsitzender. In der sozialliberalen Koalitionsregierung ab 1969 Bundesinnenminister, ergriff er u. a. wichtige Initiativen im Umweltschutz. In der im Mai 1974 neu gebildeten SPD-FDP-Regierung unter Helmut Schmidt wurde Genscher Außenminister und Vizekanzler, nachdem sein Vorgänger Walter Scheel zum Bundespräsidenten gewählt worden war. Auch im Parteivorsitz der FDP trat Genscher im Oktober 1974 dessen Nachfolge an.

Bereits im Sommer 1981 schrieb Genscher an seine Parteifreunde, es müsse eine »Wende« in der deutschen Politik stattfinden. 1982 vollzog er auf der Suche nach einer neuen Mehrheit den Wechsel zum Bündnis mit der Union. In der Koalitionsregierung aus CDU, CSU und FDP unter Bundeskanzler Kohl, die im Oktober 1982 gebildet und in den Bundestagswahlen 1983, 1987, 1990 und 1994 bestätigt wurde, übernahm Genscher bis 1992 erneut die Ämter des Außenministers und des Vizekanzlers. Er setzte sich erfolgreich dafür ein, die Außen- und Deutschlandpolitik der sozialliberalen Koalition auch in der neuen Bundesregierung im Wesentlichen fortzuführen. Vom Parteivorsitz trat er 1984 zurück, blieb aber der bedeutendste und populärste Politiker der FDP und wurde dienstältester Außenminister der Welt. Bedeutenden Anteil hatte er an der deutschen Einigung 1989/90. Im Mai 1992 trat Genscher zurück.

4.10 Terrorismus

Aus einem kleinen Teil der studentischen Protestbewegung hatte sich nach 1968 eine terroristische Gruppierung unter dem Namen »Rote-Armee-Fraktion« (RAF) gebildet, die nach den Namen zweier ihrer Anführer auch Baader-Meinhof-Gruppe genannt wurde. Mit Brandanschlägen auf Kaufhäuser hatte es 1968 begonnen, später folgte eine Serie von Bombenanschlägen, vorwiegend gegen Einrichtungen der Polizei oder der amerikanischen Armee. Die terroristischen Aktivitäten der RAF standen anfangs noch unter einer sozialrevolutionären Zielsetzung, während sie später vor allem der Freipressung inhaftierter Terroristen dienten und schließlich in Gewaltausübung um der Gewalt willen übergingen. Die Terroristen arbeiteten aus dem Untergrund, sie hatten anfänglich mithilfe von Sympathisanten ein Netz von Stützpunkten aufgebaut. Durch Banküberfälle verschafften sie sich Geldmittel, durch Einbrüche in Behörden erbeuteten sie Blankoausweise und Stempel für die Anfertigung von falschen Pässen.

Am 1. Juni 1972 gelang der Polizei in Frankfurt am Main die Festnahme der führenden RAF-Mitglieder. Doch diese führten so auch in der Haft ihren Kampf gegen die westdeutsche Gesellschaft fort. Sie riefen zu neuen terroristischen Aktionen auf und setzten das Mittel des Hungerstreiks ein. Der Häftling Holger Meins starb an den Folgen des Hungerstreiks trotz Zwangsernährung. Einen Tag später, am 10. November 1974, ermordeten RAF-Mitglieder den Berliner Kammergerichtspräsidenten Günther von Drenkmann. Mit der Entführung des Berliner CDU-Vorsitzenden Peter Lorenz am 27. Februar 1975 erpresste ein Terrorkommando der »Bewegung 2. Juni«, dass fünf inhaftierte Gesinnungsgenossen nach Südjemen ausgeflogen wurden. Der von Bundeskanzler Schmidt geleitete Krisenstab hatte beschlossen, zur Rettung eines Menschenlebens rechtsstaatliche Grundsätze auszusetzen und den Terroristen nachzugeben. Eine weitere Demütigung des Staates wollte die Bundesregierung nicht hinnehmen, sie war aber auch bemüht, nicht durch Überreaktion das demokratische Staatswesen in einen Polizeistaat zu verwandeln.

Eine neue Welle von terroristischen Brand- und Sprengstoffanschlägen erreichte in den Morden des Jahres 1977 einen Gipfelpunkt an Brutalität. Dem Mordanschlag auf den Generalbundesanwalt Siegfried Buback auf offener Straße in Karlsruhe am 7. April 1977 fielen

KAPITEL 4

Links: Der Tatort in Köln, an dem Hanns-Martin Schleyer am 5. September 1977 entführt wurde und seine vier Begleiter erschossen wurden. Rechts: Schleyer in der Gewalt der RAF-Terroristen. Das Bild übersandten die Entführer einer französischen Zeitung zusammen mit einer brieflichen Aufforderung an die deutsche Bundesregierung, ihre Fahndungsaktivitäten aufzugeben

auch zwei seiner Begleiter zum Opfer. Dem Mord an dem Vorstandssprecher der Dresdner Bank, Jürgen Ponto, am 30. Juli 1977 folgte die Entführung des Arbeitgeberpräsidenten Hanns-Martin Schleyer am 5. September 1977, dessen vier Begleiter bei dem Überfall in Köln erschossen wurden. Auch jetzt wieder wollten die Entführer die Freilassung von elf Häftlingen erpressen. Der große Krisenstab, dem unter Leitung des Bundeskanzlers auch Oppositionsvertreter angehörten, suchte Schleyers Leben zu retten, ohne der Forderung der Terroristen nachgeben zu müssen. Die seit langem bekannten internationalen Verflechtungen des Terrorismus wurden erneut deutlich, als am 13. Oktober 1977 palästinensische Luftpiraten eine Lufthansamaschine mit 91 Insassen entführten und die Freilassung der elf deutschen und zweier türkischer Häftlinge forderten. Am 18. Oktober stürmte das Sonderkommando GSG 9 des Bundesgrenzschutzes das Flugzeug auf dem Flughafen von Mogadischu (Somalia) und befreite die Geiseln. Wenige Stunden später wurden die in Stuttgart-Stammheim inhaftierten RAF-Anführer Baader, Ensslin und Raspe in ihren Zellen tot aufgefunden. Das Untersuchungsergebnis lautete: Selbstmord durch Pistolenschüsse. Nicht geklärt werden konnte, wie die Waffen in die Zellen gelangt waren. Einen Tag später fand man die Leiche des ermordeten Arbeitgeberpräsidenten Schleyer im Elsass.

Auch nach zahlreichen Festnahmen und Verurteilungen war die terroristische Bedrohung nicht gebannt, wie etwa die Mordanschläge der RAF auf den Siemens-Manager Karl-Heinz Beckurts und seinen Fahrer sowie auf Gerold von Braunmühl, einen der höchsten Beamten des Auswärtigen Amtes, 1986 deutlich machten. Der am 30. November 1989 auf Alfred Herrhausen, den Vorstandssprecher der Deutschen Bank und wohl einflussreichsten deutschen Wirtschaftsmanager, verübte Mordanschlag zeigte nach Aussage der Bundesanwaltschaft, dass die RAF nach wie vor über eine funktionierende Organisation und Logistik verfügte.

Nach der Wende in der DDR wurde der lang gehegte Verdacht bestätigt, dass einige RAF-Terroristen dort Zuflucht gefunden hatten. Nach Hinweisen von Bürgern und Stasi-Mitarbeitern konnten 1990 u.a. die RAF-Aussteiger Susanne Albrecht in Ost-Berlin, Inge Viett in Magdeburg, Monika Helbing und Eckehard Freiherr von Seckendorff-Gudent in Frankfurt (Oder) verhaftet werden. Sie hatten in der DDR ein unauffälliges Leben geführt. Das Ministerium für Staatssicherheit war ihnen bei der Einbürgerung, Eingliederung, Wohnungs- und Arbeitssuche behilflich gewesen.

4.11 Stammheimer Prozesse gegen RAF-Mitglieder

»Stammheim« wurde in der Geschichte der Bundesrepublik zum Synonym für die strafrechtliche Auseinandersetzung mit dem *Terrorismus* (▶4.10) der »Rote-Armee-Fraktion« (RAF), obwohl Terroristenprozesse auch an anderen Orten stattfanden. Auf dem Gelände der Strafanstalt in Stuttgart-Stammheim war eigens ein mit aufwendigen Sicherheitseinrichtungen ausgestattetes Gerichtsgebäude errichtet worden. Hier begann am 21. Mai 1975 vor dem Oberlandesgericht Stuttgart der Prozess gegen die ersten Anführer der RAF, Andreas Baader, Ulrike Meinhof, Gudrun Ensslin und Jan-Carl Raspe. Gericht und Bundesanwaltschaft sahen sich vor die Aufgabe gestellt, mit den Mitteln des Strafrechts die kriminellen Taten von Angeklagten zu ahnden, die für sich den Status von Kriegsgefangenen und die Anwendung des Kriegsrechts reklamierten. Im Verlauf des Verfahrens stellte die Verteidigung zahlreiche Befangenheitsanträge, nach dem 85. Antrag wurde im Januar 1977 der Vorsitzende Richter von der Prozessführung entbunden; es kam zu einem zeitweiligen Prozessboykott vonseiten der Verteidiger sowie zu Hungerstreiks der Angeklagten. Die Justiz griff andererseits zu rechtsstaatlich bedenklichen Maßnahmen wie der Entpflichtung sämtlicher Wahlverteidiger bis auf einen, Fortsetzung des Verfahrens in Abwesenheit der Angeklagten und Abhören der Gespräche zwischen Anwälten und Angeklagten.

Die Urteile wurden am 25. April 1977 verkündet. Baader, Raspe und Gudrun Ensslin erhielten lebenslängliche Haftstrafen wegen vollendeten bzw. versuchten Mordes in mehreren Fällen sowie wegen Bildung einer kriminellen Vereinigung. Ulrike Meinhof hatte im Mai 1976 Selbstmord verübt. Die Urteile erlangten indessen keine Rechtskraft, da die Verteidigung Revision einlegte, die mit dem Tod der Angeklagten im Oktober 1977 gegenstandslos wurde.

In der Auseinandersetzung mit dem Terrorismus haben Erfahrungen aus dem Stammheimer Baader-Meinhof-Prozess zu einer Reihe von Änderungen im Strafprozessrecht geführt, die allgemein die Rechte von Angeklagten und Verteidigern einschränkten.

4.12 KSZE-Konferenz in Helsinki

Die Mitgliedsstaaten des Warschauer Pakts hatten 1967 den Vorschlag einer Europäischen Sicherheitskonferenz gemacht, an der alle europäischen Staaten teilnehmen sollten. 1968 griffen die NATO-Staaten den Vorschlag auf. Doch erst nachdem im Zuge der neuen *Ostpolitik* (▶3.20) die Gewaltver-

Unterzeichnung der KSZE-Schlussakte am 1. August 1975 in Helsinki. Im Vordergrund von links nach rechts: SED-Chef Erich Honecker, US-Präsident Gerald Ford und der österreichische Bundeskanzler Bruno Kreisky

KAPITEL 4

zichtsverträge der Bundesrepublik Deutschland mit der Sowjetunion, Polen und der DDR in Kraft getreten waren und der SALT-I-Vertrag zwischen den USA und der Sowjetunion abgeschlossen war, wurde die »Konferenz über Sicherheit und Zusammenarbeit in Europa« (KSZE) am 3. Juli 1973 eröffnet. Die westlichen Staaten hatten durchsetzen können, dass auch die USA und Kanada als Vollmitglieder teilnahmen, sodass die Außenminister von 35 Staaten in Helsinki zusammentrafen. Es schloss sich eine zweite Phase der KSZE von September 1973 bis Juli 1975 in Genf an, die der Ausarbeitung der Schlussdokumente diente. Beim Gipfeltreffen in Helsinki vom 30. Juli bis zum 1. August 1975 unterzeichneten die Staats-, Regierungs- oder Parteichefs der Teilnehmerstaaten die KSZE-Schlussakte, die freilich keinen verbindlichen Vertrag darstellte, sondern lediglich gemeinsame Absichtserklärungen der beteiligten Regierungen enthielt.

Danach sollten sich die Teilnehmerstaaten von zehn Prinzipien leiten lassen: u. a. Gewaltverzicht, Unverletzlichkeit der Grenzen und territoriale Integrität der Staaten, friedliche Regelung von Streitfällen, Nichteinmischung in innere Angelegenheiten, Achtung der Menschenrechte und Grundfreiheiten, Gleichberechtigung und Selbstbestimmungsrecht der Völker, Zusammenarbeit zwischen den Staaten. Außerdem wurden vertrauensbildende Maßnahmen (wechselseitige Manöverbeobachtung, Ankündigung von größeren Manövern und Truppenbewegungen) sowie wirtschaftliche, wissenschaftliche und technische Kooperation sowie Zusammenarbeit bei der Förderung menschlicher Kontakte über die Grenzen hinweg vereinbart.

KSZE-Nachfolgekonferenzen fanden 1977/1978 in Belgrad, 1980–83 in Madrid und 1986–89 in Wien statt, 1984–86 in Stockholm eine »Konferenz über Vertrauensbildung und Abrüstung in Europa« (KVAE). Die dritte Nachfolgekonferenz der Konferenz über Sicherheit und Zusammenarbeit in Europa wurde von den Außenministern der 35 Teilnehmerstaaten (einschließlich der USA und Kanadas) am 4. November 1986 begonnen. Bei der Debatte über die Erfüllung der in der Schlussakte von Helsinki (1975) gemeinsam vereinbarten Grundsätze erhoben die westlichen Vertreter heftige Vorwürfe gegen die Ostblockstaaten wegen Missachtung von Menschenrechten. Dass auch auf diesem Feld die politischen Veränderungen insbesondere aufgrund der sowjetischen Politik der Perestroika sich schließlich positiv ausgewirkt haben, spiegelt das Schlussdokument der Konferenz vom 15. Januar 1989 wider. Es verzeichnet Fortschritte in Menschenrechtsfragen grundsätzlicher Art und in der humanitären Zusammenarbeit einzelner Teilnehmerstaaten. Gleichzeitig wurde beschlossen, eine Konferenz über konventionelle Streitkräfte in Europa abzuhalten.

Nach dem Zusammenbruch der kommunistischen Regime bildete die KSZE als einzige gesamteuropäische Institution den Rahmen für die Neuordnung Europas. Mit der Unterzeichnung der »Charta von Paris« im November 1990 durch die 35 KSZE-Staaten wurde der Ost-West-Konflikt nach Jahrzehnten endgültig beendet. Mit der Konferenz in Helsinki 1992 wurde die KSZE zu einer Einrichtung der UNO mit neuen Strukturen und Institutionen. Auf Beschluss der Nachfolgekonferenz in Budapest Anfang Dezember 1994 wurde die KSZE zum 1. Januar 1995 in OSZE (Organisation für Sicherheit und Zusammenarbeit in Europa) umbenannt und umfasst 53 Mitgliedsstaaten aus Europa, Mittelasien und Nordamerika. Ihr vorrangiges Ziel besteht in der Vermeidung von Konflikten und der Lösung von Krisen.

4.13 Die Wirtschaftsgipfel

Die nach dem Zusammenbruch des Weltwährungssystems und der Ölkrise 1973/74 ausgebrochene Wirtschaftskrise hatte alle Industriestaaten des Westens erfasst. Die Gefahr bestand, dass jedes Land die wirtschaftlichen Probleme auf eigene Faust zu lösen versuchte und dabei – etwa durch Zollschranken oder andere Handelsbeschränkungen – den anderen Staaten zusätzlichen Schaden zufügte, wie dies bei der Weltwirtschaftskrise ab 1929 der Fall gewesen war.

In dieser Situation lud der französische Staatspräsident Valéry Giscard d'Estaing die Staats- bzw. Regierungschefs der Bundesrepublik Deutschland, Großbritanniens, Italiens, Japans und der USA vom 15. bis zum 17. November 1975 nach Schloss Rambouillet bei Paris ein. Am nächsten Treffen im Juni

DEUTSCH-DEUTSCHE VERANTWORTUNG

Die Staats- bzw. Regierungschefs von sieben westlichen Staaten treffen sich im Juli 1981 beim Wirtschaftsgipfel In Ottawa

1976 in Puerto Rico nahm zusätzlich der kanadische Premierminister teil. Diese Wirtschaftsgipfel, wie sie genannt wurden, fanden nun in jedem Jahr zwischen Mai und Juli in einem der sieben Teilnehmerländer statt, 1978 und 1985 in Bonn, 1992 in München.

Das Ziel, das sich Giscard d'Estaing und der mit ihm in enger politischer Zusammenarbeit verbundene deutsche Bundeskanzler Schmidt mit diesen Zusammenkünften gesetzt hatten, nämlich eine Abstimmung der Wirtschafts- und Finanzpolitik der jeweiligen Länder sowie die Abwehr protektionistischer Maßnahmen, wurde häufig nicht erreicht. So konnten die übrigen Partner beim amerikanischen Präsidenten Ronald Reagan nicht den Abbau des riesigen Haushaltsdefizits der USA durchsetzen, dessen Auswirkungen in Form von hohen Zinsen den westeuropäischen Staaten, aber auch der Dritten Welt, großen wirtschaftlichen Schaden zufügten. Dennoch boten die Wirtschaftsgipfel wertvolle Gelegenheiten zum Meinungsaustausch und zu persönlichen Begegnungen der wichtigsten Politiker der westlichen Welt. Seit dem Treffen von Williamsburg (USA) 1983 wurde vor allem auf amerikanisches Betreiben die ursprüngliche Begrenzung auf die Wirtschafts- und Finanzpolitik aufgegeben, und es wurden allgemeinpolitische Themen mit einbezogen.

4.14 Frauenbewegung

Das Gleichberechtigungsgebot des Grundgesetzes hat zwar verfassungsrechtlich verbindlich Männer und Frauen gleichgestellt, doch die tatsächliche Diskriminierung der Frauen in der Gesellschaft wurde damit keineswegs beseitigt. In Ausbildung, beruflicher Entwicklung, Entlohnung, bei der Besetzung öffentlicher Ämter und auf vielen anderen Feldern waren die Frauen weiterhin benachteiligt, als sich Ende der 60er-Jahre – im Zusammenhang mit der Studentenbewegung und unter dem Einfluss der neuen Frauenbewegung in den USA – autonome, politisch links orientierte Frauengruppen bildeten. Die Bewegung, die zum Teil an die Frauenbewegung des 19. und frühen 20. Jahrhunderts anknüpfte, differenzierte sich bald in einen sozialistischen und einen feministischen Flügel, der vorrangig gegen die historisch überkommene Vorherrschaft der Männer in Staat und Gesellschaft (Patriarchat) kämpfte. Diese Flügelbildung wurde allerdings bald überdeckt durch den gemeinsamen Kampf der

KAPITEL 4

Demonstration für die Emanzipation der Frauen am Internationalen Frauentag in Frankfurt (8. März 1982)

Frauenbewegung für die politisch sehr umstrittene Abschaffung der Strafvorschriften des § 218 (▸ 5.25).

Nach dem für die Frauenbewegung enttäuschenden Ergebnis bei der Reform des § 218 (1976) zogen sich die feministischen Gruppen großenteils aus der direkten politischen Auseinandersetzung zurück und konzentrierten sich auf die Ziele der Selbstverwirklichung, Selbstbestimmung und Selbsthilfe der Frauen. Mit Frauenzentren, Frauencafés, Frauenhäusern (für misshandelte Frauen) und Frauenzeitschriften wie z. B. der 1977 von Alice Schwarzer gegründeten »Emma« etablierte sich die feministische Frauenbewegung als Initiatorin einer Frauenkultur, die anfangs nur einen Bruchteil der Frauen in der Bundesrepublik erfasste, aber zunehmend gesellschaftliche Wirkungskraft entwickelte. Die feministische Frauenbewegung wurde ein wichtiger Teil der *alternativen Bewegung* (▸ 4.19) und hatte Anteil an der Entstehung der Partei der *Grünen* (▸ 4.20), wirkte aber auch in die anderen Parteien und die Gewerkschaften hinein.

4.15 Mitbestimmung 1976

Den nach dem 2. Weltkrieg verstärkt vorgetragenen Forderungen nach Mitbestimmung der Arbeitnehmer auf der Unternehmensebene wurde mit dem Mitbestimmungsgesetz von 1951 nur für die Montanindustrie (Kohle und Stahl) Rechnung getragen. Im übrigen Bereich der Wirtschaft wurde für Kapitalgesellschaften im Betriebsverfassungsgesetz 1952 die Besetzung eines Drittels der Aufsichtsratssitze durch Arbeitnehmer vorgeschrieben (*Mitbestimmung und Betriebsverfassung,* ▸ 2.15). So blieb die Forderung der Gewerkschaften und der SPD bestehen, die paritätische Mitbestimmung nach dem Montanmodell auf die ganze Wirtschaft auszudehnen. Die Regierung der Großen Koalition (1966–69) beschäftigte sich mit dem Problem, bestellte aber zunächst einmal bei Professor Kurt Biedenkopf ein Gutachten, das sich dann gegen die Einführung der paritätischen Mitbestimmung aussprach. Die erste Regierung Brandt/Scheel klammerte die Frage aus und beschränkte sich erst einmal auf die Reform der betrieblichen Mitbestimmung im *Betriebsverfassungsgesetz 1972* (▸ 3.26).

Nach der Bundestagswahl von 1972 ging die sozialliberale Koalition das Problem der überbetrieblichen Mitbestimmung an. Zwischen den Koalitionspartnern bestanden zunächst unüberbrückbare Gegensätze, da die FDP die Verfügungsgewalt der Kapitalseite nicht eingeschränkt wissen wollte. Nach langem Ringen wurde schließlich ein Kompromiss gefunden, der die Grundlage des am 1. Juli 1976 in Kraft getretenen Mitbestimmungsgesetzes

DEUTSCH-DEUTSCHE VERANTWORTUNG

bildete: Danach sind die Aufsichtsräte von Unternehmen mit mehr als 2000 Beschäftigten zu gleichen Teilen mit Vertretern der Anteilseigner und der Arbeitnehmer zu besetzen. Die Gewerkschaften können mindestens zwei Arbeitnehmervertreter entsenden, die übrigen Arbeitnehmersitze werden auf Arbeiter, Angestellte und leitende Angestellte aufgeteilt. Geht im Aufsichtsrat die Abstimmung über einen Gegenstand unentschieden aus, so hat der mit dem Vertrauen der Anteilseigner ausgestattete Vorsitzende bei einer erneuten Abstimmung zwei Stimmen, mit denen er den Ausschlag geben kann. Dies gilt auch bei der Wahl der Vorstandsmitglieder.

Auch nach dem In-Kraft-Treten des Gesetzes gingen die Auseinandersetzungen weiter. Die Gewerkschaften kritisierten, dass durch Unternehmensaufspaltungen das Gesetz teilweise unterlaufen wird. Die Unternehmerverbände sahen das Recht auf Eigentum verletzt und legten Verfassungsbeschwerde ein, scheiterten damit jedoch beim Bundesverfassungsgericht.

4.16 Nord-Süd-Konflikt und deutsche Entwicklungspolitik

In den 70er-Jahren begann sich die Erkenntnis durchzusetzen, dass der Gegensatz zwischen den Industriestaaten der nördlichen Erdhalbkugel und der Dritten Welt mindestens die gleiche politische Brisanz hatte wie der Ost-West-Konflikt. Das rasche Bevölkerungswachstum in vielen Ländern der Dritten Welt führt bei einer unterentwickelten Landwirtschaft zu Ernährungsproblemen bis hin zu Hungerkatastrophen. Dem gegenüber steht die Welt der Industriestaaten in West und Ost, die für Hunderte von Milliarden Dollar jährlich eine atomare Hochrüstung unterhält und eine Überproduktion von Nahrungsmitteln aufweist.

Einen Ausgleich der Gegensätze versucht bisher mit geringem Erfolg der Nord-Süd-Dialog zu schaffen – etwa im Rahmen der Konferenz über internationale wirtschaftliche Zusammenarbeit (seit 1975). Wichtige Forderungen der Dritten Welt sind dabei die Stabilisierung der Rohstoffpreise und der Zugang zu den Märkten der Industriestaaten. 1977 konstituierte sich eine unabhängige »Nord-Süd-Kommission« unter dem Vorsitz von Willy Brandt, deren 1980 vorgelegte Vorschläge für einen partnerschaftlichen Ausgleich zwischen Nord und Süd allerdings keinen Eingang in die politische Praxis fanden. Die finanzielle Lage vieler Entwicklungsländer hat sich in den 80er-Jahren, auch aufgrund der amerikanischen Hochzinspolitik, dramatisch verschlechtert. Viele Staaten waren nicht mehr in der Lage, mit ihren Exporterlösen Zins und Tilgung für ihre Kredite zu bezahlen.

Ziel der Entwicklungspolitik der Bundesrepublik in den 70er-Jahren war »Hilfe zur Selbsthilfe«. So sollten die Lebensbedingungen verbessert, die Unterbeschäftigung und

Beteiligung der Arbeitnehmer im Aufsichtsrat nach dem Mitbestimmungsgesetz für die Montanindustrie (links) und nach dem Mitbestimmungsgesetz von 1976 (rechts)

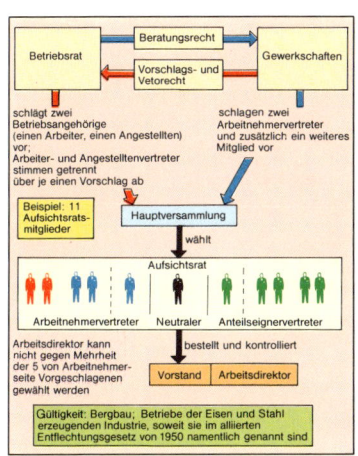

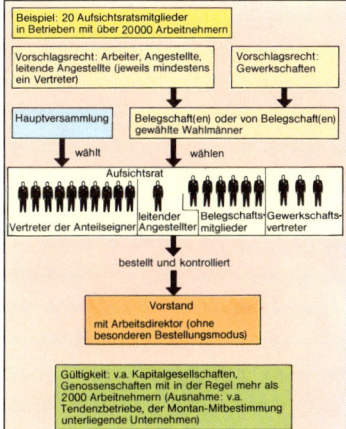

KAPITEL 4

Erdnussernte in Kamerun. Der deutsche Berater (rechts) gehört zu einer Gruppe von Entwicklungshelfern, die Möglichkeiten zur Technisierung der Landwirtschaft untersucht

Arbeitslosigkeit bekämpft werden. Außenpolitische Interessen sollten dabei nicht im Vordergrund stehen, doch sollte die Entwicklungshilfe den Frieden sichern und »Handelspartner von morgen« gewinnen. Den »Grundlinien« der christlich-liberalen Bundesregierung zufolge ist die Entwicklungshilfe Teil weltweiter, auf Frieden, Ausgleich und Stabilität gerichteter Politik. Sie sei nicht nur Gebot christlicher Nächstenliebe und mitmenschlicher Solidarität, sondern liege auch im Eigeninteresse der exportorientierten Bundesrepublik.

Eine gemeinsame Linie der Entwicklungshilfe verfolgen die EG-Staaten durch verschiedene Abkommen mit den inzwischen 70 AKP-Staaten (Staaten des afrikanischen, karibischen und pazifischen Raumes). So haben die AKP-Erzeugnisse, Agrarprodukte ausgenommen, freien Zugang zum EG-Markt. Die finanzielle Unterstützung ist im IV. Lomé-Abkommen von 1989 beträchtlich aufgestockt worden. Dabei werden die Mittel nicht mehr gleichmäßig verteilt, sondern vor allem in Gebiete ernster Notstände gelenkt. Im Jahr 1993 stellte die Bundesrepublik 504,5 Millionen DM für Nahrungsmittelhilfe bereit. Damit kann zwar Not gelindert werden, die Lösung der strukturellen Probleme bleibt allerdings – auch aufgrund politischer Konstellationen – ein schwieriges Unterfangen.

4.17 Bürgerinitiativen

In den Jahren 1968/69 entstanden in der Bundesrepublik die ersten Bürgerinitiativen, d. h. von politischen Parteien und sonstigen Verbänden unabhängige Zusammenschlüsse gleich gesinnter Bürger zur Durchsetzung partikularer Interessen. Den Anstoß zur Bildung von Bürgerinitiativen gaben tatsächliche – oder vermeintliche Mängel, Missstände oder Fehlplanungen vor allem auf den Gebieten von Bildung und Erziehung, Verkehr, Stadtplanung und Umweltschutz. In ihren Anfangszeiten richteten sich Bürgerinitiativen meist auf kommunale Probleme, sie waren locker organisiert und handelten laienhaft, doch nahmen im Lauf der Jahre sowohl ihr Organisationsgrad wie auch das politische Geschick ihrer Vertreter zu.

Im politischen und juristischen Kampf gegen den Bau von Kernkraftwerken erreichten sie z. B. in Whyl, Kalkar und Brokdorf mehrfach Baustopps und erzwangen neue Entscheidungsverfahren, in Gorleben beeinflussten sie die Entscheidung der niedersächsischen Landesregierung gegen eine Wiederaufbereitungsanlage. Erfolgreich wehrten sie sich gegen den Bau einer Automobil-Teststrecke bei Boxberg im Odenwald und zwangen den Daimler-Benz-Konzern, seine Pläne zu ändern. Bürgerinitiativen hatten 1983 erheb-

DEUTSCH-DEUTSCHE VERANTWORTUNG

lichen Anteil an der Verhinderung der Volkszählung, die nach einer Änderung des Gesetzes erst 1987 stattfand.
Die rasch zunehmende Bedeutung der Bürgerinitiativen warf die Frage auf, ob dies als Folge eines Versagens des politischen Systems zu werten sei, ob Regierungen und Verwaltungen nicht an den Interessen der betroffenen Bürger vorbei planten und entschieden, ob der tatsächliche Bürgerwille über die Parteien nicht mehr in den politischen Entscheidungsgremien zur Geltung komme. Festzustellen ist, dass die Arbeit der Bürgerinitiativen das politische System der Bundesrepublik modifiziert hat: Der Monopolanspruch der politischen Parteien bei der politischen Willensbildung wurde zurückgedrängt. Andererseits hat die wachsende Bedeutung der Bürgerinitiativen in der Arbeit der Parteien selbst – wenn auch in unterschiedlichem Maße – ihren Niederschlag gefunden, indem unter der Wirkung des äußeren Drucks bisher vernachlässigte Themen und neue politische Sichtweisen in die innerparteiliche Diskussion eingeführt wurden. An der Grundstruktur des parlamentarischen Systems haben die Bürgerinitiativen nichts ändern können. Diese Erkenntnis führte mit dazu, dass seit Ende der 70er-Jahre aus der Bürgerinitiativbewegung heraus selbst die Bildung einer politischen Partei, nämlich der *Grünen* (▶4.20), erfolgreich betrieben wurde.

Der Bau der Startbahn West des Frankfurter Flughafens stieß auf den Widerstand zahlreicher Bürgerinitiativen.
Das Bild zeigt eine Protestdemonstration auf dem Baugelände (Oktober 1982)

4.18 Energiepolitik/Kernenergie

Die *Ölkrise* 1973 (▶4.4) hatte die Abhängigkeit der Bundesrepublik von importierten Energieträgern und den hohen Stellenwert der Energiepolitik deutlich gemacht.
Die Prognosen der 70er-Jahre gingen noch von einem stetigen Wachstum der Wirtschaft und von hohen Zuwachsraten beim Energieverbrauch aus. Die staatliche Energiepolitik zielte auf eine Verringerung des Anteils von Erdöl, dessen Bezug aus dem Ausland mit vielerlei politischen Risiken behaftet war, und auf den Ausbau der Energiegewinnung aus Erdgas, heimischer Kohle und aus Kernenergie.
Die Absicht, den Bau von Kernkraftwerken zu forcieren, stieß jedoch in der Bevölkerung auf Widerstand. Besonders im Umkreis geplanter Kraftwerksstandorte wurden massive Befürchtungen hinsichtlich mangelnder Sicherheit der Kraftwerksanlagen und möglicher Gesundheitsgefährdungen laut. Es bildeten sich lokale und regionale *Bürgerinitia-*

tiven (▶ 4.17), die mit Demonstrationen, aber auch mit juristischen Mitteln gegen die geplanten Kernkraftwerke vorgingen. In kurzer Zeit entstand eine bundesweite Anti-Kernkraft-Bewegung. An Standorten wie Whyl (in Baden) oder Brokdorf (in Schleswig-Holstein) kam es zu Großdemonstrationen und Bauplatzbesetzungen, auch zu gewaltsamen Auseinandersetzungen zwischen Demonstranten und Polizei. Die breite öffentliche Diskussion über die Kernenergie führte mit dazu, dass die ursprünglichen Planungen revidiert wurden – der Zuwachs beim Energieverbrauch stellte sich als weit niedriger heraus – und die Zahl der geplanten Kernkraftwerke verringert wurde.

Kritiker der Kernenergie warnten vor dem »Atomstaat«, der, um die Sicherheit der atomaren Anlagen gegen Missbrauch oder terroristische Aktionen zu gewährleisten, einen riesigen Überwachungsapparat aufbauen müsste. Dies aber würde zur Zerstörung der freiheitlichen Demokratie führen.

Nicht zufriedenstellend gelöst ist nach wie vor die Frage der Entsorgung der radioaktiven Abfälle. Da die bei der Gewinnung von Kernenergie anfallenden radioaktiven Atomkerne des Urans und Plutoniums sehr hohe Halbwertszeiten haben, d. h., die Zeit, nach der sich die Radioaktivität um die Hälfte verringert, Jahrtausende dauert, bedarf es einer Endlagerung, bei der ein hundertprozentiger Schutz der Umwelt dieser und künftiger Generationen vor dem Kontakt mit diesen radioaktiven Stoffen gewährleistet ist. Im Gegensatz zur Kernenergie wurde in der Bundesrepublik die Erforschung alternativer Energien nur mit bescheidenen Mitteln gefördert. Dazu gehören u. a. die Nutzung von Sonnenenergie, Erdwärme und Windkraft, aber auch von Biogas. Das Energiesparen ist in den letzten Jahren immer mehr in den Vordergrund gerückt – auch aus Gründen des Umweltschutzes. Vielerlei Maßnahmen wurden in Angriff genommen, so die Wärmedämmung der Gebäude, die Modernisierung privater Heizungsanlagen, die Nutzung der bei der Stromerzeugung entstehenden Wärme (Kraft-Wärme-Kopplung) in Verbindung mit dem Ausbau von Fernwärmenetzen, die Rückführung von Abwärme (auch in der Industrie).

4.19 Alternative Bewegung

Seit den 70er-Jahren bildeten sich in verschiedenen westlichen Industriestaaten Gruppen meist jüngerer Menschen, die der modernen Industriegesellschaft skeptisch bis ablehnend gegenüberstehen und eigene – alternative – Formen wirtschaftlicher, gesellschaftlicher und politischer Organisation entwickeln.

Diese Gruppen kritisieren an der modernen Industriegesellschaft, dass die Lebensverhältnisse in keiner Weise mehr überschaubar seien. Alles sei im großen Maßstab organisiert, eine weit verzweigte staatliche Bürokratie, Großparteien, Großverbände, große Gewerkschaftsorganisationen beherrschten die Gesellschaft. Die Wirtschaft sei von Großkonzernen, die Produktion von Großtechnologien geprägt. Die vorherrschende Wirtschaftsweise zerstöre zunehmend die natürlichen Lebensgrundlagen und mache die Menschen zu Sklaven der Produktion und des Konsums. Tiefes Misstrauen herrscht bei der alternativen Bewegung gegenüber den Methoden der politischen Willensbildung im parlamentarischen System, das von den Parteien dominiert wird. Die Auffassung, diesen Charakter der Gesellschaft von innen heraus nicht wirksam verändern zu können, führte zu dem Versuch, die eigenen Lebensverhältnisse wenigstens zum Teil selbst in alternativen Formen zu bestimmen.

Hausbesetzer, die – wie hier in Berlin – gegen die Vernichtung von Wohnraum protestieren, gehörten von Anfang an zur alternativen Bewegung

DEUTSCH-DEUTSCHE VERANTWORTUNG

Die alternative Bewegung in der Bundesrepublik hat sich aus *Bürgerinitiativen* (▶4.17), aus Protestgruppen (z. B. der Hausbesetzerbewegung), aus der *Frauenbewegung* (▶4.14), Arbeitsloseninitiativen usw. entwickelt. Unter den einzelnen Gruppen bestehen nur lockere Verbindungen. Im politischen Bereich gibt es Verflechtungen vor allem mit den *Grünen* (▶4.20) und der *Friedensbewegung* (▶4.29).

Neben Projekten im kulturellen und sozialen Bereich sind im Rahmen der alternativen Bewegung zahlreiche Wirtschaftsprojekte entstanden, die zumeist in genossenschaftlicher Form geführt werden. Dazu gehören Handwerksbetriebe, Druckereien, Buch- und Zeitungsverlage, Dienstleistungs- und Einzelhandelsbetriebe, alternative Buchhandlungen, Gastwirtschaften und ökologisch ausgerichtete landwirtschaftliche Betriebe. Gefördert werden solche Projekte nicht nur durch Einrichtungen innerhalb der alternativen Bewegung wie etwa den Verein »Netzwerk Selbsthilfe«, sondern auch durch öffentliche Mittel.

Kritiker haben eingewandt, die Anhänger der alternativen Bewegung hätten sich lediglich in den Nischen der Industriegesellschaft niedergelassen, ihr Wirtschaften sei mittelbar oder unmittelbar von der Existenz eben dieser Industriegesellschaft abhängig, und letztlich würden auch deren Einrichtungen wie etwa das Gesundheits- oder das Sozialversicherungssystem beansprucht.

4.20 Die Grünen

Vor allem aus den *Bürgerinitiativen* (▶4.17) der Umweltschutzbewegung entstanden bereits gegen Ende der 70er-Jahre in verschiedenen Teilen der Bundesrepublik »grüne Listen«, die sich an Kommunal- und Landtagswahlen beteiligten. Durch Zusammenschluss dieser regionalen Vereinigungen mit der »Grünen Aktion Zukunft« sowie unter Beteiligung von Gruppen der Frauen- und der alternativen Bewegung entstand Anfang 1980 auf Bundesebene die Partei »Die Grünen«, die sich zu den Grundwerten »ökologisch – sozial – basisdemokratisch – gewaltfrei« bekannte.

Es gelang den Grünen, die Erhaltung der natürlichen Lebensgrundlagen des Menschen

Wahlplakat der Grünen im Bundestagswahlkampf 1983

zu einem der vorrangigen Themen der politischen Diskussion zu machen. Dabei haben die Grünen früher und nachhaltiger als andere politische Kräfte die bis dahin allgemein akzeptierte These infrage gestellt, dass nur ein stetiges Wirtschaftswachstum den Bestand von Gesellschaft und Demokratie in der Bundesrepublik sichern könne. Die pazifistische Grundorientierung der Grünen führte zu ihrer aktiven Mitarbeit in der *Friedensbewegung* (▶4.29). Sie lehnten die Militärblöcke ab und plädierten für den Austritt der Bundesrepublik Deutschland aus der NATO.

Nachdem sie bei der Bundestagswahl von 1980 nur 1,5 % der Stimmen gewonnen hatten, konnten die Grünen 1983 mit 5,6 % der Stimmen die Fünfprozentklausel überwinden. 1987 erreichten sie in der Bundestagswahl sogar 8,3 % der Stimmen, scheiterten aber bei der ersten gesamtdeutschen Wahl im Dezember 1990 an der Fünfprozenthürde. Lediglich die in den neuen Bundesländern unter Sonderbedingungen angetretene Kombination Bündnis 90/Die Grünen zog mit 8 Abgeordneten in den neuen Bundestag ein.

Die jahrelangen erbitterten Flügelkämpfe innerhalb der Partei zwischen den so genannten Fundamentalisten (»Fundis«), die jede Teilnahme an der Regierungsverantwortung strikt ablehnten, und den Realpolitikern (»Realos«), die die Beteiligung an der Macht in Koalitionen vorwiegend mit der SPD anstrebten, brachten die Grünen wiederholt an den Rand der Spaltung und lähmten die Parteiarbeit. In einer Phase allmählicher Konsolidierung gelang den Grünen der Einzug in Landtage und der Eintritt in mehrere Koalitionsregierungen: so erstmals in Hessen 1983, wo die Koalition mit der SPD allerdings 1987 wieder zerbrach. Inzwischen sind die Grünen, die sich 1993 mit dem für die Volkskammerwahl im März 1990 gebildeten Bündnis 90 zu einer Partei vereint haben, eine »etablierte« Partei geworden, die in den 90er-Jahren in einigen Landesregierungen vertreten war und ist: so von 1990 bis 1994 in Niedersachsen und Brandenburg, von 1991 bis 1995 in Bremen, seit 1994 in Sachsen-Anhalt, seit 1995 in Nordrhein-Westfalen und seit 1996 in Schleswig-Holstein. Aus den Bundestagswahlen vom 16. Oktober 1994 gingen Bündnis 90/Die Grünen als drittstärkste Partei mit 7,3 % der Stimmen hervor.

4.21 Ende des Wachstums/Umweltschutz

Als im Jahre 1972 die Wissenschaftler des Club of Rome in ihrem Bericht »Die Grenzen des Wachstums« vor der Zerstörung der Erde durch ein weiterhin ungehemmtes Wirtschaftswachstum warnten, wurden sie kaum gehört. Zu sehr war die Gesellschaft der Bundesrepublik – wie die der anderen Industriestaaten – im Wachstumsdenken befangen. Der soziale Konsens und damit die Stabilität der demokratischen Ordnung war ganz wesentlich auf dem ständigen Wachstum der Wirtschaft aufgebaut, da die Einkommens- und Vermögensumverteilung jeweils nur aus dem Zuwachs erfolgte. Nachdem die Ölkrise von 1973 gezeigt hatte, dass die Energieträger ein knapper und teurer Rohstoff sind, und nachdem in der Auseinandersetzung um die Kernenergie (▶4.18) auch die Frage nach den Grenzen des Wachstums erstmals breit diskutiert worden war, setzte sich seit Ende der

Das Schiff »Beluga« der internationalen Umweltschutzorganisation Greenpeace liegt in Hamburg vor dem Spezialverbrennungsschiff »Vulcanus II«. Protestaktion gegen die Verbrennung giftiger Abfälle auf hoher See

70er-Jahre bei immer mehr Menschen die Erkenntnis durch, dass es nicht unbegrenzt weitergehen könne mit immer mehr Autos, immer mehr Straßen, immer mehr chemischen Produkten. Während der Anfang der 70er-Jahre begonnene staatliche Umweltschutz sich zunächst darauf konzentrierte, bereits entstandene Umweltschäden zu beseitigen, wandte sich die Umweltpolitik seit Ende des Jahrzehnts – angestoßen nicht zuletzt durch die Aktivitäten der *Bürgerinitiativen* (▶4.17) und der *Grünen* (▶4.20) – verstärkt der vorbeugenden Vermeidung von neuen Umweltbelastungen zu. So wird seither viel kritischer gefragt, ob diese oder jene Straßenbaumaßnahme, die eine weitere Versiegelung des Bodens und Abholzung des Waldes erfordert, wirklich notwendig ist. Und zahlreiche Industriebetriebe stehen unter dem Druck der Öffentlichkeit, ihre Produktionsweise umzustellen, um die Schädigung der Luft, des Wassers oder des Bodens zu reduzieren. Das rasch fortschreitende Waldsterben, das erst 1984 von der breiten Öffentlichkeit registriert wurde, erfordert schnelle Lösungen bei der Reduzierung der Schadstoffe, die durch den Autoverkehr, die Industrie und die Raumheizung in die Luft abgegeben werden.

Im Grundsatz scheint die frühere Kontroverse »Umweltschutz gegen Arbeitsplätze« überwunden zu sein, vielmehr setzt sich zu-

DEUTSCH-DEUTSCHE VERANTWORTUNG

Protestkundgebung des DGB in Stuttgart gegen Arbeitslosigkeit und Sozialabbau (Oktober 1982)

nehmend die Erkenntnis durch, dass Umweltschutz, der sich unter Aufbietung aller Intelligenz der modernen Technologien bedient, Arbeitsplätze schafft. Es ist allerdings eine konsequente Umweltpolitik gefordert, die Anreize für einen präventiven Umweltschutz schafft und damit eine »nachhaltige Entwicklung« (sustainable development) erreicht. Eine solche Entwicklung ist, mit den Worten des Brundtland-Reports ausgedrückt, eine »Entwicklung, die Bedürfnisse der Gegenwart befriedigt, ohne zu riskieren, dass künftige Generationen ihre eigenen Bedürfnisse nicht befriedigen können«. Dazu wird nicht nur ein allgemeines Umdenken erforderlich sein, sondern der Einsatz auch traditioneller Politikinstrumente wie der Wirtschafts-, Geld- und Finanzpolitik.

4.22 Wirtschaftskrise und Arbeitslosigkeit

Im Gefolge der *Ölkrise* (▶4.4) von 1973 geriet die Bundesrepublik Deutschland wie die anderen westlichen Industriestaaten in eine Wirtschaftskrise, bei der zunächst vornehmlich die Inlandsnachfrage und die Beschäftigung zurückgingen, während die Inflation anhielt (»Stagflation«).

Neben der explosionsartigen Verteuerung des Erdöls, die Geld aus den Industriestaaten in die Ölförderländer abzog, hatte diese schwerste Wirtschaftskrise seit Kriegsende eine Reihe anderer Ursachen, so den Zusammenbruch der internationalen Währungsordnung im Jahr 1973, der durch die Schwäche des US-Dollars aufgrund der inflatorischen Finanzierung des Vietnamkrieges hervorgerufen wurde. Im Verlauf der Krise zeigten sich Schwächen in der Wirtschaftsstruktur der Bundesrepublik. Regionale Unterschiede traten verstärkt zutage: Mittlerweile spricht man von einem Süd-Nord-Gefälle, wobei die Küstenregionen besonders stark von der Arbeitslosigkeit betroffen sind – aber auch das Ruhrgebiet, das in den 50er-Jahren der Motor des »Wirtschaftswunders« gewesen war. In den »alten Industrien« wie Kohle, Stahl, Schiffbau waren belastende Überkapazitäten entstanden. Die auf den deutschen Markt drängende Konkurrenz japanischer Produkte machte der elektronischen, der optischen, aber auch der Autoindustrie der Bundesrepublik zu schaffen. Zunehmend boten auch »Billiglohnländer« der Dritten Welt ihre Produktion an, sodass z. B. die deutsche Textilindustrie in Schwierigkeiten geriet. Im Vergleich mit den meisten anderen westlichen Industriestaaten war freilich die wirtschaftliche Lage der Bundesrepublik immer noch gut. Die Regierung Schmidt suchte die Krise auf internationaler (*Wirtschaftsgipfel*, ▶4.13) und nationaler Ebene zu bekämpfen. 1978 gelang es, die Zahl der Arbeitslosen unter eine Million zu senken. 1979 und 1980 hatte die Bundesrepublik sogar weniger als 900 000 Arbeitslose. Allerdings erhöhten die von der Bundesregierung aufgelegten beschäftigungswirksamen Programme die Verschuldung des Staates und wirkten inflationsfördernd. Nach der Bundestagswahl von 1980 drängte in der erneuerten sozialliberalen Koalition die FDP auf eine Verringerung der staatlichen Kreditaufnahme, lehnte weitere Beschäftigungsprogramme ab und verlangte in weit stärkerem Maße als Bundeskanzler Schmidt Einschnitte im Sozialbereich. In den Jahren 1981 und 1982 verringerte sich das Bruttosozialprodukt (»Minuswachstum«) und erreichte 1982 real nur die Größe des Jahres 1979. Die Arbeitslosigkeit stieg 1981 auf 1,3 Millionen und 1982 auf 1,8 Millionen. Dieses Problem, vor dessen Hintergrund 1982 die sozialliberale Koalition zerbrach, konnte auch von der CDU/CSU-FDP-Regierung unter Bundeskanzler Kohl nicht bewältigt werden. Zwar wuchs 1983 und 1984 das Bruttosozialprodukt, konnten Inflationsrate und staatliche Kreditaufnahme gesenkt werden, doch lag die Arbeitslosigkeit auf einem Höchststand von 2,2 Millionen.

Die Gewerkschaften haben unter Hinweis darauf, dass bei weiterhin steigender Arbeitsproduktivität, aber ausbleibender Steigerung des Absatzes die Zahl der Arbeitsplätze zwangsläufig abnimmt, die Forderung nach Arbeitszeitverkürzung erhoben. Die Tarifauseinandersetzung um eine Verkürzung der Wochenarbeitszeit von 40 auf 35 Stunden führte in der Metall- und in der Druckindustrie im Frühsommer 1984 zu einem wochenlangen Arbeitskampf. Der schließlich gefundene Kompromiss (38,5 Stunden und Flexibilisierung der Arbeitszeit) wurde auch von einigen anderen Branchen übernommen.

Die Debatte um den *Standort Deutschland* (▶ 5.24) hat die Perspektive einer weiteren Reduzierung der Wochenarbeitszeit zur Erhaltung von Arbeitsplätzen – trotz anhaltend hoher Arbeitslosigkeit – verändert. Hohe Lohn- bzw. Arbeitskosten werden als Wettbewerbsnachteil von Arbeitgeberseite vorgebracht. Durch Flexibilisierung der Arbeitszeit sei eine bessere Auslastung der Maschinen und damit eine höhere Produktivität möglich. Das Angebot zur Arbeitszeitreduzierung durch Teilzeitarbeit wird verstärkt, verlagert aber einen Teil der Verantwortung für eine gleichmäßigere Verteilung von Arbeit auf den Einzelnen. Die hohe Staatsverschuldung der Bundesrepublik führt in den 90er-Jahren sogar dazu, dass durch eine Erhöhung der Wochenarbeitszeit und eine Verlängerung der Lebensarbeitszeit für Beamte der Personalbedarf bei Schonung der öffentlichen Kassen abgedeckt werden soll.

4.23 Einheit von Wirtschafts- und Sozialpolitik

Am Ende der 60er-Jahre war deutlich geworden, dass es der SED trotz der Wirtschaftsreformen (▶ 3.3) nicht gelungen war, den ökonomischen Rückstand zur Bundesrepublik zu verringern und den Lebensstandard der Bevölkerung anzugleichen. Auf dem VIII. Parteitag der SED hatte Honecker den Glauben Ulbrichts an »außerplanmäßige Wunder« verspottet und eine Wende zum Realismus angekündigt. In den folgenden Jahren wurde ein wirtschaftspolitischer Kurswechsel vollzogen, der unter das Vorzeichen einer »Einheit von Wirtschafts- und Sozialpolitik« gestellt wurde. Dabei rückten die Sozialleistungen des SED-Staates gegenüber dem individuellen Standard in den Vordergrund der Erfolgspropaganda. Dazu zählten verschiedene Maßnahmen zur Förderung berufstätiger Mütter, die Erhöhung von Mindestrenten und Mindestlöhnen, die Verabschiedung eines Wohnungsbauprogramms, das die Lösung der Wohnungsprobleme bis 1990 versprach, sowie stabile Preise für Grundnahrungsmittel und Mieten. Der Hinweis auf diese Sozialleistungen, die als »zweite Lohntüte« bezeichnet wurden, sollte den deutlichen Rückstand im Lohn- und Rentenniveau gegenüber der Bundesrepublik überdecken.

In der ersten Hälfte der 70er-Jahre konnte zunächst ein beachtliches Wirtschaftswachstum erreicht werden. Auch die Realeinkommen der Bevölkerung stiegen zwischen 1971 und 1975 um etwa ein Drittel. Jedoch war es nicht gelungen, ein entsprechendes Warenangebot in gewünschter Qualität bereitzustellen. So sah sich die SED zu einer Konzession genötigt: Nach Verabschiedung eines neuen Devisengesetzes waren seit 1973 auch DDR-Bürger berechtigt, in den seit 1962 bestehenden Intershops für westliche Währungen Produkte aus dem »kapitalistischen Ausland« zu erwerben. Honecker beteuerte zwar, dass die Intershop-Läden »kein ständiger Wegbegleiter des Sozialismus« seien, doch zeigten sie die überlegene ökonomische Leistungsfähigkeit der westlichen Marktwirtschaft deutlich auf und ließen die D-Mark zur zweiten Währung in der DDR werden, mit der man auch schneller und besser den dringenden Bedarf an Handwerks- und anderen Dienstleistungen befriedigen konnte. Der Besitz von Devisen beeinflusste die Lebenslage und das Sozialprestige häufig stärker als die erzielten Einkommen aus regulärer Arbeit. Seit Mitte der 70er-Jahre verschlechterte sich die ökonomische Situation der DDR. Die beiden Ölpreisschocks von 1973 und 1978 wirkten sich in der devisenschwachen DDR besonders negativ aus, es wurden immer weniger Investitionsmittel für die Modernisierung der Wirtschaft bereitgestellt. Die Staatsverschuldung stieg deutlich an, wozu auch die erheblichen Subventionen für die Sozialpolitik beitrugen. Der erste Stellvertreter des Ministerratsvorsitzenden, Werner Krolikowski, sprach in einer Aufzeichnung vom Januar 1980 vom »Pump- und Pompsozialismus« Honeckers und seines verantwortlichen Wirtschaftsberaters Mittag: »Als Breschnew 1979 zum dreißigsten Jahrestag der DDR in Berlin war – die DDR hatte damals gerade ca. 30 Milliarden Valuta-Mark Westverschuldung – schlug Breschnew vor dem gesamten Politbüro mit der Faust auf den Tisch und warf Honecker sehr ernst vor, dass er mit seiner Westverschuldung die DDR in den Bankrott führt.«

In den 80er-Jahren mehrten sich die Anzeichen, dass die DDR über ihre Verhältnisse lebte und ihre ökonomische Substanz verzehrte. Das Konzept einer sozialistischen Wohlfahrtspolitik hatte die Grenzen der Belastbarkeit erreicht. Hinter der künstlich aufrechterhaltenen Fassade einer sozialen Stabilität kündigten sich die ersten Warnsignale an, die auf den ökonomischen Niedergang in der zweiten Hälfte der 80er-Jahre vorausdeuteten.

4.24 Deutsch-deutsche Verantwortung

Der Einmarsch sowjetischer Truppen in Afghanistan Ende 1979 löste eine deutliche Verschlechterung der Ost-West-Beziehungen aus. Eine weitere Verschärfung der Ost-West-Spannungen ergab sich aus der innenpolitischen Entwicklung in Polen, wo sich im Sommer 1980 nach massenhaften Streiks die unabhängige Gewerkschaft Solidarność gebildet hatte. Im Westen schloss man ein militärisches Eingreifen der Sowjets in Polen nicht aus. Als dann der neue amerikanische Präsident Reagan (seit Januar 1981) seinerseits die politische Konfrontation mit der Sowjetunion verschärfte, war vielerorts davon die Rede, dass die am Ende der 60er-Jahre begonnene Ost-West-Entspannung beendet sei.

Das Bemerkenswerte in dieser Situation war nun, dass die Regierungen beider deutscher

Bundeskanzler Helmut Schmidt (links) bei seinem Besuch in der DDR mit SED-Generalsekretär Erich Honecker in Güstrow (Dezember 1981)

Staaten bemüht waren, die negativen Auswirkungen der verschärften Ost-West-Spannungen auf das deutsch-deutsche Verhältnis in Grenzen zu halten. Die Kontakte zwischen Bonn und Ost-Berlin wurden in vollem Umfang aufrechterhalten, ja sogar intensiviert. Der Bonner Regierungswechsel im Oktober 1982 stellte dabei keine Zäsur dar, zumal die Regierung Kohl die Deutschlandpolitik der sozialliberalen Koalition fortsetzte und weiterentwickelte.

Eine Reihe praktischer Fragen wurde geregelt. Nach dem Besuch Bundeskanzler Schmidts in der DDR verfügte die DDR im Februar 1982 Erleichterungen im Reiseverkehr in die Bundesrepublik. Am Zustandekommen eines Milliardenkredits westdeutscher Banken an die DDR, für den die Bundesrepublik bürgte, war 1983 maßgeblich Franz Josef Strauß beteiligt. Im Januar 1984 übernahm der Berliner Senat die S-Bahn in West-Berlin von der DDR. Über 10 000 DDR-Bürger konnten zwischen Februar und Mai 1984 auf ihren Wunsch in die Bundesrepublik ausreisen.

Im Zusammenhang mit der Debatte um die Stationierung amerikanischer Mittelstreckenraketen in der Bundesrepublik (▸4.30) betonten beide deutschen Regierungen, von deutschem Boden dürfe nie mehr ein Krieg ausgehen. Es wurde das Wort von der Verantwortungsgemeinschaft der beiden deutschen Staaten im Hinblick auf die Sicherung des Friedens geprägt. Nach langen Vorsondierungen kam im September 1987 der Staatsratsvorsitzende der DDR, Erich Honecker, zu einem Staatsbesuch in die Bundesrepublik, wo er als Staatsoberhaupt mit allen protokollarischen Ehren empfangen wurde (▸4.36).

4.25 Erich Honecker

Honecker wurde am 25. August 1912 als Sohn eines Bergmanns in Neunkirchen/Saar geboren. Er erlernte das Dachdeckerhandwerk, trat 1926 dem Kommunistischen Jugendverband Deutschlands und 1929 der KPD bei; seit 1930 war er hauptamtlicher Funktionär. Nach der Machtübernahme der Nationalsozialisten arbeitete er im Untergrund, wurde 1935 verhaftet und 1937 vom Volksgerichtshof zu 10 Jahren Zuchthaus verurteilt. 1945 wurde er aus dem Zuchthaus Brandenburg befreit und von der KPD-Führung mit dem Aufbau der Jugendorganisation *FDJ* (▸2.23) beauftragt, deren Vorsitzender er 1946–55 war. Seit 1946 ununterbrochen im Parteivorstand bzw. Zentralkomitee der SED, war Honecker von 1950 bis 1958 Kandidat, ab 1958 Mitglied des Politbüros und Sekretär des ZK für Sicherheitsfragen. Im Mai 1971 löste er *Ulbricht* (▸2.39) als Ersten Sekretär des ZK ab, wurde im Juni Vorsitzender des Nationalen Verteidigungsrates und im November 1971 Mitglied des Staatsrates. Im Oktober 1976 wurde er auch Vorsitzender des Staatsrates, nachdem seine Parteiposition im Mai 1976 in »Generalsekretär« umbenannt worden war. Damit war Honecker erster Mann in Partei und Staat. Auch unter Honecker blieben die Beziehungen zwischen beiden deutschen Staaten stör-

Erich Honecker bei seiner Rede in Gera am 13. Oktober 1980

anfällig, die auf Abgrenzung gegenüber der Bundesrepublik fixierte Politik der SED wurde fortgesetzt. Honecker hat sich allerdings in der Ost-West-Krise seit 1979 sichtlich bemüht, die Spannungen nicht auf das deutsch-deutsche Verhältnis durchschlagen zu lassen und negative Auswirkungen auf die innerdeutschen Verbindungen zu verhindern. In diesem Bestreben sah er sich von den Bundeskanzlern Schmidt und Kohl unterstützt. Kohl empfing ihn im September 1987 zu einem Staatsbesuch in Bonn. Im Zuge der friedlichen Revolution in der DDR 1989 wurde Honecker, der bis zuletzt an seinen reformfeindlichen Positionen festgehalten hatte, als SED-Generalsekretär und Staatsratsvorsitzender im Oktober 1989 abgelöst, später aus der SED ausgeschlossen, unter Anklage gestellt und kurzzeitig sogar in Haft genommen. 1990 stellte er sich unter den Schutz der sowjetischen Truppen und hielt sich seit 1991 in Moskau auf. Nach seiner Abschiebung durch die russische Regierung wurde Honecker in Untersuchungshaft genommen und 1992 in Berlin wegen der Schüsse an der Mauer unter Mordanklage vor Gericht gestellt. Anfang 1993 wurde er aus Gesundheitsgründen aus der Haft entlassen und konnte seiner Familie nach Chile folgen. Dort ist Honecker am 29. Mai 1994 verstorben.

4.26 Franz Josef Strauß

Geboren am 6. September 1915 in München als Sohn eines Metzgermeisters, studierte Strauß nach dem Abitur Latein, Griechisch und Geschichte und war 1939–45 Soldat. Die amerikanische Besatzungsbehörde bestellte ihn 1945 zum stellvertretenden Landrat, im folgenden Jahr wurde er zum Landrat in Schongau gewählt (bis 1949). Strauß war Mitgründer der CSU und gehörte deren Landesvorstand seit 1946 an. 1949–52 war er Generalsekretär der CSU, 1952–61 stellvertretender Vorsitzender, von 1961 bis zu seinem Tod war er Vorsitzender der CSU. 1948/49 Mitglied des Wirtschaftsrates der Bizone, gehörte Strauß von 1949 bis 1978 dem Bundestag an.

Adenauer berief ihn 1953 in sein zweites Kabinett als Bundesminister für besondere Aufgaben und betraute ihn 1955 mit dem neu geschaffenen Ministerium für Atomfragen. Im

Franz Josef Strauß

Oktober 1956 übernahm Strauß das Verteidigungsministerium und leitete nun den Aufbau der Bundeswehr, deren atomare Bewaffnung er in den damaligen Debatten befürwortete. Der Vorwurf, in der *Spiegelaffäre* (▸3.1) den Bundestag belogen zu haben, führte Ende 1962 dazu, dass Strauß sein Ministeramt verlor. 1963–66 Vorsitzender der CSU-Landesgruppe im Bundestag, war Strauß als Finanzminister 1966–69 zusammen mit Wirtschaftsminister Karl Schiller (SPD) maßgeblich am wirtschafts- und finanzpolitischen Erfolg der *Großen Koalition* (▸3.7) beteiligt.

In der Opposition zählte Strauß, der 1971 finanzpolitischer Sprecher der Unionsfraktion wurde, zu den schärfsten Gegnern der Ostpolitik der sozialliberalen Koalition. Bei hervorragenden Wahlergebnissen der CSU in Bayern konnte er sich stets auf die Geschlossenheit seiner Partei stützen. Seine strategischen Überlegungen zur Wiedergewinnung der Regierungsmacht durch die Union lösten immer wieder Konflikte mit der CDU aus. Strauß lehnte das vom CDU-Vorsitzenden Kohl verfolgte Konzept einer Koalition mit der FDP ab und setzte statt dessen auf eine absolute Mehrheit der CDU/CSU oder auf eine bundesweite »vierte Partei«, die entweder durch eine von der CSU unterstützte Neugründung oder durch Ausdehnung der CSU über Bayern hinaus entstehen sollte. Diese Überlegungen bildeten 1976 auch den Hintergrund für den kurzlebigen, in Wildbad Kreuth

KAPITEL 4

Bundespräsident Karl Carstens (vorne, 2. von links) mit dem ersten Kabinett Kohl (Oktober 1982)

gefassten Beschluss der CSU-Bundestagsabgeordneten, die Fraktionsgemeinschaft mit der CDU aufzulösen und eine eigene Fraktion zu bilden.
Nach der Landtagswahl von 1978 übernahm Strauß das Amt des bayerischen Ministerpräsidenten. Als Kanzlerkandidat der CDU/CSU bei der Bundestagswahl 1980 dem amtierenden Bundeskanzler Schmidt unterlegen, blieb Strauß nach dem Regierungswechsel im Herbst 1982 außerhalb der neuen Regierung Kohl, übte aber weiterhin großen Einfluss auf die Politik der Bundesregierung aus. Er starb am 3. Oktober 1988 in Regensburg.

4.27 Die »Wende« in Bonn 1982

In der Auseinandersetzung mit der CDU/CSU unter deren Kanzlerkandidaten *Franz Josef Strauß* (▶4.26) hatten SPD und FDP die Bundestagswahl vom 5. Oktober 1980 gewonnen und die sozialliberale Koalition fort- gesetzt. Die FDP hatte mit ihrem engagierten Kampf gegen Strauß und mit der Zusage, die Koalition mit Bundeskanzler *Helmut Schmidt* (▶4.8) in der kommenden Legislaturperiode weiterzuführen, ihren Stimmenanteil von 7,9 % (1976) auf 10,6 % steigern können. Die SPD hatte von 42,6 % auf 42,9 % etwas zugelegt, während die CDU/CSU von 48,6 % auf 44,5 % abgerutscht war – ihr schlechtestes Wahlergebnis seit 1949.
In der FDP-Führung, vor allem bei dem Parteivorsitzenden und Außenminister *Genscher* (▶4.9), begann sich die Auffassung durchzusetzen, dass die nächste Bundestagswahl von der sozialliberalen Koalition nicht mehr zu gewinnen sei. Genscher sah die Gefahr, dass der sich abzeichnende Niedergang der SPD negative Auswirkungen auf die FDP haben könnte. Seit langem in freundschaftlichem Kontakt mit dem CDU-Vorsitzenden Kohl verbunden, bereitete Genscher allmählich den Boden für den Koalitionswechsel.
Im Gegensatz zu Strauß, der ein Zusammengehen mit den Liberalen ablehnte, vertrat Kohl seit längerer Zeit das Konzept eines Bündnisses mit der FDP, da die Union kaum in der Lage sei, eine absolute Mehrheit zu gewinnen. Zudem sollte das Bündnis mit der

FDP den Einfluss der CSU in der Union begrenzen.
In der SPD-FDP-Koalition ergaben sich nach 1980 bei der Bekämpfung der anhaltenden Wirtschafts- und Beschäftigungskrise (▶4.22) zunehmend Meinungsverschiedenheiten zwischen den Koalitionspartnern. Die FDP wollte die staatliche Kreditaufnahme stärker begrenzen, massive Einschnitte bei den Sozialausgaben vornehmen und lehnte die von der SPD beabsichtigte Ergänzungsabgabe für höhere Einkommen ab. In wesentlichen Teilen der SPD wuchs der Unmut über den Koalitionspartner, aber auch über die Sparpolitik der Regierung Schmidt insgesamt, in der man sozialdemokratische Politik nicht mehr zu erkennen glaubte. Bereits der Verabschiedung des Bundeshaushalts für das Jahr 1982 ging 1981 ein »Sommertheater« voraus, in dem Politiker der Koalition mit einander widersprechenden Vorschlägen auftraten. Genscher forderte in einem Brief an die FDP-Mitglieder eine »Wende« der deutschen Politik.
Bei der Beratung des Bundeshaushalts für 1983 kam es dann zum Bruch der sozialliberalen Koalition, beschleunigt durch ein Thesenpapier des FDP-Wirtschaftsministers Otto Graf Lambsdorff, in dem dieser abweichend vom bisherigen Koalitionskurs härteste Eingriffe in den Sozialstaat forderte. Als Bundeskanzler Schmidt zu erkennen gab, dass er an die Entlassung des Wirtschaftsministers denke, traten die vier FDP-Minister Genscher, Graf Lambsdorff, Baum und Ertl am 17. September 1982 zurück. Schmidt, der selbst zusätzlich das Außenministerium übernahm, war nun Kanzler einer Minderheitsregierung. In der Partei und in der Bundestagsfraktion der FDP kam es zu schweren Auseinandersetzungen zwischen denen, die an der Koalition mit der SPD festhalten bzw. eine SPD-Minderheitsregierung dulden wollten, und den Anhängern Genschers, die das Bündnis mit der CDU/CSU anstrebten. Die Linie Genschers setzte sich durch, und nach kurzen Verhandlungen mit der CDU/CSU wurde eine Koalitionsvereinbarung abgeschlossen. Im Rahmen des konstruktiven Misstrauensvotums wählte der Bundestag am 1. Oktober 1982 den CDU-Vorsitzenden und bisherigen Oppositionsführer Helmut Kohl zum neuen Bundeskanzler.

4.28 Helmut Kohl

Geboren am 3. April 1930 in Ludwigshafen am Rhein, studierte Kohl nach dem Abitur (1950) in Frankfurt und Heidelberg Geschichte und Staatswissenschaften und war nach seiner Promotion in der Industrie tätig. Er war 1946 Mitbegründer der Jungen Union in Ludwigshafen, schloss sich 1947 der CDU an und übernahm in der Folgezeit verschiedene Ämter in der Jungen Union und in der CDU. 1959 in den Landtag von Rheinland-Pfalz gewählt, wurde Kohl 1963 Fraktionsvorsitzender der CDU. Seit 1966 auch Landesvorsitzender der CDU (bis 1973), setzte er 1969 die Ablösung des bisherigen Regierungschefs Peter Altmeier durch und wurde selbst Ministerpräsident von Rheinland-Pfalz.
Dem Bundesvorstand der CDU gehörte Kohl seit 1964 an, dem Parteipräsidium seit 1969. Nachdem er bereits 1971 erfolglos gegen Rainer Barzel für das Amt des CDU-Vorsitzenden kandidiert hatte, wurde er nach dem Rücktritt Barzels von diesem Amt im Juni 1973 zum Vorsitzenden der CDU gewählt. Zusammen mit den Generalsekretären Biedenkopf (bis 1977) und Geißler (bis 1989) hat Kohl energisch die organisatorische Stärkung der CDU und ihre Entwicklung zu einer modernen, mitgliederstarken Volkspartei betrieben. Für den Bundestagswahlkampf 1976 wurde Kohl von CDU und CSU als Kanzlerkandidat aufgestellt. Die Union erreichte zwar mit 48,6 % der Stimmen das zweitbeste Wahlergebnis ihrer Geschichte, doch blieb die Mehrheit der sozialliberalen Koalition erhalten. Kohl gab das Amt des Ministerpräsidenten von Rheinland-Pfalz auf und ging als Vorsitzender der CDU/CSU-Fraktion nach Bonn. Für den Bundestagswahlkampf 1980 verzichtete Kohl auf die Kanzlerkandidatur, blieb aber nach der Wahl Oppositionsführer im Bundestag.
Im Gegensatz zu Franz Josef Strauß hatte Kohl seit langem die Strategie verfolgt, die FDP aus dem Bündnis mit der SPD herauszulösen und für eine Koalition mit der Union zu gewinnen. Nach dem Bruch der sozialliberalen Koalition ermöglichte der Koalitionswechsel der FDP die Wahl Helmut Kohls zum Bundeskanzler am 1. Oktober 1982. Bei den vorgezogenen Bundestagswahlen 1983 bestä-

Demonstration der Friedensbewegung gegen die Stationierung amerikanischer Mittelstreckenraketen am 22. Oktober 1983 in Bonn

tigten die Wähler ebenso wie 1987, bei der ersten gesamtdeutschen Wahl 1990 und erneut im »Superwahljahr« 1994 (▶5.31) Kohls Koalitionsregierung. Die nach dem Zusammenbruch des SED-Regimes möglich gewordene Vereinigung der beiden deutschen Staaten hatte zu einer Stärkung der Regierungskoalition geführt.

4.29 Friedensbewegung

Anfang der 80er-Jahre entstand in der Bevölkerung westlicher Staaten eine politische Massenbewegung, die angesichts der weltweiten nuklearen Aufrüstung die Regierungen zur Friedenssicherung durch Rüstungsstopp, Rüstungskontrolle und Abrüstung drängte. In der Bundesrepublik Deutschland entwickelte sich die Friedensbewegung in Reaktion auf den Ende 1979 verabschiedeten *NATO-Doppelbeschluss* (▶4.30), der für den Fall erfolgloser Verhandlungen mit der Sowjetunion die Stationierung amerikanischer Mittelstreckenraketen – überwiegend in der Bundesrepublik – vorsah. Die nur locker organisierte Friedensbewegung umfasste ein breites Spektrum von Gruppen unterschiedlicher sozialer und politischer Orientierung: u. a. kirchliche und gewerkschaftliche Gruppen, Initiativen von Wissenschaftlern, Ärzten, Juristen, Parteien wie die Grünen, die DKP und Teile der SPD, auch Gruppen der CDU. Stark verflochten war die Friedensbewegung mit der Umweltschutz-, der Frauen- und der alternativen Bewegung. Mitentscheidend für die Breitenwirkung in der Bevölkerung wurden die vielen lokal bezogenen Aktivitäten der örtlichen Friedensgruppen sowie die Tatsache, dass die Anhänger der Friedensbewegung aus nahezu allen sozialen Schichten stammten.

An den großen Demonstrationen in Bonn nahmen 250 000 Menschen (am 10. Oktober 1981) bzw. 300 000 bis 350 000 Menschen (10. Juni 1982) teil. Kurz vor der Schlussentscheidung über die Raketenstationierung veranstalteten die Gruppen der Friedensbewegung im Oktober 1983 im ganzen Bundesgebiet eine Aktionswoche, an der sich nach Schätzungen der Veranstalter rund 3 Millionen Menschen beteiligten und deren Abschluss mehrere überregionale Demonstrationen und eine geschlossene Menschenkette von Stuttgart nach Neu-Ulm bildeten.

Der starke Widerhall, den die Friedensbewegung in der Bevölkerung fand, entstand auch dadurch, dass die lange verdrängte Angst vor der atomaren Katastrophe wieder bewusst wurde. Die Aussagen zahlreicher Wissenschaftler über die Folgen eines atomaren Konflikts, von Ärzten über ihre eigene Hilflosigkeit in einer nuklearen Katastrophe fanden öffentliche Resonanz. Die Annahme, dass die technischen Vorkehrungen gegen einen zufällig ausgelösten Atomkrieg vollkommen zuverlässig seien, stieß zunehmend auf Zweifel. Hinzu kam, dass aus Kreisen der amerikanischen Regierung Überlegungen bekannt wurden, die auf die Führbarkeit und Gewinnbarkeit eines Atomkrieges sowie auf die Begrenzung einer solchen Auseinandersetzung auf Europa hinausliefen. Die Vorstellung, dass in einem atomaren Konflikt, über den in Washington und Moskau entschieden würde, die beiden deutschen Staaten zuerst und am stärksten betroffen sein würden, verlieh dem Protest gegen die Rüstung zusätzliche Schubkraft.

Auch wenn die Friedensbewegung zunächst scheiterte und ihr vordringliches Ziel mit dem ergebnislosen Abbruch der Genfer Verhandlungen und mit der Stationierung der amerikanischen Mittelstreckenraketen seit November 1983 nicht erreichte, waren ihre politischen Wirkungen doch beträchtlich. Aus bescheidenen Anfängen war eine Massenbewegung entstanden, die in der Opposition zu sämtlichen vor 1983 im Deutschen Bundestag vertretenen Parteien stand und die schließlich die öffentliche Diskussion über die Sicherheitspolitik bis zum Ende des Ost-West-Konfliktes maßgeblich prägte.

In der DDR kam es als einzigem kommunistischem Staat zu nennenswerten Ansätzen einer eigenständigen Friedensbewegung, die neben den offiziellen, ausschließlich gegen die westliche Rüstung gerichteten Friedensaktivitäten stand. Hier arbeiteten meist christlich geprägte Friedensgruppen (»Schwerter zu Pflugscharen«) für Abrüstung in Ost und West; sie unterlagen jedoch unterschiedlichen Repressionsmaßnahmen seitens des Staates.

4.30 NATO-Doppelbeschluss und Stationierungsdebatte

1976/77 hatte die Sowjetunion begonnen, ihre auf Westeuropa gerichteten älteren Mittelstreckenraketen durch moderne Raketen vom Typ SS 20 mit jeweils drei Sprengköpfen zu ersetzen. Die deutsche Bundesregierung unter Helmut Schmidt hielt dies für eine Gefährdung des strategischen Gleichgewichts in Europa und eröffnete im NATO-Bündnis eine Diskussion über westliche Gegenmaßnahmen. Bei der US-Regierung, die dem Problem zunächst wenig Beachtung geschenkt hatte, wuchs nun das Interesse, die eigene strategische Position gegenüber der Sowjetunion durch die erstmalige Aufstellung amerikanischer Mittelstreckenraketen in Europa zu verbessern. Der am 12. Dezember 1979 von den Außen- und Verteidigungsministern der NATO zur »Nachrüstung« gefasste Doppelbeschluss bestand aus zwei Elementen: 1. Stationierung bodengestützter atomarer Mittelstreckenwaffen (108 Pershing-II-Raketen und 464 Cruisemissiles) in Europa Ende des Jahres 1983; 2. Angebot an die Sowjetunion zu Verhandlungen mit den USA über die Mittelstreckenwaffen in Eu-

Am 30. November 1981 beginnen in Genf die amerikanisch-sowjetischen Verhandlungen über die Mittelstreckenraketen in Europa. Im Vordergrund die beiden Delegationsleiter Paul Nitze (USA; links) und Juli Kwisinski (UdSSR)

ropa; das Ergebnis dieser Verhandlungen sollte über die Durchführung einer Stationierung entscheiden.

Die amerikanisch-sowjetischen Verhandlungen begannen am 30. November 1981 in Genf. Unterdessen hatte in vielen Ländern der NATO eine breite *Friedensbewegung* (▶ 4.29) begonnen, die Regierungen zur Aufgabe der Nachrüstung zu drängen. Auch innerhalb der SPD wuchs die Opposition gegen die Nachrüstung und verstärkte sich nach dem Bonner Regierungswechsel vom Herbst 1982 erheblich. Auf dem Kölner SPD-Parteitag vom November 1983 sprach sich dann eine überwältigende Mehrheit gegen die Raketenstationierung aus. CDU/CSU und FDP hielten demgegenüber am NATO-Doppelbeschluss fest. Die Bundesregierung hoffte auf einen Verhandlungserfolg in Genf, war aber im Falle des Scheiterns zur Stationierung der amerikanischen Raketen entschlossen, auch um den Zusammenhalt des westlichen Bündnisses zu sichern. Die Grünen, seit März 1983 im Bundestag, hatten von Anfang an die Friedensbewegung mitgetragen und bekämpften kompromisslos die Nachrüstung. Die Genfer Verhandlungen brachten keine Annäherung der amerikanischen und der sowjetischen Position. Ein Lösungsvorschlag, den die Verhandlungsführer beider Seiten auf einem Waldspaziergang skizziert hatten, wurde von den Regierungen in Washington und Moskau verworfen.

Der Deutsche Bundestag entschied sich am 22. November 1983 nach einer zweitägigen leidenschaftlichen Debatte mit der Mehrheit von CDU/CSU und FDP für die Raketenstationierung. Während schon am nächsten Tag die USA mit der Aufstellung von Pershing-II-Raketen in der Bundesrepublik begannen, brach die Sowjetunion die Genfer Verhandlungen ab. Die 1985 wieder aufgenommenen Verhandlungen führten zum weltweiten Abbau aller amerikanischen und sowjetischen Mittelstreckenraketen im 1987 abgeschlossenen *INF-Vertrag* (▶ 4.38).

4.31 Flick-Spendenaffäre

Die Flick-Gruppe, eine der bedeutenden Unternehmensgruppen in der Bundesrepublik, hatte 1975 beim Verkauf von Daimler-Benz-Aktien einen Erlös von 1,9 Milliarden DM erzielt – regulär mit einem Steuersatz von 56 % zu versteuern –, von dem jedoch 1,5 Milliarden DM wieder angelegt wurden. Für diese Wiederanlage beantragte die Flick-Gruppe gemäß dem Gesetz Steuerbefreiung. Den Anträgen wurde stattgegeben, nachdem die Bundeswirtschaftsminister Hans Friderichs und – ab 1977 – Otto Graf Lambsdorff bescheinigt hatten, dass die Investition »volkswirtschaftlich besonders förderungswürdig« sei. Im November/Dezember 1983 erhob die Bonner Staatsanwaltschaft Anklage gegen Lambsdorff und Friderichs wegen Bestechlichkeit und gegen den ehemaligen persönlich haftenden Flick-Gesellschafter Eberhard von Brauchitsch wegen Bestechung. Laut Anklage sollte von Brauchitsch durch Zahlung von insgesamt 510 000 DM an Friderichs und Lambsdorff auf die Entscheidungen der Minister über die Steuervergünstigungen Einfluss genommen haben. Nach Eröffnung des Hauptverfahrens trat Lambsdorff im Juni 1984 als Minister zurück. Das Bonner Landgericht fällte im Februar 1987 sein – später rechtskräftig gewordenes – Urteil: Alle drei Angeklagten wurden vom Vorwurf der Bestechung bzw. Bestechlichkeit, den auch die

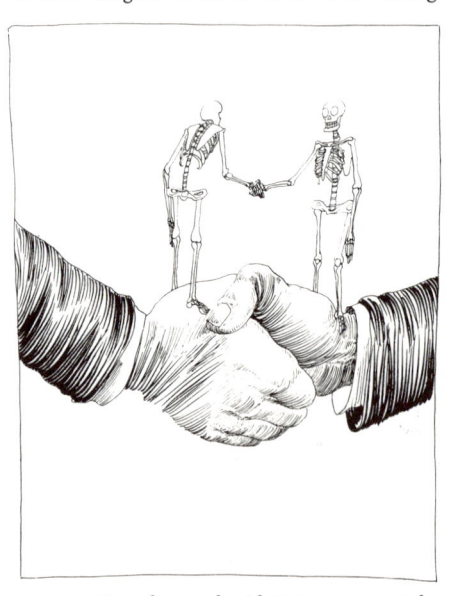

»Beendigung der Abrüstungsgespräche in Genf oder ›Abschied von der Vernunft‹«. Federzeichnung von Hans-Georg Rauch (1983)

DEUTSCH-DEUTSCHE VERANTWORTUNG

Eberhard von Brauchitsch vor dem Flick-Untersuchungsausschuss des Bundestages (Februar 1984)

Staatsanwaltschaft bereits fallen gelassen hatte, freigesprochen. Wegen Steuerhinterziehung bzw. Beihilfe dazu wurde von Brauchitsch zu zwei Jahren Freiheitsstrafe auf Bewährung und 550 000 DM Geldbuße, Lambsdorff zu einer Geldstrafe von 180 000 DM und Friderichs zu einer Geldstrafe von 61 500 DM verurteilt.

Die Flick-Affäre, die im Herbst 1984 auch zum Rücktritt von Bundestagspräsident Barzel führte, steht im größeren Zusammenhang mit der Parteispendenaffäre, in deren Verlauf sich herausstellte, dass CDU, CSU, FDP und SPD entgegen den gesetzlichen Vorschriften unversteuerte Spenden – häufig auf dem Umweg über gemeinnützige Organisationen – entgegengenommen und gegen die Vorschriften zur Veröffentlichung der Namen von Großspendern verstoßen haben. Der Versuch der christlich-liberalen Koalition, im Frühjahr 1984 im Schnellverfahren ein Gesetz zur Amnestierung von Spendern und Parteifunktionären zu verabschieden, scheiterte am Protest der FDP-Basis.

Am Beispiel der Firma Flick, die schon in der Weimarer Republik durch Geldzahlungen auf politische Entscheidungen Einfluss genommen hatte, wurde in der Öffentlichkeit und im Parlament auch grundsätzlich die Verflechtung von Wirtschaft und Politik diskutiert. Dabei wurde kritisch gefragt, ob die demokratische Willensbildung im Staat durch finanzielle Einflussnahme von Einzelinteressenten verfälscht werden darf.

4.32 Richard von Weizsäcker

Richard Freiherr von Weizsäcker wurde am 15. April 1920 in Stuttgart als Sohn des Diplomaten Ernst von Weizsäcker geboren. Sein Bruder ist der Physiker und Philosoph Carl Friedrich von Weizsäcker. Nach dem Abitur begann Weizsäcker 1937/38 mit dem Studium in Oxford und Grenoble und war 1938–45 Soldat, zuletzt Hauptmann. Er studierte nach dem Krieg Jura und Geschichte in Göttingen und war dann bis 1967 als Manager in der Industrie tätig, anschließend als Rechtsanwalt in Bonn. Weizsäcker engagierte sich in der evangelischen Kirchentagsbewegung und im Weltkirchenrat; 1964–70 und 1979–81 war er Präsident des Deutschen Evangelischen Kirchentages. Seit 1950 Mitglied der CDU, wurde Weizsäcker 1969 in den Bundestag gewählt, dem er bis 1981 angehörte. Er war 1973–79 stellvertretender Vorsitzender der CDU/CSU-Fraktion und 1979–81 Vizepräsident des Bundestags. 1974 kandidierte er für die CDU/CSU erfolglos gegen Walter Scheel bei der Wahl des Bundespräsidenten. Bereits 1979 Spitzenkandidat der CDU in Berlin, wurde er nach der vorgezogenen Wahl zum Abgeordnetenhaus vom Mai 1981 Regierender Bürgermeister von Berlin. Er re-

Bundespräsident Richard von Weizsäcker bei seinem Staatsbesuch in Israel (Oktober 1985)

gierte zunächst mit einem von Teilen der FDP geduldeten CDU-Minderheitssenat, der im März 1983 in eine CDU-FDP-Koalitionsregierung umgewandelt wurde. Weizsäcker führte mit Erfolg die von seinem Vorgänger Hans-Jochen Vogel (SPD) begonnene Politik fort, in Berlin einen Ausgleich der verschiedenen gesellschaftlichen Gruppen unter Einbeziehung der *alternativen Bewegung* (▶4.19) zu suchen. Er trat im Februar 1984 zurück, nachdem er von CDU und CSU zum Kandidaten für das Amt des Bundespräsidenten nominiert worden war. Von der Bundesversammlung wurde er am 23. Mai 1984 mit einer breiten Mehrheit zum Bundespräsidenten gewählt.

Als Bundespräsident (seit 1. Juli 1984) hat sich Richard von Weizsäcker schnell hohes Ansehen erworben, nicht zuletzt aufgrund seiner Fähigkeit, integrierend zu wirken und gleichzeitig wichtige Denkanstöße zu geben. Besondere Beachtung im In- und Ausland fand seine Rede vom *8. Mai 1985* (▶4.33), in der er 40 Jahre nach der deutschen Kapitulation auf überzeugende Weise den geschichtlichen Standort der Deutschen beschrieb.

Am 23. Mai 1989 wurde Richard von Weizsäcker für eine zweite Amtszeit zum Bundespräsidenten gewählt. Nach der Vereinigung der beiden deutschen Staaten 1990 setzte er sich für eine schnelle Integration der neuen Bundesländer ein. Sein Nachfolger wurde 1994 *Roman Herzog* (▶5.28).

4.33 8. Mai 1985 – der sperrige Gedenktag

Anders als in früheren Jahren wurde 1985 in aller Welt bei Siegern und Besiegten des 2. Weltkrieges dem Jahrestag der deutschen Kapitulation am 8. Mai 1945 besondere Beachtung geschenkt.

In der Bundesrepublik sollte sich dieser 40. Jahrestag als »sperriger Gedenktag« erweisen, wie die Wochenzeitung »Die Zeit« eine Artikelserie zum 8. Mai überschrieb. Das durch den Nationalsozialismus gebrochene Geschichtsbewusstsein der Deutschen manifestierte sich in einer Diskussion, in die die unterschiedlichsten Interpretationen dieses historischen Datums eingebracht wurden. Während vonseiten der SPD und der Gewerkschaften der 8. Mai 1945 als Tag der Befreiung vom Nationalsozialismus bezeichnet wurde, sahen Konservative in ihm den Beginn der Unfreiheit der östlichen Hälfte Europas. Für andere war der 8. Mai vornehmlich das Ende des deutschen Nationalstaats und der Beginn der deutschen Teilung.

Belastend für die Beziehungen der Bundesrepublik zu den USA, aber auch zu anderen Ländern, wirkten sich in diesem Zusammenhang die Peinlichkeiten bei der Vorbereitung des Staatsbesuchs von US-Präsident Reagan in der Bundesrepublik (Anfang Mai 1985) aus.

DEUTSCH-DEUTSCHE VERANTWORTUNG

Der von Reagan zunächst gewünschte Besuch des ehemaligen Konzentrationslagers Dachau wurde von der Bundesregierung für unpassend gehalten. Reagan seinerseits lehnte es ab, am 8. Mai eine Rede in der Bundesrepublik zu halten, und zog es schließlich vor, an diesem Tag vor dem Europäischen Parlament in Straßburg zu sprechen. Schließlich erreichte das Bundeskanzleramt, dass Reagan zusammen mit Bundeskanzler Kohl am 5. Mai den deutschen Soldatenfriedhof in Bitburg in der Eifel besuchte. Als bekannt wurde, dass dort auch SS-Angehörige begraben seien, löste dies einen Sturm der Entrüstung in der amerikanischen Öffentlichkeit aus. Schließlich wurde in das Besuchsprogramm des US-Präsidenten noch ein Besuch im ehemaligen KZ Bergen-Belsen (am Vormittag des 5. Mai) aufgenommen. Den Staatsbesuch selbst absolvierte Reagan nach dem Urteil der meisten Beobachter mit Würde und mit Respekt vor der Vergangenheit.

Nach all diesen Beklemmungen wirkte die Rede, die Bundespräsident Richard von Weizsäcker am 8. Mai 1985 im Plenarsaal des Bundestages hielt, in der deutschen und internationalen Öffentlichkeit befreiend. Mit seiner Fähigkeit zur politischen Integration, die nicht zulasten der Eindeutigkeit seiner Aussagen ging, gelang es dem Bundespräsidenten, den geschichtlichen Standort der Deutschen 40 Jahre nach Kriegsende auf eine Art zu bestimmen, die weithin als verbindlich betrachtet wurde.

Weizsäcker erklärte: »Der 8. Mai war ein Tag der Befreiung. Er hat uns alle befreit von dem menschenverachtenden System der nationalsozialistischen Gewaltherrschaft. Niemand wird um dieser Befreiung willen vergessen, welche schweren Leiden für viele Menschen mit dem 8. Mai erst begannen und danach folgten. Aber wir dürfen nicht im Ende des Krieges die Ursache für Flucht, Vertreibung und Unfreiheit sehen. Sie liegt vielmehr in seinem Anfang und im Beginn jener Gewaltherrschaft, die zum Krieg führte. Wir dürfen den 8. Mai 1945 nicht vom 30. Januar 1933 trennen.«

Der Bundespräsident hob die Bedeutung der Erinnerung hervor, die Versöhnung erst möglich mache. Zur historischen Bedeutung des Jahres 1945 für die Deutschen sagte er: »Es gab keine ›Stunde null‹, aber wir hatten

Oben: US-Präsident Reagan und seine Frau vor dem jüdischen Gedenkstein im ehemaligen Konzentrationslager Bergen-Belsen (5. Mai 1985). Unten: Reagan (rechts) und Bundeskanzler Kohl (2. von rechts) am 5. Mai 1985 auf dem Soldatenfriedhof von Bitburg. Die pensionierten Generale Johanes Steinhoff (links) und Matthew Ridgeway reichen sich die Hand

die Chance zu einem Neubeginn. Wir haben sie genutzt, so gut wir konnten. An die Stelle der Unfreiheit haben wir die demokratische Freiheit gesetzt.« Und Bezug nehmend auf die deutsche Teilung äußerte Weizsäcker »die Zuversicht, dass der 8. Mai nicht das letzte Datum unserer Geschichte bleibt, das für alle Deutschen verbindlich ist.«

4.34 Gorbatschows Perestroika und die DDR

Nach dem Tod Konstantin Tschernenkos wurde im März 1985 der 54-jährige Michail Gorbatschow neuer Generalsekretär des ZK

KAPITEL 4

Michail Gorbatschow und Erich Honecker auf dem XI. Parteitag der SED (April 1986)

der KPdSU. Er leitete unter dem Schlagwort »Perestroika« (Umbau) eine Politik tief greifender Veränderungen in Wirtschaft, Politik und Gesellschaft der Sowjetunion ein. In der Wirtschaft, die nach internationalen Maßstäben weit zurückgeblieben war, sollte durch Lockerung der zentralen Planung, durch begrenzte Zulassung privater Eigentumsformen (v. a. Genossenschaften) und durch marktwirtschaftliche Elemente eine nachhaltige Steigerung der Effizienz erreicht werden. Im politischen Bereich bestand das Ziel in mehr Demokratie. Das bedeutete die Auswahl unter mehreren Kandidaten bei Wahlen und die Stärkung der Eigenverantwortung der unteren Ebenen. Bei alledem sollten das Monopol und die führende Rolle der KPdSU gewahrt bleiben.

Begleitet und gestützt werden sollte der gesamte Reformprozess von einer offenen gesellschaftlichen Diskussion, in der die Rolle der Presse und der anderen Medien unter dem Schlagwort »Glasnost« (Öffentlichkeit) neu beschrieben wird. Die Medien hätten die Aufgabe, unterstützt von den politischen Instanzen, den Willensbildungsprozess in Partei und Staat durchsichtig zu machen, kritische Fragen der Bevölkerung zu inneren Defiziten (z. B. Versorgungslage) oder Konflikten (z. B. Nationalitätenfragen) widerzuspiegeln und so Mitsprachemöglichkeiten zu eröffnen. Verbunden war die Reformentwicklung mit einer kritischen Aufarbeitung der sowjetischen Geschichte.

Bedeutsam wurde, dass im Zuge der Reformentwicklung die KPdSU ihren Führungsanspruch im internationalen Kommunismus aufgab und von der These der beschränkten Souveränität der kommunistischen Staaten (Breschnew-Doktrin) abrückte. Der SED ermöglichte dies, sich klar von Gorbatschows Perestroika abzusetzen und ihren bisherigen politischen Kurs beizubehalten. Für den Bereich der Wirtschaft argumentierte die SED damit, dass viele der Reformvorhaben Gorbatschows in der DDR längst durchgeführt seien und die DDR-Wirtschaft schließlich nicht die Defizite der sowjetischen Wirtschaft aufweise und im Ostblock die Spitzenposition einnehme.

4.35 Antiatomkraftbewegung nach Tschernobyl – Proteste gegen WAA Wackersdorf

Am 26. April 1986 kam es in dem sowjetischen Kernkraftwerk Tschernobyl (in der Ukrainischen SSR) zu einem schweren Störfall, in dessen Verlauf der Reaktorkern schmolz, das Kernkraftwerk brannte und große Mengen radioaktiven Materials freigesetzt wurden. Das ganze Ausmaß der Katastrophe wurde der internationalen Öffentlichkeit wegen der zögerlichen sowjetischen Informationspolitik erst Tage nach dem Unfall deutlich. In vielen Teilen Europas sowie in der Sowjetunion selbst wurde radioaktiver Niederschlag verzeichnet.

Durch Tschernobyl und die Folgen wurde die öffentliche Debatte über die Nutzung der Kernenergie in der Bundesrepublik neu belebt. Während die Grünen in der Katastrophe von Tschernobyl eine Bestätigung ihrer seit jeher erhobenen Forderung nach sofortiger Stilllegung aller Kraftwerke sahen, trat die SPD, die bisher – bei Vorrang der Kohlenutzung – einen weiteren Ausbau der Kernenergie befürwortet hatte, nun für den schrittweisen Ausstieg aus der Kernenergienutzung ein. CDU/CSU und FDP schränkten ihre Zustimmung zur Nutzung der Atomkraft ein, hielten an ihr aber als »Übergangstechnologie« über das Jahr 2000 hinaus fest.

DEUTSCH-DEUTSCHE VERANTWORTUNG

Weit mehr als andere Atomanlagen – wie etwa der »schnelle Brüter« in Kalkar – wurde die im Bau befindliche Wiederaufarbeitungsanlage (WAA) in Wackersdorf (Oberpfalz) in der Zeit nach Tschernobyl zum Ziel des Protestes. Bei zahlreichen Massendemonstrationen kam es zu gewaltsamen Auseinandersetzungen zwischen Demonstranten und der Polizei. Dabei wurde die Kritik an der WAA mit unterschiedlichen Argumenten vorgebracht. Neben der grundsätzlichen Ablehnung der Kernenergie standen der Einwand, dass die Aufarbeitung von abgebrannten Kernbrennstäben viel teurer sei als die unmittelbare Endlagerung, und der Protest gegen die Zerstörung eines umfangreichen Waldgebiets.

Doch dann bewirkte nicht der Protest von Tausenden Atomkraftgegnern die Einstellung der Bauarbeiten an der WAA am 30. Mai 1989, sondern die kaufmännische Überlegung der deutschen Energiewirtschaft. Sie vereinbarte mit der französischen Firma Cogema eine Zusammenarbeit, in deren Rahmen abgebrannte deutsche Brennelemente in La Hague weit billiger zwischengelagert werden sollten, als dies in Wackersdorf möglich gewesen wäre.

Die Endlagerung von Atommüll stellt insofern ein Problem dar, als die Strahlung radioaktiven Urans erst nach einigen Millionen Jahren wieder auf die von Natururan gesunken sein wird. Für die Bundesrepublik soll diese Endlagerung in einem Salzstock bei Gorleben erfolgen.

Auseinandersetzungen zwischen Kernkraftgegnern und Polizei auf dem Gelände der geplanten Wiederaufarbeitungsanlage Wackersdorf (Januar 1986)

4.36 Honeckers Staatsbesuch in Bonn

Für die DDR-Führung bedeutete der Besuch des Staatsratsvorsitzenden und SED-Generalsekretärs Erich Honecker in der Bundesrepublik Deutschland, der vom 7. bis 11. September 1987 stattfand, dass ein seit langem gestecktes Ziel erreicht war. Wurde Honecker doch in der Bundeshauptstadt mit allen protokollarischen Ehren empfangen, die dem Staatsoberhaupt eines souveränen Staates zustehen. Aller Welt wurde damit vor Augen geführt, dass die Bundesrepublik Deutschland die DDR als gleichberechtigten souveränen Staat anerkannte. In Bonn fanden Gespräche zwischen Honecker und dem Bundespräsidenten, dem Bundeskanzler und anderen Politikern statt. Dabei betonte Honecker, dass es sein Ziel sei, die »Normalisierung der Beziehungen voranzubringen«. Drei Tage später in Neunkirchen erklärte er allerdings, dass uns eines Tages »die Grenzen nicht mehr trennen, sondern vereinen« können. Bundeskanzler Kohl fand verbindende, aber auch deutliche Worte. In einer Tischrede am 7. September 1987 führte er u. a. aus: »Konzentrieren wir uns in diesen Tagen auf das Machbare, und bleiben wir uns auch einig, die zurzeit unlösbaren Fragen nicht in den Vordergrund zu stellen.« Er sagte aber auch: »Die Menschen in Deutschland leiden unter der Trennung. Sie leiden an einer Mauer, die ihnen buchstäblich im Wege steht und die sie abstößt.« Neben den politischen Gesprächen besuchte Honecker Nordrhein-Westfalen, Rheinland-Pfalz – das Geburtshaus von Karl Marx in Trier – und Bayern. Im saarländischen Neunkirchen-Wiebelskirchen suchte Honecker zum ersten Mal seit 39 Jahren sein Elternhaus auf. – Abb. S. 142

KAPITEL 4

Zu Beginn seines Staatsbesuchs in der Bundesrepublik Deutschland wird der DDR-Staatsratsvorsitzende und SED-Generalsekretär Erich Honecker von Bundeskanzler Kohl mit militärischen Ehren empfangen (September 1987)

4.37 Barschel-Affäre

Am 12. September 1987, einen Tag vor der Landtagswahl in Schleswig-Holstein, meldeten Hörfunk und Fernsehen, dass das Hamburger Magazin »Der Spiegel« am Montag seinen Lesern eine schier unglaubliche Geschichte präsentieren werde: Der schleswig-holsteinische Ministerpräsident Uwe Barschel habe im Zusammenhang mit dem Wahlkampf seinen Medienreferenten Reiner Pfeiffer beauftragt, gegen den Oppositionsführer und SPD-Spitzenkandidaten Björn Engholm eine anonyme Strafanzeige wegen Steuerhinterziehung zu stellen, Engholm durch ein Detektivbüro bespitzeln zu lassen, eine »Wanze« in Barschels Diensttelefon einbauen zu lassen, um dies dann der SPD und Engholm anzulasten, sowie die »Unabhängige Wählergemeinschaft Schleswig-Holsteins« durch eine Zersetzungskampagne zu schwächen – so die Vorwürfe Pfeiffers gegenüber dem »Spiegel«. Die Landtagswahl am 13. September brachte der CDU mit 33 Mandaten den Verlust der absoluten Mehrheit, der zur Koalition mit der CDU bereiten FDP vier Sitze, der SPD 36 Sitze und dem Südschleswigschen Wählerverband ein Mandat, sodass ein parlamentarisches Patt entstand.
Nach anfänglicher Beteuerung Barschels, dass die Anschuldigungen »erstunken und erlogen« seien, sprachen die Ergebnisse des Untersuchungsausschusses und der staatsanwaltlichen Ermittlung gegen ihn. Am 25. September 1988 übernahm Barschel die politische Verantwortung und trat am 2. Oktober als Ministerpräsident zurück.
Am 11. Oktober fanden Journalisten des »Stern« die Leiche von Uwe Barschel in einem Genfer Hotelzimmer. Die schweizerischen Justizbehörden erklärten, es handele sich um Selbstmord, und blieben auch dann bei dieser Feststellung, als die Familie des Toten angesichts der mysteriösen Umstände von Mord sprach. Die genauen Umstände sind bis heute nicht geklärt.
In seinem am 5. Februar 1988 erstatteten Abschlussbericht stellte der Untersuchungsausschuss des Kieler Landtags u.a. fest, »dass Teile der Staatskanzlei und der Pressestelle der Landesregierung ... widerrechtlich zur Wahlkampfführung für den CDU-Spitzen-

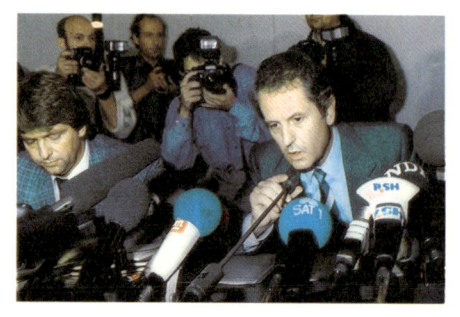

Ministerpräsident Uwe Barschel während der Pressekonferenz am 18. September 1987, auf der er mit seinem Ehrenwort alle Beschuldigungen zurückwies

Abzug der amerikanischen Mittelstreckenraketen aus der Bundesrepublik Deutschland: Zerlegung und Verladung von Pershing-II-Raketen in Mutlangen (Juni 1988)

kandidaten missbraucht« wurden. Er lobte die »Wachsamkeit der kritischen Presse« und schlug eine Reihe von Änderungen der Landesverfassung vor.

Erst sehr viel später räumte Björn Engholm als Ministerpräsident von Schleswig-Holstein ein, dass er von dem Skandal früher gewusst habe als anfänglich zugegeben. Er trat am 3. Mai 1993 als Ministerpräsident und Bundesvorsitzender der SPD zurück.

In der Öffentlichkeit der Bundesrepublik löste die Barschel-Affäre große Betroffenheit aus und führte zu der Frage, welche wirksamen Hindernisse der demokratische Staat dem ungezügelten Machtstreben Einzelner und ihrer ergebenen Helfer entgegenstellen kann.

4.38 Der INF-Vertrag und die deutschen Staaten

Mit dem Beginn der Stationierung amerikanischer Mittelstreckenraketen in der Bundesrepublik gemäß dem *NATO-Doppelbeschluss* (▸4.30) hatte die Sowjetunion im November 1983 die zweiseitigen Abrüstungsverhandlungen mit den USA abgebrochen. Im März 1985 wieder aufgenommen, führten langwierige Verhandlungen sowie zwei amerikanisch-sowjetische Gipfeltreffen (im November 1985 in Genf und im Oktober 1986 in Reykjavík) am 8. Dezember 1987 in Washington zur Unterzeichnung des Vertrages über »Intermediate-Range Nuclear Forces« (INF, »Kernwaffen mittlerer Reichweite«) durch den amerikanischen Präsidenten Ronald Reagan und den sowjetischen KP-Generalsekretär Michail Gorbatschow.

Das Abkommen sah den vollständigen und weltweiten Abbau aller amerikanischen und sowjetischen landgestützten Mittelstreckenraketen längerer und kürzerer Reichweite einschließlich der Abschussvorrichtungen in einem Zeitraum von drei Jahren vor.

Zu Recht wurde das Abkommen in der Weltöffentlichkeit als Durchbruch bei den Abrüstungsbemühungen bewertet. Handelte es sich doch nicht um eine Rüstungskontrollvereinbarung, bei der bestimmte Obergrenzen für atomare Waffen festgelegt wurden, sondern um die Abschaffung einer ganzen Kategorie amerikanischer und sowjetischer Raketen – verbunden mit der erstmaligen Vereinbarung wirksamer Kontrollverfahren.

In beiden deutschen Staaten, als Stationierungs- wie als mögliche Zielländer militärisch besonders exponiert, wurde der INF-Vertrag begrüßt. Beide deutsche Regierungen hatten auch während der Unterbrechung der amerikanisch-sowjetischen Verhandlungen ihre Kontakte aufrechterhalten und weiterentwickelt, beide hatten ihren jeweiligen Bündnispartner zur Abschaffung der Mittelstreckenraketen gedrängt. Das nun erreichte Abkommen verbesserte das Klima zwischen den Supermächten und damit auch die Perspektiven für eine Weiterentwicklung der deutsch-deutschen Beziehungen.

Im Vorfeld des Abschlusses des INF-Vertrages war es allerdings im Frühjahr/Sommer 1987 zu deutsch-amerikanischen Unstimmigkeiten und zu einer innenpolitischen Kontroverse gekommen. Die amerikanisch-sowjetischen Verhandlungen hatten sich auf eine »doppelte Nulllösung« zubewegt, d. h., nicht nur Mittelstreckenraketen längerer Reichweite (1000–5500 km), sondern auch solche kürzerer Reichweite (150–1000 km) sollten abgebaut werden. Zur letzteren Kategorie gehörten auch 72 Pershing-IA-Raketen der Bundeswehr, die über einen unter amerikanischem Verschluss stehenden Atomsprengkopf verfügten. Die CSU und Teile der CDU wollten die Pershing IA nicht in die Nulllösung aufgenommen wissen und eine Option für eine Modernisierung dieser Waffen behalten. Hingegen trat die FDP (wie auch die Opposition aus SPD und Grünen) für den Verzicht auf diesen Waffentyp ein. Den öffentlich ausgetragenen Streit in der Regierungskoalition entschied im August 1987 schließlich Bundeskanzler Kohl unter ausdrücklicher Berufung auf seine grundgesetzliche Richtlinienkompetenz: Die Zustimmung der Bundesrepublik Deutschland zur doppelten Nulllösung ebnete den Weg für die Einigung der USA und der Sowjetunion auf den INF-Vertrag.

4.39 Die Aussiedler

Auch nach der *Vertreibung und Aussiedlung* (▶1.5) lebten noch Millionen von Menschen mit deutscher Volkszugehörigkeit in Ländern des Ostblocks, insbesondere in Polen und in der Sowjetunion.
Nach dem Grundgesetz (Art. 116 Abs. 1) steht diesen Personen, ihren Ehegatten und Kindern die deutsche Staatsangehörigkeit zu. Bei ihrem Zuzug in die Bundesrepublik werden sie amtlich als »Aussiedler« bezeichnet. Alle Bundesregierungen hatten mit Appellen und zum Teil mit vertraglichen Regelungen (so etwa 1975/76 mit Polen) darauf hingewirkt, dass die Ostblockstaaten diesen Menschen die Ausreise ermöglichen. Gegen Ende der 80er-Jahre nun zeigten die osteuropäischen Regierungen verstärkt Bereitschaft, deutschstämmige Bürger ausreisen zu lassen. So kamen 1988 in die Bundesrepublik aus Polen 140226 Aussiedler (1987: 48423), aus der Sowjetunion 47552 (1987: 14488), aus Rumänien 12902 (1987: 13994) und aus der Tschechoslowakei, Ungarn und Jugoslawien jeweils unter tausend Aussiedler. Viele Aussiedler, vor allem die jüngeren, sprachen kein Deutsch, und beim Entschluss zur Ausreise hat wohl auch die wirtschaftliche Anziehungskraft der Bundesrepublik eine Rolle gespielt.
Die deutschen Behörden wurden angesichts des großen Andrangs vor Aufgaben gestellt, auf die sie zunächst nicht vorbereitet waren. Die Probleme reichten von der vorläufigen Aufnahme der Aussiedler über die Organisierung von Deutschkursen bis zur Wohnungs- und Arbeitsvermittlung. Bei einem enger werdenden Wohnungsmarkt und rund 2 Millionen Arbeitslosen kam es verschiedentlich zu sozialen Spannungen. Um »Neid und Missgunst den Boden« zu entziehen, sah sich die Bundesregierung veranlasst, im September 1989 einen Gesetzentwurf vorzulegen, in dem u. a. die Zahlung von Arbeitslosengeld an Aussiedler (ebenso an Übersiedler) durch Gewährung eines einheitlichen Übergangsgeldes von rund 1000 DM monatlich abgelöst wurde. Eine Neuregelung des *Asylrechts* (▶5.21) wurde 1993 vor dem Hintergrund eines starken Zustroms von Asyl Suchenden einerseits und einer Verschärfung der *sozialen Krise* (▶5.22) andererseits vorgenommen.

4.40 Rosa-Luxemburg-Gedenkfeiern in Ost-Berlin – Verhaftungen und Abschiebungen

Rosa Luxemburg und Karl Liebknecht, 1919 Gründer der Kommunistischen Partei Deutschlands, gehörten zu den historischen Persönlichkeiten, auf die die DDR als erster sozialistischer Staat auf deutschem Boden ihre Existenz zurückführte. Der Jahrestag ihrer Ermordung (15. Januar 1919) wurde daher jährlich mit einer offiziellen Demonstration in Ost-Berlin begangen. Im Verlauf dieser Demonstration am 17. Januar 1988 kam es zu einer Gegendemonstration von Menschen- und Bürgerrechtsgruppen der DDR, die sich auf das demokratische Erbe von Rosa Luxemburg beriefen (»Freiheit ist immer die Freiheit des anders Denkenden«). Auch ausreisewillige DDR-Bürger nahmen an der Gegendemonstration teil. Die Staatsführung, die bereits in den Wochen vorher zahlreiche Mitglieder von Oppositionsgruppen zeitweise

Die offizielle Gedenkdemonstration für Rosa Luxemburg und Karl Liebknecht am 17. Januar 1988 in Ost-Berlin

festgenommen hatte, fasste die Gegendemonstration als ungeheuerliche Provokation auf und reagierte äußerst hart. Etwa 120 Demonstranten wurden festgenommen; ein Teil von ihnen wurde wegen »Zusammenrottung« im Schnellverfahren zu Haftstrafen von bis zu einem Jahr verurteilt. Insgesamt 54 DDR-Bürger, gegen die zum Teil wegen »landesverräterischer Tätigkeit« ermittelt wurde, wurden – allerdings mit der Möglichkeit einer späteren Rückkehr in die DDR – in den Westen abgeschoben, darunter der Liedermacher Stefan Krawczyk und die Regisseurin Freya Klier.

4.41 Opposition unter dem Dach der evangelischen Kirche

Am 6. März 1978 hatte der Staatsratsvorsitzende Erich Honecker bei einer Begegnung mit dem Vorstand des Evangelischen Kirchenbundes versichert, die bisherige Auffassung der Partei vom Absterben der Religion im Sozialismus bzw. Kommunismus zu korrigieren und die Kirche in der DDR als eigenständige, weitgehend autonome (und von den evangelischen Kirchen in der Bundesrepublik unabhängige) Organisation mit gesellschaftlicher Bedeutung im Sozialismus anzuerkennen. Trotz des Zugeständnisses kirchlicher Sendungen in Rundfunk und Fernsehen hielten die Konflikte und Spannungen im Verhältnis zwischen Staat und Kirche an. Als »Kirche im Sozialismus« bestand die Kirchenleitung auf dem unüberbrückbaren weltanschaulichen Gegensatz zu Staat und Partei, verzichtete aber (teilweise im Unterschied zu den Kirchenmitgliedern) auf eine grundsätzliche Oppositionsrolle.

Nach dem gewaltsamen Vorgehen der Staatsorgane gegen die Zionsgemeinde in Ost-Berlin im November 1987 und gegen oppositionelle Gruppen während der *Rosa-Luxemburg-Gedenkfeiern* im Januar 1988 (▶ 4.40) setzten sich diejenigen durch, die eine offensive Kirchenpolitik vertraten. Die Kirche, so argumentierten sie, habe für alle in der Gesellschaft da zu sein, auch für Nichtchristen, die mit der Staatsmacht in Konflikt geraten seien: für Angehörige von Friedens-, Umwelt- und Menschenrechtsgruppen, die verdächtigt wurden, zum SED-Staat in Opposition zu stehen, für Ausreisewillige, die das Regime nach Einreichung ihrer Anträge häufig beruflich und gesellschaftlich ausgrenzte. Daher äußerte sich der Protest der meist jungen Menschen gegen willkürliche Verhaftungen, Ausgrenzungen, Überwachungen und Abschiebungen lange Zeit unter dem schützenden Dach der Kirche in überfüllten Gottesdiensten und kirchlichen Veranstaltungen. In Fürbittgottesdiensten und Mahnwachen, im Aufstellen brennender Kerzen auf öffentlichen Plätzen und vor Staatsgebäuden gedachte man der Inhaftierten und forderte ihre Freilassung.

Daten

1. Jan. 1973	Großbritannien, Irland und Dänemark EG-Mitglieder
18. Sept. 1973	Aufnahme beider deutscher Staaten in die UN
3. Okt. 1973	Willi Stoph wird Vorsitzender des DDR-Staatsrats
11. Dez. 1973	Deutsch-Tschechoslowakischer Vertrag
6. Mai 1974	Rücktritt Brandts wegen Guillaume-Affäre
16. Mai 1974	Helmut Schmidt wird Bundeskanzler
1. Juli 1974	Walter Scheel wird Bundespräsident
7. Okt. 1974	Änderung der DDR-Verfassung (»deutsche Nation« getilgt)
1975–1981	Majdanek-Prozess in Düsseldorf
21. Mai 1975	Beginn der Baader-Meinhof-Prozesse
1. Aug. 1975	Schlussakte von Helsinki
1. Juli 1976	Mitbestimmungsgesetz in Kraft
3. Okt. 1976	Bundestagswahlen bestätigen SPD-FDP-Koalitionsregierung
29. Okt. 1976	Erich Honecker wird Staatsratsvorsitzender
7. April 1977	Generalbundesanwalt Buback ermordet
30. Juli 1977	Bankier Jürgen Ponto ermordet
5. Sept. 1977	Arbeitgeberpräsident Hanns-Martin Schleyer entführt
13.–18. Okt. 1977	Anschlag auf Lufthansamaschine in Mogadischu
1. Jan. 1979	Europäisches Währungssystem in Kraft
10. Juni 1979	1. Direktwahl zum Europäischen Parlament
1. Juli 1979	Karl Carstens wird Bundespräsident
12. Dez. 1979	NATO-Doppelbeschluss
5. Okt. 1980	Bundestagswahlen bestätigen sozialliberale Koalition
1. Jan. 1981	Griechenland EG-Mitglied
21. Mai 1981	Gesetz zur Änderung der Montan-Mitbestimmung
11.–13. Dez. 1981	Treffen Schmidt–Honecker in der Schorfheide
25. März 1982	neues Wehrdienstgesetz in der DDR
17. Sept. 1982	Bruch der sozialliberalen Koalition
1. Okt. 1982	Misstrauensvotum gegen Schmidt; Helmut Kohl wird Bundeskanzler
6. März 1983	Bundestagswahlen bestätigen christlich-liberale Koalition
19. Mai 1983	Flick-Untersuchungsausschuss eingesetzt
22. Nov. 1983	Bundestagsbeschluss zur Stationierung von Pershing-II-Raketen
Mai/Juni 1984	Arbeitskampf in der Metall- und Druckindustrie (38,5-Stunden-Woche ab 1. April 1985)
1. Juli 1984	Richard von Weizsäcker wird Bundespräsident
25. Okt. 1984	Rücktritt von Bundestagspräsident Rainer Barzel
1.–6. Mai 1985	Staatsbesuch von US-Präsident Ronald Reagan
1. Jan. 1986	Spanien und Portugal EG-Mitglieder
17.–21. April 1986	XI. SED-Parteitag, Michail Gorbatschow nimmt teil
25. April 1986	1. deutsch-deutsche Städtepartnerschaft zwischen Saarlouis und Eisenhüttenstadt
26. April 1986	Reaktorunfall in Tschernobyl
6. Mai 1986	Kulturabkommen zwischen der Bundesrepublik und der DDR
25. Jan. 1987	Bundestagswahl
7.–11. Sept. 1987	Staatsbesuch von Erich Honecker in der Bundesrepublik
12. Sept. 1987	Beginn der Barschel-Affäre
17. Jan. 1988	Rosa-Luxemburg-Gedenkfeiern in Ost-Berlin, Polizei und Staatssicherheit gehen gegen Gegendemonstranten vor
25. Juni 1988	EG und RGW vereinbaren Aufnahme offizieller Beziehungen
7. Mai 1989	Kommunalwahlen in der DDR
12.–15. Juni 1989	Michail Gorbatschow zum Staatsbesuch in der Bundesrepublik

Die deutsche Einheit (ab 1989)

Einführung

Der Aufbruch zur Demokratie, der sich 1989 in Polen, Ungarn, in der DDR, in der Tschechoslowakei, in Bulgarien und Rumänien ereignete, hat mehrere Wurzeln und Bedingungen. Eine der wichtigsten ist zweifellos die Reformpolitik Michail Gorbatschows, der 1985 als neuer Generalsekretär der KPdSU an die Spitze der sowjetischen Politik trat. Die von ihm unter den Schlagworten Glasnost und Perestroika eingeleitete Umwälzung der sowjetischen Gesellschaft hatte auch weit reichende außenpolitische Bezüge. Sie führte nicht nur zum teilweisen Rückzug der Sowjetunion aus ihren weltweiten Engagements und zu ersten wirksamen Abrüstungsmaßnahmen, sie erlaubte auch unter Abkehr von der Breschnew-Doktrin den verbündeten kommunistischen Staaten die eigenständige Gestaltung ihrer inneren Verhältnisse. Schon seit längerer Zeit hatten sich im Weltkommunismus Veränderungen angebahnt. So konnte die freiheitliche Massenbewegung der Gewerkschaft Solidarność in Polen 1981 nur mit dem Mittel des Kriegsrechts unterdrückt und gleichwohl als wichtiger politischer Faktor nicht ausgeschaltet werden. In Ungarn hatten Reformkräfte innerhalb der KP damit begonnen, marktwirtschaftliche Elemente in der Wirtschaft durchzusetzen.

Eine andere Wurzel bildeten die oppositionellen Menschen- und Bürgerrechtsgruppen, die unter Berufung u.a. auf die KSZE-Schlussakte von Helsinki bei ihren kommunistischen Regierungen Menschenrechte und demokratische Freiheiten einklagten.

Zu den Rahmenbedingungen des Aufbruchs von 1989 gehört auch die Entwicklung im westlichen Europa. Hier hatten sich die 12 Mitgliedsstaaten der EG darauf geeinigt, bis zum 31. Dezember 1992 mit dem Binnenmarkt den größten einheitlichen Wirtschaftsraum der industrialisierten Welt zu schaffen. Der westeuropäische Einigungsprozess übte eine gewaltige Anziehungskraft auch auf die Staaten des Ostblocks aus.

Nach öffentlichen Protesten von Bürgerrechtsgruppen gegen die Wahlfälschungen, die von offiziellen Stellen bei den Kommunalwahlen vom 7. Mai 1989 vorgenommen worden waren, begann die unmittelbare Vorgeschichte der friedlichen Revolution in der DDR mit der Öffnung der ungarischen Grenze nach Westen. Damit erhielten DDR-Bürger erstmals seit dem Bau der Mauer 1961 die Möglichkeit, unabhängig vom Willen der DDR-Behörden in den Westen auszureisen. Tausende nutzten zwischen August und November 1989 diesen Weg, um in die Bundesrepublik überzusiedeln. Andere erwirkten ihre Ausreise, indem sie die Botschaften der Bundesrepublik Deutschland in Prag, Warschau und Budapest sowie die Ständige Vertretung in Ost-Berlin besetzten. Die Massenflucht aus der DDR machte deutlich, dass es der Partei- und Staatsführung auch 28 Jahre nach dem Bau der Mauer nicht gelungen war, Zustimmung und Vertrauen ihrer Bürger zu gewinnen. Die nun einsetzenden Massendemonstrationen, organisiert von den vom Staat verfolgten Oppositionsgruppen, klagten die reformfeindliche politische Führung der DDR als verantwortlich für diese Massenflucht an. »Wir bleiben hier« und »Wir sind das Volk« riefen die Demonstranten und forderten umfassende politische Reformen ein. Nach andauernden Massendemonstrationen in den Städten der DDR wurde Honecker am 18. Oktober als Generalsekretär der SED und am 24. Oktober auch als Staatsratsvorsitzender von Egon Krenz abgelöst. Damit wurde der rapide Machtverfall der SED eingeleitet, der am 8. November zunächst im Rücktritt des gesamten Zentralkomitees gipfelte. Als deutlich wurde, dass die Volkskammer das von der Regierung geplante Reisegesetz ablehnen würde, das den DDR-Bürgern Auslandsreisen gestatten sollte, diese jedoch mit bürokratischen Verfahren und finanziellen Voraussetzungen verknüpfte, trat die DDR-Führung unter Krenz die Flucht nach vorn an und öffnete am 9. November 1989 die Grenzen. Hunderttausende von DDR-Bürgern strömten nach Bekanntwerden der Grenzöffnung zu Besuchen nach West-Berlin und in die Bundesrepublik. Auf den weiterhin stattfindenden Massendemonstrationen in der DDR wurde nun der Ruf nach einem vereinigten Deutschland immer lauter. Helmut Kohl legte am 28. November dem Bundestag einen Zehnpunkteplan vor, der über einzelne, zeitlich nicht bestimmte Stufen einer Vertragsgemeinschaft und konföderativer (staatenbundlicher) Strukturen auf die Einheit Deutschlands in einer bundesstaatlichen Ordnung zielte. In Ost-Berlin trat am 7. Dezember der »runde Tisch« aus Vertretern der Oppositionsgruppen, der Volkskammerparteien und der Regierung zusammen, der bis zur Neuwahl der Volkskammer (zunächst auf den 6. Mai 1990 festgesetzt) zum entscheidenden politischen Gremium der DDR wurde. Der auch nach Jahresbeginn 1990 anhaltende Übersiedlerstrom aus der DDR, die auf Machterhalt gerichteten politischen Manöver der SED, die sich nun PDS nannte, und die Streitigkeiten um die endgültige Auflösung des Staatssicherheitsdienstes beschleunigten die Entwicklung. Die Volkskammerwahlen wurden auf den 18. März 1990 vorverlegt. Der Wahlkampf wurde von den Aktivitäten der westdeutschen Parteien und Politiker bestimmt. Während die SPD der Bundesrepublik mit der neu gegründeten, unbelasteten Sozialdemokratischen Partei in der DDR schnell einen Partner gefunden hatte, tat sich die CDU zunächst ausgesprochen schwer. Schließlich wurde unter Bonner Anleitung und Hilfe die »Allianz für Deutschland« gebildet, die aus der ehemaligen Blockpartei CDU, der mit CSU-Hilfe gegründeten Demokratisch-Sozialen Union (DSU) und der Oppositionsgruppe »Demokratischer Aufbruch« bestand. Die FDP förderte das Zustandekommen des Liberalen Bündnisses. Alle genannten Parteien strebten für die DDR eine ökologisch orientierte soziale Marktwirtschaft und ein vereinigtes Deutschland an.

Am Rande einer Konferenz von NATO und Warschauer Pakt wurde im Februar 1990 vereinbart, dass der deutsche Einigungsprozess zum Thema von »Zwei-plus-vier-Konferenzen« der vier Siegermächte von 1945 und der beiden deutschen Staaten und danach eines KSZE-Treffens gemacht werden sollte. Irritationen über die Endgültigkeit der polnischen Westgrenze wurden erst im Juni durch Bundestag und Volkskammer und abschließend durch den deutsch-polnischen Vertrag vom 14. November 1990 beseitigt.

Die Volkskammerwahlen vom 18. März machten die CDU zur stärksten Partei. Allgemein wurde in dem Wahlergebnis der überwiegende Wille der DDR-Bevölkerung zu einer raschen Vereinigung mit der Bundesrepublik gesehen. CDU-Vorsitzender de Maizière bildete eine Koalitionsregierung aus Allianz, Liberalen und Sozialdemokraten, die noch im April 1990 die Verhandlungen mit der Bundesregierung über eine Währungs-, Wirtschafts- und Sozialunion aufnahm. Im Bundestag und im Bundesrat stimmte auch der größte Teil der SPD dem ausgehandelten Staatsvertrag trotz der grundsätzlichen Einwände (Arbeitslosigkeit in der DDR, massive Staatsverschuldung), die ihr Kanzlerkandidat Oskar Lafontaine vorgetragen hatte, zu.

Die am 1. Juli 1990 erfolgte Einführung der D-Mark in der DDR legte rasch die Schwächen der DDR-Wirtschaft bloß. Die Unfähigkeit von Betrieben, die nunmehr in D-Mark auszuzahlenden Löhne und Gehälter zu erwirtschaften, konnte durch Kredite der staatlichen Treuhandanstalt nur teilweise aufgefangen werden und führte zu rasch steigender – oft als »Kurzarbeit« verschleierter – Arbeitslosigkeit. Der DDR-Staatshaushalt musste durch Zuweisungen in Milliardenhöhe aus dem Bundeshaushalt gestützt werden. Eine weitere schwere Belastung bildete das informelle Fortbestehen von Strukturen des aufgelösten Staatssicherheitsdienstes. All dies führte in der DDR zu einer weiteren Beschleunigung des Vereinigungsprozesses. Die

DIE DEUTSCHE EINHEIT

Verhandlungen über einen zweiten Staatsvertrag, der die Bedingungen eines Beitritts der DDR zur Bundesrepublik Deutschland (nach Art. 23 GG) regeln sollte, wurden bereits im Juli aufgenommen und am 31. August 1990 mit der Unterzeichnung des Einigungsvertrages abgeschlossen. Auf diesem Wege war die staatliche Einheit zweifellos schneller zu erreichen als über die Erarbeitung einer neuen Verfassung und deren Verabschiedung durch eine Volksabstimmung gemäß Art. 146 GG. Nach einem teilweise chaotischen Verfahren beschloss die Volkskammer am 23. August den Beitritt der DDR zur Bundesrepublik für den 3. Oktober 1990.

Der rasche Beitritt war außenpolitisch möglich geworden, da es der deutschen Diplomatie unter Bundesaußenminister Genscher gelungen war, das Einverständnis aller beteiligten Mächte zur deutschen Einheit zu erreichen. Ursprüngliche Vorbehalte Frankreichs und die Ablehnung der britischen Premierministerin Thatcher konnten überwunden werden. Den Schlussstein bildete die Bundeskanzler Kohl von Gorbatschow am 16. Juli 1990 gegebene Zusage der Sowjetunion, die Mitgliedschaft des vereinten Deutschland in der NATO zu akzeptieren. So konnte der Vertrag der vier Siegermächte des 2. Weltkriegs mit den beiden deutschen Staaten, der dem vereinten Deutschland die Souveränität gab und die Rechte der Siegermächte aufhob, am 12. Sept. 1990 in Moskau unterzeichnet werden.

Der staatlichen Einheit folgte die Aufgabe, die »innere Einheit« zwischen Ost und West zu schaffen. Der mit dem Verlust der osteuropäischen Märkte einhergehende und durch die Einführung der D-Mark beschleunigte weitgehende Zusammenbruch der ostdeutschen Wirtschaft erforderte massive Hilfeleistungen aus dem Westen. Dabei blieb es nicht ohne negative Nachwirkung, dass Bundeskanzler Kohl im Bundestagswahlkampf 1990 den Eindruck erweckte, die notwendige Hilfe sei in einem normalen Finanzierungsrahmen zu erbringen, anstatt die Gunst der Stunde zu nutzen, alle sozialen Gruppen in Westdeutschland zu einer großen nationalen Anstrengung aufzurufen. Jedenfalls wurden die wenig später doch notwendigen materiellen Opfer dann von den Westdeutschen eher unwillig und missmutig erbracht.

Die noch von der DDR-Regierung 1990 errichtete Treuhandanstalt wurde mit der Sanierung, Privatisierung, aber auch Abwicklung und Schließung der volkseigenen ostdeutschen Betriebe beauftragt und spielte damit die Schlüsselrolle bei der Einführung der Marktwirtschaft. Dass dabei die großen Industrie-, Handels- und Finanzunternehmen ganz überwiegend an große westdeutsche Konzerne verkauft wurden, lag an der ungleichen Verteilung von Vermögen und wirtschaftlicher Macht zwischen Ost und West. Die entstehende hohe Arbeitslosigkeit in den ostdeutschen Ländern – als soziales Phänomen in der DDR unbekannt – verschlechterte das politische Klima nachhaltig. Der wirtschaftliche Einbruch, von dem Westdeutschland ab 1993 mit steigenden Arbeitslosenzahlen betroffen war, engte die finanziellen Spielräume des Staates auch im Hinblick auf den »Aufbau Ost« ein.

Aber auch psychologische Faktoren spielten bei den Schwierigkeiten, zur inneren Einheit zu finden, eine wichtige Rolle. Man sprach von der weiterexistierenden »Mauer in den Köpfen«. Während die politischen Systeme der Bundesrepublik und der DDR sich nicht zuletzt in der Gegnerschaft zum jeweils anderen Staat definiert und profiliert hatten, war das Verhältnis der Menschen in Ost und West ein asymmetrisches: Die Bundesbürger bejahten bei aller Kritik im Einzelnen ihren Staat und hatten wenig Interesse an den Vorgängen in der DDR; die DDR-Bürger hingegen verglichen häufig ihr Leben mit dem im Westen und waren vor allem über das Fernsehen ungleich besser über die Bundesrepublik informiert.

Auch in der Aufarbeitung der Stasivergangenheit trat häufig Trennendes zwischen Ost und West hervor. Während im Westen eine Haltung zwischen Gleichgültigkeit und Selbstgerechtigkeit zu beobachten war, zeigte sich bei den Stasi-Opfern nicht selten Verbitterung. Zeitweise drohte die Stasi-Debatte die Auseinandersetzung mit dem totalitären System der DDR und mit der Politik der SED und der Blockparteien insgesamt in den Hintergrund zu drängen. Dennoch kann acht Jahre nach der deutschen Vereinigung festgestellt werden, dass auf dem Weg zur »inneren Einheit« eine beachtliche Strecke zurückgelegt ist. Auch im Westen hat sich die Über-

zeugung durchgesetzt, dass das vereinigte Deutschland nicht die bloße Fortsetzung der alten Bundesrepublik ist.
Offenbar im Gefolge der deutschen Vereinigung kam vor allem in den Jahren 1991 bis 1993 – zunächst in Ostdeutschland, bald auch in Westdeutschland – ein rechtsextremes Gewaltpotenzial gegenüber Ausländern und anderen Minderheiten zum Ausbruch, das zunächst die Öffentlichkeit erschreckte, die Politik lähmte und im Ausland das Bild des »hässlichen Deutschen« wieder belebte. Lichterketten und andere Formen von Massendemonstrationen verdeutlichten die entschlossene Ablehnung von Ausländerfeindlichkeit und rechtsextremer Gewalt durch die überwiegende Mehrheit der Deutschen.
Wie schon die erste gesamtdeutsche Bundestagswahl vom 2. Dezember 1990 konnte die Regierungskoalition aus CDU, CSU und FDP unter Bundeskanzler Helmut Kohl auch die Bundestagswahl am 16. Oktober 1994 für sich entscheiden, obwohl noch zu Beginn des Superwahljahrs 1994 Demoskopen einen Vorsprung des SPD-Kanzlerkandidaten Rudolf Scharping vor dem Amtsinhaber Kohl ermittelt hatten. Gleichwohl hatte die SPD ihre Positionen in den Ländern weitgehend stabilisieren oder gar ausbauen können und somit die Mehrheit im Bundesrat und im Vermittlungsausschuss erhalten. In der FDP, die bei den Landtagswahlen 1994 in kein einziges Länderparlament einziehen konnte, und in der SPD fanden 1995 quälende Führungsdiskussionen statt.
Standort Deutschland und Krise des Sozialstaats waren seither Hauptstichworte der innenpolitischen Diskussion. Unter dem Druck der Globalisierung der Wirtschaft entwickelte sich in Politik und Gesellschaft ein massiver Konflikt um die Verteilung der Lasten und um den wirtschaftspolitischen Kurs, in dem SPD und Gewerkschaften das erhardsche Konzept der sozialen Marktwirtschaft verfochten, während insbesondere die FDP als Anwalt einer reinen, von staatlichen Einflüssen freien Marktwirtschaft auftrat.
Über die Rolle des vereinigten Deutschland in der Welt ist in den ersten Jahren nach 1990 viel gestritten worden. Aus den umwälzenden politischen Veränderungen in der Mitte und im Osten Europas sowie aus der Tatsache, dass Deutschland nun nach Russland das bevölkerungsreichste Land Europas war, leiteten manche die Chance ab, sich stärker aus den gewachsenen Bindungen der Bundesrepublik zu den westlichen Partnern, vor allem zu Frankreich, Großbritannien und den USA, zu lösen und eine selbstständigere, auf spezifisch deutsche Interessen abgestellte Außenpolitik zu treiben. Insbesondere sollte dies für die Beziehungen Deutschlands zu den ost- und südosteuropäischen Staaten gelten. Andere hielten dem entgegen, dass die Vereinigung keine Veranlassung gebe, an der bisherigen Rolle der Bundesrepublik, die durch enge Einbettung in die EG und die NATO und durch eine »Kultur der militärischen Zurückhaltung« gekennzeichnet war, etwas zu ändern.
Bereits kurz nach der deutschen Vereinigung führte der Golfkrieg (1991) in diesem Sinne zu vielerlei Erörterungen im Ausland und gab in Deutschland Anlass zu heftigen Debatten, in denen auch Veränderungen bisheriger Positionen sichtbar wurden. So plädierten angesichts der Bedrohung Israels durch Irak nicht wenige bisherige Pazifisten für eine militärische Beteiligung Deutschlands aufseiten der von den USA geführten Koalition. Letztlich blieb es bei logistischer Hilfe und einer hohen finanziellen Beteiligung an den amerikanischen Kriegskosten. Die Bundeswehreinsätze in Somalia und bei der Überwachung des bosnischen Luftraums wurden vor dem Bundesverfassungsgericht verhandelt und bei Auflagen (v. a. konstitutiver Bundestagsbeschluss) für rechtmäßig erklärt. Erst hinsichtlich der Beteiligung der Bundeswehr an der IFOR-Friedenstruppe für Bosnien und Herzegowina zeigte sich eine breitere, über die Regierungskoalition hinausreichende Mehrheit im Bundestag.
Die anfängliche Diskussion scheint mittlerweile überholt: Die deutsche Außenpolitik steht in enger Abstimmung mit den Partnern der EU und der NATO. Die von rund 500 000 auf 340 000 Soldaten verkleinerte Bundeswehr soll im Rahmen der UN oder zusammen mit anderen Bündnispartnern punktuell zur Friedenswahrung eingesetzt werden können. Innerhalb der EU ist Deutschland zum Hauptansprechpartner für die mittel-, ost- und südosteuropäischen Staaten geworden, die eine baldige EU-Mitgliedschaft anstreben.

DIE DEUTSCHE EINHEIT

5.1 Botschaftsbesetzungen erzwingen Ausreise

Seit in Polen und Ungarn die alten kommunistischen Machtstrukturen, befördert durch Michail Gorbatschows gesellschaftlichen und wirtschaftlichen »Umbau« (Perestroika) der Sowjetunion, zerbrachen und Formen von Demokratie entstanden, nahm auch die Unzufriedenheit der Bevölkerung in der DDR immer stärker zu. Insbesondere die Frage »bleiben oder gehen« bewegte die jüngeren Bürger. Der Wunsch, in der Freiheit und Wohlstand versprechenden Bundesrepublik zu leben, wurde bei vielen immer stärker. Am 11. Januar 1989 gelang es einer Gruppe zur Ausreise entschlossener DDR-Bürger, mit der Besetzung der Ständigen Vertretung der Bundesrepublik in Ost-Berlin durchzusetzen, dass ihnen nicht nur Straffreiheit, sondern zugleich auch die zügige Abfertigung ihrer Ausreiseanträge zugesichert wurden. Im Februar und März wurden jedoch Fluchtversuche mit der Anwendung des Schießbefehls beantwortet. Im August 1989 wurden mehr als 100 Besetzer der bundesdeutschen Botschaft in Budapest (die am 14. August wie andere Botschaften wegen Überfüllung geschlossen wurde) nach Wien ausgeflogen. Damit setzte eine Flüchtlingsbewegung ein, die innerhalb weniger Wochen stark zunahm und sich in der Besetzung der bundesdeutschen Botschaften in Prag, Warschau und Budapest sowie der Ständigen Vertretung in Ost-Berlin vollzog. Im Laufe des Septembers 1989, als bereits die *Massenflucht über Ungarn* (▶5.2) im Gang war, drangen Tausende von DDR-Bürgern in das Gelände der deutschen Botschaft in Prag ein, Hunderte in die deutsche Botschaft in Warschau.

Am Abend des 30. September überbrachte Bundesaußenminister Hans-Dietrich Genscher persönlich den etwa 6 000 Flüchtlingen in der Prager Botschaft die Nachricht, dass sie in Sonderzügen der DDR-Reichsbahn über das Gebiet der DDR in die Bundesrepublik ausreisen dürften. Am 4. Oktober folgte mit mehr als 7 600 DDR-Flüchtlingen eine zweite Massenausreise aus Prag, nachdem einen Tag zuvor der visafreie Verkehr zwischen der DDR und der Tschechoslowakei ausgesetzt worden war.

Oben: Ausreisewillige DDR-Bürger gelangen über den Zaun auf das Gelände der überfüllten Prager Botschaft der Bundesrepublik (August 1989).
Unten: Nach der Flucht über die zeitweise geöffnete Grenze zwischen Ungarn und Österreich zeigen junge DDR-Bürger den Fotografen ihre neuen bundesdeutschen Pässe (August 1989)

5.2 Massenflucht der DDR-Bevölkerung über Ungarn

In Ungarn war der Demokratisierungsprozess nächst Polen am weitesten vorangeschritten. Im Januar 1989 hatte das ungarische Parlament der Bildung neuer politischer Parteien zugestimmt. Das Zentralkomitee der kommunistischen Partei billigte im Februar 1989 den Entwurf einer neuen Verfassung, in der die führende Rolle der bisherigen

151

KAPITEL 5

Staatspartei nicht mehr festgeschrieben war. Am 25. April begannen erste sowjetische Truppen Ungarn zu verlassen.

Im Mai 1989 wurde im Beisein des österreichischen und des ungarischen Außenministers an der österreichisch-ungarischen Grenze mit dem Abbau der Grenzbefestigungen begonnen. Während in den Sommermonaten Hunderte von DDR-Bürgern in die Botschaften der Bundesrepublik Deutschland in Budapest, Prag und Warschau drängten (▶ 5.1), um ihre Ausreise zu erzwingen, nutzten am 19. August etwa 700 DDR-Urlauber in Ungarn eine Veranstaltung an der österreichisch-ungarischen Grenze bei Sopron zur Flucht in die Freiheit. Fünf Tage später erhielten auch die sich in der Budapester Botschaft aufhaltenden DDR-Flüchtlinge die Erlaubnis zur Ausreise.

Ungarn wies darauf hin, dass die durch die Aus- und Übersiedler geschaffene Situation von den beiden deutschen Staaten gelöst werden müsse, und setzte am 11. September ein vor Jahren mit der DDR getroffenes Abkommen über den Reiseverkehr unter Berufung auf das KSZE-Abkommen (▶ 4.12) außer Kraft. Damit gab die ungarische Regierung den Weg frei für alle ausreisewilligen DDR-Bürger. Bis zum 1. Oktober verließen 24 500 Menschen über Ungarn die DDR.

Die DDR-Regierung, die die 40-Jahr-Feier zur Gründung der DDR am 7. Oktober 1949 vorbereitete, nahm zur Massenflucht ihrer Bürger nicht Stellung. Ihre Nachrichtenagentur ADN kommentierte sie lediglich mit dem wohl von Honecker stammenden Satz: »Man sollte ihnen keine Träne nachweinen.«

5.3 40. Jahrestag der DDR – gewaltsamer Einsatz von Sicherheitskräften

Bilder von der Massenflucht der DDR-Bevölkerung waren von vielen Fernsehstationen in alle Welt gesendet worden und hatten die Krise der DDR, die sich anschickte, den 40. Jahrestag ihres Bestehens zu begehen, weltweit offenkundig gemacht. Dessen ungeachtet feierte der 77-jährige Erich Honecker im Palast der Republik am 6. Oktober 1989 in seiner Festansprache die DDR, ohne ein Wort über die Flüchtlinge oder die internen Probleme zu verlieren. Erst am folgenden Tag im Schloss Niederschönhausen kamen die innenpolitischen Probleme der DDR zur Sprache. Dort fand der Generalsekretär der KPdSU, Gorbatschow, gegenüber Honecker und dem SED-Politbüro deutliche Worte: »Kühne Entscheidungen« seien notwendig, jede Verzögerung werde zur Niederlage führen. Wörtlich sagte er: »Ich halte es für sehr wichtig, den Zeitpunkt nicht zu verpassen und keine Chance zu vertun ... Wenn wir zurückbleiben, bestraft uns das Leben sofort ... Wir sind in einer Etappe sehr wichtiger Beschlüsse. Es müssen weit reichende Beschlüsse sein, sie müssen gut durchdacht sein, damit sie reiche Früchte tragen. Unsere Erfahrungen und die Erfahrungen von Polen und Ungarn haben uns überzeugt: Wenn die Partei nicht auf das Leben reagiert, ist sie verurteilt ... Wir haben nur eine Wahl: entschieden voranzugehen.« Honecker ging mit keinem Satz auf die Äußerungen Gorbatschows ein, was diesen veranlasste, noch deutlicher zu werden und das Gespräch schließlich abrupt zu beenden.

Am Spätnachmittag desselben Tages finden sich auf dem Alexanderplatz einige Hundert Jugendliche ein, die ihren Protest gegen die

40 Jahre DDR: geschmücktes Wohnhaus in Ost-Berlin

DIE DEUTSCHE EINHEIT

Wahlfälschung bei den Kommunalwahlen vom Mai 1989 wie an jedem 7. der letzten Monate durch Pfeifen demonstrieren. Sie ziehen von dort aus zum Palast der Republik, wo sich Honecker und seine Staatsgäste befinden. Die inzwischen auf mehrere Tausend Personen angewachsene Menge skandiert »Gorbi, Gorbi« und zieht in Richtung Gethsemanekirche, wo seit einer Woche eine Mahnwache für politische Gefangene gehalten wird. Auf der Höhe der Nachrichtenagentur ADN rufen die Demonstranten »Lügner, Lügner« und »Pressefreiheit«. Es fahren die ersten Mannschaftswagen der Polizei an. Es kommt zu Handgreiflichkeiten und Verhaftungen. Schließlich wird die Gegend um den Bahnhof Schönhauser Allee von Polizei und Staatssicherheit (»Stasi«) hermetisch abgeriegelt. Gegen Mitternacht wird losgeschlagen und die Demonstration gewaltsam aufgelöst. Das Gleiche passiert in Potsdam, Leipzig, Dresden, Plauen, Jena, Magdeburg, Arnstadt, Ilmenau und Karl-Marx-Stadt.

5.4 Massendemonstrationen erzwingen die Ablösung Honeckers

Das brutale Vorgehen von Polizei- und »Stasi«-Einheiten gegen die friedlichen Demonstrationen am 7. Oktober in Ost-Berlin, Leipzig, Dresden und anderen Städten der DDR löste in der ganzen Welt Empörung aus. Als zwei Tage nach der missglückten DDR-Geburtstagsfeier (▶ 5.3) nach den traditionellen Montagsgebeten in Leipzig erneut mehr als 70 000 Menschen für eine Erneuerung der DDR auf den Straßen demonstrierten, schritten Volkspolizei und Sicherheitskräfte nicht ein. Es blieb bis heute ungeklärt, auf wessen Anordnung der bereits vorliegende Einsatzbefehl für die Sicherheitskräfte zurückgezogen wurde.

Den auf den Straßen sich machtvoll mit den Rufen »Wir bleiben hier« und »Wir sind das Volk« zu Wort meldenden Demonstranten kamen jetzt auch Schriftsteller und Schauspieler, Sänger und Rockkünstler mit eigenen Resolutionen zu Hilfe, in denen die Regierung aufgefordert wurde, endlich Reformen einzuleiten, mit denen auch die anhaltende Flüchtlingsbewegung gestoppt werden könne.

Das SED-Politbüro trat am 10. und 18. Oktober zu Krisensitzungen zusammen. Zum ersten Mal wurden kritische Stimmen zu Honeckers Führungsstil laut. Als sich der Staatsratsvorsitzende und SED-Generalsekretär allen Reformvorschlägen erneut versagte, beantragten zahlreiche Politbüromitglieder seine Ablösung. Am 18. Oktober trat Honecker als Generalsekretär zurück. Auch die Politbüromitglieder Günter Mittag und Joachim

Die montäglichen Demonstrationen im Anschluss an das Friedensgebet in der Leipziger Nikolaikirche entwickelten sich zu machtvollen Kundgebungen, bei denen schließlich politische Forderungen gestellt wurden

KAPITEL 5

Die Grenzen sind offen: DDR-Bürger fahren über den Grenzübergang Rudolphstein nach Bayern (11. November 1989)

Herrmann wurden aus ihren Funktionen abberufen. Zum neuen Generalsekretär der Partei wurde Egon Krenz gewählt, der anschließend in einer Fernsehansprache die Wende ankündigte, gleichzeitig aber jeden zur »Ausgestaltung der sozialistischen Gesellschaft« aufforderte. Am 24. Oktober erfolgte die totale Entmachtung Honeckers, er verlor nun auch seine Ämter als Staatsratsvorsitzender und als Vorsitzender des Nationalen Verteidigungsrates.

5.5 9. November 1989: Öffnung der Grenzen – die neue Reisefreiheit

Nach dem Sturz Honeckers überschlugen sich die Ereignisse in der DDR. Egon Krenz, sein Nachfolger im Amt des Generalsekretärs der SED, wurde am 24. Oktober entgegen heftigen Protesten aus der Bevölkerung von der Volkskammer (bei 26 Neinstimmen) zum Staatsratsvorsitzenden gewählt. Er bemühte sich um einen neuen Führungsstil, indem er sich nach allen Seiten gesprächsbereit zeigte. Er kündigte als erste Reformmaßnahme Reiseerleichterungen an und warb bei der Bevölkerung um Vertrauen. Eine Amnestie für Flüchtlinge und Demonstranten wurde erlassen (27. Oktober) und ein Ermittlungsverfahren gegen Angehörige der Polizei und Staatssicherheit wegen der Vorgänge am 7. Oktober eingeleitet. Ab 1. November wurde erneut der visafreie Reiseverkehr in die Tschechoslowakei eingeführt, wodurch die Zahl der Flüchtlinge wieder sprunghaft anstieg.

Die Demonstrationen wurden in zahlreichen Städten fortgesetzt. In Ost-Berlin forderten am 4. November über eine halbe Million Menschen Reformen, freie Wahlen, Abschaffung des Machtmonopols der SED, Rechtsstaatlichkeit, Presse- und Meinungsfreiheit sowie Reisefreiheit. Deutlich kam zum Ausdruck, dass die SED-Führung ihre Glaubwürdigkeit verspielt hatte und man auch dem neuen Staatsratsvorsitzenden Krenz und der neuen Führung die Aufrichtigkeit ihres Sinneswandels nicht glaubte. Die Schriftstellerin Christa Wolf prägte für sie das Wort von den »Wendehälsen«. Am 7. November trat der Ministerrat mit seinem Vorsitzenden Willi Stoph zurück, am 8. November das gesamte Politbüro. Das Zentralkomitee wählte ein neues, auf elf (vorher 21) Mitglieder verkleinertes Politbüro (darunter der Dresdner Bezirkschef Hans Modrow) und bestätigte die Wahl von Egon Krenz zum Generalsekretär (▸ 5.4). Modrow, der sich bereits seit längerem als reformbereiter Politiker zu erkennen gegeben hatte, entwickelte sich zum neuen Hoffnungsträger (▸ 5.7).

Am Abend des 9. November gab das Politbüromitglied Günter Schabowski auf einer Pressekonferenz völlig überraschend bekannt, dass alle DDR-Grenzstellen zur Bundesrepublik und nach West-Berlin geöffnet würden. Noch in derselben Nacht strömten viele Tausende von DDR-Bürgern bei Visapflicht, aber nachlässigen Kontrollen nach West-Berlin und in die grenznahen Städte der Bundesrepublik, wo es zu volksfestartigen Wiedersehensfeiern zwischen den Deutschen aus Ost und West kam. Schätzungsweise zwei Millionen DDR-Bürger statteten bis zum Sonntagabend (12. November) West-Berlin einen Besuch ab, eine weitere Million erprobte die neue Reisefreiheit mit Besuchen in bundesdeutschen Städten. Zur Bekräftigung der Reisefreiheit informierte das DDR-Verteidigungsministerium am 13. Dezember, dass mit sofortiger Wirkung alle Sperrzonen entlang der Berliner Mauer und der gesamten Grenze zur Bundesrepublik aufgehoben seien.

5.6 Der Zehnpunkteplan des Bundeskanzlers

Am 8. November hatte Bundeskanzler Helmut Kohl vor dem Deutschen Bundestag einen Bericht zur Lage der Nation abgegeben und darin der DDR umfassende wirtschaftliche Hilfe zugesagt, wenn vorher »eine grundlegende Reform der politischen und wirtschaftlichen Verhältnisse in der DDR verbindlich festgelegt« worden sei. Dazu sollten gehören: der Verzicht der SED auf ihr Machtmonopol, die Zulassung unabhängiger Parteien und die verbindliche Zusicherung freier Wahlen.

Überraschend für die Weltöffentlichkeit wie auch für die Bonner Parteien gab Bundeskanzler Kohl am 28. November vor dem Bundestag einen im Kanzleramt entstandenen Zehnpunkteplan zur künftigen Deutschlandpolitik bekannt. Er sollte mit Sofortmaßnahmen und mit der Zusammenarbeit auf dem Gebiet des Umweltschutzes sowie mit der Erweiterung des Telefon- und des Eisenbahnnetzes beginnen. In einer nächsten Stufe sollte nach einer Verfassungsänderung in der DDR und neuem Wahlrecht die Einführung marktwirtschaftlicher Bedingungen erfolgen. In einem weiteren Schritt sollte mit gemeinsamen Institutionen auf verschiedensten Ebenen die von Ministerpräsident Modrow vorgeschlagene »Vertragsgemeinschaft« aufgebaut werden. Nach freien Wahlen sollte dann ein Staatenbund (»konföderative Strukturen«) geschaffen werden, mit dem Ziel einer deutschen Föderation, d. h. einer bundesstaatlichen Ordnung. Die nähere Gestalt eines »wieder vereinigten Deutschland« ließ Kohl offen, wies aber auf die Bedeutung des europäischen Rahmens für den deutsch-deutschen Vereinigungsprozess hin. Die Opposition im Bundestag stimmte dem Plan im Prinzip zu, bemängelte aber ebenso wie der Koalitionspartner FDP den mutwilligen Alleingang des Kanzlers. Vor allem kritisierte sie das Ausbleiben einer klaren Garantieerklärung des Kanzlers zur polnischen Westgrenze. Auch die Reaktion der DDR-Blockparteien fiel kritisch aus: Der angestrebten Vereinigung hielten sie den Hinweis auf die Eigenständigkeit der DDR entgegen.

5.7 Das SED-Regime wankt – die Übergangsregierung Modrow

Trotz der Öffnung der Grenzen durch die DDR-Regierung am 9. November 1989 (▶ 5.5) setzte die Bevölkerung in Leipzig und anderen Städten der DDR ihre Demonstrationen fort. Mit dem Ruf »Wir sind das Volk« forderte sie von der Regierung Reformen und meldete ihren Anspruch an, fortan an den Entscheidungen beteiligt zu werden. Auf

Ministerpräsident Hans Modrow unterrichtet den runden Tisch über seine Gespräche in Bonn (Februar 1990)

Transparenten und in Sprechchören ließ sie deutlich erkennen, dass die SED-Führung ihre Glaubwürdigkeit nicht dadurch zurückgewinnen konnte, dass sie einige Spitzenfunktionäre ablöste und aus der Partei ausschloss. Man misstraute den vielen »Wendehälsen«. Auch die Wandlung des neuen Staatsratsvorsitzenden Egon Krenz zum Demokraten wurde als unglaubwürdig betrachtet, obwohl er um Vertrauen warb. Die DDR-Bürger machten ihn für den Wahlbetrug bei den Kommunalwahlen im Mai verantwortlich, und sie erinnerten daran, dass er noch vor kurzem die blutige Niederschlagung der Studentenbewegung am 3./4. Juni 1989 in Peking begrüßt hatte.

Am 13. November entschieden die Volkskammerabgeordneten über einen neuen Parlamentspräsidenten. Als Nachfolger von Horst Sindermann (SED) wurde der Vorsitzende der Demokratischen Bauernpartei (DBD) Günther Maleuda in dieses wichtige Amt gewählt. Nach dem Rücktritt des alten Ministerrats, der damit den Weg für eine Erneuerung des Sozialismus frei machen sollte, wählte die Volkskammer Hans Modrow zum neuen Vorsitzenden des Ministerrats. Der neue Ministerpräsident Modrow stellte am 17. November in der Volkskammer seine »Regierung des Friedens und des Sozialismus« vor und kündigte einschneidende Reformen des politischen Systems, der Wirtschaft, des Bildungswesens und der Verwaltung an. Die beiden deutschen Staaten sollten ihre »Verantwortungsgemeinschaft« mit dem Ziel »qualifizierter guter Nachbarschaft« und »kooperativer Koexistenz« zu einer »Vertragsgemeinschaft« ausbauen, die weit über die bisherigen Vereinbarungen hinausgehen sollte.

Am 1. Dezember strich die Volkskammer den Führungsanspruch der SED aus der Verfassung. Dennoch zwangen die anhaltenden Massendemonstrationen und innerparteiliche Kritik Krenz schließlich, am 3. Dezember mit der gesamten Führungsspitze der SED zurückzutreten. Am gleichen Tag wurde ein großer Teil der ehemaligen Partei- und Staatsführung, darunter Erich Honecker und Erich Mielke, aus der SED ausgeschlossen. Am 6. Dezember legte Krenz auch das Amt des Staatsratsvorsitzenden nieder.

Auch Ministerpräsident Hans Modrow konnte, obwohl er sich viel Achtung erworben hatte, nur ein Regierungschef des Überganges sein. Die Oppositionsgruppen und Bürgerinitiativen (▶ 5.8) drängten darauf, in dieser Situation des Überganges an den Entscheidungen der Regierung beteiligt zu werden. So entstand, wie schon in Polen, die Institution des »runden Tisches«.

5.8 Die Opposition formiert sich – der »runde Tisch«

Der Antrag der am 9. September gegründeten Bürgerinitiative »Neues Forum«, als politisch-gesellschaftliche Vereinigung offiziell zugelassen zu werden, war noch am 21. September vom DDR-Innenministerium ver-

Am runden Tisch treffen sich ab Dezember 1989 die Vertreter von Parteien, Kirchen und Bürgerrechtsbewegung

worfen und die Gruppe als »staatsfeindlich« eingestuft worden. Nach der Öffnung der Grenzen am 9. November warnte das Neue Forum vor dem Ausverkauf der DDR und erteilte der Wiedervereinigung eine Absage. Die Bürgerbewegung »Demokratie Jetzt« (gegründet am 1. Oktober) rief Christen und kritische Marxisten zur demokratischen Umgestaltung der DDR sowie zu umfassenden Schutzmaßnahmen gegen die stark verbreitete Umweltverschmutzung auf. Eine Initiativgruppe gründete am 7. Oktober die Sozialdemokratische Partei der DDR (SDP); seit der Zwangsvereinigung von SPD und KPD 1946 hatte es in der DDR keine sozialdemokratische Partei gegeben. In Ost-Berlin entstand Anfang Oktober die Initiative »Demokratischer Aufbruch«, die sich am 16./17. Dezember 1989 mit Wolfgang Schnur (der später als »Stasi-Spitzel« enttarnt wurde und wieder von der politischen Bühne verschwand) als Vorsitzendem als Partei formierte. Neben den Gründungen zahlreicher anderer Vereinigungen und Parteien begannen auch die bisherigen Blockparteien CDU, LDPD, NDPD und Bauernpartei, sich aus der Umklammerung der SED zu lösen.

Am 23. November bildete sich schließlich auch eine grüne Partei; in der »Vereinigten Linken« sammelten sich zunehmend Kräfte, die die Eigenständigkeit der DDR gegenüber den sich verstärkenden Einigungstendenzen zu erhalten suchten.

Am 7. Dezember setzten sich erstmalig Vertreter der Regierung Modrow und der oppositionellen Gruppierungen am so genannten »runden Tisch« zusammen und verabredeten als erste Maßnahmen die Ausarbeitung einer neuen Verfassung und Neuwahlen zur Volkskammer der DDR, für die zunächst der 6. Mai 1990 vorgesehen wurde. In die »Regierung der Nationalen Verantwortung« (gebildet am 5. Februar 1990) entsandte der »runde Tisch« acht Minister ohne Geschäftsbereich. Nachdem der »runde Tisch« sich Anfang März auf eine Sozialcharta geeinigt hatte, die die angestrebte Währungs- und Wirtschaftsunion absichern sollte, sprach er sich auf seiner letzten Sitzung am 12. März gegen eine Übernahme des Grundgesetzes für die Bundesrepublik Deutschland aus und legte einen eigenen Entwurf für eine Verfassung der DDR vor.

5.9 Treffen Kohl – Modrow in Dresden und Bonn

Angesichts der von Sorge geprägten Aufmerksamkeit der Westmächte und der Sowjetunion gegenüber den sich überstürzenden Veränderungen im deutsch-deutschen Verhältnis kam der ersten offiziellen Begegnung des Kanzlers der Bundesrepublik Deutschland mit dem DDR-Ministerpräsidenten in Dresden (19. Dezember) eine herausragende Bedeutung zu. Kohl wie Modrow waren sich in ihrem Gespräch ihrer gemeinsamen Verantwortung bewusst. Trotz verstärkter Rufe nach der Vereinigung gingen beide von der gegenwärtigen Existenz zweier deutscher Staaten aus. Sie einigten sich auf eine Absichtserklärung zu einer Vertragsgemeinschaft, die im Frühjahr 1990 abgeschlossen werden sollte. Beide setzten sich dafür ein, 1990 eine KSZE-Gipfelkonferenz abzuhalten. Als Ministerpräsident Modrow am 13. Februar 1990 mit 17 Ministern, darunter acht Vertretern von Oppositionsgruppen, die (seit 5. Februar) der »Regierung der Nationalen Verantwortung« angehörten, zu einem Gegenbesuch nach Bonn kam, hatte sich die politische Szene entscheidend verändert. Der Wahltermin für die erste demokratische Wahl in der DDR war vom 6. Mai auf den 18. März vorgezogen worden. Der Regierung Modrow blieben nur noch vier Wochen bis zu ihrer voraussehbaren Abwahl.

Die von Ministerpräsident Modrow und Teilnehmern des »runden Tisches« erbetene Soforthilfe von 15 Milliarden DM wurde von Bonn verweigert. Als Ergebnis der Verhandlungen wurde lediglich die Einrichtung einer Kommission beschlossen, die sich mit den Vorbereitungen für eine Währungs- und Wirtschaftsunion befassen sollte.

Unterschiedliche Auffassungen gab es u. a. in der Frage der polnischen Westgrenze und der Bündniszugehörigkeit eines vereinten Deutschland. Die DDR-Delegation reiste mit dem für sie enttäuschenden Eindruck nach Ost-Berlin zurück, die Bundesregierung akzeptiere die Regierung Modrow nicht mehr – wie noch im Dezember – als ebenbürtigen Partner und werde grundsätzliche Vereinbarungen erst mit einer demokratisch legitimierten Regierung der DDR treffen.

KAPITEL 5

Deutsch-deutsche Silvesternacht 1989/90 am Brandenburger Tor in Berlin, das neun Tage zuvor wieder geöffnet worden war

5.10 Öffnung des Brandenburger Tores – die neue Rolle Berlins

Bei ihrem Treffen in Dresden am 19. Dezember 1989 (▶ 5.9) verabredeten der Kanzler der Bundesrepublik Deutschland, Helmut Kohl, und der DDR-Ministerpräsident, Hans Modrow, noch vor Weihnachten das Brandenburger Tor für den Fußgängerverkehr zu öffnen.
Nachdem schon tage- und nächtelang vorher Tausende von Schaulustigen und zahlreiche Fernsehteams am Brandenburger Tor ausgeharrt hatten, um den symbolträchtigen Vorgang der Öffnung des berühmten Berliner Bauwerkes nicht zu versäumen, begannen am Abend des 21. Dezember Bauarbeiter auf DDR-Seite mit dem Abbruch der Mauer. Kurz nach Mitternacht, um 0.37 Uhr, gelang es ihnen, einen ersten Spalt aus der Mauer herauszubrechen.
Zur Feier der Öffnung des Brandenburger Tores am 22. Dezember waren 300 000 Berliner und Gäste aus Ost und West zusammengekommen, die bei strömendem Regen den Festrednern zuhörten. Ministerpräsident Modrow bezeichnete das Bauwerk in seiner neuen verbindenden Funktion als »Tor des Friedens«, Bundeskanzler Kohl mahnte die Deutschen auf beiden Seiten zu »Geduld und Augenmaß«. Auch die beiden Bürgermeister der Stadt, Walter Momper (West) und Erhard Krack (Ost), betonten die neue Aufgabe Berlins in der Phase des Zusammenwachsens der beiden Teile Deutschlands.

5.11 Die Erblast der Stasiakten

Nach dem Zusammenbruch des SED-Regimes im Herbst 1989 richtete sich der Volkszorn mit besonderer Heftigkeit gegen den Staatssicherheitsdienst (Stasi), der ein nahezu lückenloses Überwachungsnetz über die Bürger in der DDR gezogen und sie in allen Lebensbereichen observiert und terrorisiert hatte. Dem Ministerium für Staatssicherheit hatten 85 000 hauptamtliche und Hunderttausende so genannter »Inoffizieller Mitarbeiter« (IM) angehört. Die IM saßen als Spitzel in Betrieben und Universitäten, in Cafés und Kneipen, in kirchlichen Versammlungen und in Theatern, sogar in der Volksarmee und in SED-Organisationen. Mancher Politiker der neuen Parteien musste kapitulieren, wenn er Vorwürfe einer Zusammenarbeit mit der Stasi nicht zweifelsfrei entkräften konnte. Erich Mielke, der seit über 30 Jahren an der Spitze des Ministeriums für Staatssicherheit gestanden hatte, war nach Honecker einer der Ersten, die von der Volkskammer gestürzt wurden. Am 15. Januar 1990 stürmten Demonstranten die Stasizentrale in Ost-Berlin.

Grund war das Zögern der Regierung bei der Auflösung des Amtes für Nationale Sicherheit, der Nachfolgebehörde des Ministeriums für Staatssicherheit. Heftige Auseinandersetzungen gab es im Spätsommer 1990 über den Verbleib und die künftige Auswertung der Stasiakten nach der Vereinigung mit der Bundesrepublik. Um eine Verlagerung des Stasimaterials (Dossiers über 4 Mill. DDR-Bürger und 2 Mill. Bundesbürger) in das Bundesarchiv Koblenz zu verhindern, besetzten zeitweilig Mitglieder der Bürgerrechtsbewegung die Stasizentrale in Ost-Berlin. Schließlich wurde die Lagerung der Akten in Außenstellen des Bundesarchivs auf dem Gebiet der ehemaligen DDR verfügt. Am 20. Dezember 1991 wurde mit dem Stasi-Unterlagen-Gesetz die Bundesbehörde für die Unterlagen des Staatssicherheitsdienstes der ehemaligen DDR mit Sitz in Berlin errichtet. Dem Rostocker Pfarrer Joachim Gauck, einem Oppositionellen der ersten Stunde und ehemaligen Volkskammerabgeordneten des von ihm mit begründeten Neuen Forums, wurde die Leitung der Behörde als Bundesbeauftragtem übertragen.

Bundespräsident Richard von Weizsäcker besichtigt das Aktenarchiv der ehemaligen Stasizentrale in Berlin

5.12 Die deutsche Frage und die Weltmächte – die »Zwei-plus-vier-Gespräche«

Die friedliche Revolution und der Zusammenbruch des SED-Regimes trafen in Europa und in der Welt auf breite Zustimmung. Das Recht der Deutschen, sich nach 45 Jahren der Trennung wieder zu vereinen, wurde von niemandem bestritten. Aber die sich ankündigende rasche Entwicklung zur Vereinigung der beiden deutschen Staaten löste aus der geschichtlichen Erinnerung heraus bei einigen Nachbarstaaten, aber auch in Israel Ängste, bei den Weltmächten zwiespältige Reaktionen aus. Die kleineren europäischen Staaten fürchteten, die bereits jetzt führende Wirtschaftsmacht Bundesrepublik könne sich nach der Erweiterung auf 78 Millionen Einwohner zu einem übermächtigen Wirtschaftskoloss entwickeln.

Die Siegermächte des 2. Weltkrieges erinnerten zudem an die von ihnen gemeinsam übernommene Verantwortung für »Deutschland als Ganzes« und für den Gesamtraum Berlin (▶3.24). Die Tatsache, dass die Bundesrepublik Deutschland der NATO und der EG, die DDR dem Warschauer Pakt angehörte, erforderte, dass eine Vereinigung der beiden deutschen Staaten von den Deutschen nicht im Alleingang vollzogen, sondern nur in enger Abstimmung mit den vier Siegermächten sowie den Nachbarstaaten erreicht wurde. Insbesondere gestalteten sich die Verhandlungen mit der Sowjetunion schwierig, die mit ihrer Zustimmung zur deutschen Einheit die DDR, das westliche Vorfeld ihres Sicherheitsgürtels, aufgab.

Die im Februar 1990 in Ottawa auf der ersten gemeinsamen Tagung von NATO und Warschauer Pakt vereinbarten so genannten »Zwei-plus-vier-Konferenzen« zwischen beiden deutschen Regierungen und den vier Siegermächten legten die Einordnung des vereinten Deutschland in Europa fest.

Die Sowjetunion gab erst anlässlich des Treffens zwischen Staatspräsident Gorbatschow und Bundeskanzler Kohl am 16. Juli im Kaukasus endgültig ihre Zustimmung zum Verbleib Gesamtdeutschlands in der NATO. Am 12. September unterzeichneten in Moskau die Außenminister der vier Siegermächte sowie Außenminister Genscher und Ministerpräsident de Maizière den Souveränitätsvertrag (»Zwei-plus-vier-Vertrag«) für das vereinte Deutschland (▶5.16). – Abb. S. 160.

Die Außenminister Baker (USA), Hurd (Großbritannien), Schewardnadse (UdSSR), Dumas (Frankreich), de Maizière (DDR) und Genscher für die Bundesrepublik unterzeichnen am 12.9.1990 den Zwei-plus-vier-Vertrag

5.13 Die Garantie der polnischen Westgrenze

Die sich abzeichnende rasche Vereinigung der beiden deutschen Staaten weckte in der polnischen Bevölkerung Ängste, ein vereinigtes starkes Deutschland könnte eine Revision der deutsch-polnischen Grenze anstreben. Genährt wurden diese Befürchtungen durch die wiederholt von westdeutschen Politikern öffentlich vertretene Auffassung, völkerrechtlich bestünde Deutschland bis zu einem Friedensvertrag noch immer in den Grenzen von 1937 fort.

Die DDR hatte bereits im Görlitzer Vertrag 1950 mit der Volksrepublik Polen die Oder-Neiße-Grenze als »unantastbare Friedens- und Freundschaftsgrenze« anerkannt. Im *Warschauer Vertrag* (▶3.23) hatten Polen und die Bundesrepublik Deutschland 1970 die Oder-Neiße-Linie als »westliche Staatsgrenze der Volksrepublik Polen« bezeichnet und »die Unverletzlichkeit ihrer bestehenden Grenze jetzt und in Zukunft« bekräftigt.

Die neue polnische, erstmals nichtkommunistische Regierung erwartete eine definitive Garantieerklärung von der Bundesregierung und war beunruhigt, als Bundeskanzler Kohl immer wieder darauf hinwies, die Entscheidung einer zukünftigen gesamtdeutschen Regierung könne aufgrund der Rechtslage nicht präjudiziert werden. Da jedoch auch von den Weltmächten eine eindeutige Erklärung zur polnischen Westgrenze von den Deutschen erwartet wurde, erklärten schließlich am 21. Juni 1990 beide deutschen Parlamente, Bundestag und Volkskammer, in einer gleich lautenden Entschließung zur deutsch-polnischen Grenze, dass »der Verlauf der Grenze zwischen dem vereinten Deutschland und der Republik Polen durch einen völkerrechtlichen Vertrag endgültig ... bekräftigt wird«, der sich auf die Verträge Polens mit der DDR (1950) und mit der Bundesrepublik (1970) stützen wird. Abgeschlossen wurde dieser Vertrag dann am 14. November 1990.

5.14 Die Volkskammerwahl am 18. März 1990

Die Vorverlegung des Wahltermins auf den 18. März 1990 ließ den Parteien und Wählergemeinschaften in der DDR nur wenige Wochen zur Vorstellung ihrer Programme und ihrer Kandidaten. Obwohl der »runde Tisch« (▶5.8) westdeutsche Unterstützung abgelehnt hatte, wurde der Wahlkampf wesentlich durch bundesdeutsche Parteien und Politiker geprägt.

Entgegen allen Prognosen ging die CDU mit 40,8 % als Sieger aus der Wahl hervor und verfehlte zusammen mit der im Wahlbündnis »Allianz für Deutschland« mit ihr verbundenen DSU (6,3 %) und dem DA (0,9 %) nur knapp die absolute Mehrheit. Die lange favorisierte SPD kam nur auf 21,9 %, während die PDS immerhin 16,4 % erzielte. Der »Bund Freier Demokraten« erreichte 5,3 %, das »Bündnis 90« nur 2,9 %. Die Wahlbeteiligung betrug 93 %. Übereinstimmend wurde das

DIE DEUTSCHE EINHEIT

Bundeskanzler Kohl spricht auf einer Kundgebung während des Wahlkampfs zur Wahl der Volkskammer im März 1990

Wahlergebnis so gewertet, dass die Mehrheit der DDR-Bevölkerung für den raschen Zusammenschluss mit der Bundesrepublik und für die D-Mark gestimmt hatte.
Der CDU fiel die Aufgabe der Regierungsbildung zu. Ihr Vorsitzender Lothar de Maizière strebte eine Koalitionsregierung an, die sich auf eine breite Mehrheit stützte. Er gewann neben den Liberalen schließlich auch die Sozialdemokraten für ein Regierungsbündnis. Am 5. April 1990 trat die erste frei gewählte Volkskammer der DDR zusammen und wählte Sabine Bergmann-Pohl (CDU) zu ihrer Präsidentin, die zugleich die Funktion des Staatsoberhauptes übernahm. Als erste Maßnahme beschloss die Volkskammer die Abschaffung des Staatsrates. Am 12. April wählte sie Lothar de Maizière zum Ministerpräsidenten.

5.15 Währungsunion und Einigungsvertrag

Mit der neuen, demokratisch legitimierten DDR-Regierung nahm die Bundesregierung in Bonn sogleich Verhandlungen über die Errichtung einer Währungs-, Wirtschafts- und Sozialunion beider deutscher Staaten auf. Am 18. Mai 1990 wurde in Bonn der Staatsvertrag von den beiden Finanzministern unterzeichnet.
Mit seinem In-Kraft-Treten am 1. Juli 1990 wurde die D-Mark alleiniges, offizielles Zahlungsmittel in der DDR. Löhne, Gehälter und Renten wurden zum Kurs 1:1 umgestellt.

Ebenfalls 1:1 umgetauscht wurden Sparguthaben für Kinder bis 2 000 DM, für Erwachsene bis 4 000 DM, für Senioren bis 6 000 DM. Alle weiteren Sparguthaben sowie die Schulden wurden zum Kurs 2:1 umgestellt. Zugleich erfolgte die Einführung der sozialen Marktwirtschaft sowie die Anpassung der DDR-Sozialversicherung an das bundesdeutsche Versicherungssystem.
Noch im Juli begannen zwischen beiden deutschen Regierungen Verhandlungen über einen zweiten Staatsvertrag, mit dem die volle staatliche Einheit hergestellt werden sollte. Am 23. August fasste die Volkskammer den Beschluss, den Beitritt der DDR zur Bundesrepublik Deutschland nach Art. 23 GG am 3. Oktober zu vollziehen. Am 31. August unterzeichneten die Verhandlungsführer, Bundesinnenminister Wolfgang Schäuble und DDR-Staatssekretär Günther Krause, in Ost-Berlin den Einigungsvertrag.
Mit dem Einigungsvertrag, der 45 Artikel und drei umfangreiche Anlagen umfasst, wurde das Grundgesetz in einigen Punkten geändert und gleichzeitig in der bisherigen DDR zum 3. Oktober in Kraft gesetzt. Artikel 1 beinhaltet, dass die fünf Länder Mecklenburg-Vorpommern, Brandenburg, Sachsen-Anhalt, Sachsen und Thüringen mit dem 3. Oktober Länder der Bundesrepublik werden. Artikel 2 bezeichnet Berlin als »Hauptstadt Deutschlands« und legt fest: »Die Frage des Sitzes von Parlament und Regierung wird nach der Herstellung der Einheit Deutschlands entschieden.« Artikel 4 führt die durch den Beitritt bedingten Änderungen des Grundgesetzes auf. Bei dem umstrittenen Problem des Schwangerschaftsabbruchs blieb es auf dem Gebiet der bisherigen DDR bei der Fristenregelung. Eine Neuregelung für ganz Deutschland bis zum 31. Dezember 1992 wurde angestrebt (▶ 5.25). Erst nach Unterzeichnung des Einigungsvertrages wurde der Umgang mit den Stasiakten geregelt (▶ 5.11).

5.16 Der Souveränitätsvertrag und die deutsche Einheit

Die Zusage des sowjetischen Staatspräsidenten Michail Gorbatschow zum Verbleib des geeinten Deutschland in der NATO am

KAPITEL 5

Der Kommandeur der russischen Truppen in Deutschland, Generaloberst Burlakow, meldet am 31. 8. 1994 Präsident Jelzin und Bundeskanzler Kohl den vollständigen Abzug des russischen Militärs aus Deutschland

16. Juli 1990 (▶ 5.12) gab den Weg frei für den Abschluss der »Zwei-plus-vier-Gespräche« über den zukünftigen Status des vereinten Deutschland. Bei diesen Vereinbarungen zwischen Gorbatschow und Kohl in Moskau erklärte der Kanzler seinerseits für das vereinigte Deutschland den Verzicht auf ABC-Waffen und verpflichtete sich, die Streitkräfte auf 370 000 Mann zu reduzieren. Solange noch sowjetische Truppen auf dem ehemaligen DDR-Gebiet stünden, würde es dort keine der NATO unterstellten Einheiten geben.

Am 12. September unterzeichneten die Außenminister der USA, der Sowjetunion, Großbritanniens, Frankreichs und beider deutscher Staaten in Moskau den »Vertrag über die abschließende Regelung in Bezug auf Deutschland«. Die Außenminister vereinbarten, die Vier-Mächte-Rechte bereits am 3. Oktober 1990 – noch vor der Ratifizierung des Vertrages durch die Parlamente – zu suspendieren. Damit erhielt das vereinte Deutschland seine volle und uneingeschränkte Souveränität. Am 13. September unterzeichneten die Außenminister Genscher und Schewardnadse einen deutsch-sowjetischen Partnerschaftsvertrag.

Mit feierlichen Zeremonien und Freudenfesten begingen die Deutschen am 3. Oktober 1990 den Tag der deutschen Einheit, der fortan gesetzlicher Feiertag wurde. Bei einem Staatsakt in der Berliner Philharmonie bekräftigte Bundespräsident Richard von Weizsäcker: »In freier Selbstbestimmung vollenden wir die Einheit und Freiheit Deutschlands. Wir wollen in einem vereinten Europa dem Frieden der Welt dienen.« Am 4. Oktober trat der Bundestag des vereinten Deutschland, um 144 von der Volkskammer entsandte Abgeordnete erweitert, im Berliner Reichstag zu seiner ersten Sitzung zusammen.

5.17 Berlin wird Hauptstadt

Seit dem Beitritt der DDR zur Bundesrepublik gemäß Artikel 23 GG am 3. Oktober 1990 ist Berlin, das mit der Reichsgründung 1871 Hauptstadt des Deutschen Reiches geworden war, nach 40 Jahren Bonner Republik Hauptstadt der Bundesrepublik Deutschland.

Während der als Ergebnis des 2. Weltkrieges und im Zuge des Kalten Krieges erfolgten Teilung Deutschlands hatte das 1944 von den Alliierten in drei, später in vier Sektoren aufgeteilte Berlin aufgrund des Viermächtestatus eine rechtliche Sonderstellung. Dennoch erklärte die DDR den sowjetischen Sektor Berlins zur »Hauptstadt der DDR«. Die am 23. Mai 1949 neu gegründete Bundesrepublik sprach sich in einer feierlichen Erklärung für Berlin als Hauptstadt aus, Sitz der Bundesregierung und des Parlaments und »provisorische Hauptstadt« wurde allerdings Bonn.

40 Jahre Bundesrepublik Deutschland von 1949 bis 1990 haben die Bonner Republik zum Synonym für eine friedliche west- und europaorientierte Politik werden lassen. Die durch die friedliche Revolution in der DDR

DIE DEUTSCHE EINHEIT

Deutschland-Übersicht

- Staatsgrenze
- Landesgrenze
- Regierungsbezirksgrenze
- Stadt- oder Landkreisgrenze
- □ Sitz des Regierungs.-Präs.
- ■ Landeshauptstadt
- ◱ Landeshauptstadt u. Sitz des Reg.-Präs.

0 25 50 75 km

KAPITEL 5

von 1989 ermöglichte Vereinigung Deutschlands hat vor diesem Hintergrund zu einer heftigen Debatte darüber geführt, welche Stadt – Berlin oder Bonn – zukünftig Hauptstadt sein sollte. Quer durch alle Parteien machten sich Politiker für die Beibehaltung Bonns stark: Bonn habe sich in 40 Jahren bewährt und in der Welt hohes Ansehen erworben. Das vergrößerte, wieder vereinigte Deutschland würde ohnehin von seinen Nachbarn mit Sorge beobachtet. Berlin als Hauptstadt könnte bei ihnen Befürchtungen auslösen, dieses wirtschaftlich und politisch starke Deutschland strebe einen Großmachtstatus unseligen Angedenkens an. Die Berlin-Verfechter wiesen diese Ängste als unbegründet zurück. Bonn sei immer ein Provisorium bis zum Tage der deutschen Vereinigung gewesen. Zudem würde Berlin als Hauptstadt die neuen Bundesländer weit stärker in die Bundesrepublik einbinden als Bonn.

Schließlich entschied der Bundestag die Hauptstadtfrage mit einer namentlichen Abstimmung nach einer vielstündigen Debatte. Am Abend des 20. Juni 1991 sprachen sich 338 Abgeordnete für Berlin aus, 320 für Bonn. Die unterlegenen Bonn-Befürworter versuchten noch längere Zeit, vor allem mit dem Hinweis auf die hohen Umzugskosten, die Entscheidung infrage zu stellen. Die Bundesregierung aber hielt an dem Umzugsbeschluss fest und begann mit der Planung für den Neubau des Regierungsviertels im Berliner Spreebogen. Aus Kostengründen sollen indessen nicht alle Ministerien einen Neubau erhalten, das Außenministerium z. B. wird das ehemalige Gebäude des Zentralkomitees der SED nutzen. Das ehemalige Reichstagsgebäude wird für den Bundestag umgebaut. Der Umzug wird jedoch nicht vor der Jahrtausendwende vonstatten gehen, und in der Bundesstadt Bonn werden wichtige Politikbereiche erhalten bleiben und gefördert werden. Einige Bundeseinrichtungen werden nach Bonn verlagert, wie u. a. der Bundesrechnungshof. Außerdem erhält die Region Bonn Ausgleichszahlungen für den Verlust des Parlamentssitzes.

Allerdings ist Berlin mit der Hauptstadt-Entscheidung noch nicht zu einer allen Deutschen gemeinsamen Stadt zusammengewachsen. Die jahrzehntelange Teilung spiegelt sich sowohl in der politischen Landschaft wider – so ist zum Beispiel die PDS im Ostteil der Stadt stark vertreten, im Westen dagegen eher unbedeutend – als auch in dem Scheitern der Vereinigung der beiden Länder Berlin und Brandenburg. Denn es war nicht zuletzt die in DDR-Zeiten begründete Sorge vieler Brandenburger, dass Berlin erneut auf Kosten seines Umlands begünstigt werden könne, die sie am 5. Mai 1996 gegen die Vereinigung stimmen ließ.

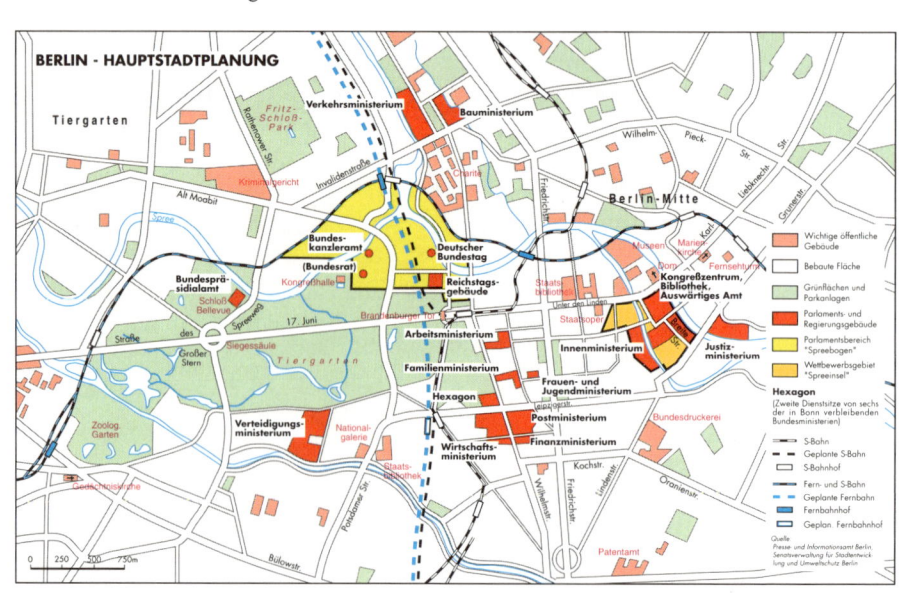

5.18 Rostock, Mölln, Solingen – Fanale der Ausländerfeindlichkeit

Der auch als Folgeerscheinung der deutschen Wiedervereinigung 1989/90 mit brutalen Gewaltaktionen gegen Ausländer in Erscheinung tretende Rechtsextremismus schien zunächst eine auf das Gebiet der ehemaligen DDR beschränkte Erscheinung zu sein. Sozialwissenschaftler hatten schnell als Träger dieses Extremismus die »Verlierer der Vereinigung« ausgemacht, nämlich aus allen festen Bindungen des SED-Staates gerissene Jugendliche, denen eine trostlose Zukunft als Dauerarbeitslose drohte und die sich in ihrer Ohnmacht und Wut an die vermeintlich Schuldigen, die Ausländer, hielten.

Ausländische Bürger, eine kleine Minderheit in der Ex-DDR (etwa 80 000 = 0,5 %), hatte das SED-Regime seinerzeit aus »sozialistischen Bruderländern« (Vietnam, Angola, Moçambique) als Arbeitskräfte ins Land geholt, sie aber trotz amtlich verordneter »Völkerfreundschaft« von der eigenen Bevölkerung abgesondert. Für die meisten DDR-Bürger waren Ausländer eine anonyme, abseits stehende Gruppe. Von Integration war nicht die Rede. So bot die seit 1989/90 in einigen Städten regelrecht stattfindende Jagd auf Ausländer das erschreckende Bild von rücksichtslos zuschlagenden Tätern und einer schweigend und untätig zusehenden Öffentlichkeit.

Dass die von Ausländerhass geprägten Gewaltaktionen auf die neuen Bundesländer begrenzt seien, erwies sich bald als Fehlschluss. Schnell schwappte die Welle der Gewalt auf den Westen Deutschlands über. Beinahe täglich meldeten die Medien nächtliche Überfälle und Brandanschläge auf Unterkünfte von Ausländern und Asylbewerbern.

Die tagelangen Krawalle rechtsradikaler Jugendlicher vor Ausländerunterkünften im sächsischen Hoyerswerda (September 1991) und in Rostock-Lichtenhagen (August 1992) beschädigten das Ansehen des vergrößerten Deutschlands in beträchtlichem Ausmaß: Durch die hastig angeordnete Verlegung der Ausländer in andere, fernere Unterkünfte wurden die Betroffenen nur vordergründig geschützt. Letzlich wurde damit den Forderungen der Gewalttäter, die sich des Applauses der Menge sicher sein konnten, entsprochen. Das Versagen von Behörden und Polizei, aber vor allem die fehlende Sensibilität und Toleranz gegenüber ausländischen Mitbürgern wurden hier in krasser Weise deutlich.

Den traurigen Höhepunkt der Gewaltwelle bildeten allerdings die westdeutschen Brandanschläge von Mölln (November 1992) und Solingen (Mai 1993), bei denen insgesamt zehn türkische Mitbürger, darunter fünf Kinder, ums Leben kamen. Gegen diese Eskalation der Gewaltaktionen und den stumpfsinnigen Fremdenhass der Täter regten sich bundesweit Zorn und Empörung der Bevölkerung. In zahlreichen Städten strömten Millionen auf die Straßen und bekundeten mit machtvollen Demonstrationsmärschen und Lichterketten ihre Solidarität mit ihren ausländischen Mitbürgern. Vehement forderten sie, allen voran Bundespräsident Richard von Weizsäcker, von den Politikern in Bonn, die längst fällige Reform des Staatsbürgerrechts endlich in Angriff zu nehmen.

Türkische Bürger nehmen mit einer Trauerfeier vor dem ausgebrannten Haus in der Unteren Wernerstraße in Solingen Abschied von den Opfern des Brandanschlags

Immer wieder gibt es gewaltame Angriffe und Überfälle, so den Brandanschlag auf die Synagoge in Lübeck im März 1994 und den Überfall auf die KZ-Gedenkstätte Buchenwald im Juli 1994, doch das erschreckende Ausmaß der fast täglichen Gewalt gegen Ausländer ist geringer geworden; allerdings auch das Interesse der Medien und der Öffentlichkeit, sich nachhaltig und intensiv weiterhin mit dem Problem der Fremdenfeindlichkeit zu befassen.

Den rechtsextremen Parteien erteilten die Wähler indessen im so genannten *Superwahljahr 1994* (▶5.31) sowie in den Landtagswahlen 1995 und im Frühjahr 1996 eine deutliche Absage. Lediglich in Baden-Württemberg erreichten die Republikaner noch einmal 9,1 % (nach 10,9 % 1992) und zogen mit 14 Abgeordneten in den Stuttgarter Landtag ein.

5.19 Treuhandanstalt – ökonomischer Wandel in den neuen Bundesländern

Im Prozess der Transformation der zentral gelenkten Staatswirtschaft der DDR in eine Marktwirtschaft nach westdeutschem Vorbild hatte die Treuhandanstalt eine politische und ökonomische Schlüsselstellung. Sie diente als Hauptinstrument für den marktwirtschaftlichen Neubeginn in Ostdeutschland.

Die Leitlinie ihres Transformationsauftrages wurde ihr vom ersten in der DDR frei gewählten Parlament vorgegeben. Detlev Carsten Rohwedder, der zweite Präsident der Treuhandanstalt, welcher nach knapp sieben Monaten Amtszeit am 1. April 1991 einem terroristischen Mordanschlag zum Opfer fiel, formulierte sie wie folgt: »Zügig privatisieren, entschlossen sanieren und behutsam abwickeln, was nicht mehr sanierungsfähig ist.«

Die Treuhandanstalt wurde in der ersten Phase 1990/91 zum Zwischeneigentümer von rund 8 000 ehemals staatseigenen Betriebsvereinigungen (Kombinaten) und »Volkseigenen Betrieben« mit mehr als 40 000 Betriebsstätten und 4 Millionen Beschäftigten. Durch die nachfolgende Übernahme von mehr als 4 400 sozialistischen Land- und Forstwirtschaftsbetrieben gingen dann rund 4,3 Millionen Hektar landwirtschaftlicher Nutzfläche und Forsten in den Treuhandbesitz über. Unter den zuletzt übernommenen Vermögenswerten befanden sich u. a. auch diejenigen Objekte, welche bis dahin durch die Streitkräfte, das Ministerium für Staatssicherheit, die SED und die sozialistischen Massenorganisationen (darunter die Staatsgewerkschaft FDGB) genutzt wurden. Die Vielfalt des Vermögensbesitzes der Treuhandanstalt reichte demnach von den Werften an der Ostsee über die Chemiekombinate im Inland bis zu den Befehlsbunkern und Erholungsheimen der Stasi. Der gesamte Grundbesitz der Treuhandanstalt umfasste bei seinem Höchststand fast 60 % der Fläche der ehemaligen DDR.

Für die Transformation der Eigentums- und Wirtschaftsordnung einer ganzen Volkswirtschaft gab es keine maßgeschneiderte Theorie und keine erprobten Rezepte. Infolgedessen musste sich die Treuhandanstalt die benötigten Leitbilder und Regeln selbst schaffen. Dies ging vor allem in den Anfangsjahren im Einzelfall nicht ohne schmerzliche Fehler ab. Während ihrer gesamten viereinhalbjährigen Tätigkeit hatte die Privatisierung in der Transformationsstrategie der Treuhand stets die höchste Priorität. Grob geschätzt mussten durch den Privatisierungs- und Sanierungsprozess von den ursprünglich 4 Millionen Beschäftigten im »Wirtschaftsimperium« der Treuhand rund die Hälfte frei- und umgesetzt werden. Für 17–20 % dieser Personen konnte kein neuer Arbeitsplatz gefunden werden. Sie wurden arbeitslos. Die übrigen Arbeitnehmer gingen entweder selber neue Arbeitsverhältnisse ein, machten sich selbstständig, wurden umgeschult, fanden eine vorübergehende (Überbrückungs-)Beschäftigung in Arbeitsbeschaffungsmaßnahmen oder schieden aus dem Erwerbsleben aus (Vorruhestand/Ruhestand).

Diese schmerzlichen Frei- und Umsetzungen haben der Treuhand viel Kritik eingetragen. Vor allem in den neuen Bundesländern wurde ihr der Vorwurf gemacht, die ostdeutsche Wirtschaft rigoros »platt zu machen« und, statt Aufbauarbeit zu leisten, eine Deindustrialisierung der neuen Bundesländer zu begünstigen. Demgegenüber wurde die Treuhand von westdeutschen Bürgern häufig

DIE DEUTSCHE EINHEIT

Mit einem Hungerstreik protestierten die Bergleute des Bischofferoder Kalibergwerks gegen die Schließung ihrer Grube

gescholten, sie verschwende knappe westdeutsche Steuergroschen an unrettbar sieche Ostfirmen und an neue Bundesbürger, die im Sozialismus hartes Arbeiten verlernt hätten. Bei der Kritik aus dem Osten wurde zumeist ignoriert, dass es schon zu DDR-Zeiten eine beträchtliche »verdeckte Arbeitslosigkeit« gab. Diese erstreckte sich auf etwa ein Viertel aller berufstätigen Arbeiter und Angestellten (»Arbeitslosigkeit am Arbeitsplatz«). Demgegenüber wurde im Westen nicht angemessen berücksichtigt, dass für die ostdeutschen Unternehmen, die der SED-Staat 40 Jahre lang vom internationalen Wettbewerb abgeschottet hatte, praktisch über Nacht sowohl die Westmärkte wegbrachen als auch die Ostmärkte zusammenstürzten. Eine Kompensation für den Verlust dieser Absatzmärkte durch eine umfassende Modernisierung der Produktionskapazitäten und durch eine Anpassung der Unternehmensleistungen an die neuen harten Wettbewerbsbedingungen des Weltmarktes beansprucht auf dem heutigen Entwicklungsniveau der führenden Industriewirtschaften Erneuerungs- und Umstrukturierungszeiten von mindestens 5 bis 10 Jahren. Doch im Osten Deutschlands blieb es trotz der heftigen Proteste gegen unvermeidbare Massenentlassungen friedlich.

Die Treuhandanstalt hatte Ende 1994 nach viereinhalb Jahren Arbeit, die nach der Ermordung Rohwedders von der Präsidentin Birgit Breuel geleitet wurde, ihre Kernaufgabe abgeschlossen. Sie wurde danach aufgelöst, und ihre Restaufgaben wurden auf vier kleinere staatliche Nachfolgeinstitutionen aufgeteilt. Während ihrer Tätigkeit hat die Behörde 85 000 Verträge abgeschlossen (darunter fast 40 000 unternehmensbezogene Privatisierungsverträge). Bis zum 31. Dezember 1994 gelang es ihr, insgesamt rund 14 500 Unternehmen und Betriebsteile zu verkaufen. Dabei handelte es sich in der Regel nicht um En-bloc-Verkäufe ehemaliger Kombinate oder VEB nach DDR-Maßstab, sondern um neu zugeschnittene Betriebseinheiten, die durch Entflechtung der alten Mammutkombinate und -betriebe neu gebildet worden waren. Rund 850 Wirtschaftsbetriebe gingen in den Besitz ausländischer Investoren über. Rund 80 % der verkauften Unternehmen übernahmen mittelständische Erwerber. Etwa 3 700 Betriebe/Gesellschaften (darunter 1 000 Rest- und Mantelgesellschaften) mussten aufgegeben und stillgelegt werden (Liquidationen). Getrennt davon wurden weitere rund 4 300 mittlere Gewerbe- und Handwerksbetriebe, die der SED-Staat bei seiner letzten »Sozialisierungskampagne« 1972 übernommen hatte, den rechtmäßigen ehemaligen Eigentümern zurückgegeben (Reprivatisierungen). Insgesamt erhielt die Treuhand Privatisierungserlöse von 73 Mrd. DM. Viel wichtiger war jedoch, dass sie Investitionszusagen in einer Höhe von 207 Mrd. DM verbuchen und Arbeitsplatzzusagen für 1,5 Millionen

167

Arbeitnehmer erzielen konnte. Als ein besonderer Erfolg der Treuhandarbeit muss dabei gewertet werden, dass nach statistischen Ermittlungen etwa 15 % mehr Arbeitsplätze geschaffen wurden, als zugesagt worden waren. Darüber hinaus übertreffen auch die tatsächlich investierten Summen um etwa 20 % das vertraglich vereinbarte Soll. Das Gesamtdefizit der Treuhandanstalt für alle nicht durch Einnahmen gedeckten finanziellen Beistandsleistungen (Sanierungen, Übernahme von Altlasten, Überbrückungssubventionen, Investitionshilfen, soziale Abfindungs- und Unterstützungsleistungen für Belegschaften usw.) betrug Ende 1994 etwa 270 Mrd. DM. Dies sind für die Bürger der heute größeren Bundesrepublik einerseits *Kosten der Einheit* (▶ 5.27), andererseits sind es tatsächlich jedoch Investitionen in die wirtschaftlich unumgängliche Erneuerung der ostdeutschen Wirtschaft und damit in die Zukunft Deutschlands.

5.20 Berliner Weltklimakonferenz und Umweltdebatte

1000 Delegierte aus 170 Staaten, 1000 Beobachter von 165 so genannten »Nichtregierungsorganisationen«, rund 2000 Journalisten und ein Thema: Das war die 1. Vertragsstaatenkonferenz zur Klimarahmenkonvention der Vereinten Nationen (VSK), kurz Klimakonferenz. Vom 28. März bis zum 7. April 1995 diskutierten die Teilnehmer in Berlin Maßnahmen, um den drohenden Treibhauseffekt abzuwenden. Im Klimaabkommen von Rio de Janeiro hatten sich die Industrieländer 1992 bereit erklärt, im Jahr 2000 keinesfalls mehr »Treibhausgase« in die Atmosphäre gelangen zu lassen als 1990. Öffentlichkeit und Umweltverbände erwarteten nun von der Berliner Konferenz, zu deren Präsidentin die deutsche Umweltministerin Angela Merkel gewählt worden war, dass neue Vereinbarungen getroffen werden würden. Diese Hoffnungen wurden jedoch enttäuscht. Es kam lediglich zum so genannten »Berliner Mandat«, das keine neuen Vereinbarungen über verbindliche Werte für den Ausstoß an »Treibhausgasen« festsetzt, sondern lediglich die Übereinkunft enthält, dass neue Verpflichtungen einmal in einem völkerrechtlichen Vertrag niedergelegt werden müssen. Dazu sollen in einer Pilotphase Projekte im nationalen Rahmen gestartet werden. Für die Entwicklungsländer wird nicht einmal über verbindliche Regelungen verhandelt werden. Viele Entwicklungsländer hatten sich gegen Auflagen gewehrt aus Angst, damit den Ausbau ihrer Wirtschaft zu bremsen. Lediglich die »Allianz kleiner Inselstaaten« (AOSIS) hatte scharfe Regelungen gefordert und eigene Vorschläge unterbreitet. Der Grund: Die Existenz der kleinen Inselstaaten ist unmittelbar bedroht, wenn sich der Treibhauseffekt verstärkt und dadurch der Meeresspiegel

Vertreter von Naturschutzorganisationen wollen am Eröffnungstag des Weltklimagipfels in Berlin »die Umweltkuh vom Eis bringen«

DIE DEUTSCHE EINHEIT

Mit einer Plakataktion werben Frauen aus Wirtschaft, Politik und Kultur – darunter Bundestagspräsidentin Rita Süßmuth und die Vizepräsidentin des Bundestags Renate Schmidt – für mehr Rechte der Frauen im Grundgesetz

steigt. Die Berliner Klimakonferenz spiegelt die Probleme der Umweltdebatte, die seit etwa einem Jahrzehnt mit zunehmender Intensität geführt wird. Das Ziel ist eindeutig formuliert – »sustainable development«, d. h. eine dauerhafte Entwicklung, die die Bedürfnisse der Gegenwart befriedigt, ohne zu riskieren, dass künftige Generationen ihre eigenen Bedürfnisse nicht befriedigen können. Vor dem Hintergrund eines hohen Verbrauchs an nicht erneuerbaren Rohstoffen und einer immensen Belastung der Umwelt mit Schadstoffen bedarf es zur Erreichung dieses Ziels grundsätzlicher Änderungen: So muss von dem Fortschrittsgedanken, dass Wohlstand auch weiterhin durch Güterproduktion erreicht werden müsse, Abstand genommen werden. Die Wirtschaft muss einem umweltentlastenden Strukturwandel unterzogen werden, und schließlich müssen entsprechende innovative Technologien entwickelt werden. Sieht man von wenigen politischen Ansätzen ab, die eher einen reparierenden als einen notwendigen vorbeugenden Umweltschutz fördern, wird dieser Weg nur sehr zögerlich beschritten.

Da sowohl von den Produzenten als auch den Konsumenten nur bedingt das für eine zukunftsfähige Entwicklung notwendige Umweltverhalten erwartet werden kann, so lange die Belastung der Umwelt eher belohnt wird, müssen Anreize für ein umweltschützendes Verhalten gegeben werden. Eine zwar lebhaft diskutierte, aber politisch bislang nicht umgesetzte Möglichkeit ist die Einführung von progressiven Umweltsteuern und Schadstoffabgaben. Diese würden die relativen Preise der Wirtschaft ändern und die Preise für Umweltverbrauch und Umweltbelastung anheben; bei gleichzeitiger Senkung anderer Faktorpreise würde sich dies positiv auf die Produkt- und Technologiestruktur sowie auf die Beschäftigung auswirken. Auch wenn die drängenden Gefahren wie der Treibhauseffekt und der Anstieg des Meeresspiegels nur durch eine weltweite Zusammenarbeit abgewehrt werden können, die die Lösung anderer Probleme (Nord-Süd-Gefälle) einschließt, können im nationalen Rahmen durch eine konsequente Umweltpolitik weithin sichtbare Zeichen für die Machbarkeit zukunftsfähiger Entwicklung gesetzt werden, und damit kann Verantwortung auch gegenüber künftigen Generationen wahrgenommen werden.

5.21 Das Grundgesetz und die deutsche Einheit

Die Präambel des *Grundgesetzes* (▶2.1) enthielt in ihrem letzten Satz ein Wiedervereinigungsgebot: »Das gesamte deutsche Volk bleibt aufgefordert, in freier Selbstbestimmung die Einheit und Freiheit Deutschlands zu vollenden.« Die Einheit konnte auf zwei Wegen hergestellt werden: Nach Art. 146 hätte eine neue Verfassung ausgearbeitet werden können, die das Grundgesetz abgelöst hätte. Die andere Möglichkeit bot Art. 23. Danach konnten andere Teile Deutschlands dem Geltungsbereich des Grundgesetzes beitreten. Die schnelle Vereinigung entsprach dem Willen der überwältigenden Mehrheit der Bevölkerung der DDR. Auch außenpolitische Gründe sprachen dafür, die Gelegenheit zur Herstellung der deutschen Einheit unverzüglich zu nutzen. Mit dem 3. Oktober 1990 trat das Grundgesetz in den neu gebildeten fünf Bundesländern Brandenburg, Mecklenburg-Vorpommern, Sachsen, Sachsen-Anhalt, Thüringen und in Ost-Berlin in Kraft. Der Beitritt der DDR zur Bundesrepublik Deutschland erforderte eine Reihe von Änderungen des Grundgesetzes. Die Präambel wurde neu gefasst, nachdem die Einheit und Freiheit Deutschlands vollendet war. Der Art. 23 (Beitritt anderer Teile Deutschlands) wurde aufgehoben. Die Stimmenzahl im Bundesrat (Art. 51) wurde geändert.

Auch der Art. 146 wurde angepasst. Er enthält nach wie vor die Möglichkeit, aber nicht die Verpflichtung, eine neue Verfassung auszuarbeiten. In Art. 5 des *Einigungsvertrages* (▶5.15) wurde den gesetzgebenden Körperschaften des vereinten Deutschlands empfohlen, »sich innerhalb von zwei Jahren mit den im Zusammenhang mit der deutschen Einigung aufgeworfenen Fragen zur Änderung oder Ergänzung des Grundgesetzes zu befassen«. Ende 1991 wurde eine gemeinsame Verfassungskommission aus 32 Abgeordneten des Bundestages und 32 Mitgliedern des Bundesrates gebildet, die im Oktober 1993 einen Abschlussbericht vorlegte.

1994 verabschiedete der Bundestag Ergänzungen und Änderungen, die 14 Artikel betrafen. Zu den wichtigsten gehören die Förderung der tatsächlichen Gleichberechtigung von Männern und Frauen und das Verbot der Benachteiligung Behinderter (Art. 3), die Einfügung des Staatsziels »Schutz der natürlichen Lebensgrundlagen« (Art. 20a), die Gewährleistung der finanziellen Eigenverantwortung der Gemeinden (Art. 28) sowie Änderungen der Zuständigkeiten des Bundes und der Länder bei der Gesetzgebung.

Andere in der Kommission und in der Öffentlichkeit diskutierte Verfassungsänderungen, insbesondere die Einführung von Elementen direkter Demokratie (Volksbegehren, Volksentscheide, Volksabstimmungen), fanden in der Verfassungskommission nicht die erforderliche Zweidrittelmehrheit.

Nach heftigen auch in der Öffentlichkeit geführten Dikussionen wurde 1993 eine einschneidende Änderung des Asylrechts, die 1996 vom Bundesverfassungsgericht im Wesentlichen bestätigt wurde, vorgenommen, um den immer weiter zunehmenden Zustrom von Asylbewerbern (1988: 103 076, 1992: 438 191) zu begrenzen. Neu in das Grundgesetz eingefügt wurde der Art. 16a. Danach ist das Asylrecht für politisch Verfolgte nach wie vor verbürgt (bisher Art. 16 Abs. 2 Satz 2). Neu ist, dass Personen, die aus »sicheren Drittstaaten« einreisen, sich nicht mehr auf das Asylrecht berufen können, ebenso wenig solche, die aus einem sicheren Herkunftsland einreisen. Hier wird unterstellt, dass politische Verfolgung nicht gegeben ist.

5.22 Die Krise des Sozialstaats

In den neuen Bundesländern löste die Aussetzung von Arbeitsbeschaffungsmaßnahmen Proteste aus

Das Grundgesetz für die Bundesrepublik Deutschland hat in Art. 20 den Sozialstaat – wie die Demokratie, den Rechtsstaat und die

DIE DEUTSCHE EINHEIT

In der »Nacht der 1000 Feuer« blockieren über 2000 Demonstranten die Bundesstraße 1, um gegen den drohenden Verlust ihrer Arbeitsplätze zu protestieren

Gliederung des Bundes in Länder – als eines der tragenden Verfassungsprinzipien festgelegt, die selbst durch Verfassungsänderung nicht berührt werden dürfen (Art. 79). Die konkrete Ausgestaltung des Sozialstaats ist allerdings Sache des Gesetzgebers. Doch auch die gesellschaftlichen Kräfte sind an der Gestaltung des Sozialstaats beteiligt, nicht zuletzt die Interessengruppen der Arbeitgeber und der Gewerkschaften, die in Ausübung ihres Koalitionsrechts gemäß Art. 9 GG Abkommen und Vereinbarungen, insbesondere Tarifverträge, abschließen und die in den Selbstverwaltungsorganen der gesetzlichen Sozialversicherung zusammenarbeiten.

Seit Anfang der 90er-Jahre haben sich die ökonomischen, finanziellen und politischen Rahmenbedingungen für die Erhaltung und Fortentwicklung des Sozialstaats zunehmend verschlechtert. Die Gründe hierfür sind vielfältig. Zu nennen sind der enorme öffentliche Finanzbedarf im Zuge der deutschen Vereinigung (*Die Kosten der deutschen Einheit*, ▶ S. 27) – dabei wurde auch die Sozialversicherung mit hohen, zum Teil versicherungsfremden Leistungen belastet. Die anhaltend hohe Arbeitslosigkeit, die 1996 Höchstwerte von vier Millionen registrierten Arbeitslosen erreichte, engt, auch wegen der damit verbundenen Steuerausfälle, den finanziellen Spielraum der Haushalte von Bund, Ländern und Gemeinden weiter ein; der gesetzlichen Sozialversicherung fehlen die entsprechenden Beitragseinnahmen. Insgesamt hat sich trotz der angespannten sozialen Lage der Anteil der Sozialausgaben am Bruttosozialprodukt nicht erhöht, sondern ist seit vielen Jahren stabil geblieben. Wie die Wirtschaft gerät auch der Sozialstaat zunehmend unter den Druck der Globalisierung der Märkte. Ein weiterer – allerdings oft überschätzter – Faktor, der die Rahmenbedingungen für die Erhaltung und Fortentwicklung des Sozialstaats zunehmend verschlechtert, sind die Änderungen in der Altersstruktur der Bevölkerung. Dem wachsenden Anteil alter Menschen, die Rentenansprüche erworben haben und verstärkt die Leistungen der Kranken- und Pflegeversicherung nachfragen, steht eine geringer werdende Zahl aktiv im Berufsleben stehender Menschen gegenüber, die mit ihren Sozialbeiträgen die Ansprüche der Senioren finanzieren.

Die Diskussion über einen »Umbau des Sozialstaates« wurde in den 90er-Jahren intensiver und ist mit der *Standortdebatte* (▶ S. 24) verknüpft worden. Insbesondere vonseiten der Arbeitgeber wird die These vertreten, das gegenwärtige Sozialleistungssystem sei nicht mehr finanzierbar und müsse durch Kürzungen und Privatisierung von Lebensrisiken auf ein erträgliches Niveau zurückgeführt werden. Die Regierungskoalition aus CDU, CSU und FDP teilt diese Einschätzung weitgehend und sucht sie in der Gesetzgebung umzusetzen. Dagegen betrachten die Oppositionsparteien und die Gewerkschaften die Leistungskürzungen als untaugliche Mittel zu Bekämpfung der Arbeitslosigkeit und zur Sicherung der wirtschaftlichen Leistungsfähigkeit und sehen Gefahren für den Zusammenhalt und die politische Stabilität. Angesichts knapper Finanzmittel plädieren sie für eine neue Prioritätenfestsetzung bei den Sozialleistungen.

Weitergehende Reformvorschläge, die allerdings bisher weniger im Parlament als in den Medien diskutiert wurden, setzen an der Tatsache an, dass die tragenden Elemente der sozialen Sicherung, insbesondere die Rentenversicherung, ausschließlich an den Faktor Arbeit und die daraus abgeleitete Beitragsfinanzierung gebunden sind. Die Rentenversicherung ist am »Normalarbeitsverhältnis«, d. h. an einem ununterbrochenen Berufsleben bei ganztägiger Beschäftigung, und an der Vollbeschäftigung orientiert. Da für eine absehbare Zukunft Vollbeschäftigung nicht zu erreichen sei und das Normalarbeitsverhältnis aus vielerlei Gründen für immer weniger Menschen bestimmend sein werde, könnten die sozialen Sicherungssysteme nicht länger überwiegend an den Faktor Arbeit gebunden bleiben. Frühere Ansätze der SPD und der Gewerkschaften, durch Erhebung einer Wertschöpfungsabgabe (»Maschinensteuer«) auch weniger arbeits- und lohnintensive Unternehmen an den Kosten der sozialen Sicherung zu beteiligen, wurden kaum weiterverfolgt. Hingegen finden Modelle einer steuerfinanzierten Grundsicherung (Bürgergeld, negative Steuer) bei ansonsten privater Vorsorge des Einzelnen, die von unterschiedlichen parteipolitischen Positionen aus, etwa vom sächsischen Ministerpräsidenten Kurt Biedenkopf (CDU) und von Bündnis 90/Die Grünen eingebracht wurden, Beachtung in der Diskussion der 90er-Jahre. Das Modell dieser Grundsicherung, die teilweise die Funktionen der heutigen Altersrente, Arbeitslosenunterstützung und Sozialhilfe übernehmen soll, wird von Kritikern insbesondere wegen der Finanzierungsprobleme während der langen Phase der Umstellung, in der die erworbenen Ansprüche im alten System der leistungsbezogenen Rente noch erfüllt werden müssen, für nicht realisierbar gehalten.

Während der Gesetzgeber in der Renten-, Kranken- und Arbeitslosenversicherung Leistungsbegrenzungen und -einschränkungen vorgenommen hat, wurde bei der 1995 neu eingeführten Pflegeversicherung erstmals das Prinzip, die Finanzierung je zur Hälfte durch Arbeitnehmer- und Arbeitgeberbeiträge zu sichern, durchbrochen und der Arbeitgeberbeitrag durch Fortfall eines gesetzlichen Feiertages kompensiert. Aber auch andere Bereiche der sozialstaatlichen Ordnung, etwa die Sozialhilfe, geraten unter ökonomischen bzw. interessenpolitischen Druck. Auch im Arbeitsrecht erfolgen Änderungen: Nachdem bereits bei der durch das Bundesverfassungsgericht erzwungenen Gleichstellung von Arbeitern und Angestellten bei den Kündigungsfristen die geltenden Regelungen für Angestellte verschlechtert wurden, unterliegen nun Betriebe mit bis zu 10 Arbeitnehmern nicht mehr dem gesetzlichen Kündigungsschutz. Die Lohnfortzahlung bei Krankheit, die für den Bereich der Arbeiter nach vorausgegangenen heftigen Tarifkämpfen 1969 von der großen Koalition gesetzlich geregelt worden war, wurde um 20 % gekürzt.

5.23 Viertagewoche bei VW

Die deutsche Automobilindustrie verzeichnete 1993 die größten Absatzeinbrüche seit Jahren. Rezession und Wettbewerbsdruck ließen die Pkw-Fertigung um rund 25 % zurückgehen. Als Reaktion darauf hatten die deutschen Automobilhersteller im Laufe des Jahres ihre Belegschaften um 62 000 auf 660 000 Beschäftigte reduziert. Die Volkswagen AG ging einen anderen Weg. Im Herbst 1993 stellte der Vorstand den Arbeitnehmern und der Öffentlichkeit die Alternativen vor: Einführung der Viertagewoche oder Entlassung von 30 000 Arbeitnehmern der VW-Betriebe in Deutschland. Dabei war die Viertagewoche Teil eines umfassenden Personalkonzepts, das u. a. Regelungen über Jahresarbeitszeiten, Langzeiturlaube und Fort- und Weiterbildung enthielt.

Die öffentliche Debatte um Arbeitszeitverkürzung, die seit den 80er-Jahren unter der gewerkschaftlichen Forderung nach der 35-Stunden-Woche gestanden hatte, erhielt nun eine neue Zielrichtung. Auslöser war neben dem Vorstoß des VW-Vorstandes eine Gesetzesinitiative der bürgerlichen französischen Regierung unter Édouard Balladur, die allerdings im November 1993 in der Nationalversammlung scheiterte. Die Befürworter der Viertagewoche sahen angesichts der hohen Arbeitslosigkeit in der Verkürzung der individuellen Arbeitszeit um 20 % und der dadurch notwendigen Umverteilung der Arbeit ein geeignetes Mittel, gefährdete Arbeitsplätze zu sichern und Neueinstellungen von Arbeitslosen in größerem Umfang zu erreichen. Kontrovers wurde insbesondere die Frage des Lohnausgleichs diskutiert. Während Vertreter der Unternehmer eine proportionale Kürzung des Einkommens um 20 % forderten, verlangten die Gewerkschaften vollen Lohnausgleich, ließen aber durchblicken, dass sie unter Beschäftigungsaspekten zu Zugeständnissen bereit seien. Die für die VW-Beschäftigten zuständige Gewerkschaft, die IG Metall, wie auch Teile der Öffentlichkeit nahmen den Vorstoß der Volkswagen AG positiv als kreativen Beitrag zur Beschäftigungspolitik auf.

Bei den Verhandlungen zwischen VW und IG Metall über einen Firmentarifvertrag wurde Ende November 1993 Einigkeit über die Einführung der Viertagewoche ab Januar 1994 erzielt: Bei einer Arbeitswoche von 28,8 Std. müssen die Arbeitnehmer einen Verlust von 10 % ihres Jahreseinkommens hinnehmen; VW spart 1,8 Mrd. DM Personalkosten; Entlassungen unterbleiben. In der Folgezeit blieb die Einführung der Viertagewoche oder vergleichbarer Regelungen zur Bewältigung von Beschäftigungskrisen selten, wenngleich befristete Arbeitszeitreduzierungen mit entsprechender Lohnkürzung in zahlreiche Tarifverträge als ein Mittel der Beschäftigungssicherung aufgenommen wurden.

5.24 Standortdebatte

In der Standortdebatte geht es um Erscheinungsformen, Vorzüge und Schwächen bestimmter Produktions-, Investitions- und Beschäftigungsstandorte, z. B. einer Region oder eines Landes. Bei der Diskussion um den (Wirtschafts-)Standort Deutschland steht die Frage im Vordergrund, ob und in welchem Maße Deutschland ein wettbewerbsfähiger Produktions-, Investitions- und Beschäftigungsstandort ist. Dabei prallen unterschiedliche Sichtweisen aufeinander, die von der These der Schwäche bis zur These der Stärke des Standorts Deutschland reichen.

Der ersten These zufolge hat die Qualität des Wirtschaftsstandortes Deutschland vor allem seit den 70er-, insbesondere seit den frühen 90er-Jahren Schaden genommen. Dieser Sichtweise neigen unter anderen die Arbeitgeberverbände und die Koalitionsregierung aus CDU/CSU und FDP zu. Als Nachteile des Standortes Deutschland im Vergleich zu den Standorten der Handelspartner und Weltmarktkonkurrenten gelten vor allem die sehr hohen Arbeitskosten. Diese sind durch besonders hohe Personalzusatzkosten (von denen jeweils rund die Hälfte durch Verträge zwischen den Tarifparteien und durch gesetzliche Auflagen, z. B. die Sozialabgaben, zustande kommen) bedingt. Daneben werden kurze Arbeits- und Betriebszeiten, eine relativ hohe Unternehmensbesteuerung, übermäßige Regulierung der Wirtschaft, strenge Umweltschutzauflagen, überteuerte Energiekosten, übergroße Erhaltungssubventionen, überteuerte Produktion öffentlicher Güter und die Unterfinanzierung zukunftsorientierter Politik- und Wirtschaftsbereiche, z. B. des höheren Bildungswesens und der Forschungs- und Technologieförderung als Ursache genannt. Diese Standortnachteile seien für die verhaltene Investitionsneigung im Inland, die gefährdete internationale Wettbewerbsposition der deutschen Industrie und die Schere zwischen expandierenden Direktinvestitionen im Ausland und weiterhin stagnierenden Direktinvestitionen des Auslands in der Bundesrepublik Deutschland verantwortlich. Die Standortnachteile energisch zu beseitigen ist dieser Auffassung zufolge eine vorrangige Aufgabe der Sozial- und Wirtschaftspolitik des Staates sowie der Lohn- und Arbeitszeitpolitik der Tarifparteien.

Der Gegenposition in der Standortdebatte zufolge ist Deutschland nach wie vor ein günstiger Wirtschaftsstandort. Vertreter dieser Auffassung, unter ihnen die Gewerkschaften, verweisen auf den nach wie vor hohen Anteil der Exporte der deutschen Industrie am Sozialprodukt, ihren beachtlichen Weltmarktanteil, den beträchtlichen Ressourceneinsatz für Forschung und Entwicklung, ihre starke Position vor allem bei »mittleren« Technologien und die hohe Kreditwürdigkeit Deutschlands auf internationalen Kapitalmärkten. Zu den günstigen qualitati-

Über zwanzig Jahre dauern die Auseinandersetzungen um den § 218 an: 1974 demonstrierten die Frauen in Hamburg

ven Standortfaktoren in Deutschland werden aber auch der hohe Ausbildungsstand der Arbeitskräfte, die leistungsfähige öffentliche Infrastruktur, die sozialpartnerschaftlichen Beziehungen in der Arbeitswelt und die politische Stabilität gerechnet.

5.25 Paragraph 218

Der Schwangerschaftsabbruch (Abtreibung), die künstliche Herbeiführung einer Fehlgeburt, war vom späten Mittelalter bis in das 20. Jahrhundert hinein unter schwere Strafe gestellt. Das Strafgesetzbuch des Deutschen Reiches aus dem Jahre 1871 bedrohte in § 218 die Eigenabtreibung (durch die Mutter) mit Zuchthaus bis zu fünf Jahren. Seit der Jahrhundertwende und verstärkt in der Weimarer Republik wurde eine Diskussion um die Strafwürdigkeit des Schwangerschaftsabbruchs geführt. 1926 wurde das Verbrechen der Abtreibung zum Vergehen gemildert und nur mehr mit Gefängnis bestraft. Das nationalsozialistische Regime verschärfte die Strafbestimmungen wieder. Seit 1943 wurde Fremdabtreibung (durch Dritte) mit dem Tode bestraft. Nach 1945 wurde die Eigenabtreibung mit Gefängnis, die Fremdabtreibung mit Zuchthaus bedroht, wenn es auch verhältnismäßig selten überhaupt zu Gerichtsverfahren kam. Man schätzt, dass pro Jahr eine sechsstellige Zahl illegaler Schwangerschaftsabbrüche vorgenommen wurden.

Nach der Bundestagswahl 1972 legten die Fraktionen der SPD und der FDP einen Gesetzentwurf vor, der das Ziel hatte, den Schwangerschaftsabbruch unter bestimmten Voraussetzungen zu legalisieren. Ein Schwangerschaftsabbruch durch einen Arzt innerhalb der ersten drei Monate nach der Empfängnis sollte straffrei bleiben, wenn zuvor eine Beratung der Schwangeren stattgefunden hatte. Diese »Fristenregelung« wurde vom Bundestag gegen die Stimmen der CDU/CSU verabschiedet, trat jedoch nicht in Kraft, weil sie vom Bundesverfassungsgericht auf Antrag der CDU/CSU-Fraktion und mehrerer Bundesländer für verfassungswidrig erklärt worden war.

Das Gesetzgebungs- wie das Verfassungsgerichtsverfahren waren von einer leidenschaftlichen öffentlichen Diskussion begleitet. Es gab Demonstrationen und Gegendemonstrationen, Unterschriftskampagnen und Selbstbezichtigungen. Gleichzeitig zeichneten sich die Debatten im Bundestag durch großes Verantwortungsbewusstsein und durch Respekt vor Gewissensentscheidungen aus. Die Positionen in der Diskussion wurden auf den Punkt gebracht durch die Forderungen, die an den äußeren Rändern des Meinungsspektrums formuliert worden waren: »Mein Bauch gehört mir« und »Abtreibung ist Mord«. Die Erstere besagt: Die Entscheidung, ob sie ein Kind austragen will oder nicht, liegt allein bei der Mutter, die

Letztere: Das Leben beginnt mit der Verschmelzung von Samen und Eizelle, jeder Abbruch einer Schwangerschaft ist daher unzulässig. Zwischen diesen Extrempositionen gibt es eine Vielfalt unterschiedlicher Meinungen.

Die Neufassung des § 218, die mit den Stimmen von SPD und FDP 1976 verabschiedet worden war, sah die Straflosigkeit des Schwangerschaftsabbruchs vor, wenn bestimmte Indikationen (angezeigte Gründe) vorliegen, vor allem die medizinische (Gefahr für Leben oder Gesundheit der Mutter) und die soziale Indikation (Gefahr einer schweren Notlage der Schwangeren, die eine Fortsetzung der Schwangerschaft unzumutbar erscheinen lässt). Die DDR hatte 1972 eine weit gefasste Fristenregelung eingeführt.

Der *Einigungsvertrag* (▶ 5.15) verlangte eine einheitliche Regelung bis 1992. Bis dahin galten in den alten und in den neuen Bundesländern jeweils die bisherigen Bestimmungen. Die Neuregelung durch das Schwangerschafts- und Familienhilfegesetz von 1992, das auf eine Fristenregelung mit obligatorischer Beratung hinauslief, wurde auf Antrag Bayerns und der Mehrheit der CDU/CSU-Fraktion durch das Bundesverfassungsgericht teilweise für nichtig erklärt. Das Gericht stellte fest, dass eine Abtreibung grundsätzlich rechtswidrig ist, dass sie bei einer medizinischen Indikation erlaubt ist, dass sie auch sonst straflos bleibt, wenn sie binnen zwölf Wochen vorgenommen wird und wenn die Schwangere sich vorher hat beraten lassen. Schließlich stellte das Gericht fest, dass ein rechtswidriger Abbruch nicht von der gesetzlichen Krankenversicherung bezahlt werden darf. 1995 hat der Bundestag den § 218 im Sinne dieser Grundsätze neu gefasst.

5.26 Neue Länder 1994

Das *Superwahljahr 1994* (▶ 5.31) brachte für Ostdeutschland die zweite Überraschung nach dem unerwartet hohen Sieg der CDU in den ersten Wahlen nach der Wende 1990. Die FDP kam in den fünf neuen Ländern nicht mehr in die Landtage, Bündnis 90/Die Grünen zog nur in Sachsen-Anhalt in den Landtag ein. Die spektakulärste Folge davon war hier die Ablösung der christlich-liberalen Koalition durch eine von der PDS tolerierte Minderheitsregierung aus SPD und Bündnis 90/Die Grünen. Die Konservativen sahen damit den Konsens der westlich dominierten großen Parteien gebrochen, nicht mithilfe von Kommunisten oder Rechtsradikalen zu regieren.

Die fünf neuen Länder waren mit Wirkung vom 3. Oktober 1990, dem »Tag der Deutschen Einheit«, durch Beschluss der am 18. März 1990 demokratisch gewählten Volkskammer vom 22. Juli 1990 geschaffen worden. Sie entsprachen mit einigen Gebietskorrekturen den Ländern, die von 1945 bis 1952 in der SBZ/DDR bestanden hatten: Mecklenburg-Vorpommern, Brandenburg, Sachsen-Anhalt, Sachsen, Thüringen. Der Ostteil Berlins, ehemals »Hauptstadt der DDR«, wurde nach Herstellung der deutschen Einheit mit West-Berlin zum einheitlichen Land Berlin vereinigt (▶ 5.17).

Bei den ersten Landtagswahlen am 14. Oktober 1990 war die SPD nur in Brandenburg stärkste Partei geworden, in den anderen Ländern erlangte die CDU die relative, in Sachsen sogar die absolute Mehrheit. Drittstärkste Kraft wurde in allen neuen Ländern die PDS (zwischen 10 und 15 %); mit größerem Abstand folgten FDP und Bündnis 90. In Sachsen regierte die CDU allein unter Kurt Biedenkopf, in Mecklenburg-Vorpommern, Sachsen-Anhalt und Thüringen gab es christlich-liberale Koalitionen und in Brandenburg eine so genannte Ampelkoalition aus SPD, FDP und Bündnis 90 unter Manfred Stolpe.

In der ersten Legislaturperiode war es in allen neuen Ländern zu zahlreichen Rücktritten von Parlamentariern und Politikern, z. B. wegen früherer Stasiverbindungen, und zu Regierungskrisen gekommen, die außer in Brandenburg und Sachsen zur Abwahl der Ministerpräsidenten führten. In Brandenburg schwelte ein Dauerkonflikt um die angebliche IM-Tätigkeit Stolpes mit Teilen von Bündnis 90/Die Grünen, die schließlich die Regierung verließen, als die parlamentarische Untersuchungskommission Stolpe das Vertrauen aussprach.

In den Landesregierungen und Verwaltungsbehörden arbeiteten von Anfang an leitende Beamte und Politiker aus den alten Bundesländern, aber nur ein Ministerpräsident kam zunächst aus dem Westen: Kurt Biedenkopf in Sachsen. Die Rücktritte in Sachsen-Anhalt und Thüringen brachten zwei weitere Politiker aus dem Westen ins höchste Landesamt: Bernhard Vogel in Thüringen und Werner Münch in Sachsen-Anhalt. Münch musste allerdings nach zwei Jahren sein Amt wegen Unstimmigkeiten über seine Bezüge an den ostdeutschen CDU-Fraktionsvorsitzenden Christoph Bergner abgeben.

Nach den Landtagswahlen von 1994 haben sich die Regierungskonstellationen in drei Ländern wesentlich geändert. Die christlich-liberalen Koalitionen wurden in Thüringen und Mecklenburg-Vorpommern durch große Koalitionen aus CDU und SPD abgelöst, in Sachsen-Anhalt durch die rot-grüne Minderheitsregierung.

Als erstes ostdeutsches Land gab sich der Freistaat Sachsen am 26. Mai 1992 seine Landesverfassung. Als letztes Land verabschiedete Thüringen seine Verfassung mit einem festlichen Staatsakt am 25. Oktober 1993 auf der traditionsreichen Wartburg. Thüringen erklärte sich ebenso wie Sachsen zum Freistaat. Mecklenburg-Vorpommern, Brandenburg und Thüringen ließen ihre von den Landtagen verabschiedeten Verfassungen in einem Volksentscheid bestätigen.

Die ostdeutschen Länderverfassungen sind mit Unterstützung von westdeutschen Experten weitgehend nach dem Muster der Länderverfassungen in der »alten« Bundesrepublik gestaltet worden. Sie zeichnen sich aber durch zwei Besonderheiten aus. Alle enthalten im westlichen Verfassungsdenken umstrittene plebiszitäre Elemente wie Volksinitiative, Volksbegehren, Volksentscheid. In Sachsen und Brandenburg können Gesetze nicht nur vom Parlament, sondern auch durch Volksantrag und Volksbegehren eingebracht werden.

Die zweite Besonderheit ist die Ausweitung der Grundrechte auf – individuell nicht einklagbare – soziale Staatszielbestimmungen. Dazu gehören in unterschiedlichen Formulierungen das Recht auf Arbeit, auf angemessenen Wohnraum, Bildung, Schutz der natürlichen Lebensgrundlagen und persönlicher Daten. Die mit dem ökonomischen und sozialen Strukturwandel (▶ 5.19) verbundenen Probleme haben bei den neuen Bundesbürgern offensichtlich die Überzeugung wachsen lassen, dass diese Werte geschützt werden müssten.

5.27 Die Kosten der deutschen Einheit

Welche enormen Erblasten dem vereinigten Deutschland durch die Hinterlassenschaft der SED-Diktatur auferlegt wurden, ist im Vereinigungsjahr 1990 zunächst nur von wenigen erkannt worden. Allerdings stellte sich sehr bald heraus, dass die Erneuerung der Wirtschaft, des Wohnungsbestandes, der Verkehrswege, Wasserstraßen und Kommunikationsverbindungen, die Sanierung der öffentlichen Einrichtungen im Gesundheits- und Sozialwesen und die Beseitigung der riesigen Umweltschäden eine große Belastung bedeuten würden. Diese Bürde konnte unmöglich von den ostdeutschen Bundesbürgern allein getragen werden. Alle Deutschen mussten diese Erblast der Teilung zusammen übernehmen und müssen ihre Folgen gemeinsam abtragen.

Um die Finanzausstattung der neuen Bundesländer und ihrer Gemeinden sicherzustellen und ihnen so den Aufbau einer geordneten Verwaltung und eines funktionsfähigen Justizwesens zu ermöglichen, verständigten sich Bund und Länder im Mai 1990 auf einen besonderen »Fonds Deutsche Einheit«. Aus

Den Finanzrahmen für die deutsche Einheit bildet das Gemeinschaftswerk »Aufschwung OST«

DIE DEUTSCHE EINHEIT

diesem Finanztopf erhielten die neuen Bundesländer von 1990 bis 1994 insgesamt 160,7 Mrd. DM.
Bereits kurz nach der Schaffung der Währungs-, Wirtschafts- und Sozialunion (▶ 5.15) zeigte sich, dass die bis dahin aufgelegten wirtschaftlichen Förderprogramme bei weitem nicht ausreichten, um die Strukturkrise und Leistungsschwäche der ostdeutschen Wirtschaft zu überwinden. Um die verschiedenen bis dahin schon eingeleiteten Untertützungsaktionen zu bündeln, verabschiedete die Bundesregierung am 8. März 1991 das »Gemeinschaftswerk Aufschwung OST«. Über dieses Gemeinschaftswerk sind in den Jahren 1991/92 insgesamt 24,4 Mrd. DM nach Ostdeutschland geflossen. Mit diesen Mitteln wurden gezielt kommunale Investitionsvorhaben unterstützt (z. B. die Instandsetzung und der Neubau von Kindergärten, Schulen, Hochschulen, Krankenhäusern, Kirchen und Kulturdenkmälern), Arbeitsbeschaffungsmaßnahmen (ABM) finanziert (u. a. durch Lohnkostenzuschüsse), die Modernisierung von Wirtschaftsunternehmen gefördert (z. B. durch Investitionszulagen) und der Ausbau und die Modernisierung des Verkehrsnetzes vorangetrieben. Weitere Förderschwerpunkte waren die Verbesserung der Standortbedingungen für Industrieansiedlungen und Technologieparks, um so die Investitionsbereitschaft privater Investoren zu erhöhen (Anschubinvestitionen in wirtschaftsnahe Infrastrukturvorhaben), die »Werftenhilfe OST« und die Beseitigung von Altlasten im Umweltbereich. Damit sollten Investitionshemmnisse beseitigt, das Leistungsgefälle der ostdeutschen Wirtschaft abgebaut und drohende Umweltgefahren für Mensch und Natur ausgeräumt werden. Zur Teilabdeckung des gigantisch angewachsenen Finanzbedarfs des Bundes wurde u. a. am 1. Juli 1991 ein (zunächst auf 1 Jahr befristeter) Solidaritätszuschlag in Form eines Zuschlags von 7,5 % auf die Einkommen- und Körperschaftsteuer eingeführt, der seit 1. Januar 1995 erneut, jetzt unbefristet erhoben wird. In regelmäßigen Abständen soll jedoch die Notwendigkeit der weiteren Erhebung geprüft werden.
Mit dem »Solidarpakt der Vernunft zur Finanzierung der deutschen Einheit« vom 13. März 1993 stellten dann Bundesregierung und Länderregierungen den Finanzausgleich innerhalb der Föderation auf eine neue Grundlage. Eine hohe Priorität erhielten alle Fördermaßnahmen zur raschen Wiedergründung eines leistungsfähigen, innovativen Mittelstandes.
Zu den Verpflichtungen der Deutschen bei der Überwindung der Folgen der SED-Diktatur gehört letztlich auch die finanzielle Wiedergutmachung eines Teils derjenigen Schäden, die durch entschädigungslose staatliche Konfiszierung von privaten Vermögenswerten verursacht oder durch vergleichbare Eingriffe in das Eigentum von Personen entstanden sind. Eine nicht geringere moralische Verpflichtung besteht auch gegenüber den Bürgern, die durch politische Repressalien und durch folterähnliche Haftbedingungen in den Gefängnissen des SED-Staates Gesundheitsschäden erlitten haben. Hierfür wurde ein »Entschädigungsfonds« geschaffen, der aus verschiedenen Quellen gespeist wird.
Insgesamt gesehen sind zur Sicherung der finanziellen Basis der neuen Länder und Kommunen und ihres wirtschaftlichen und ökologischen Aufbaus seit 1991 gigantische Summen nach Ostdeutschland geflossen: Die Bruttotransfers betrugen von 1991 bis 1995 insgesamt 812 Mrd. DM. Nach Abzug der Steuer- und Verwaltungseinnahmen des Bundes verbleibt für Ostdeutschland ein Nettozufluss von 615 Mrd. DM in lediglich fünf Jahren (1991 = 106 Mrd. DM; 1995 = 140 Mrd. DM). Mehr als die Hälfte dieser Summe wurde vom Bund aufgebracht. Der jährliche Bruttotransfer beläuft sich seit zwei Jahren auf mehr als 5 % des westdeutschen Sozialprodukts. Rund jede zweite Mark, die der Bund in den letzten 5½ Jahren für Verkehrsinfrastrukturinvestitionen aufgewendet hat, kam den neuen Ländern zugute.
Trotz dieses Transfers von Milliardensummen sind die neuen Bundesländer noch weit davon entfernt, sich zu blühenden Landschaften zu entwickeln. Diese Erwartungshaltung hatte die Bundesregierung aber in Analogie zum Wirtschaftswunder nach 1949 geweckt. Die neuen Bundesbürger konsumieren jedoch immer noch mehr, als sie produzieren. Die Wachstumsraten sinken seit 1994, und es besteht die Gefahr eines vorläufigen Endes des Aufholprozesses. Damit ist eine Beendigung hoher und höherer Transferleistungen nicht abzusehen.

5.28 Roman Herzog wird Bundespräsident

Am Pfingstmontag, dem 23. Mai 1994, trat im Plenarsaal des Berliner Reichstags die Bundesversammlung zur Wahl des ersten Bundespräsidenten des wieder vereinigten Deutschland zusammen. Im 3. Wahlgang siegte der CDU/CSU-Kandidat Roman Herzog mit 696 Stimmen über Johannes Rau, den sozialdemokratischen Ministerpräsidenten von Nordrhein-Westfalen, der 605 Stimmen der 1320 Delegierten für sich verbuchen konnte. Die beiden anderen Kandidaten – Jens Reich, von Bündnis 90/Die Grünen unterstützt, und Hildegard Hamm-Brücher (FDP) – hatten nach dem ersten bzw. zweiten Wahlgang auf eine weitere Teilnahme verzichtet. Die Kandidatur Roman Herzogs hatte die Diskussion um die Bewerbung des sächsischen Justizministers Steffen Heitmann beendet, der anfangs von der CDU vorgeschlagen worden war, aber wegen einiger seiner Äußerungen sowohl in der CDU als auch in der Öffentlichkeit umstritten war.

Roman Herzog wurde am 5. April 1934 in Landshut, in Bayern, geboren und wuchs dort gemeinsam mit seinem jüngeren Bruder auf. Nach dem Besuch des Gymnasiums studierte er Rechtswissenschaften in München, wo er 1958 promoviert wurde. Nach der zweiten juristischen Staatsprüfung, seiner Habilitation und zwei Jahren als Privatdozent erhielt er mit 32 Jahren seine erste Professur für Staatsrecht und Politik an der Freien Universität Berlin. 1969 folgte er einem Ruf an die Hochschule für Verwaltungswissenschaften in Speyer. Roman Herzog, der seit 1966 Mitherausgeber des Evangelischen Staatslexikons und über lange Jahre Mitglied der Synode der Evangelischen Kirche in Deutschland war, engagierte sich auch im Evangelischen Arbeitskreis der CDU/CSU und wurde 1978 zum Bundesvorsitzenden dieses Arbeitskreises gewählt. 1973 verlagerte er sein Wirkungsfeld in die Politik: Er wurde Staatssekretär des damaligen Ministerpräsidenten des Landes Rheinland-Pfalz, Helmut Kohl. 1978 wechselte Herzog als Kultusminister nach Baden-Württemberg und zog 1980 in den Stuttgarter Landtag ein; bei der Regierungsbildung übernahm er das Innenressort.

Bundespräsident Roman Herzog fliegt am 1. August 1994 zur Gedenkfeier zum 50. Jahrestag des Warschauer Aufstands

1983 wurde Roman Herzog zum Vizepräsidenten und vier Jahre später zum Präsidenten des Bundesverfassungsgerichts gewählt. Dieses Amt übte er bis zum 30. Juni 1994 aus. In seiner Antrittsrede am 1. Juli 1994 versprach Roman Herzog die Fortsetzung der Politik seines Vorgängers *Richard von Weizsäcker* (▶ 4.32). In seinem persönlichen, offenen und unprätentiösen Stil erteilte Herzog jedem deutschen Sonderweg in Europa und in der Welt eine klare Absage. Ebenso entschieden war seine ablehnende Haltung all jenen gegenüber, die die deutsche Schuld an den nationalsozialistischen Verbrechen relativieren wollen.

Als »ein Präsident ohne Pose«, wie die Medien ihn anerkennend bezeichneten, versteht er es, auch in schwierigen Situationen die richtigen Worte zu finden, so bei seinen ersten und schwersten Staatsbesuchen in Polen und Israel.

In Warschau, eingeladen vom polnischen Staatspräsidenten Lech Wałęsa zum 50. Jahrestag des Warschauer Aufstandes, beendete er seine Ansprache mit den Worten: »Heute aber verneige ich mich vor den Kämpfern des Warschauer Aufstandes wie vor allen polnischen Opfern des Krieges. Ich bitte um Vergebung für das, was ihnen von Deutschen angetan worden ist.« Diese Worte haben in Polen, aber nicht nur dort, einen tiefen Eindruck hinterlassen.

5.29 Jutta Limbach wird Präsidentin des Bundesverfassungsgerichts

Mit Jutta Limbach, bis dahin Senatorin für Justiz in Berlin, ist 1994 zum ersten Mal eine Frau zur Präsidentin des höchsten deutschen Gerichts berufen worden. Geboren am 27. März 1934 in Berlin, studierte sie Jura und promovierte 1966, die Habilitation folgte 1971. Im gleichen Jahr erhielt sie eine Professur an der Freien Universität in Berlin. 1989 wurde sie Senatorin für Justiz im rot-grünen Senat, ein Amt, das sie nach den Wahlen im Januar 1991, bei denen eine große Koalition an die Regierung kam, behielt. Am 4. März 1994 wählte sie der Richterwahlausschuss des Bundestags zur Richterin und Vizepräsidentin am Bundesverfassungsgericht, am 27. September wurde sie zur Präsidentin des Gerichts gewählt.

Das Bundesverfassungsgericht ist ein Verfassungsorgan gleichen Ranges wie die anderen Verfassungsorgane (Bundestag, Bundesrat, Bundesregierung, Bundespräsident) und zugleich ein ihnen gegenüber selbstständiger Gerichtshof. Die Errichtung eines Verfassungsgerichts ist in Art. 92 GG festgelegt, seine Organisation und seine Zuständigkeit in den Art. 93 und 94 GG und im Gesetz über das Bundesverfassungsgericht, das erst 1951 erlassen wurde. Das Gericht nahm seine Tätigkeit im Herbst 1951 auf. Es besteht aus zwei Senaten mit je acht Richtern. Seinen Sitz hat es in Karlsruhe.

Das Bundesverfassungsgericht hat sehr weit reichende Befugnisse. Sie erklären sich aus den Erfahrungen mit dem nationalsozialistischen Unrechtssystem. Das Gericht soll das Handeln der Regierung und Verwaltung und die Gesetzgebung auf ihre Verfassungsmäßigkeit überprüfen und dabei vor allem die Grundrechte der Bürger schützen.

Jeder Bürger kann mit einer Verfassungsbeschwerde das Bundesverfassungsgericht anrufen, wenn er sich durch die öffentliche Gewalt in seinen Grundrechten verletzt glaubt. Verfassungsbeschwerden machen den weit überwiegenden Teil (96 %) des Geschäftsanfalls aus, doch waren bisher nur 2,7 % erfolgreich.

Im Laufe der Geschichte der Bundesrepublik Deutschland sind vor allem die Normenkontrollverfahren außerordentlich bedeutsam gewesen. In einem solchen Verfahren prüft das Gericht, ob eine Norm, das ist ein Gesetz oder ein Vertrag, mit dem Grundgesetz übereinstimmt. Alle wichtigen politischen und gesellschaftlichen Kontroversen und viele weniger wichtige Streitfragen sind vor das Bundesverfassungsgericht gebracht und mit verfassungsrechtlichen Argumenten ausgetragen worden. So klagte die sozialdemokratische Opposition 1952/53 erfolglos gegen einen deutschen Verteidigungsbeitrag (▸2.29). Eine Klage der CDU/CSU-Opposition gegen den Grundlagenvertrag (▸3.30) wurde abgewiesen, das Gericht stellte aber fest, dass das Deutsche Reich nicht untergegangen und die DDR daher kein Ausland sei. Normenkontrollverfahren waren auch die Streitigkeiten um die *Mitbestimmung* (▸2.15), zur Reform des §218 (▸5.25), zum Asylrecht (▸5.21), zur Kriegsdienstverweigerung (▸2.29) und zur freien Meinungsäußerung.

Eine dritte wichtige Zuständigkeit sind die Entscheidungen in Streitigkeiten zwischen Verfassungsorganen, das sind Streitigkeiten zwischen Bund und Ländern oder zwischen Ländern sowie Streitigkeiten zwischen Ver-

Mit der Berliner Senatorin für Justiz Jutta Limbach wird am 18. November 1994 erstmals eine Frau zur Präsidentin des Bundesverfassungsgerichts ernannt

fassungsorganen des Bundes (Organstreitigkeiten). Zur ersten Kategorie gehört die Klage der hessischen Landesregierung gegen die Gründung einer Bundesfernsehanstalt, die mit dem »Fernsehurteil« des Jahres 1961 erfolgreich endete. Beispiele für Organstreitigkeiten sind die Klagen der SPD- und FDP-Bundestagsfraktionen im Jahre 1994 gegen Bundeswehreinsätze (▶ 5.33) bei humanitären Missionen außerhalb des NATO-Gebietes (Somalia, ehemaliges Jugoslawien).

Wenn so wichtige politische Streitfragen gerichtlich entschieden werden, kann Kritik nicht ausbleiben. Dem Bundesverfassungsgericht wird vorgeworfen, es urteile über Fragen, die in die Kompetenz des Gesetzgebers fallen, es politisiere die Justiz oder verrechtliche die Politik. Es liegt jedoch zumeist nicht im Ermessen des Gerichts, die Behandlung einer politischen Streitfrage abzulehnen, wenn es angerufen wird. Es gibt eine zunehmende Tendenz, dem Gericht unpopuläre Entscheidungen zuzuschieben, in der Erwartung, sie würden eher akzeptiert werden, als wenn sie der Bundestag getroffen hätte. Die Anrufung des Gerichts in der Streitfrage Bundeswehreinsätze außerhalb des NATO-Gebietes ist dafür ein Beispiel.

5.30 Der Rechtsstaat und die DDR-Vergangenheit

Kann der Rechtsstaat das Unrecht sühnen, das in der DDR geschehen ist? Diese Frage ist in den Vordergrund gerückt, nachdem die ostdeutsche Bürgerrechtlerin Bärbel Bohley den bitteren Satz formuliert hatte: »Wir hatten Gerechtigkeit erwartet und haben den Rechtsstaat bekommen.«

Wie Bärbel Bohley empfinden viele der in der DDR aus politischen Gründen strafrechtlich Verfolgten. Sie finden die Prozeduren der Ermittlung und Strafverfolgung zu umständlich und langwierig, die Urteile zu milde.

Von den sechs Mitgliedern des Nationalen Verteidigungsrates der DDR, denen 1992/93 wegen der Tötungsdelikte an der Grenze der Prozess gemacht wurde, sind drei aus Gesundheitsgründen freigelassen und die Verfahren gegen sie eingestellt worden (Honecker, Stoph, Mielke). Auch die übrigen drei, die rechtskräftig verurteilt worden sind, befinden sich in Freiheit, weil der Strafvollzug bis zur Entscheidung ihrer Verfassungsbeschwerde vom Bundesverfassungsgericht ausgesetzt wurde (Keßler, Streletz, Albrecht). Ein weiterer Prozess wegen der gleichen Delikte gegen die ehemaligen Mitglieder des SED-Politbüros Egon Krenz, Horst Dohlus, Kurt Hager, Günther Kleiber, Erich Mückenberger und Günter Schabowski begann am 13. November 1995. Spionage gegen die Bundesrepublik vom Territorium der DDR aus ist nach dem Spruch des Bundesverfassungsgerichts vom Mai 1995 straffrei.

Die wegen Todesschüssen an der Grenze angeklagten ehemaligen DDR-Grenzsoldaten sind bis auf zwei oder drei eindeutige Mordfälle zu Bewährungsstrafen verurteilt worden und befinden sich in Freiheit. Das gilt auch, mit zwei Ausnahmen, für die Ende 1994 wegen Rechtsbeugung verurteilten Richter und Staatsanwälte der DDR. Nach den Kriterien des Bundesgerichtshofes können nur besonders schwere Menschenrechtsverletzungen durch ehemalige DDR-Juristen als Rechtsbeugung gewertet und bestraft werden. Minder schwere Unrechtshandlungen wie Wahlfälschung oder Denunziation wurden mit Freiheitsstrafen zur Bewährung und eventuell Geldstrafen geahndet. Sie sind Ende 1995 bzw. 1997 verjährt.

Die Opfer sehen sich durch diese Tatsachen in ihrer harschen Kritik am Rechtsstaat bestätigt. Sie sind empört darüber, dass die ehemalige DDR-Elite nicht ihrem Anteil am Funktionieren der Diktatur entsprechend bestraft wird. Es ist schwer zu vermitteln, dass nicht alles, was politisch und moralisch verwerf-

Der ehemalige Minister für Staatssicherheit Erich Mielke wird nur wegen seiner Beteiligung an zwei Polizistenmorden im Jahr 1931 verurteilt

lich war, auch strafrechtlich beurteilt werden kann. So sind etwa 60 000 Ermittlungsverfahren wegen Funktionärs- und Regierungskriminalität seit dem Beitritt der DDR zum Grundgesetz eingeleitet worden, ein bis zwei Prozent führten zu Verurteilungen, in der Regel Bewährungsstrafen. In den meisten Fällen kam es gar nicht zu Gerichtsverfahren.
Grundsätze wie das Rückwirkungsverbot (kein Verbrechen, keine Strafe ohne Gesetz), das bei der Urteilsfindung die Anwendung des zur Tatzeit geltenden Rechts verlangt oder der objektive Nachweis persönlicher Schuld (im Zweifel für den Angeklagten), der Pauschalverurteilungen verbietet, sind konstitutive Elemente des Rechtsstaates. Sie außer Kraft zu setzen, um ein aktuelles Problem wie die Ahndung von DDR-Unrecht besser handhaben zu können, hieße den Rechtsstaat selber auszuhebeln, dessen Wiederherstellung doch ein Ziel der friedlichen Revolution war.
Doch im Laufe der Zeit haben sich ursprünglich positive Rechtsinstitute durch immer weitere Verästelung und Verfeinerung auch nachteilig entwickelt. Die strikte Bindung an das geschriebene Gesetz etwa, die Berechenbarkeit und Rechtssicherheit bewirken sollte, führt bei der heutigen Regelungswut eher zu Unübersichtlichkeit und damit Rechtsunsicherheit. Die gegen die Willkür der feudalen Obrigkeit ausgestalteten Schutzrechte des Angeklagten können so strapaziert werden, dass Prozesse mit Verfahrensfragen und Rechtsmitteleinsatz überfrachtet und unzumutbar in die Länge gezogen werden, wie das im Fall von ehemaliger DDR-Prominenz immer wieder zu beobachten ist.
Grundsätzlich kann die Justiz in Bezug auf die DDR nur die strafrechtliche Verantwortung von Einzelpersonen klären und rechtsstaatlich vertretbare Urteile fällen. »Aufarbeiten« und »bewältigen« kann sie DDR-Vergangenheit nicht, das ist Sache von Wissenschaftlern, Pädagogen und einer verantwortungsbewussten Öffentlichkeit.

5.31 Das Superwahljahr 1994

Für das Jahr 1994, in dem nicht nur eine Europawahl, die Wahl des Bundespräsidenten sowie eine Bundestagswahl anstanden, sondern auch acht Landtags- und zehn Kommunalwahlen, hat sich die in den Medien vielfach verwendete Bezeichnung »Superwahljahr« durchgesetzt. Wahlanalytiker sahen diesem Wahlmarathon sorgenvoll entgegen, weil sie fürchteten, die Häufigkeit der Wahlgänge könnte die bereits vorhandene Politik- und Parteienverdrossenheit weiter anwachsen lassen. Andere Wahlbeobachter im In- und Ausland mutmaßten, die Welle der Gewaltaktionen der letzten Jahre könne sich in Stimmengewinnen der rechtsradikalen Parteien auswirken und damit einen Rechtsruck der Politik im Lande herbeiführen.
Zu Beginn des Jahres 1994 schien sich auf der Bonner Bühne ein Machtwechsel anzukündigen. In Meinungsumfragen lag der Herausforderer des Bundeskanzlers, der SPD-Vorsitzende und Ministerpräsident von Rheinland-Pfalz, Rudolf Scharping, deutlich vorne. Auch das Stimmungsbarometer im Lande ließ vermuten, dass ein Regierungswechsel nach zwölfjähriger Kanzlerschaft Kohls und liberalkonservativer Regierung gewünscht werde. Bundeskanzler Helmut Kohl selbst gab sich, unbeeindruckt von diesen Prognosen, gelassen optimistisch in Fernsehinterviews.
Und tatsächlich schlug die Tendenz um. Der Kanzler holte in Meinungsumfragen ständig auf. Zwar hieß der Sieger der ersten Landtagswahlen in Niedersachsen im März Gerhard Schröder, der für die SPD nach fünfjähriger, positiv bewerteter rot-grüner Koalitionsregierung die absolute Mehrheit zurückholte. Aber schon die Bundespräsidentenwahl im Mai (▶ 5.28) wurde als Erfolg der taktischen Züge des Kanzlers gewertet und in den Europawahlen am 12. Juni war die CDU/CSU klarer Sieger, während die SPD unerwartet hohe Verluste hinnehmen musste.
Aus der Landtagswahl in Sachsen-Anhalt Ende Juni gingen die bisher regierende CDU (mit Stimmenverlusten) und die SPD (mit Stimmengewinnen) nahezu gleich stark hervor. Der SPD-Landesvorsitzende Reinhard Höppner bildete mit Bündnis 90/Die Grünen eine Minderheitsregierung, die auf die Tolerierung durch die SED-Nachfolgepartei PDS angewiesen war (▶ 5.26). In drei weiteren Landtagswahlen im September in Sachsen, Bayern und Brandenburg siegten jeweils mit absoluter Mehrheit die amtierenden

KAPITEL 5

Ministerpräsidenten Kurt Biedenkopf (CDU), Edmund Stoiber (CSU) und Manfred Stolpe (SPD).
In allen Wahlen des Jahres 1994 bis auf die Bundestagswahl am 16. Oktober scheiterte die FDP an der Fünfprozenthürde. Mit 6,9 % der Stimmen ermöglichte die FDP dem Bundeskanzler, seine Koalitionsregierung fortzusetzen. Trotz Stimmengewinnen konnten Sozialdemokraten und Grüne keine Mehrheit bilden.
Erfreulichstes Ergebnis des Superwahljahres war, dass die rechtsradikalen Parteien in keiner der Wahlen nennenswerte Stimmerfolge erzielen konnten. Der befürchtete Rechtsruck blieb aus.
In den vier Landtagswahlen des Jahres 1995 (Hessen, Bremen, Nordrhein-Westfalen und Berlin) endeten die angetretenen Rechtsparteien in der Bedeutungslosigkeit, ebenso in Schleswig-Holstein und Rheinland-Pfalz im März 1996. Lediglich in Baden-Württemberg (ebenfalls März 1996) erzielten sie gegen den Trend 9,1 % (10,6 % 1992) und zogen mit 14 Abgeordneten in den Stuttgarter Landtag ein.
In diesen letzten drei Landtagswahlen im Frühjahr 1996 verbuchte die bereits totgesagte FDP überraschend wieder Erfolge und zog in alle drei Landtage ein, in Baden-Württemberg ging sie mit der CDU eine Regierungskoalition ein, in Rheinland-Pfalz konnte sie sich in der sozialliberalen Koalition behaupten. In Schleswig-Holstein bildete die stark gebeutelte SPD mit Bündnis 90/Die Grünen eine rot-grüne Koalition.

Auf Korfu unterzeichnet der schwedische Ministerpräsident Bildt (zweiter von rechts) am 24. 6. 1994 den Beitrittsvertrag zur EU

5.32 Von der EG zur EU

Der Prozess der europäischen Integration hat durch den 1991 geschlossenen Vertrag von Maastricht über die Europäische Union, der 1993 nach der Ratifizierung in allen Mitgliedstaaten in Kraft getreten ist, ein neues Stadium erreicht.
Nach dem Vertrag von Maastricht soll die Europäische Gemeinschaft zu einer politischen Union und der Binnenmarkt zu einer Wirtschafts- und Währungsunion werden. Schritte zur politischen Union sind eine Unionsbürgerschaft, die Freizügigkeit im Unionsgebiet und Teilnahme an Kommunal- und Europawahlen am Wohnsitz gewährleistet, sowie die Verstärkung der Kompetenzen des Europäischen Parlaments. So bedarf die Ernennung von Mitgliedern der EG-Kommission seiner Zustimmung, es hat verstärkte Mitwirkungsrechte bei der Gesetzgebung und kann Untersuchungsausschüsse zur Klärung bestimmter Sachverhalte einsetzen. Ferner wurden eine gemeinsame Außen- und Sicherheitspolitik und eine Zusammenarbeit in der Innen- und Rechtspolitik, vor allem auf den Gebieten Asyl- und Einwanderungspolitik, Drogenpolitik und Bekämpfung der internationalen Kriminalität und des Terrorismus, vereinbart, doch hat dies bis 1996 nur ansatzweise Gestalt angenommen.
Ein präziser Fahrplan wurde für die Wirtschafts- und Währungsunion festgelegt. Sie tritt spätestens 1999 für die Länder in Kraft, die folgende Voraussetzungen erfüllen: Die jährliche Neuverschuldung darf 3 %, die Gesamtverschuldung 60 % des Bruttoinlandsprodukts nicht überschreiten. Die Inflationsrate darf höchsten 1,5 % und die langfristigen Zinsen dürfen höchstens 2 % über dem Durchschnitt der drei preisstabilsten EU-Länder liegen. Der Wechselkurs der Währung muss in den letzten zwei Jahren stabil geblieben sein. Weitere Voraussetzungen sind eine einheitliche Tarif-, Sozial- und Steuerpolitik. Außerdem sollten die Zentralbanken der Mitgliedsländer bis Ende 1996 – wie bisher schon die Deutsche Bundesbank – von Weisungen der Regierungen unabhängig sein. Eine Europäische Zentralbank mit Sitz in Frankfurt am Main wurde 1997 gegründet. Der Name der künftigen einheitlichen Währung ist Euro.

DIE DEUTSCHE EINHEIT

Beim israelisch-jordanischen Grenzübergang al-Baku treffen Bundeskanzler Kohl, König Husain von Jordanien, der israelische Ministerpräsident Itzhak Rabin und Israels Außenminister Shimon Peres zusammen

Die EU hat seit dem 1995 erfolgten Beitritt von Finnland, Österreich und Schweden 15 Mitgliedsländer. Über die Assoziierungsverträge mit über 60 Staaten der Dritten Welt und einigen europäischen Ländern (▶4.2) hinaus sind Assoziierungsabkommen mit den meisten europäischen Mitgliedsländern des 1991 aufgelösten Rates für gegenseitige Wirtschaftshilfe (RGW, auch COMECON) und den drei baltischen Staaten geschlossen worden.

5.33 Deutschlands Rolle in der Welt

Die Ereignisse der Jahre 1989–91, das Ende des Ost-West-Konflikts, der Zerfall des Warschauer Paktes, die Vereinigung der beiden deutschen Staaten und die Auflösung der Sowjetunion haben das nach 1945 geschaffene weltpolitische System vollständig verändert. Es war gekennzeichnet durch die Existenz zweier politisch-militärischer Blöcke unter Führung der beiden Supermächte. Die Fähigkeit der Supermächte, die jeweils andere Macht zu vernichten, führte zu einem Gleichgewicht des Schreckens, das einen Krieg zwischen den beiden Blöcken ein halbes Jahrhundert lang verhindert hat. Das Blocksystem schloss Konflikte zwischen Mitgliedern aus und setzte einer eigenständigen Außenpolitik der Mitglieder enge Grenzen. Die Mitglieder unterwarfen sich der Blockdisziplin entweder freiwillig oder wurden von den Supermächten dazu gezwungen. Dies galt in besonderem Maße für die beiden deutschen Staaten, die Folgen des Ost-West-Konflikts waren.

Außerhalb Europas sind nach 1945 zahlreiche Konflikte gewaltsam ausgetragen worden. Zählungen kommen auf mehr als 100 Kriege. Nach dem Ende des Kalten Krieges und dem Fortfall der Disziplinierung durch die Supermächte ist der Krieg als Mittel der Politik auch nach Europa zurückgekehrt. Alte ethnische Konflikte brechen wieder auf und führen zu blutigen Kriegen und Bürgerkriegen, wie im ehemaligen Jugoslawien und in den Nachfolgestaaten der Sowjetunion im Kaukasus und

Die Staats- und Regierungschefs der G-7-Staaten tagen in Neapel: (von links) John Major (Großbritannien), Tomiichi Murayama (Japan, verdeckt), Jacques Delors (EU-Kommission), Jean Chrétien (Kanada), Helmut Kohl (Deutschland), François Mitterrand (Frankreich), Silvio Berlusconi (Italien), Bill Clinton (USA) und Boris Jelzin (Russland)

KAPITEL 5

Im Rahmen der UN nimmt die Bundeswehr an Einsätzen außerhalb des NATO-Gebiets teil, wie hier in Belet Weyne in Somalia

in Mittelasien. Die Gefahren, die von diesen Konfliktherden ausgehen, werden verschärft durch die enorme Ansammlung von Waffen, besonders von Atomwaffen, auf den Gebieten der Staaten, die aus der Sowjetunion entstanden sind. Es ist nicht auszuschließen, dass Massenvernichtungswaffen an diktatorische Regime weitergegeben werden oder Terroristen in die Hände fallen. Immer mehr Staaten der Dritten Welt sind zudem in der Lage, selbst Atomwaffen mit den entsprechenden Trägersystemen herzustellen.

Zugleich verstärken sich die Interdependenzen in der Welt dramatisch. Krisen in einem Staat haben unmittelbare Auswirkungen auf andere Länder auch in entfernten Weltgegenden. Eine stabilisierende Funktion im globalen System haben die großen westlichen Industrieländer einschließlich Japans. Sie haben die Führungsrolle in den internationalen Organisationen, den Vereinten Nationen, der NATO und der EU, denen die Krisenbewältigung obliegt, äußerstenfalls unter Einsatz militärischer Machtmittel.

Deutschland, mit seinen beiden Teilen bis 1989 im Windschatten der Weltpolitik, gehört seit der Vereinigung zu diesen großen Mächten. Es ist nach Bevölkerungszahl und Wirtschaftskraft der größte Staat in Europa. Die internationale Staatengemeinschaft, besonders die Verbündeten in den politisch-militärischen Bündnissen NATO und Westeuropäische Union aber auch die Partnerländer in der EU und die UN erwarten, dass es die daraus folgende Verantwortung übernimmt. Innenpolitisch ist der Gedanke, Deutschland solle eine aktivere Rolle in der Weltpolitik spielen, sehr umstritten. Heftige Diskussionen quer durch alle Parteien entbrannten, als mit der von der Bundesregierung beabsichtigten Entsendung von Bundeswehreinheiten im Rahmen von UN-Missionen nach Ex-jugoslawien und Somalia, dieses weltpolitische Engagement konkrete Formen annahm. Die Debatte wurde – im Ausland nicht immer nachvollziehbar – vorwiegend mit verfassungsrechtlichen Argumenten geführt. Schließlich erhob die SPD-Bundestagsfraktion Klage beim Bundesverfassungsgericht; die FDP schloss sich dem Gang nach Karlsruhe an. Das Bundesverfassungsgericht (▶5.29) entschied am 12. Juli 1994, dass ein Einsatz von Bundeswehreinheiten außerhalb des NATO-Bereichs zulässig ist, wenn der Bundestag mit einfacher Mehrheit zustimmt. Wenn diese Frage auch geklärt ist, so verdeckt die auf den Aspekt militärischer Einsätze verengte Diskussion, dass es um mehr geht, nämlich um eine grundlegende Neubestimmung der deutschen Außenpolitik, ihrer Leitlinien, ihrer Prioritäten und ihrer Instrumente. Alleingänge, auch in Form der Verweigerung, sind wegen der internationalen Verflechtung nicht möglich. Handlungsrahmen der deutschen Außenpolitik sind die EU, die NATO und die Vereinten Nationen. In diesen Organisationen aber muss Deutschland den ihm zukommenden Beitrag leisten.

5.34 Zwischen Globalisierungsfalle und Reformstau

Über das Phänomen der Globalisierung entwickelte sich in den letzten Jahren in Deutschland eine öffentliche Diskussion. Allerdings ist Globalisierung nichts ganz Neues, es gab einen ähnlichen Prozess schon vor dem Ersten Weltkrieg. Manche sehen in der Globalisierung eine Voraussetzung für mehr Wohlfahrt, für andere bedeutet sie unerwünschte Großfusionen von Unternehmen sowie eine ruinöse Konkurrenz der Staaten, was für den Standort Deutschland mit Arbeitslosigkeit, Abwanderung von Kapital und Schwächung des Sozialstaates, also in einer »Globalisierungsfalle«, ende.

Globalisierung ist einerseits nichts anderes als eine Intensivierung der weltweiten wirtschaftlichen, kulturellen und politischen Beziehungen. Sie zeigt sich im wirtschaftlichen Bereich durch den Anstieg der Außenhandelsquoten, des internationalen Dienstleistungstransfers, der globalen Investitionen, des Umfangs der internationalen Finanztransaktionen sowie die Zunahme der übernationalen Kooperationen bei Technologie- und Produktentwicklung. Auf den Märkten herrscht internationaler Wettbewerb. Das ist für den Verbraucher positiv, weil es zu Preissenkung und Produktinnovationen führt. Andererseits deckt der Globalisierungsprozess gerade durch den starken Wettbewerb die Schwächen des Standorts Deutschland auf.

Diese zeigen sich hauptsächlich am Arbeitsmarkt, am Rückgang des Steueraufkommens und an sinkenden Direktinvestitionen ausländischer Unternehmen in Deutschland. In den letzten Jahren gerieten große deutsche Unternehmen wegen angeblicher Gewinnverlagerung ins Ausland und Steuerflucht in die Schlagzeilen. Als typische deutsche Nachteile im Standortwettbewerb werden u. a. genannt: die im internationalen Vergleich kürzesten Arbeits- und Betriebszeiten, lange Genehmigungsfristen, Überregulierung des Arbeitsmarktes und überhöhte Unternehmenssteuern. Was letzteres betrifft, ist das deutsche Steuerrecht aber offenbar für manche Unternehmen doch von Vorteil, da z. B. der so genannte Verlustvortrag u. U. daür sorgen kann, dass keine oder nur geringe Ertragsteuern gezahlt werden. Immerhin wählten Daimler und Chrysler nach ihrem Zusammenschluss 1998 ihren Hauptsitz in Deutschland. Hauptsächlich aber ist der Produktionsfaktor Arbeit den Unternehmen zu teuer. Es werden ein zu hohes Lohnniveau (1997 in der westdeutschen Industrie durchschnittlich mehr als 26 DM je Arbeitsstunde) und die weltweit höchsten Personalzusatzkosten (rund 21,50 DM je Stunde) kritisiert. Um dem globalen Wettbewerb standzuhalten und die Kosten zu reduzieren, wurden mehr und mehr Arbeitnehmer entlassen, was zu einer steigenden Zahl an Arbeitslosen führte. Zum Jahresende 1997 belief sie sich auf 4,5 Millionen. Im Frühjahr desselben Jahres kam es wegen bevorstehenden Arbeitsplatzverlustes bei Stahl-, Berg- und Bauarbeitern zu massiven Protestbewegungen. Zu Unrecht macht

Nach dem »Höhenflug« des Aktienindex DAX® zu Jahresbeginn fiel er aufgrund der Wirtschaftskrise in Russland Ende August deutlich unter 5000 auf 4890 Punkte

KAPITEL 5

Arbeitslosenquoten* in den Bundesländern 1997

Alte Bundesländer 9,8
Neue Bundesländer 18,1
Deutschland 11,4

- Schleswig-Holstein 9,9 / 1,0
- Hamburg 11,6 / 1,2
- Mecklenburg-Vorpommern 18,9 / 2,1
- Bremen 15,4 / 1,2
- Niedersachsen 11,6 / 0,7
- Brandenburg 17,6 / 2,4
- Nordrhein-Westfalen 11,1 / 0,7
- Sachsen-Anhalt 20,3 / 2,6
- Berlin 15,4 / 1,8
- Hessen 9,3 / 1,0
- Thüringen 17,8 / 2,2
- Sachsen 17,1 / 2,2
- Rheinland-Pfalz 9,2 / 0,7
- Saarland 12,4 / 1,0
- Bayern 7,5 / 0,7
- Baden-Württemberg 7,8 / 0,6

Aktueller Wert
+ / ± / − Veränderung gegenüber dem Vorjahr in Prozentpunkten

*Jahresdurchschnitt in Prozent der abhängigen zivilen Erwerbspersonen

---

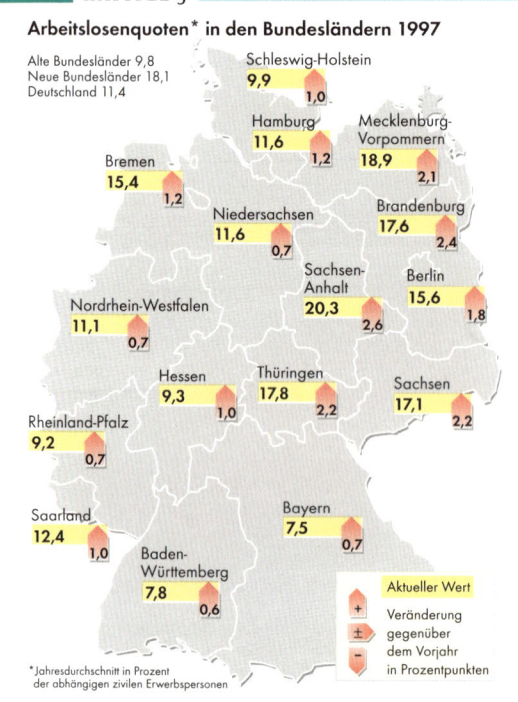

man häufig auch Ausländer für die steigende Arbeitslosigkeit deutscher Arbeitnehmer verantwortlich.

Die anhaltenden Probleme Deutschlands angesichts der Globalisierung sieht man vor allem in einem »Reformstau« begründet. Die nationale Steuerpolitik müsse global ausgerichtet werden. Die Lohnzusatzkosten sollten gesenkt, der Arbeitsmarkt müsse den internationalen Anforderungen gerecht und daher flexibler werden. Generell müsse sich der Staat mit Interventionen in die Märkte stärker zurückhalten. Deutschland sei ein Hochtechnologie-Standort. Um die internationale Wettbewerbsfähigkeit zu sichern, brauche man daher qualifizierten Nachwuchs in naturwissenschaftlich-technischen Berufen. Dafür fehle es den deutschen Schülern aber schon an dem soliden Grundwissen in Mathematik und Naturwissenschaften. Darüberhinaus müssten die Hochschulen reformiert und international ausgerichtet und die Lehrstellensituation verbessert werden.

Erste Reformen gab es bereits. So schuf die Deregulierung im Telekommunikationsbereich zahlreiche neue Arbeitsplätze. Mit einem Bündel von Arbeitsmarktreformen sind seit 1996 einige rechtliche Beschäftigungsbarrieren abgebaut worden. Gleichzeitig wurden die Bedingungen für den Empfang von Sozialhilfe ein wenig verschärft. Seit kurzem steht der so genannte Kombilohn in der Diskussion. 1997 wurde die Gewerbekapitalsteuer abgeschafft und die Vermögensteuer ausgesetzt. Durch die Erhöhung der Mehrwertsteuer auf 16 % ab 1998 wurde der weitere Anstieg der Sozialversicherungsabgaben gebremst.

Ein Anfang wurde demnach gemacht. Jetzt kommt es darauf an, dass die rot-grüne Regierungskoalition in den Reformbemühungen resolut fortfährt.

5.35 Deutschland nach der Bundestagswahl vom 27. September 1998

Nach dem überwältigenden Sieg von Ministerpräsident Gerhard Schröder in der Niedersachsenwahl vom Frühjahr 1998 wurde Schröder von der SPD einmütig als Kanzlerkandidat nominiert. Lange Zeit hatten er und die SPD einen großen Vorsprung in den Meinungsumfragen gegenüber der regierenden christlich-liberalen Koalition unter Bundeskanzler Helmut Kohl. Jedoch mit dem Näherrücken der Bundestagswahl am 27. September 1998 schmolz dieser Vorsprung zuneh-

Zum Auftakt des EU-Beschäftigungsgipfels in Luxemburg führen Mitglieder des österreichischen Gewerkschaftsbunds am 20. November 1997 eine Großdemonstration gegen die Arbeitslosigkeit an

DIE DEUTSCHE EINHEIT

Eine Kuriosität aus dem Bundestagswahlkampf 1998: Der FDP-Vorsitzende Wolfgang Gerhardt plakatiert in Palma de Mallorca

mend dahin, sodass allgemein bereits Vergleiche mit der Vorgeschichte der Bundestagswahl von 1994 gezogen wurden, als ein ursprünglich ähnlich hoher Vorsprung der SPD sich am Wahlabend in einen Rückstand verwandelt hatte.

Dieses Mal kam es jedoch anders. Die SPD gewann mit 40,9 % der gültigen Stimmen die Wahl. Erstmals bei einer Bundestagswahl wurde eine Regierung abgewählt. Die CDU/CSU erreichte lediglich die Zustimmung von 35,1 % der Wähler, ihr schlechtestes Ergebnis seit 1949. Bündnis 90/Die Grünen blieben mit 6,7 % die drittstärkste politische Kraft vor der FDP, die 6,2 % erreichte. Beide Parteien hatten im Vergleich zur Wahl von 1994 nur leichte Verluste hinzunehmen. Die Partei des demokratischen Sozialismus (PDS) überschritt mit 5,1 % die Fünfprozentklausel und ist damit erstmals als Fraktion im Bundestag vertreten. Trotz diesbezüglicher Befürchtungen gelang es keiner der rechtsradikalen Parteien, in den Bundestag einzuziehen.

Nach ihrem klaren Wahlerfolg verfügt die SPD im Bundestag über 298 von insgesamt 669 Mandaten, da alle 13 Überhangmandate ebenfalls auf die Sozialdemokraten entfielen. Die Grünen haben 47 und die PDS 36 Sitze. Die CDU/CSU stellt 245 und die liberale Fraktion 43 Abgeordnete. Bundesweit verlor die Union 109 Wahlkreise zugunsten der SPD, die vor allem im Norden und Osten Deutschlands sowie in größeren Städten dominiert. Die Union ist dagegen im Süden der Bundesrepublik am stärksten. Wichtig für den Erfolg der Sozialdemokraten war die Wählerwanderung, besonders deutlich bei der Arbeiterschaft in den neuen Bundesländern sowie bundesweit bei den Mittelschichten und in den mittleren Altersgruppen.

Der überragende Sieg der SPD, die nach 1972 zum zweiten Mal in der Geschichte der Bundesrepublik zur stärksten Fraktion im Bundestag wurde, ist einerseits mit dem Wunsch der Wähler nach einem neuen Kanzler zu erklären. Andererseits traute man eher den Sozialdemokraten als der Union die wirksame Bekämpfung der Arbeitslosigkeit, als dem wichtigsten deutschen Problem, zu. Bei den anderen Themen des Wahlkampfes, der Wirtschafts- und Finanzreform und Währungsstabilität, der Kriminalitätsbekämpfung und äußeren Sicherheit, hatte die CDU/CSU in der Wählermeinung zunächst einen Kompetenzvorsprung. Am Ende aber konnte die SPD, trotz der Angst vor einem rot-grünen Bündnis, in der Wählereinschätzung eine höhere Leistungsfähigkeit bei der Lösung der anstehenden Aufgaben verbuchen.

Nach der Wahl entschlossen sich SPD und Bündnis 90/Die Grünen zur Zusammenarbeit. Die rot-grüne Koalition verfügt über eine Mehrheit von 21 Stimmen im Bundestag. Im Laufe der Koalitionsverhandlungen einigte man sich auf drei Ressorts für die Umweltpartei. Joschka Fischer wurde Außen-

KAPITEL 5

Der Regierungswechsel ist perfekt: Der abgewählte Bundeskanzler Helmut Kohl gratuliert seinem Nachfolger Gerhard Schröder nach dessen Wahl am 27. Oktober 1998

minister und Vizekanzler, Jürgen Trittin Umweltminister, und Andrea Fischer erhielt den Posten der Gesundheitsministerin. Der SPD-Vorsitzende Oskar Lafontaine leitet ein um die Europa-Abteilung und Teile der Grundsatzabteilung aus dem Wirtschaftsministerium erweitertes Finanzministerium. Rudolf Scharping, der lieber Vorsitzender der SPD-Fraktion geblieben wäre, übernahm das Verteidigungsministerium. Jost Stollmann, ein parteiloser Computerunternehmer, der von Gerhard Schröder als Wirtschaftsminister vorgesehen war, verzichtete überraschend auf sein Amt, nicht zuletzt aufgrund von dessen Beschneidung. Seine Position übernahm der ebenfalls parteilose ehemalige Manager der VEBA Kraftwerke AG, Werner Müller. Otto Schily wurde Innenminister.

Der am 20. Oktober unterzeichnete Koalitionsvertrag »Aufbruch und Erneuerung – Deutschlands Weg ins 21. Jahrhundert« bezeichnet als wichtigste Aufgabe der rot-grünen Bundesregierung die Reduzierung der Arbeitslosigkeit. In einem »Bündnis für Ar-

Nach dem Umzug von Bonn nach Berlin wandelt sich die »Bonner Republik« zur »Berliner Republik«: Der Rohbau des zukünftigen Plenarsaals im Berliner Reichstagsgebäude

DIE DEUTSCHE EINHEIT

beit und Ausbildung« sollen Arbeitsminister Walter Riester und die Tarifpartner die konkreten Maßnahmen für den Abbau der Arbeitslosigkeit ausarbeiten. Ein anderer Kernpunkt des Programms der Koalition ist die Steuerreform, die in drei Stufen durchgeführt werden soll. Dabei ist eine Senkung der Steuersätze bei der Lohn- und Einkommensteuer zur Entlastung einer durchschnittlich verdienenden Familie, eine Verringerung der Unternehmenssteuern bei gleichzeitiger Einschränkung der Abzugsmöglichkeiten von der Steuerbemessungsgrundlage sowie der Einstieg in eine ökologische Abgabenreform geplant. Durch eine Erhöhung der Mineralölsteuer um zunächst sechs Pfennig und die Besteuerung des sonstigen Energieverbrauchs soll der Anteil der Sozialversicherungsbeiträge an den Löhnen und Gehältern von 42,3 % auf unter 40% gedrückt werden. Bei der Alterssicherung sollen die betriebliche und die private Vorsorge gestärkt werden. Weitere wichtige Elemente der Koalitionsvereinbarung sind der Ausstieg aus der Atomenergie, ein effizienter Umweltschutz und eine Liberalisierung des Staatsangehörigkeitsrechts.

Die Europäische Zentralbank – hier ihr Gebäude Frankfurt am Main – soll als unabhängige Institution über die Stabilität der neuen Währung wachen

5.36 Der Euro kommt

Mit dem 1.1.1999 hat die Deutsche Mark, nach 50 Jahren des Bestehens, als eigenständige Währung aufgehört zu existieren. Sie ist durch den Euro ersetzt worden, eine gemeinsame und übernationale Währung von elf EU-Ländern, die bereits seit der Auswahlentscheidung am 2. Mai 1998 in Brüssel feststehen. Die Europäische Währungsunion (EWU) ist eine Folge und auch ein Mittel der tieferen wirtschaftlichen und politischen Integration der Europäischen Union, die schrittweise vorbereitet wurde.

Im Laufe der Verhandlungen über die Bedingungen für den Eintritt in die EWU hatten sich die britische, dänische und schwedische Regierung entschlossen, sich nicht an ihr zu beteiligen, da sie den damit verbundenen zusätzlichen Verlust an nationaler Souveränität scheuten. Um die für die Einführung des Euro notwendige Konvergenz der beteiligten Volkswirtschaften zu sichern, wurden im Maastrichter Vertrag vom 7. Februar 1992 Kriterien festgelegt, deren Erfüllung Voraussetzung für die Teilnahme einzelner Länder an der EWU sein sollte. So sollte z. B. der Preisniveauanstieg den Durchschnitt der drei niedrigsten Inflationsraten von EU-Ländern um nicht mehr als 1,5 % überschreiten. Als besonders problematisch stellte sich die Einhaltung des Schulden- und Defizitkriteriums heraus. Dies wurde nicht in allen Fällen zufriedenstellend erreicht. Schließlich durfte jedoch nur Griechenland aufgrund der Verfehlung gleich mehrerer Kriterien nicht an der EWU teilnehmen.

Zu den institutionellen Vorkehrungen, um die Geldwertstabilität des Euro abzusichern, gehörte die Gründung der Europäischen Zentralbank (EZB) im Juni 1998 nach dem Vorbild der Deutschen Bundesbank. Wie bei dieser wurde als vorrangiges Ziel der EZB die Gewährleistung der Preisstabilität festgelegt. Außerdem ist die EZB unabhängig und unterliegt nicht staatlichen Weisungen. Die Unabhängigkeit garantiert der EZB, dass sie den Kurs ihrer Geldpolitik selbst bestimmen kann.

KAPITEL 5

Damit ist die Verantwortung für die Geldpolitik, bis dahin ein wichtiger Teil der nationalen Wirtschaftspolitik, auf eine gemeinsame Zentralbank übertragen worden, und zwar vor Bildung einer politischen Union; dies ist bisher einmalig in der Geschichte.

Mit der Einführung des Euro werden die nationalen Währungen in diese neue Einheit konvertiert. Auf die Bezeichnung Euro hatte man sich 1995 in Madrid geeinigt. Um Spekulationen den Boden zu entziehen, wurden Anfang Mai 1998 in Brüssel die bilateralen Wechselkurse der Teilnehmerwährungen unwiderruflich festgelegt. Die Banknoten der neuen Währung werden auf Euro und die Münzen auf Euro und Cent lauten. Seit dem Beginn der EWU ab dem 1.1. 1999 können unbare Zahlungen für eine Übergangszeit sowohl in Euro als auch in D-Mark vorgenommen werden. Euro-Bargeld wird es erst ab dem Jahr 2002 geben. Zwischen dem Euro und anderen Währungen sind flexible Kurse vorgesehen.

Die gemeinsame Währung hat weitreichende Auswirkungen auf die Staaten, die Wirtschaft und die Verbraucher. Mit der Währungsunion gibt es ein Spannungsverhältnis zwischen gemeinsamer Geldpolitik und nationaler Wirtschaftspolitik, denn die Wechselkurse als Mittel zur Abfederung unterschiedlicher wirtschaftlicher Entwicklung entfallen und müssen durch eine höhere Mobilität von Gütern und Produktionsfaktoren wie Arbeit und Kapital sowie größere Flexibilität der Preise ersetzt werden. Im Bereich der Steuerpolitik ist eine breite Übereinstimmung wünschenswert. Die Nationalstaaten haben erklärt, Einschränkungen ihrer Budgethoheit akzeptieren zu wollen. Das bedeutet, dass der Euro die nationale Souveränität der beteiligten Länder tatsächlich weiter begrenzt, aber auch ihre wirtschaftliche Integration enorm vorantreibt.

Für die Unternehmen sind mit dem Euro einige Transaktionskosten weggefallen. Die gleichzeitig geschaffene größere Transparenz des Preissystems wird zu einem verschärften Wettbewerb führen, was dem Verbraucher durch sinkende Preise einzelner Produkte zugute kommt. Es ist allerdings fraglich, ob die auf diese Weise erzeugten Ersparnisse zu einer merklichen Steigerung der Produktion und Beschäftigung führen werden. Der hauptsächliche Vorteil des intensivierten Wettbewerbs wird in vergrößerter Innovations- und Modernisierungstätigkeit der Unternehmen liegen und damit in einer Stärkung der EWU-Länder in der Weltwirtschaft.

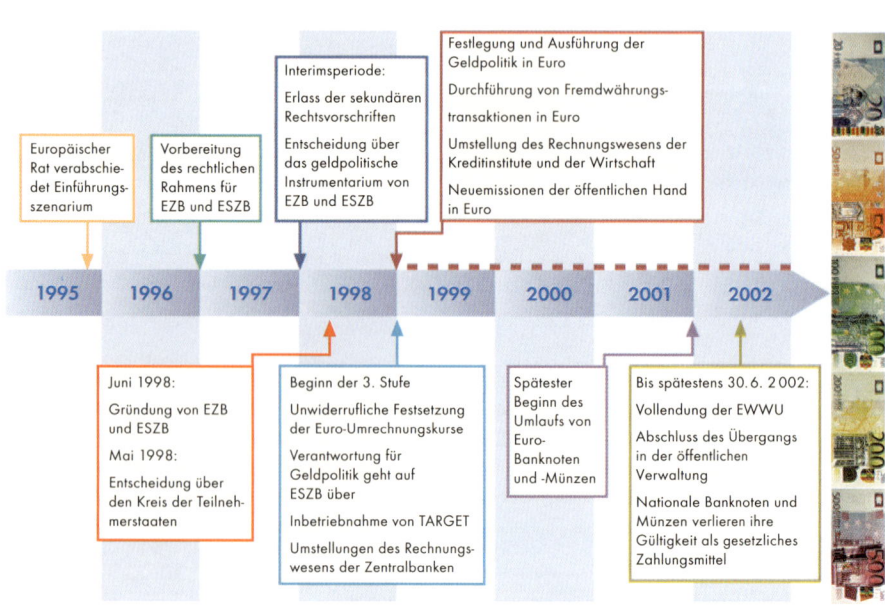

Der Zeitplan für den Übergang zur einheitlichen europäischen Währung

DIE DEUTSCHE EINHEIT

Daten

Aug./Sept. 1989	DDR-Bürger besetzen Botschaften in Prag, Budapest und Warschau sowie die Ständige Vertretung der Bundesrepublik in Ost-Berlin
11. Sept. 1989	Ungarn öffnet Grenze nach Österreich für DDR-Ausreisende
7. Okt. 1989	40-Jahr-Feier der DDR, Stasi geht gegen Demonstranten vor
18. Okt. 1989	Ablösung Honeckers als SED-Generalsekretär durch Egon Krenz
8. Nov. 1989	Das gesamte Politbüro der SED tritt zurück
9. Nov. 1989	DDR öffnet die Grenzen zur Bundesrepublik und zu West-Berlin
13. Nov. 1989	Volkskammer wählt Hans Modrow zum Ministerpräsidenten
7. Dez. 1989	Konstituierung des »runden Tisches«
22. Dez. 1989	Öffnung des Brandenburger Tores
18. März 1990	Erste demokratische Wahl zur Volkskammer der DDR
1. Juli 1990	Währungs-, Wirtschafts- und Sozialunion tritt in Kraft
16. Juli 1990	Treffen Kohl–Gorbatschow im Kaukasus. Sowjetische Zusage zum Verbleib des vereinten Deutschland in der NATO
23. Aug. 1990	Volkskammer beschließt Beitritt zur Bundesrepublik zum 3. Oktober
12. Sept. 1990	Abschluss der »Zwei-plus-vier-Gespräche«. Souveränitätsvertrag in Moskau unterzeichnet
3. Okt. 1990	Vereinigung Deutschlands. Staatssakt in Berlin
14. Okt. 1990	Landtagswahlen in den fünf neuen Bundesländern und in Bayern
2. Dez. 1990	Gesamtdeutsche Bundestagswahlen: CDU/CSU 43,8 %, FDP 11,0 %, SPD 33,5 %, Die Grünen 3,8 %, PDS 2,4 %, Bündnis 90/Die Grünen 1,2 %
6. Jan. 1991	In der Türkei werden Bundeswehrsoldaten erstmals in einem vom Krieg bedrohten Krisengebiet eingesetzt
20. Juni 1991	Der Deutsche Bundestag bestimmt Berlin zum Regierungssitz
20. Sept. 1991	Schwere ausländerfeindliche Ausschreitungen in Hoyerswerda
7. Febr. 1992	Unterzeichnung der Verträge von Maastricht zur Politischen Union und zur Wirtschafts- und Währungsunion in den EG
12. Nov. 1992	In Berlin beginnt der Prozess gegen E. Honecker
1. Jan. 1993	Der EG-Binnenmarkt tritt in Kraft
21. April 1993	Die Bundesregierung beschließt auf Anforderung der UN die Entsendung von Bundeswehrsoldaten nach Somalia
26. Mai 1993	Der Bundestag beschließt Solidarpakt zum Aufbau der neuen Länder
1. Nov. 1993	Maastrichter Vertrag und damit die Europäische Union tritt in Kraft
12. Juli 1994	Das Bundesverfassungsgericht erklärt Bundeswehreinsätze im Ausland für verfassungskonform, wenn sie vom Bundestag beschlossen sind
31. Aug.–8. Sept. 1994	Die Stationierungsstreitkräfte werden verabschiedet
26. März 1995	Schengener Abkommen – die Grenzkontrollen zwischen Deutschland, Frankreich, den Beneluxstaaten, Spanien und Portugal entfallen
16. Jan. 1996	Der israelische Staatspräsident Ezer Weizman spricht als erstes Staatsoberhaupt seines Landes vor dem Deutschen Bundestag
Dez. 1997	Die Bundesanstalt für Arbeit teilt mit, dass es im Jahr 1997 durchschnittlich 4,38 Mio. Arbeitslose gab
27. Sept. 1998	Bei der Wahl zum Deutschen Bundestag wird erstmals in der Geschichte der Bundesrepublik eine Regierungskoalition abgewählt
27. Okt. 1998	Gerhard Schröder wird zum neuen Bundeskanzler einer rot-grünen Koalitionsregierung gewählt
1. Jan. 1999	Der Euro wird als gemeinsame Währung der EU eingeführt

Personenregister

Vorbemerkung

Die angegebenen Seitenzahlen beziehen sich auf Personennamen, die im Text genannt sind (in Normalschrift), die in einem eigenen Artikel behandelt werden (in fett gedruckter Schrift) und die in Bildunterschriften vorkommen bzw. auf einem Bild dargestellt sind (in Kursivschrift).

A

Adenauer, Konrad, 1876–1967, Oberbürgermeister von Köln (1917–33, 1945), CDU-Vorsitzender (1946/50–66), Bundeskanzler (1949–63) 15, 24 ff., 34, 37 f., 40, **43 f.**, *43*, 45, 47, *47*, 49, *49 f.*, 53, *53*, 61 f., 63, 66 f., 70, 73 f., 76, 78 f., *79*, 82, *84*, 86, 94, 103, 131
Agartz, Viktor, 1897–1964, Mitgeschäftsführer des Wirtschaftswissenschaftlichen Instituts des DGB (1948–55) 60
Ahlers, Conrad, 1922–80, stellvertretender Chefredakteur des »Spiegel« (1962–66), Leiter des Presse- und Informationsamtes der Bundesregierung und Staatssekretär (1969–72) 78
Albrecht, Hans, *1919, 1. Sekretär der SED-Bezirksleitung Suhl (1968–89) 180
Albrecht, Susanne, Mitglied der RAF 116
Altmeier, Peter, 1899–1977, Politiker (CDU), Ministerpräsident von Rheinland-Pfalz (1947–69) 133
Amelunxen, Rudolf, 1888–1969, Politiker (CDU), erster Ministerpräsident von Nordrhein-Westfalen (1946–47), Justizminister (1950–58) *30*
Arndt, Klaus Dieter, 1927–74, Wirtschaftspolitiker (SPD), Parlamentarischer Staatssekretär im Bundeswirtschaftsministerium (1966–70) 86

Arnold, Karl, 1901–58, Politiker (CDU), Ministerpräsident von Nordrhein-Westfalen (1947–56) 24
Attlee, Clement Richard, 1883–1967, britischer Premierminister (1945–51) 18
Augstein, Rudolf, *1923, Publizist, Herausgeber des Magazins »Der Spiegel« 78

B

Baader, Andreas, 1944–77, Führer der Terrororganisation »Rote-Armee-Fraktion« (RAF) 116 f.
Bahr, Egon Karl-Heinz, *1922, Politiker (SPD), Bundesminister für besondere Aufgaben (1972–74), Bundesminister für wirtschaftliche Zusammenarbeit (1974–76) 77, 96 f., 99, 101 f.
Bahro, Rudolf, 1935–97, Journalist und Wirtschaftsfunktionär 66, 105
Baker, James Addison, *1930, amerikanischer Politiker, US-Außenminister (1989–92) 160
Balladur, Édouard, *1929, französischer Politiker, Premierminister (1993–95) 172
Barschel, Uwe, 1944–87, Politiker (CDU), Ministerpräsident von Schleswig-Holstein (1982–87) 142 f., *142*

Barzel, Rainer Candidus, *1924, Politiker (CDU), Bundesminister für gesamtdeutsche Fragen (1962–63), für innerdeutsche Beziehungen (1982–83), Parteivorsitzender (1971–73), Bundestagspräsident (1983–84) 77, 100, 105, 133, 137, 146
Beckurts, Karl-Heinz, 1930–86, Industriemanager 116
Behrens, Fritz, 1909–80, Wirtschaftswissenschaftler 65
Benary, Arne, *1929, Wirtschaftswissenschaftler 65
Ben Gurion, David, 1886–1973, israelischer Ministerpräsident (1948–53, 1955–63) 50
Berg, Fritz, 1901–79, Vorsitzender des Bundesverbands der Deutschen Industrie (1949–71) 86
Bergmann-Pohl, Sabine, *1946, Politikerin (CDU), Volkskammerpräsidentin (April–Oktober 1990) 161
Bergner, Christoph, *1948, Politiker (CDU), Ministerpräsident von Sachsen-Anhalt (1993–94) 176
Berlusconi, Silvio, *1936, italienischer Unternehmer und Politiker, Ministerpräsident (1993–94) *183*
Biedenkopf, Kurt Hans, *1930, Generalsekretär der CDU (1973–77), Ministerpräsident von Sachsen (seit 1990) 120, 133, 172, 175, 182
Biermann, Wolf, *1936, Lyriker und Kabarettist 66, 105
Bildt, Carl, *1949, schwedischer Politiker, Ministerpräsident (1991–94) *182*
Bismarck, Otto von, 1815–98, preußischer Ministerpräsident (1862–72 und 1873–90), deutscher Reichskanzler (1871–90) 13, 16
Blank, Theodor, 1905–72, Politiker, Verteidigungsminister (1955–56) 63

PERSONENREGISTER

Bloch, Ernst, 1885–1977, Philosoph 65
Böckler, Hans, 1875–1951, Vorsitzender des DGB (1947–51) 53
Boger, Wilhelm, *1902, Angehöriger der Wachmannschaft des KZ Auschwitz 81
Bohley, Bärbel, *1945, Malerin und Grafikerin, Mitbegründerin des Neuen Forums in der DDR 180
Bormann, Martin, 1900–?, Leiter der Parteikanzlei der NSDAP und Hitlers Sekretär (1941/43–45) 22
Brandt, Willy, 1913–92, Regierender Bürgermeister von Berlin (1957–66), Bundesaußenminister (1966–69), Bundeskanzler (1969–74), Vorsitzender der SPD (1964–87) 68, 70, 73, 76 f., 83, 85, 92 f., **93 f.**, 94 ff., 95 f., 97 ff., 101 ff., 106, 108, *111*, 112, 113 f., *113*, 121, 146
Brauchitsch, Eberhard von, *1926, Industrieller, Gesellschafter der Flick KG 136, *137*
Brauer, Max, 1887–1973, Politiker (SPD), Oberbürgermeister von Altona (1924–33), Erster Bürgermeister von Hamburg (1946–53 und 1957–61) 33
Braunmühl, Gerold von, 1935–86, Diplomat 116
Brenner, Otto, 1907–72, Vorsitzender der IG Metall (1952–72) 86
Breschnew, Leonid Iljitsch, 1906–82, Vorsitzender des Präsidiums des Obersten Sowjets (Staatsoberhaupt) der Sowjetunion (1960–64 und 1977–82), Erster Sekretär bzw. Generalsekretär der KPdSU (1964–82) 93, 129
Breuel, Birgit, *1937, Politikerin (CDU), Präsidentin der Treuhandanstalt (1991–94) 167

Buback, Siegfried, 1920–77, Generalbundesanwalt (1974–77) 105, 115, 146
Bulganin, Nikolai Alexandrowitsch, 1895–1975, sowjetischer Verteidigungsminister (1947–49), Ministerpräsident (1955–58) 43
Byrnes, James Francis, 1879–1972, amerikanischer Außenminister (1945–47) 27, *28*, 36

C

Capesius, Victor, *1907, SS-Apotheker, Angehöriger der Lagermannschaft des KZ Auschwitz 81
Carstens, Karl, 1914–1992, Politiker (CDU), Professor für Staatsrecht, Bundespräsident (1979–84) *132*, 146
Chňoupek, Bohuslav, *1925, tschechoslowakischer Außenminister (seit 1971) *111*, 112
Chrétien, Joseph Jacques Jean, *1934, kanadischer Politiker, Premierminister (seit 1993) *183*
Chruschtschow, Nikita Segejewitsch, 1894–1971, Erster Sekretär des ZK der KPdSU (1953–64), sowjetischer Ministerpräsident (1958–64) 38, 43, 68 f., 74, 98
Churchill, Winston, 1874–1965, britischer Premierminister (1940–45, 1951–55) 18, *18*, 29, 54
Clay, Lucius DuBignon, 1897–1978, amerikanischer General, Militärgouverneur der amerikanischen Besatzungszone (1947–49) 32 f., 60
Clinton, William (Bill) Jefferson, *1946, amerikanischer Politiker, 42. Präsident der USA (seit 1993) *183*
Cyrankiewicz, Józef, 1911–89, polnischer Ministerpräsident (1947–52 und 1954–70) 97

D

Delors, Jacques Lucien, *1925, französischer Politiker, Präsident der EG-Kommission (1985–95) *183*
Dohlus, Horst, *1925, Politiker, Mitglied des Politbüros der SED 180
Drenkmann, Günther von, 1910–74, Kammergerichtspräsident in Berlin (1967–74) 115
Duckwitz, Georg Ferdinand, 1904–73, Diplomat, Staatssekretär im Auswärtigen Amt (1967–70) 97
Dulles, John Foster, 1888–1959, amerikanischer Außenminister (1953–59) 43
Dumas, Roland, *1922, französischer Politiker, Außenminister (1984–85 und 1988–93) 160
Dutschke, Rudi, 1940–79, Studentenführer 89, *90*, 103

E

Ebert, Friedrich, 1894–1979, Oberbürgermeister von Ost-Berlin (1948–61) 33
Ehard, Hans, 1887–1980, Politiker (CSU), bayerischer Ministerpräsident (1946–54 und 1960–62) 29, *30*
Eisenhower, Dwight D[avid], 1890–1969, amerikanischer General, Oberbefehlshaber der alliierten Invasionstruppen (1943–45), 34. Präsident der USA (1953–61) 17
Engholm, Björn, *1939, Politiker (SPD), Bundesminister für Bildung und Wissenschaft (1981–82) Fraktionsvorsitzender in Schleswig-Holstein (1983–88), dort Ministerpräsident (1988–93) 142 f.
Ensslin, Gudrun, 1940–77, Mitglied der Terrororganisation »Rote-Armee-Fraktion« (RAF) 116 f.

PERSONENREGISTER

Erhard, Ludwig, 1897–1977, Politiker (CDU), Bundesminister für Wirtschaft (1949–63), Bundeskanzler (1963–66) 15, 25, 28, 31, 44, 60, 76, **82 f.**, *84,* 85, 93 f., 103

Erler, Fritz, 1913–67, Politiker (SPD), Fraktionsvorsitzender im Bundestag 1964–67) 86

F

Fechner, Max, 1892–1973, Politiker (SED), Justizminister der DDR (1949–53) 65, *65*

Fischer, Andrea, *1960, Politikerin (Bündnis 90/Die Grünen), Bundesministerin für Gesundheit (seit 1998) 188

Fischer, Joseph (Joschka), *1948, Politiker (Bündnis 90/Die Grünen), Minister für Umwelt und Energie in Hessen (1985–87), stellvertretender Ministerpräsident in Hessen (1991–94), Außenminister (seit 1998) 187

Ford, Gerald Rudolph, *1913, 38. Präsident der USA (1974–76) *117*

François-Poncet, André, 1887–1978, französischer Diplomat, Botschafter in Berlin (1932–38), Hoher Kommissar bzw. Botschafter in der Bundesrepublik Deutschland (1949–55) 47

Frick, Wilhelm, 1877–1946, Reichsinnenminister (1933–43), Reichsprotektor von Böhmen und Mähren (1943–45) 22

Friderichs, Hans, *1931, Politiker (FDP) und Bankier, Bundesminister für Wirtschaft (1972–77) 114, 136 f.

G

Gauck, Joachim, *1940, evangelischer Pfarrer, Mitgründer des »Neuen Forums«, Bundesbeauftragter für die Unterlagen des Staatssicherheitsdienstes der ehemaligen DDR (seit 1991) 159

Gaulle, Charles de, 1890–1970, französischer General, Chef des »Freien Frankreich« (1940–44), Ministerpräsident (1945–46 und 1958), Präsident der Republik (1958–69) 76, 79, *79,* 82, *84,* 108

Geißler, Heinrich (Heiner), *1930, Generalsekretär der CDU (1977–89), Bundesminister für Familie, Jugend und Gesundheit (1982–85) 133

Genscher, Hans-Dietrich, *1927, Bundesvorsitzender der FDP (1974–85), Bundesminister des Innern (1969–74), des Auswärtigen (1974–92) 105, *114,* **115,** 132 f., 149, 151, 159, *160,* 162

Gerhardt, Wolfgang, *1943, Politiker (FDP), Bundesvorsitzender (seit 1995) *187*

Giscard d'Estaing, Valéry, *1926, französischer Staatspräsident (1974–81) 114, 118 f.

Globke, Hans, 1898–1973, Politiker (CDU), Staatssekretär im Bundeskanzleramt (1953–63) 69

Goebbels, Joseph, 1897–1945, Reichspropagandaleiter der NSDAP (1929–45), Reichsminister für Volksaufklärung und Propaganda (1933–45), 16, 21

Gorbatschow, Michail Sergejewitsch, *1931, Generalsekretär der KPdSU (1985–91), sowjetischer Staatspräsident (1990–91) 58, 107, 140, *140,* 143, 147, 149, 151 f., 159, 161 f., 191

Göring, Hermann, 1893–1946, nationalsozialistischer Politiker, preußischer Ministerpräsident (1933–45), Oberbefehlshaber der Luftwaffe (1935–45) 22

Grewe, Wilhelm, *1911, Diplomat, Leiter der Rechtsabteilung des Auswärtigen Amts (1955–58), Botschafter in den USA (1958–62) 62, *62*

Gromyko, Andrei, 1909–89, sowjetischer Außenminister (1957–85), als Vorsitzender des Präsidiums des Obersten Sowjets Staatsoberhaupt der Sowjetunion (1985–89) 69, 97

Grotewohl, Otto, 1894–1964, Mitgründer der SED, Ministerpräsident der DDR (1949–64) 26 f., *27,* 34 f., 48, 68

Guillaume, Günter, 1927–95, Mitarbeiter im Bundeskanzleramt, als Spion der DDR 1974–81 in Haft 104, 113, *113*

H

Hager, Kurt, 1912–98, Politiker, Mitglied des Politbüros der SED (1963–89) 180

Hallstein, Walter, 1901–82, Politiker (CDU), Staatssekretär im Auswärtigen Amt (1951–58), Präsident der EWG-Kommission (1958–67) 49, 62, *62,* 66

Hamm-Brücher, Hildegard, *1921, Politikerin (FDP) 178

Hantl, Emil, *1902, Angehöriger der Wachmannschaft des KZ Auschwitz *81*

Harich, Wolfgang, 1921–95, Philosoph 38, 65, *65*

Havemann, Robert, 1910–82, Chemiker 65, 105

Heinemann, Gustav W., 1899–1976, Politiker (CDU, dann SPD), Bundesminister des Innern (1949–50), der Justiz (1966–69), Bundespräsident (1969–74) 70, 76, 85, 93, 103, 105, 113

Heitmann, Steffen, *1944, Politiker (CDU), sächsischer Minister (seit 1990) 178

194

PERSONENREGISTER

Helbing, Monika, Mitglied der RAF 116
Helms, Wilhelm, *1923, Politiker (FDP) 100
Hennecke, Adolf, 1905-1975, Bergarbeiter, gründete die Aktivistenbewegung in der DDR 38
Herrhausen, Alfred, 1930-89, Bankier 116
Herrmann, Joachim, *1928, Politiker (SED), Staatssekretär für gesamtdeutsche Fragen (1965-71), Mitglied des Politbüros (1978-89) 153
Herrnstadt, Rudolf, 1903-1966, Mitglied des ZK der SED (1950-53) 65
Herzog, Roman, *1934, Jurist und Politiker (CDU), Präsident des Bundesverfassungsgerichts (1987-94), Bundespräsident (seit 1994) 138, 150, **178**, *178*
Heß, Rudolf, 1894-1987, nationalsozialistischer Politiker, Stellvertreter Hitlers in der NSDAP (1933-41) 22
Heuss, Theodor, 1884-1963, liberaler Politiker, Bundespräsident (1949-59) 25, 25, 42, 43, 45, **46**, 74
Himmler, Heinrich, 1900-45, nationalsozialistischer Politiker, Reichsführer SS (1929-45), Chef der deutschen Polizei (1936-45) 21
Hindenburg, Paul von, 1847-1934, Generalfeldmarschall und deutscher Reichspräsident (1925-34) 90
Hitler, Adolf, 1889-1945, nationalsozialistischer Politiker, Reichskanzler (1933-45) 16, 21
Honecker, Erich, 1912-94, 1. Sekretär bzw. Generalsekretär der SED (1971/76-89), Vorsitzender des Staatsrats der DDR (1976-89) 58, 59, 72, 75 f., 103, 105, 107, 112 f., 117, 128 ff., *129 f.*, **130 f.**, 140 f.,

142, **145 ff.**, 148, 152 ff., 156, 180, 191
Höppner, Reinhard, *1948, Politiker (SPD), Ministerpräsident von Sachsen-Anhalt (seit 1994) 181
Hüllen, Herbert van, 1910-77, Vorsitzender des Gesamtverbandes der Metallindustrie (1960-76) 86
Hupka, Herbert, *1915, Politiker (bis 1972 SPD, dann CDU), Bundesvorsitzender der Landsmannschaft Schlesien (seit 1968) 100
Hurd, Douglas, *1930, britischer Politiker, Außenminister (1989-95) 160
Husain II., *1935, König von Jordanien *183*
Husák, Gustáv, 1913-91, tschechoslowakischer Politiker, Generalsekretär der KPČ (1969-89), Staatspräsident (1975-89) 111

I

Inglehart, Ronald, *1934, amerikanischer Politikwissenschaftler 107

J

Jahn, Gerhard, 1927-98, Politiker (SPD), Bundesminister der Justiz (1969-74) 113
Jędrychowski, Stefan, *1910, polnischer Außenminister (1968-71) und Finanzminister (1971-74) 97
Jelzin, Boris, *1931, russischer Politiker, Präsident Russlands (seit 1991) *183*

K

Kaduk, Oswald, *1906, Angehöriger der Wachmannschaft des KZ Auschwitz *81*
Kaisen, Wilhelm, 1887-1979, Politiker (SPD), Bürger-

meister von Bremen (1945-65) *30*
Kaiser, Jakob, 1888-1961, Politiker (CDU), Minister für gesamtdeutsche Fragen (1949-57) 24, *24*, 28 f.
Keitel, Wilhelm, 1882-1946, Generalfeldmarschall, Chef des Oberkommandos der Wehrmacht (1938-45) 22
Kennedy, John Fitzgerald, 1917-63, 35. Präsident der USA (1961-63) 73, 76 f., 103
Kessler, Heinz, *1920, General der NVA, Mitglied des Politbüros der SED (1985-89), Verteidigungsminister der DDR (1986-89) 180
Kiesinger, Kurt Georg, 1904-88, Politiker (CDU), Ministerpräsident von Baden-Württemberg (1958-66), Bundeskanzler (1966-69) 76, 83 f., *84*, **85**, 93, 95, 103
Kirsch, Sarah, *1935, Lyrikerin 66
Kissinger, Henry Alfred, *1923, amerikanischer Außenminister (1973-77) 77, *93*
Kleiber, Günther, *1931, Politiker, Mitglied des Politbüros der SED (1984-89) 180
Klier, Freya, *1950, Regisseurin und Bürgerrechtlerin 145
Kohl, Helmut, *1930, Ministerpräsident von Rheinland-Pfalz (1969-76), Bundesvorsitzender der CDU (1973-98), Bundeskanzler (1982-98) 105 ff., 114 f., 128, 131 ff., **133 f.**, 139, *139*, 141, *142*, 144, 146, 148 ff., **155**, 157 ff., *162*, 178, 181, *183*, 186, *188*, 191
Kohl, Michael, 1929-81, Politiker (SED), Staatssekretär beim Ministerrat der DDR (1965-73), Leiter der Ständigen Vertretung der DDR in der Bundesrepublik Deutschland (1974-78) 99, 102

PERSONENREGISTER

Kopf, Hinrich Wilhelm, 1893–1961, Politiker (SPD), Ministerpräsident von Niedersachsen (1946–55 und 1957–59) 30

Kossygin, Alexei Nikolajewitsch, 1904–80, Vorsitzender des Ministerrats der Sowjetunion (1964–80) 97

Krack, Erhard, *1931, Oberbürgermeister (SED) von Ost-Berlin (1974–90) 158

Krause, Günther, *1953, Politiker (CDU) 161

Krawczyk, Stefan, *1955, Liedermacher und Schauspieler, Bürgerrechtler 145

Kreisky, Bruno, 1911–1990, österreichischer Politiker (SPÖ), Bundeskanzler (1970–83) 117

Krenz, Egon, *1937, Generalsekretär der SED und Staatsratsvorsitzender (Oktober bis Dezember 1989) 148, 154, 156, 180, 191

Krolikowski, Werner, *1928, Politiker, Mitglied des Politbüros der SED (1971–89) 129

Kühnen, Michael, 1955–1991, Rechtsextremist 87, 88

Külz, Wilhelm, 1875–1948, liberaler Politiker, Reichsinnenminister (1926–27), Oberbürgermeister von Dresden (1931–33), Vorsitzender der LDPD (1945–48) 25

Kunze, Reiner, *1933, Schriftsteller 66

Kwisinski, Juli, *1936, sowjetischer Diplomat 135

L

Lafontaine, Oskar, *1943, Politiker (SPD), Oberbürgermeister von Saarbrücken (1976–86), Ministerpräsident des Saarlandes (1985 bis 1998), Bundesvorsitzender der SPD (seit 1995), Bundesminister für Finanzen (seit 1998), 148 f., 188

Lambsdorff, Otto Graf, *1926, Politiker (FDP), Bundesminister für Wirtschaft (1977–84), FDP-Vorsitzender (1988–93) 106, 133, 136 f., 146

Liebknecht, Karl, 1871–1919, sozialdemokratischer Politiker, Mitgründer der KPD 144

Limbach, Jutta, *1934, Juristin, Politikerin (SPD), Senatorin für Justiz in Berlin (1989–94), Präsidentin des Bundesverfassungsgerichts (seit 1994) *179*, *179*

Lorenz, Peter, 1922–87, Politiker (CDU), Präsident des Berliner Abgeordnetenhauses (1975–80) 115

Lübke, Heinrich, 1894–1972, Politiker (CDU), Bundespräsident (1959–69) 74, 103

Luxemburg, Rosa, 1870–1919, Politikerin, zunächst Sozialdemokratin, Mitgründerin der KPD, 144

M

Maier, Reinhold, 1889–1971, liberaler Politiker, Ministerpräsident von Württemberg-Baden bzw. Baden-Württemberg (1945–53) 25, 30

Maizière, Lothar de, *1940, Politiker (CDU), Vorsitzender der CDU der DDR (ab Dezember 1989), Ministerpräsident der DDR (April–Oktober 1990) 148, 159, *160*, 161

Major, John, *1943, bitischer Politiker, Premierminister (1990–97) *183*

Maleuda, Günther, *1931, Politiker (DBD), Präsident der Volkskammer der DDR (1989/90) 156

Marshall, George Catlett, 1880–1959, Außenminister der USA (1947–49) 31, 36

McCloy, John Jay, 1895–1989, Präsident der Weltbank (1947–49), Hoher Kommissar der USA für Deutschland (1949–52) 44, 47

Meinhof, Ulrike, 1934–76, Führerin der Terrororganisation »Rote-Armee-Fraktion« (RAF) 117

Meins, Holger, 1941–74, Mitglied der Terrororganisation »Rote-Armee-Fraktion« (RAF) 115

Mende, Erich, 1916–98, Politiker (bis 1970 FDP, dann CDU), Bundesvorsitzender der FDP (1960–68), Vizekanzler und Minister für gesamtdeutsche Fragen (1963–66) 100

Merkel, Angela, *1954, Politikerin (CDU), Ministerin für Umwelt, Naturschutz und Reaktorsicherheit (1994–98) 168

Mielke, Erich, *1907, Politiker (SED), Staatssekretär (1950–53, 1955–57) und Minister für Staatssicherheit (1957–89), Mitglied des Politbüros (1976–89) 155 f., 158, 180, *180*

Mittag, Günter, 1926–94, Politiker (SED), ZK-Sekretär für Wirtschaft, Politbüromitglied (1966–89) 153

Mitterrand, François, 1916–1995, französischer Politiker, Staatspräsident (1981–95) *183*

Modrow, Hans, *1928, 1. SED-Sekretär in Dresden (seit 1973), Ministerpräsident der DDR (November 1989 bis April 1990) 154 ff., *155*, 157 f., 191

Momper, Walter, *1945, Berliner Politiker (SPD), Regierender Bürgermeister von West-Berlin (1989–91) 158

Montgomery, Bernard Law, 1887–1976, britischer Feldmarschall, Oberbefehlshaber der britischen Invasionstruppen (1943–45), Oberbefehlshaber der britischen Truppen in Deutschland (1945/46) 17
Mückenberger, Erich, 1910–98, Politiker, Mitglied des Politbüros der SED (1954–89) 180
Müller, Werner, *1946, Industriemanager, Bundesminister für Wirtschaft (seit 1998) 188
Münch, Werner, *1940, Politiker (CDU), Ministerpräsident von Sachsen-Anhalt (1991–93) 171
Murayama, Tomiichi, *1924, japanischer Politiker, Ministerpräsident (1994–96) 183

N

Naumann, Friedrich, 1860–1919, liberaler Politiker und Publizist 46
Nitze, Paul, *1907, amerikanischer Diplomat 135
Nixon, Richard Milhous, 1913–94, 37. Präsident der USA (1969–74) 77, 93, 96
Norstad, Lauris, 1907–88, amerikanischer General, Oberbefehlshaber der NATO-Streitkräfte in Europa (1956–63) 67

O

Ohnesorg, Benno, 1941–67, Student 89, 103
Ollenhauer, Erich, 1901–63, Partei- und Fraktionsvorsitzender der SPD (1952–63) 68

P

Pacelli, Eugenio ▸ Pius XII.
Papen, Franz von, 1879–1969, Reichskanzler (1932) 22

Peres, Shimon, *1923, israelischer Politiker, Außenminister (1992–95), Ministerpräsident (1995/96) 183
Pfeiffer, Reiner, *1939, Journalist 142
Pieck, Wilhelm, 1876–1960, zusammen mit O. Grotewohl Vorsitzender der SED (1946–54), Präsident der DDR (1949–60) 27, 27, 35, 48, 58, 72, 92
Pleven, René, 1901-93, französischer Politiker, Ministerpräsident (1950–52), Verteidigungsminister (1949/50 und 1952–54), Außenminister (1958) 54
Ponto, Jürgen, 1923–77, Bankier, Sprecher des Vorstands der Dresdner Bank (1969–77) 105, 116, 146

Q R

Rabin, Itzhak, 1922–95, israelischer Politiker, Ministerpräsident (1974–77 und 1992–95) 183
Rapacki, Adam, 1909–70, polnischer Außenminister (1956–58) 68
Raspe, Jan-Carl, 1944–77, Mitglied der Terrororganisation »Rote-Armee-Fraktion« (RAF) 116 f.
Rau, Johannes, *1931, Politiker (SPD), Ministerpräsident von Nordrhein-Westfalen (1978–98) 178
Rauch, Hans-Georg, 1939–93, satirischer Zeichner 136
Reagan, Ronald Wilson, *1911, Gouverneur von Kalifornien (1967–75), 40. Präsident der USA (1981–89) 119, 129, 138 f., 139, 143, 146
Reich, Jens, *1939, Arzt, Mitgründer des »Neuen Forums« 178
Resa Pahlevi, Mohammad, 1919–80, Schah des Iran (1941–79) 89

Reuter, Ernst, 1889–1953, Politiker (SPD), Oberbürgermeister von Magdeburg (1931), Regierender Bürgermeister von Berlin (1951–53) 32 f., 45
Ribbentrop, Joachim von, 1893–1946, Diplomat, Botschafter in London (1936–38), Reichsaußenminister (1938–45) 22
Ridgeway, Matthew, 1895 bis 1993, amerikanischer General, Oberbefehlshaber in Europa (1952–53), Stabschef der US-Army (1953–55) 139
Riester, Walter, *1943, Gewerkschafter, Bundesminister für Arbeit (seit 1998) 189
Robertson, Brian Hubert, 1896–1974, Oberbefehlshaber der britischen Truppen in Deutschland (1947–50), zugleich Hoher Kommissar (1949–50) 47
Rodrigues, Armado Sa., portugiesischer Arbeiter 88
Rohwedder, Detlev Carsten, 1932–1991, Industriemanager, Vorstandsvorsitzender der Treuhandanstalt (1990–91) 166 f.
Roosevelt, Franklin Delano, 1882–1945, 32. Präsident der USA (1933–45) 18
Rosenberg, Ludwig, 1903–77, Vorsitzender des DGB (1962–69) 86

S

Schabowski, Günter, *1929, Politiker (SED), Politbüromitglied (1984–89) 154
Schacht, Hjalmar, 1877–1970, Reichsbankpräsident (1923–30, 1933–39) 22
Scharping, Rudolf, *1947, Politiker (SPD), Vorsitzender (1993–95), Verteidigungs-

PERSONENREGISTER

minister (seit 1998) 150, 181, 188
Schäuble, Wolfgang, *1942, Politiker (CDU), Bundesinnenminister (1989–91), Vorsitzender der CDU-Bundestagsfraktion (seit 1991) Parteivorsitzender der CDU (seit 1998) 161
Scheel, Walter, *1919, Politiker (FDP), Bundesminister für wirtschaftliche Zusammenarbeit (1961–66), Bundesaußenminister (1969–74), Bundespräsident (1974–79) 92, 93, **94**, 95, 97, 100, 105, 110, *110 f.*, 112, 115, 137, 146
Schewardnadse, Eduard Amwrossijewitsch, *1928, sowjetisch-georgischer Politiker, sowjetischer Außenminister (1985–90, 1991), Präsident Georgiens (seit 1992) *160, 162*
Schiller, Karl, 1911–94, Volkswirtschaftler und Politiker (SPD), Bundesminister für Wirtschaft (1966–71), für Wirtschaft und Finanzen (1971–72) 76, 83, 85, *86*, 87, 114, 131
Schily, Otto, *1932, Politiker (SPD), Innenminister (seit 1998) 188
Schirdewan, Karl, 1907–98, Mitglied des Politbüros der SED (1953–58) 65, *65*
Schleyer, Hanns-Martin, 1915–77, Präsident der Bundesvereinigung der Deutschen Arbeitgeberverbände (1973–77) und des Bundesverbandes der Deutschen Industrie (1977) 106, 116, *116*, 146
Schmid, Carlo, 1896–1979, Politiker (SPD), Professor für öffentliches Recht, Vizepräsident des Deutschen Bundestages (1949–66 und 1969–72) 34
Schmidt, Helmut, *1918, Politiker (SPD), Innensenator von Hamburg (1961–65), Bundesminister der Verteidigung (1969–72), für Wirtschaft und Finanzen (1972–74), Bundeskanzler (1974–82) 70, 86, 104 ff., **113 ff.**, *114*, 115, 119, 128, *129*, 130 ff., 133, 135, 146
Schmidt, Renate, *1943, Politikerin (SPD), Vizepräsidentin des Deutschen Bundestags (1990–94) *169*
Schneider, Ernst, 1900–77, Präsident des Deutschen Industrie- und Handelstages (1963–69) 86
Schnur, Wolfgang, *1944, Mitbegründer des »Demokratischen Aufbruchs«, dessen Vorsitzender (Dezember 1989 bis März 1990) 157
Schröder, Gerhard, 1910–89, Politiker (CDU), Bundesminister des Innern (1953–61), des Auswärtigen (1961–66), der Verteidigung (1966–69) 82, 93 f., 181
Schröder, Gerhard, *1944, Politiker (SPD), Ministerpräsident von Niedersachsen (1990–98), Bundeskanzler (seit 1998) 186, 188, *188*, 191
Schukow, Georgi Konstantinowitsch, 1896–1974, sowjetischer Marschall, Oberbefehlshaber der sowjetischen Truppen in Deutschland (1945–46), Verteidigungsminister (1955–57) 17
Schumacher, Kurt, 1895–1952, Vorsitzender der SPD (1946–52) 14, 23 f., **25 f.**, 26, 29 f., 45, 49, 69, 86
Schuman, Robert, 1886–1963, französischer Außenminister (1948–52) 49, *49*, 78
Schwarzer, Alice, *1942, Journalistin und Feministin 120
Seckendorff-Gudent, Eckehard Freiherr von, Mitglied der RAF 116
Semjonow, Wladimir Semjonowitsch, 1911–92, sowjetischer Diplomat, Hoher Kommissar und Botschafter in der DDR (1953–54), in der Bundesrepublik Deutschland (1978–86) 55
Sindermann, Horst, 1915–1990, Politiker, Präsident der Volkskammer der DDR (1976–89), Mitglied des Politbüros der SED (1967–89) 156
Spaethen, Rolf Carl, 1909–85, Vorsitzender der Deutschen Angestellten-Gewerkschaft (1960–67) 86
Sperner, Rudolf, *1919, Vorsitzender der Gewerkschaft Bau-Steine-Erden (1966–82) 86
Stalin, Iossif Wissarionowitsch, 1879–1953, sowjetischer Diktator, Generalsekretär der KPdSU (1922–53) 13, 15, 18, *18*, 29, 54, 72, 74
Steinhoff, Johannes, 1913–94, General, Inspekteur der Luftwaffe (1966–71), Vorsitzender des NATO-Militärausschusses in Brüssel (1971–73) *139*
Steltzer, Theodor, 1880–1967, Politiker (CDU), Mitglied der Kreisauer Kreises, Ministerpräsident von Schleswig-Holstein (1946–47) *30*
Stock, Christian, 1884–1967, Politiker (SPD), hessischer Ministerpräsident (1946–50) *30*
Stoiber, Edmund, *1941, Politiker (CSU), Ministerpräsident von Bayern (seit 1993) 182
Stollmann, Jost, *1955, Unternehmer 188
Stolpe, Manfred, *1936, Politiker (SPD), Ministerpräsident von Brandenburg (seit 1990) 175, 182
Stoph, Willi, *1914, Politiker (SED), Vorsitzender des Ministerrats (1964–73, 1976–89), des Staatsrats der

DDR (1973–76) 84 f., 91, 95 f., 96, 102 f., 105, 146, 154, 180
Storch, Anton, 1892–1975, Politiker (CDU), Bundesarbeitsminister (1949–57) 61
Strauß, Franz Josef, 1915–88, Vorsitzender der CSU (seit 1961), Bundesminister für besondere Aufgaben (1953–55), für Atomfragen (1955–56), für Verteidigung (1956–62), für Finanzen (1966–69), bayerischer Ministerpräsident (seit 1978) 67, 76, 78, 82 f., 85, 103, 106, 130, **131 f.**, *131*, 133
Streicher, Julius, 1885–1946, NSDAP-Gauleiter in Franken (1928–40), Herausgeber der Zeitschrift »Der Stürmer« (1923–45) 22
Streletz, Fritz, *1926, Politiker und General der NVA 180
Štrougal, Lubomír, *1924, tschechoslowakischer Ministerpräsident (1970–89) *111*, 112
Süssmuth, Rita, *1937, Politikerin (CDU), Präsidentin des Deutschen Bundestags (seit 1988) *169*

T

Thälmann, Ernst, 1886–1944, KPD-Vorsitzender (1925–33) 85
Thatcher, Margaret, *1925, britische Politikerion, Premierministerin (1979–90) 149
Tito, Josip Broz, 1892–1980, jugoslawischer Marschall und Politiker, Führer der jugoslawischen Partisanen im 2. Weltkrieg, Staatspräsident (1953–80) 27
Trittin, Jürgen, *1954, Politiker (Bündnis 90/Die Grünen), Umweltminister von Niedersachsen (1990–94), Bundesminister für Umwelt (seit 1998) 188
Truman, Harry Spencer, 1884–1972, 33. Präsident der USA (1945–53) 18, *18*
Tschernenko, Konstantin, 1911–85, Mitglied des Politbüros (ab 1978), Generalsekretär der KPdSU und Vorsitzender des Präsidiums des Obersten Sowjets (ab 1984) 139

U

Ulbricht, Walter, 1893–1973, Generalsekretär bzw. 1. Sekretär der SED (1950/53–71), Vorsitzender des Staatsrats (1960–73) 23, 30, 37 ff., 55, 65, *68*, **71 f.**, *72*, 74 f., 91, 103, 105, 112 f., 130

V

Viett, Inge, Mitglied der RAF 116
Vogel, Bernhard, *1932, Politiker (CDU), Ministerpräsident von Rheinland-Pfalz (1976–88), Ministerpräsident von Thüringen (seit 1992) 176
Vogel, Hans-Jochen, *1926, Bundesminister der Justiz (1974–81), Vorsitzender der SPD-Fraktion im Deutschen Bundestag (1983–91), SPD-Vorsitzender (1987–91) 138

W

Wałęsa, Lech, *1943, polnischer Politiker, Gründer der Gewerkschaft Solidarność, Staatspräsident (1990–95) 178
Wehner, Herbert, 1906–90, stellvertretender Vorsitzender der SPD (1958–73) 38, *68*, 70, 76, **85 f.**, *85*, 104
Weizmann, Ezer, *1924, israelischer Politiker, Staatspräsident (seit 1993) 191
Weizsäcker, Carl Friedrich Freiherr von, *1912, Physiker 137
Weizsäcker, Ernst Freiherr von, 1882–1951, Staatssekretär im Auswärtigen Amt (1938–43) 137
Weizsäcker, Richard Freiherr von, *1920, Politiker (CDU), Regierender Bürgermeister von Berlin (1981–84), Bundespräsident (1984–94) 94, **137 f.**, *138*, 139, 146, 162, 165, 178
Winzer, Otto, 1902–75, Politiker (SED), Außenminister der DDR (1965–75) *110*
Wolf, Christa, *1929, Schriftstellerin 154
Wollweber, Ernst, 1898–1967, Politiker (SED), Staatssekretär bzw. Minister für Staatssicherheit der DDR (1953/55–57) 65

Sachregister

Vorbemerkung

Das Sachregister enthält eine Auswahl historischer Sachbegriffe und geographischer bzw. historisch-geographischer Namen.
Bei häufig genannten Verfassungsorganen (z. B. Bundeskanzler, Reichstag) wurden nur die Nennungen aufgenommen, die das betreffende Stichwort charakterisieren.
Die Seitenzahlen sind bei im Text genannten Stichwörtern in Normalschrift, bei in einem eigenen Artikel behandelten Begriffen in fett gedruckter Schrift und bei in Bildunterschriften vorkommenden oder auf Bildern dargestellten Sachverhalten kursiv gesetzt.

A

ABC-Waffen 162
Abrüstung 131, 133
Achse Berlin–Rom 21
Achter Mai 1985 **138**
Afghanistan (sowjetischer Einmarsch 1979) 111, 129
Ägypten 91
Ahlener Programm (1947) 15, 24, 28, 36, 60
AKP-Staaten 67, 122
Albanien 57, 105
Alleinvertretungsanspruch 62, 85, 93
Allianz für Deutschland 160
Allianz kleiner Inselstaaten 169
Alliierte Hohe Kommission 47, 53
Alliierter Kontrollrat 13, **16 f.**, 17, 27, 32, 36, 53, 98
alliierte Stadtkommandantur (Berlin) 33, 36
alternative Bewegung 106, 120, **124,** 125, 134, 138
Ampelkoalition 175
Anti-Atomtod-Bewegung 67 f.
antiautoritäre Bewegung 76
Anti-Hitler-Koalition 16, 18, 37
Anti-Kernkraft-Bewegung 123, **140**
Antisemitismus 81, 87
APO ▶ außerparlamentarische Opposition
Arbeiteraufstand (17. Juni 1953) 38, **54 f.,** 55, 65, 71, 74 f.

Arbeiterbewegung, Arbeiterschaft 14, 24, 26, 70, 90
Arbeitgeberverbände 87, 106, 115
Arbeitsbeschaffungsmaßnahme 166, 177
Arbeitslosenunterstützung 172
Arbeitslosigkeit, Arbeitslose 83, 88 f., 104–106, 114, **122,** 125, *127,* **127 f.,** 146, 149, 167, 171 f.
Arbeitszeitverkürzung 128
Artikel 23 GG 170
Asylrecht 144, 170, 179
atomwaffenfreie Zone 68
Atomwaffensperrvertrag (1968) 93, 103
Auschwitz-Lüge 82
Auschwitz-Prozess **81 f.,** *81,* 103
Ausländerfeindlichkeit 89, **165**
außerparlamentarische Opposition (APO) 76, 84, **89,** *90*
Aussiedlung ▶ Vertreibung
Aussiedler **144**

B

Baader-Meinhof-Gruppe 115 f., 138; ▶ auch Rote-Armee-Fraktion
Baden 18, 25
Baden-Württemberg 42, 83, 85, 88, 100, 119, 166, 182

Bahr-Papier 95, 100
Bank deutscher Länder 31
Barschel-Affäre 107, **141,** *141*
Bayern 18, 23, 34, 36, 42, 83, 102, 119, 131, 141, 181
Bayernpartei 45
bedingungslose Kapitulation (deutsche Kapitulation 1945) 12, 16, 51
Belgien 33, 49 f., 54 f., 108
Belgrad (KSZE-Nachfolgekonferenz 1977/78) 118
Bergen-Belsen (KZ) 139, *139*
Berlin 12, 14, 15, 17, 22 f., *23,* 24 f., *24 f.,* 32–34, 36, 42, 53, 55, *64, 67,* 69, 71, *71,* 72–75, *73,* 77, 83, 89 f., 93 f., 98 f., 101, *114, 124,* 130, 137, 138, 144, 146 f., 158, **163 f.,** 175, 182
Berliner Blockade (1948/49) 15, 29, **32 f.,** *33,* 36, 97
Berliner Mandat 169
Berlin-Ultimatum, -Krise (1958) **69,** 73 f., 98
Berufsbildungsgesetz (1969) 84
Besatzungsstatut (1949) 33, 40, **46,** 47, *47,* 54, 56, 74
Besatzungszonen 13, 15, **17 f.,** 20, 22 f., 25, 29 f., 46
Betriebsverfassung (1952) **52 f.,** 74, 99, 120; (1972) 53, **98 f.,** 103, 120; ▶ auch Mitbestimmung
Bewegung 2. Juni 115
Bildungswesen 173
Binnenmarkt 182
Bitburg 139, *139*
Bizone 15, **27 f.,** 36, 51, 60, 82, 131
Blocksystem 183
Bodenreform 22, 70
Bonn 34, 36, 83, 89, 93, 95 f., 99, 102, 107, 112, 119, 130 f., 134, 136 f., 141, 146, 163 f.
Bosnien 180
Botschaftsbesetzungen **151,** 191
Brandenburg (Land) 18, 42, 48, 126, 161, 164, 170, 175, 181
Brandenburger Tor **158,** *158*
Bremen (Land) 18, 42, 87, 126, 182

SACHREGISTER

Breschnew-Doktrin 140, 147
Brief zur deutschen Einheit 97, 102
Brokdorf (Kernkraftwerk) 122, 124
Brüsseler Vertrag (1948) 56
Buchenwald 166
Budapest 112, 147
Bulgarien 57, 112
Bundesarchiv 159
Bundesentschädigungsgesetz (1956) 51
Bundesgerichtshof 78, 180
Bundesgrenzschutz 116
Bundeskanzler 41
Bundesländer ▶ Länder
Bundespräsident 40 f., **42 f.**, *42*, 46, 94, 179
Bundesrat (Bundesrepublik Deutschland) 40, 42 f., 74, 90, 108, 170, 179
Bundesregierung 40 f., 90 f., 93, 179
Bundesrepublik Deutschland (politisches System) **40–42**, *41*
Bundessozialhilfegesetz (1960) 74
Bundestag (Bundesrepublik Deutschland) 40 f., 44, 63, 74, 90, *100*, 170, 179
Bundestagswahl(en) 28, 38, 43, 45, 57 f., 62, 72, 74, 76, 82, 84–88, 93 f., 99, 105 f., 114 f., 119 f., 125 f., 127, 132 f., 146, 150, 182
Bundesverfassungsgericht 42, 57, 58, 67, 78, 87, 91, 102, 104, 108, 119, 121, 170, 172, 174 f., 178, **179 f.**, 184
Bundesversorgungsgesetz (1950) 45, 61
Bundeswehr 37, 43, 56, **63**, *63*, 67 f., 74, 78, 150, 180, *184*
Bundeszentrale für politische Bildung 81
Bund Freier Demokraten 160
Bündnis 90 160
Bündnis 90/Die Grünen ▶ Grüne
Bürgergeld 172
Bürgerinitiativen 106, **122 f.**, *123*, 124 f., 126

C

CDU/CSU (Christlich Demokratische Union/Christlich-Soziale Union) 14 f., **24 f.**, *24*, 28 f., 34, 36, 38, 43–45, 60 f., 62, 67 f., 70, 74, 76 f., 82–86, 93, 95, 99–101, 105–108, 114 f., 117, 119, 128, 131–133, 136–138, 140, 142, 144, 148, 157, 160, 175, 181 f., 186 f.
Charta von Paris (1990) 118
Chile 131
Christlich-Demokratische Partei (1945) 24
Club of Rome 125
Cruisemissiles 135
ČSSR ▶ Tschechoslowakei

D

Dachau (KZ) 139
DAX® *185*
Dänemark 50, 55, 67, 104, 108 f., 147
DDP (Deutsche Demokratische Partei) 24 f., 46
DDR-Flüchtlinge **71**, *71*, 72; ▶ auch Flüchtlinge
DDR-Verfassung 34–36, 47 f., 49, 75, 91, 103, 105, **112**, 146
Demokratie Jetzt 157
demokratische Bewegung, Demokraten 19, 23, 46
Demokratischer Aufbruch 157, 160
Demokratische Volkspartei (1945) 25
Demokratisch-Soziale Union 148, 160
Demokratisierung (1945 ff.) **23 f.**, *23*
Demontage 17, 47, 51, 59
deutsch-deutsche Verantwortung **129**, 131
Deutsche Demokratische Partei ▶ DDP
Deutsche Demokratische Republik (politisches System) **47 f.**, *48*, 147, **152**, 179; ▶ auch DDR-Verfassung
deutsche Einheit 159, **161**, 170 f., **176**

Deutsche Kommunistische Partei ▶ DKP
Deutsche Reichspartei (1946) 45, 87
Deutscher Gewerkschaftsbund ▶ DGB
Deutscher Volkskongress 25, 34–36, 47; ▶ auch Volkskongressbewegung
Deutscher Volksrat 15, **34 f.**, *35*, 36, 47
deutsche Vereinigung 159
Deutsche Volkspartei ▶ DVP
Deutsch-Französischer Vertrag, Élysée-Vertrag (1963) 44, 76, **78 f.**, *79*, 103
Deutschlandfrage 69, 73; ▶ auch deutsche Frage
Deutschland-Plan (der SPD) 38, 69
Deutschlandpolitik (amerikanisch-britische) 27; (sowjetische) 29, 34; (der Bundesregierung) 75, 77, 86, 91, 94, 100, 106, 130
Deutschlandvertrag (1952) 46, **53 f.**, *53*, 74, 89
Deutschnationale Volkspartei ▶ DNVP
Deutsch-Polnischer Vertrag (1970) ▶ Warschauer Vertrag
Deutsch-Sowjetischer Partnerschaftsvertrag 163
Deutsch-Sowjetischer Vertrag (1970) ▶ Moskauer Vertrag
Deutsch-Tschechoslowakischer Vertrag (1973) ▶ Prager Vertrag
DGB (Deutscher Gewerkschaftsbund) 52 f., 68, 74, *86*; ▶ auch Gewerkschaften
Diktatur des Proletariats 58
DKP (Deutsche Kommunistische Partei) 58, 89, 134
DNVP (Deutschnationale Volkspartei) 14, 24
DP (Deutsche Partei) 34, 45, 53, 67
Dreißigster Januar 1933 ▶ Machtergreifung
Dreizehnter August 1961 ▶ Mauerbau
Dresden *16*, 85

201

SACHREGISTER

Dritte Welt 109 f., 119, 121, 127, 184
Düsseldorfer Leitsätze (1949) 25
DVP (Deutsche Volkspartei) 24 f.
dynamische Rente (Rentenreform 1957) 38, **61**, 62, 74

E

EEA (Einheitliche Europäische Akte) 109
EG (Europäische Gemeinschaften) 50, 66 f., 103, **108 f.**, 122, 146, 159, **182**; ▶ auch Europäische Wirtschaftsgemeinschaft
Eidgenossenschaft ▶ Schweizer Eidgenossenschaft
Eindämmung (Containment) 29
Einigungsvertrag **161**, 170, 175
Eisenhüttenstadt 107
Eiserner Vorhang 29
Elsass 115
Élysée-Vertrag ▶ Deutsch-Französischer Vertrag
Ende des Wachstums **126**
Energiepolitik ▶ Kernenergie
England ▶ Großbritannien
Entnazifizierung 15, 17, **22 f.**, 22
Entspannungspolitik, Ost-West-Entspannung 76 f., 82, 98, 100, 109, 114, 128
Entstalinisierung 65
Entwicklungspolitik (deutsche E.) 62, **121 f.**, 122
Erfurt (Brandt/Stoph-Treffen 1970) **95**, 96, 103, 112
Ergänzungsabgabe 130
Ermächtigungsgesetz (1933) 46
EU (Europäische Union) **182**, 184; ▶ auch EG
EURATOM (Europäische Atomgemeinschaft) 66 f., 74, 79, 108
Euro 182, **189 f.**, *190*
Europa der Vaterländer 79, 108
Europäische Beratende Kommission 16, 32, 108
Europäische Freihandelsassoziation (EFTA) 108
Europäische Gemeinschaften ▶ EG

Europäische Gemeinschaft für Kohle und Stahl (EGKS) 50, 74
Europäische Investitionsbank 66
Europäische Menschenrechtskonvention 50
Europäischer Binnenmarkt 109 f.
Europäischer Gerichtshof 108
Europäische Sicherheitskonferenz ▶ KSZE
Europäisches Parlament 67, 108 f., *109*, 139, 146
Europäisches Währungssystem 146
Europäische Verteidigungsgemeinschaft (EVG) 53, **54**, 55 f., 74
Europäische Wirtschaftsgemeinschaft (EWG) 51, **66**, 66, 67, 74, 79, 104, 108 f.
Europäische Wirtschafts- und Währungsunion (1993) 67, 189 f.
Europäische Zentralbank 182, 189, *189*
Europarat 36, 47, *49*, **50**, 54, 57
Extremistenbeschluss ▶ Radikalenerlass

F

FDGB 166
FDP/LDPD (Freie Demokratische Partei/Liberaldemokratische Partei Deutschlands) 15, 24, **25**, *25*, 28, 34, 36, 43, 45 f., 53, 76–78, 82–85, 89 f., 93 f., 99 f., 104–108, 114 f., 120, 128, 131–133, 136–138, 140, 142, 157, 175, 182, 184, 187, *187*
Finnland 183
Flick-Spendenaffäre, Flick-Affäre 106, **136 f.**, *137*, 146
Flüchtlinge 13, 16, 20, 38, 45 f., 51, 55, 60 f., 64, 70–72; ▶ auch DDR-Flüchtlinge
Fonds deutsche Einheit 176
Frankfurt am Main 24, *26*, 32, 39, *78*, 81, *81*, 89, *108*, 120, *123*, 130
Frankfurter Abkommen (1949) 50

Frankfurter Dokumente (1948) 33, 36
Frankreich 13–17, 27 f., 30, 33, 44, 49 f., 54–56, 78 f., 83, 89, 98, 108, 111, 118
Frauenbewegung (20. Jh.) 76, 106, **119 f.**, *120*, 124 f., 134
Freie Demokratische Partei ▶ FDP
Freie Deutsche Jugend (FDJ) **58 f.**, *58*, 64, 92, 130
Fremdenhass 165
Friedensbewegung 65, 106, 124 f., **134**, *134*, 135 f.
Friedensnobelpreis 92, 103
Fristenregelung 174 f.
Fünfprozentklausel 58, 87, 125, 182

G

G-7-Staaten *183*
Gastarbeiter 39, **88 f.**, *88*
Gemeinsame Entschließung 100 f.
Gemeinschaftswerk Aufschwung Ost 177
Genf (Viermächtekonferenz 1959) 69; (KSZE-Konferenz 1973–75) 118
Genfer Verhandlungen der Supermächte (ab 1981) *135 f.*, 136, 143
Gera *110*
Gestapo (Geheime Staatspolizei) 21 f.
Gewaltverzicht, Gewaltverzichtsverträge, -abkommen 77, 82, 95, 108, 110, 116 f.
Gewerkschaften 24 f., 28, 30, 52 f., 61, 74, 76, 87, 90 f., 98 f., 102 f., 120 f., 124, 128, 134, 138, 171, 173
Ghetto 95
Ghettoaufstand (Warschau 1943) *95*, 98
Glasnost 107, 140
Gleichberechtigung 170
Gleichgewicht des Schreckens 68, 183
Gleichstellung (Arbeiter und Angestellte) 172
Globalisierung **185 f.**

202

SACHREGISTER

Globke-Plan 69
Godesberger Programm (1959) 38, *68*, **69 f.**, 74, 86
Golfkrieg 150
Gorleben 122, 141
Görlitzer Vertrag 160
Göttinger Manifest (1957) 67
Greenpeace *126*
Grenzöffnung 148, **154 f.**
Griechenland, Griechen 29, 50, 55 f., 66, 109, 146
Großbritannien/England 12, 16 f., 32, 49 f., 54–56, 67, 89, 98, 104, 108 f., 111, 118, 146
Große Koalition (1966–69) 76 f., 82, **83–85**, *83*, 86, 89, 93, 94 f., 100, 103, 120, 131
Grundgesetz (für die Bundesrepublik Deutschland) 15, 28, 33 f., *34*, 35–37, **40**, 41 f., 46, 58, 63 f., 90, 100, 102, 108, 119, 144, 157, **170**, *170*, 181
Grundrechte 40, 179; ▶ auch Menschenrechte
Grundlagenvertrag, Grundvertrag (1972) 63, 77, 81, 92, 95 f., **102**, *102*, 103, 105, 110, 111 f., 146
Grüne (Die Grünen) 106 f., 120; (Bündnis 90/Die Grünen) 123, **125 f.**, *125*, 136, 160, 175, 181 f., 187 f.
GSG 9 116
Guillaume-Affäre (1974) 93, 104, *113*, **113 f.**, 146
Güstrow *127*

H

Haager Gipfelkonferenz (1969) 109
Hallsteindoktrin **62**, 74, 82, 84, 94
Hamburg (Hansestadt) *32, 78, 113, 119, 125*; (Land) 18, 42, 113 f.
Hannover (Stadt) 14, 23–25, 32; (Land) 36, 87
Hauptstadtfrage **163**
Hausbesetzer(bewegung) 124, *124*
Heidelberger Programm (1925) 70

Heimatvertriebene 20; ▶ auch Vertreibung
Heimkehrergesetz (1950) 38, 45, 60
Helsinki (Konferenz und Schlussakte) ▶ KSZE
Herrenchiemsee (Verfassungskonvent 1948) 34, 36
Hessen (Land) 18, 28, 36, 42, 83, 106, 126, 182
Hiroshima (1. Atombombenabwurf 1945) 36
Holland ▶ Niederlande

I

IFOR-Friedenstruppe 150
IG Metall 173
Imperialismus 112
industrielle Revolution 70
Inflation (70er-Jahre) ▶ Wirtschaftskrise
INF-Vertrag 107, 136, *143*, 144
Innere Führung (Bundeswehr) 63
Inoffizielle Mitarbeiter (IM) 158, 175
Internationaler Militärgerichtshof 21
Interzonenhandel, innerdeutscher Handel **50 f.**, 67, 74
Iran 29, 90, 111
Irland 50, 67, 104, 109, 146
Island 55
Israel 39, 44 f., 51, 74, 103, *136*
israelisch-arabischer Krieg (4., 1973) 104, 110
Italien, 49 f., 54–56, 88, 108, 111, 118

J

Jahreswirtschaftsbericht 86
Jalta (Konferenz 1945) 17, 51
Japan 118, 127
Jugoslawien, Jugoslawen 27, 63, 88 f., 144, 183

K

Kalkar (Kernkraftwerk) 122
Kalter Krieg 14 f., 17, 23, **28**, 32 f., 37, 54, 163, 183

Kampf dem Atomtod 67
Kanada 54 f., 105, 118
Kapitalismus 15, 28 f., 70, 75
Kapitulation ▶ bedingungslose Kapitulation
Karlsruhe 42, 105, 115
Kassel (Brandt/Stoph-Treffen 1970) **95**, 96, *96*, 101, 103
Kernenergie **123**, 124, 141, 126
K-Gruppen 90
Klimarahmenkonvention 169
Koalitionsrecht 171
Koblenz 33
Köln (Stadt) 24, 43, *88, 114*, 115, 133
Komintern, Kommunistische Internationale 71 f., 85
Kommunalwahlen (Mai 1989 in der DDR) 153, 156
Kommunismus, Kommunisten 15, 27, 31, 86, 140, 145
Kommunistische Partei Deutschlands (KPD) 14, 23–26, 34, 36, 45, 57, 58, 65, 71 f., 86, 130, 144, 157; ▶ auch KPD-Verbot
Konferenz über internationale wirtschaftliche Zusammenarbeit (KIWZ, seit 1975) 121
Konferenz über Sicherheit und Zusammenarbeit in Europa ▶ KSZE
Konferenz über Vertrauensbildung und Abrüstung in Europa (KVAE, seit 1984) 117
Konservative, Konservative Partei 24, 99, 138
konzertierte Aktion 83, *86*, **87**, 103, 106
Koreakrieg (1950–53) 37, 44, 53, 74
KPD ▶ Kommunistische Partei Deutschlands
KPdSU 38, 65, 140
KPD-Verbot 57, **58**, 74
Kriegsverbrecher 13, 19, 21 f.; ▶ auch Nürnberger Kriegsverbrecherprozess
KSZE (Helsinki und Genf 1973–75) 98, 105, **117**, *117*, 146 ff., 152, 157; (KSZE-Nachfolgekonferenzen) ▶ Wien
Kuba 63

203

SACHREGISTER

L

Länder, Länderregierungen, Bundesländer 15, 27–30, 33 f., 36, 40–42, 46, 74, 84, 86 f., 90, 108
Länderrat 15, 27
Landtage 42, 47, 57, 60, 93, 131
Landtagswahlen (Bundesrepublik Deutschland) 58, 67, 77, 83, 87, 99, 104, 114, 124, 130
Landwirtschaftliche Produktionsgenossenschaften (LPG) **70,** 71, 74
Lastenausgleich 38, 45, **60 f.,** 74
LDPD ▶ FDP/LDPD
Lebensraumpolitik 16, 21
Liberaldemokratische Partei Deutschlands (LDPD) ▶ FDP/LDPD
Liberalismus, Liberale, liberale Bewegung 14, 24 f., 46, 130
Lichterketten 165
Lohnfortzahlung 172
Lomé (Verträge 1975, 1979, 1984, 1989) 66, 122
London 36, 56
Londoner Neunmächtekonferenz (1954) 54
Londoner Schuldenabkommen (1953) 74
Londoner Sechsmächtekonferenz (1948) 17, 33, 36 f., 49
Lübeck 93
Lublin-Majdanek (KZ) ▶ auch Majdanek-Prozess
Luftbrücke 15, 32, 36
Luxemburg (Großherzogtum) 33, 49 f., 54 f., 108

M

Maastricht, Vertrag (1991) 67, **182,** 189
Machtergreifung (30. Januar 1933) 28, 85, 94, 137
Machtmonopol 154 f.
Machtwechsel (1969) 77, **93;** ▶ auch sozialliberale Koalition
Madrid (KSZE-Nachfolgekonferenz 1980–83) 118

Majdanek-Prozess (1975–81) 146
Marktwirtschaft ▶ soziale Marktwirtschaft
Marshallplan, -hilfe 15, 28 f., **30 f.,** 34, 36, 39, 47, 60
Marxismus (Marxismus-Leninismus) 58, 65, 70, 89 f.
Maschinensteuer 172
Massenflucht **151**
Massenorganisationen (DDR) 48, 58 f., 91
Massenvernichtungswaffen 184
Mauerbau (13. August 1961) 39, 71, **72 f.,** 73, 79 f., 98
Mecklenburg 18, 48
Mecklenburg-Vorpommern (Bundesland) 42, 161, 170, 175 f.
medizinische Indikation 175
Menschenrechte 117
Menschenrechtsverletzungen 180
Militarismus 13, 18
Mindestumtausch 89
Ministerium für Staatssicherheit (DDR) 38, 48, 113, 116, 158, 166; ▶ auch Stasi
Ministerrat (DDR) 48, 55, 59, 80, 91 f., 101, 103, 105, 111
Misstrauensvotum (konstruktives M.) 41; (1972) 77, 94, **99 f.,** 100, 101, 103; (1982) 106, 113 f., 133, 146
Mitbestimmung (1951/52) 14, 28, **52 f.,** 70, 74, 120; (1976) 53, 87, 99 f., **120 f.,** 121, 146, 179; ▶ auch Betriebsverfassung
Mittelstreckenraketen 106 f., 130, 134–136, 135, 143 f., 143
Mogadischu (Terroranschlag 1977) 116, 146
Mölln 165
Montagsgebet 153
Montanindustrie 52 f., 74, 98, 120
Montanmitbestimmung 53, 74, 138
Montanunion **49,** 50, 54, 66 f., 74, 79, 108
Moskau 21, 23, 27, 37, 43, 44, 55, 57, 62, 72, 74, 76 f., 85, 95 f., 97, 101, 104, 131, 135 f.

Moskauer Dreimächteerklärung (1943) 21
Moskauer Vertrag, Deutsch-Sowjetischer Vertrag (1970) 63, 77, 94, 95, **96,** 97 f., 101–103, 111
München 30, 82, 131
Münchner Abkommen (1938) 111 f.
Münchner Ministerpräsidentenkonferenz (1947) **29 f.,** 30, 36, 96

N

Nagasaki (2. Atombombenabwurf 1945) 36
Nationaldemokratische Partei Deutschlands ▶ NPD
Nationaler Verteidigungsrat (DDR) 72, 111, 180
Nationale Volksarmee (NVA) 37, **64,** 64, 73 f., 113
Nationalismus, nationale Bewegung 88
Nationalkomitee Freies Deutschland 72
Nationalsozialismus, Nationalsozialisten 13, 16, 19, 21 f., 24 f., 28, 43, 71, 138
Nationalsozialistische Deutsche Arbeiterpartei (NSDAP) 19, 21 f., 87
NATO ▶ Nordatlantikpakt
NATO-Doppelbeschluss 114, **134 f.,** 136, 143, 146
Neonazismus 88
neue Länder **175**
Neues Forum 156 f.
Neues Ökonomisches System (DDR) 59, 75, **79 f.,** 91
New York 50, 110
Niederlande/Holland 33, 49 f., 54 f., 108
Niedersachsen 18, 36, 42, 87, 122, 126, 181
Nordatlantikpakt (NATO) 36, 54, **55 f.,** 56, 57, 63, 67, 68–70, 74, 78 f., 117, 125, 135 f., 148, 159, 161 f., 184; ▶ auch NATO-Doppelbeschluss
Nordrhein-Westfalen 18, 36, 42, 53, 68, 83, 94, 126, 141, 182

204

SACHREGISTER

Nord-Süd-Kommission 94, 121
Nord-Süd-Konflikt **121 f.**, *122*
Normenkontrollverfahren 179
Norwegen, Norweger 50, 55, 93, 108 f.
Notstandsverfassung, -gesetze 54, 76, **89 f.**, *92*, 103
NPD (Nationaldemokratische Partei Deutschlands) 82 f., **87 f.**, 91, 93
NSDAP ▸ Nationalsozialistische Deutsche Arbeiterpartei
Nürnberg 21, 82
Nürnberger Kriegsverbrecherprozess (1945/46) **21 f.**, *21*, 36

O

Oberkommando der Wehrmacht (OKW) 21 f.
Oder-Neiße-Linie 13, 18, 34, 77, 97, 101, 160
ökonomischer Handel **166**
Ölkrise (1973) 104, **110 f.**, *111*, 118, 123, 126 f.
OPEC 110 f.
Organisation für europäische wirtschaftliche Zusammenarbeit (OEEC) 31
Organstreitigkeiten 180
Österreich 108, 183
Österreichischer Staatsvertrag (1955) 74
Ostpolitik 63, 77, 84, 86, 93, *93*, **94**, 95, 97, 99, 101, 104 f., 111, 118, 129; (innenpolitischer Kampf um die O.) 95, **100 f.**; (Ostverträge) 101, 103
Ostpreußen 18
Ost-West-Entspannung ▸ Entspannungspolitik
Ost-West-Konflikt 14 f., 55 f., 105 f., 107, 111, 118, 121, 128 f., 183; ▸ auch Kalter Krieg

P

Paragraph 218 120, **174**, *174*, 179, 230
Paris 31, 44, 49
Pariser Verträge (1954) 46, 54–56, 74

Parlamentarischer Rat (1948/49) 15, 28, **33 f.**, *34*, 36 f., 40, 42 f., 46, 64
Parteien; (Bildung nach 1945) **23 f.**, *23*
Parteienfinanzierung 138
Parteienverdrossenheit 181
Parteispendenaffäre ▸ Flick-Spendenaffäre
Passierscheinabkommen (1963–66) **80**, *80*, **81**, 103
PDS 148, 164, 175, 181, 187
Perestroika 107, 118, 139 f., 151
Pershing-II-Raketen *134*, 135 f., 146
Petersberger Abkommen (1949) **47**, 49, 74
Pflegeversicherung 171 f.
Planwirtschaft 38, **59**, 70, 75, 80
Pleven-Plan (1950) 54
Polen 13, 18 f., 29, 57, 68, 77, 94, 97, 101, 118, 129, 144
Portugal 55, 67, 88, 108 f., 146
Potsdam (Konferenz und Abkommen 1945) 13, 16, 17, **18 f.**, *18*, 22 f., 27 f., 36, 51, 97
Prag *111 f.*
Prager Vertrag, Deutsch-Tschechoslowakischer Vertrag (1973) 104, **111 f.**, *111*, 146
Pressefreiheit 48, 78
Preußen 18, 36, 43
Privatisierung 166 f.
Protestbewegung(en), -gruppen 76, 84, 90, 115, 125

Q R

Radikalenerlass, Extremistenbeschluss (1972) 104, **108**, *108*
Rapacki-Plan (1957) **68**, 69, 74
Rassismus 88
Rat für gegenseitige Wirtschaftshilfe (RGW) 57, 59, 80, 109, 183
Recht auf Arbeit 176
Rechtsradikalismus, -extremismus 82 f., 85, **87 f.**, 94, 165
Rechtsstaat **180**
Regierungskriminalität 181

Reichsgründung (1871) 163
Reichsparteitage (NSDAP) 21
Reichsregierung 21 f.
Reichswehr 63; ▸ auch Wehrmacht
Reisefreiheit **154**
Rentenreform (1957) ▸ dynamische Rente
Rentenversicherung 172
Reparationen 13, 19, 46, 51, 59, 96
Republikaner (Partei) 166
Reykjavík (Gipfeltreffen 1987) 143
Rezession (wirtschaftliche R., ab 1966) 76, 83, 85–87; ▸ auch Wirtschaftskrise
Rheinland 24, 47
Rheinland-Pfalz 18, 42, 87, 105, 133, 141, 182
Richtlinienkompetenz (des Bundeskanzlers) 42
Ritterstürz (Konferenz 1948) 33
Rom (Stadt) 65
Römische Verträge (1957) 66 f., 66, 67, 74
Rosa-Luxemburg-Gedenkfeiern **144**, 145, *145*
Rostock 165
Rote Armee 19, 29
Rote-Armee-Fraktion (RAF) 105, 115 f., 117, 146; ▸ auch Baader-Meinhof-Gruppe
rot-grüne-Koalition 187 f.
Rückwirkungsverbot 181
Ruhrbehörde 47, 49
Ruhrbesetzung, Ruhrkampf (1923) 43
Ruhrgebiet 29, 46 f., 49, 127
Ruhrstatut (1949) 49
Rumänien, Rumänen 57, 62, 84, 95
runder Tisch 148, *155*, **157 f.**
Russland, Russisches Reich ▸ Sowjetunion
Rüstungsbegrenzung, -kontrolle, -beschränkung 134

S

SA 21 f., 88
Saarland 18, 42, 50, 74, 141
Saarlouis 107

205

SACHREGISTER

Saarstatut 74
Sachsen (Land) 18, 42, 48, 85, 161, 170, 175 f., 181
Sachsen-Anhalt 18, 42, 48, 126, 161, 170, 175 f., 181
Sachverständigenrat 87
Salt-I-Vertrag (1972) 116
Schießbefehl 151, 180
Schumanplan ▸ Montanunion
Schwangerschaftsabbruch 161, **174 f.**
Schwangerschafts- und Familienhilfegesetz 175
Schwangerschaftsabbruch 118 f.
Schwarzmarkt **30 f.**, *31*
Schweden 50, 85, 93, 108, 183
Schweizer Eidgenossenschaft, Schweiz 108
SD (Sicherheitsdienst) 21 f.
SED (Sozialistische Einheitspartei Deutschlands) 14 f., 22, 24 f., **26 f.**, *27,* 29, 34–39, 48 f., 58, 61 f., 71 f., 91 f., 103, 105, 112 f., *117,* 128, *129,* 130 f., 140, *142,* 145, 148, 153, 157; (Opposition in der SED) **65**, 65
Selbstbestimmungsrecht der Völker, Selbstbestimmung 96, 118
Selbstverwaltung (lokale S.) 23
sichere Drittstaaten 170
Siebzehnter Juni 1953 ▸ Arbeiteraufstand
SMAD (Sowjetische Militäradministration in Deutschland) 22, 26 f., 36
Sofia 112
Solidaritätszuschlag 177
Solidarność 129, 147
Solingen 165, *165*
Somalia 180, *184*
Souveränitätsvertrag 159, **161**
Sowjetunion, UdSSR/Russland 12–19, 27, 29, 31 f., 37 f., 44, 49, 51, 57, 59, 62, 67, 69, 71–73, 75, 84, 95–98, 103, 107, 112, 118, 129, 134–136, 140, 144, 157, 159, 183 f.
Sozialabgaben 173
Sozialcharta 157

Sozialdemokratie, Sozialdemokraten, Sozialdemokratische Partei Deutschlands (SPD) 14, 23–29, 32, 34, 36, 38 f., 44 f., 53, 61 f., 64, 67, 69–71, 74, 76–78, 82–86, 90, 93–95, 99 f., 104–108, 113 f., 119 f., 126, 132–134, 136–138, 140, 142–144, 148, 160, 175, 181, 184, 186 f.
Sozialdemokratische Partei der DDR 157
soziale Indikation 175
soziale Marktwirtschaft, Marktwirtschaft 15, 25, 28, 38, 44, **60**, 82, 150, 161
Sozial-Enquête (1955) 61
sozialer Wohnungsbau **51 f.**, *52*
Sozialhilfe 172
Sozialisierung 14 f., 23 f., 28, 60, 70, 167
Sozialismus 24, 27 f., 38, 65, 89, 128, 145; (sozialistischer oder kapitalistischer Weg?) **28**; ▸ auch Sozialdemokratie
Sozialistische Arbeiterpartei Deutschlands (SAP) 94
Sozialistische Einheitspartei Deutschlands ▸ SED
Sozialistische Internationale 94
Sozialistische Reichspartei (SRP) 58, 87
Sozialistischer Staat deutscher Nation 75, **91**, 112
sozialliberale Koalition 132 f., 146
Sozialstaat 89, 150, **170 f.**
Sozialversicherung 171
Spanien 55, 67, 109, 146
spanischer Bürgerkrieg (1936–39) 92
SPD ▸ Sozialdemokratie
Spiegelaffäre (1962) **78**, *78,* 103, 131
Springer-Konzern 89
SS 21 f., 81, 136 f.
SS-20-Raketen 135
Staatsrat (DDR) 48, 72, 92, 113, 130, 141, *142,* 145 f.
Stabilitätsgesetz (1967) 83, **86 f.**, 103
Städte-Partnerschaften 107

stalinistisches System, stalinistische Säuberungen 37, 54, 65
Stammheimer Prozesse **116 f.**
Standortdebatte 171, **173**
Standort Deutschland 128, 150
Startbahn West *123*
Stasi 149, 153, 158, **173**; ▸ auch Ministerium für Staatssicherheit
Stationierung(sdebatte) ▸ Mittelstreckenraketen
Stockholm (KVAE-Konferenz) 118
Straßburg *108,* 139
Strukturwandel 170, 176
Studentenunruhen **89**, 108; (China 1989) 156
Stuttgart 25, 27, *28,* 36, 46, 69, 116 f., 134–137
Sudetengebiete, -land 112
Südschleswigscher Wählerverband 45, 142
Superwahljahr 166, 175, **181 f.**

T

Tag der deutschen Einheit 175
Tarifparteien 173
Tarifverträge 171
Technologieförderung, Technologiepark 173, 177
Teilung Deutschlands, deutsche Spaltung 15, 28, 29, 30 f., 33, 38, 44, 138 f.
Terrorismus, terroristische Aktionen 89, 106, **114**, 115, *116,* 117
Thüringen 18, 48; (Bundesland) 42, 161, 170, 175 f.
Todesschüsse ▸ Schießbefehl
totaler Krieg 16
Transitabkommen (1972) **99**, 102 f.
Treibhauseffekt 124 f.
Treuhandanstalt **166–168**
Trier (Stadt) 141
Triest 29
Trizone 28, 31, 36
Trumandoktrin 36
Tschechoslowakei, ČSSR, Tschechen 18 f., 57, 68, 103, 112, 144, 146

206

SACHREGISTER

Tschernobyl **140 f.**
Türkei, Türken, 29, 50, 55, 88, 109

U

UdSSR ▶ Sowjetunion
Umweltschutz(bewegung) 63, 115, 122, 124, **125 f.**, *126*, 127, 134, **169 f.**
UN, Vereinte Nationen 36, 54, 68, 108 f., 118, 184; (UN-Aufnahme beider deutscher Staaten) 102, 104 f., **110**, *110*, 146
Ungarischer Volksaufstand (1956) 38, 57, 74 f.
Ungarn (Republik) 18–19, 57, 112, 144, 151
USA, Vereinigte Staaten 13–18, 27–29, 31–33, 37, 49, 53–56, 77, 79, 82, 89, 93, 98, 105, 108, 110, 119, 135 f., 138, 143 f.

V

Vereinte Nationen ▶ UN
Verfassungsänderung 171
Verfassungsbeschwerde 179 f.
Verfassungskommission 170
Verfassungsorgan 179
Vergangenheitsbewältigung **81 f.**
Verjährung 138
Verkehrsvertrag (1972) **102**, 103; (Verkehrsabkommen 1978) 146
Vertragsgemeinschaft 157
Vertreibung, Aussiedlung 13, 16, 18, **19–21**, *19*, 45, 51, 60 f., 139, 144
Viermächteabkommen über Berlin (1972) 77, 81, 94, **98**, 99, 103
Viermächtekonferenz (Genf 1959) 69
Viermächtestatus (Berlins) 13, 32
Viertagewoche **172 f.**
Vietnamkrieg 76, 89, 90, 127

Visapflicht 155
Volksabstimmung 170
Volksantrag 176
Volksbegehren 170, 176
Volksentscheid 170, 176
Volksgerichtshof 111
Volksinitiative 176
Volkskammer (DDR) 15, 35, 47 f., 59, 72, 91 f., 126, 146, 148, 156, **160 f.**
Volkskongressbewegung 15, 34 f., 37, 47; ▶ auch Deutscher Volkskongress
Vollbeschäftigung 172

W

Wackersdorf **140 f.**, *141*
Wahlfälschung 180
Währungsreform (1948) 15, 28, 30, **31 f.**, *32*, 36, 39, 60, 82
Währungs- und Wirtschaftsunion (Europäische) 109, 157
Währungs-, Wirtschafts- und Sozialunion 148, **161**, 177, 182
Waldsterben 126
Warschau 57, 94, 97 f., 101, 147
Warschauer Pakt 39, 50, **57**, 58, 64, 68 f., 74, 82, 93, 103, 107, 117, 148, 159 f., 183
Warschauer Vertrag, Deutsch-Polnischer-Vertrag (1970) 77, 94, 95, **97**, 98, 101, 103, 111 f.
Washington 36, 46, 107, 135 f., 143
Wehrbeauftragter 63
Wehrmacht 16, 19, 21 f.
Wehrpflicht (allgemeine W.) 63 f.
Wehrsportgruppen 88
Weimarer Verfassung 40, 42, 48, 90
Weltklimakonferenz **169**
Weltkrieg (1., 1914–18) 25, 49, 82; (2., 1939–45) 14, 16, 20, 29, 60, 97, 113, 120, 136
Weltwährungssystem 104, 118
Weltwirtschaftskrise (1929 ff.) 86, 118

Wende (1982) 114, 117, 128, *129*, **130**, 131, 133
Wendehälse 154, 156
Wertschöpfungsabgabe 172
Westeuropäische Union (WEU) 54, **56**, 57, 74
Westgrenze Polens 155, **160**
Westintegration (der Bundesrepublik) 26, 37 f., 44 f.
Westpreußen 25
Whyl 122, 124
Widerstand, Widerstandsbewegung 24; ▶ auch Zwanzigster Juli 1944
Wiedergutmachung 38, 44 f., **51**, 74, 177
Wiedervereinigung (Deutschlands) 26, 37 f., 44 f., 53 f., 58, 68 f., 74 f., 157
Wien (KSZE-Nachfolgekonferenz) 118
Wirtschaftliche Aufbauvereinigung 45
Wirtschaftsgipfel 106, **118**, *119*, 127
Wirtschaftsrat (1947) 15, 27, 36, 129
Wirtschaftswunder 31, 38, 60, 71, 76, 83, 88, 127
Wohnungsbau 31, 39, 45; ▶ auch sozialer Wohnungsbau
Württemberg 18, 25; (Württemberg-Baden) 18, 36, 46; (Württemberg-Hohenzollern) 18, 58

X Y Z

Zehnpunkteplan 148, **155**
Zentrum 24, 34, 43, 45
Zivildienst (Ersatzdienst) 64
Zollunion (EG) 66, 103, 109
Zusammenbruch (1945) 13, **16**, *16*, 52, 61
Zwanzigster Juli (Attentat auf Hitler 1944) 43
Zwei-plus-vier-Gespräche 148, **159**, *160*, 161
Zweistaatentheorie 38, 62

Bildquellenverzeichnis

Archiv für Kunst und Geschichte, Berlin *16f.*,
  19, 21–28, 31–33, 41, 43, 45, 68, 125
The Associated Press, Frankfurt am Main
  145, 159, 167
Bibliographisches Institut & F. A. Brockhaus,
  Mannheim *48, 121, 186, 190*
Bundesarchiv, Koblenz *117*
Bundesbildstelle, Bonn *42, 50, 52 f., 56, 63, 66,
  83, 86, 109, 122, 137 f.*
dpa Bildarchiv, Frankfurt am Main und
  Stuttgart *34, 44, 57, 62, 78 f., 84 f., 88, 90,
  92 f., 96, 100, 110 f., 113 f., 116, 119 f., 123 f.,
  126 f., 130–132, 134, 139–143, 151 f., 155 f., 158,
  161 f., 165, 168–171, 174, 176, 178–180,
  182–188*
Europäische Zentralbank, Frankfurt am Main
  189
Studio X, Gamma, Limours *135, 153*
Gesamtdeutsches Institut, Bundesanstalt für
  Gesamtdeutsche Aufgaben, Bonn *35, 58,
  64 f., 71–73*

Keystone Pressedienst, Hamburg *154, 160*
C. Lison, Frankfurt am Main *189*
H G. Rauch, Hamburg *136*
Sven Simon Fotoagentur, Essen *116*
Süddeutscher Verlag Bilderdienst,
  München *18*
Ullstein Bilderdienst, Berlin *30, 47, 49, 55,
  69, 80 f., 87, 95, 108, 129*

Weitere grafische Darstellungen,
Karten und Zeichnungen
Bibliographisches Institut & F. A. Brockhaus,
Mannheim.

Reproduktionsgenehmigungen für
Abbildungen künstlerischer Werke von
Mitgliedern und Wahrnehmungs-
berechtigten wurden erteilt durch die
Verwertungsgesellschaft BILD-KUNST/
Bonn.